Stephan Harbort

Mörderisches Profil

Phänomen Serienkiller

WILHELM HEYNE VERLAG
MÜNCHEN

Die Namen der handelnden Personen sind zum Schutz ihrer Persönlichkeitsrechte geändert worden. Auch die Begleitumstände der ungeklärten Tötungsdelikte wurden verfremdet, um einen Ermittlungserfolg nicht zu gefährden.

*Diese Textpassagen wurden wegen der Authentizität nicht in die neue Rechtschreibung übertragen.

FSC
Mix
Produktgruppe aus vorbildlich bewirtschafteten Wäldern und anderen kontrollierten Herkünften

Zert.-Nr. SGS-COC-1940
www.fsc.org

Verlagsgruppe Random House FSC-DEU-0100
Das für dieses Buch verwendete FSC-zertifizierte Papier
München Super liefert Mochenwangen.

Taschenbucherstausgabe 10/2004

Der Wilhelm Heyne Verlag, München, ist ein Verlag der Verlagsgruppe Random House GmbH
http://www.heyne.de
Printed in Germany 2006
Umschlaggestaltung: Hauptmann und Kompanie Werbeagentur, München–Zürich
Umschlagillustration: mauritius-images/SST und getty-images/Seth Joel
Satz: ew print & medien service gmbh, Würzburg
Druck und Bindung: GGP Media GmbH, Pößneck

ISBN-10: 3-453-87880-9
ISBN-13: 978-3-453-87880-8

HEYNE <

Inhalt

Vorwort

Stephan Harbort hat mit seinem ersten Buch *Das Hannibal-Syndrom – Phänomen Serienmord* einiges Aufsehen erregt und zahlreiche Diskussionen ausgelöst. Nun liegt sein zweites Buch zu diesem Thema vor. Eigentlich erstaunlich, denn das Phänomen des Serientäters ist nicht neu. Massenmörder gab es immer schon, überall auf der Welt. Keine Heilslehre und keine Gesellschaftsform vermochten solche Täter zu stoppen (wohl aber deren Taten zu verheimlichen). Die Täter stammten aus den unterschiedlichsten Schichten. Bei der Suche nach Jack the Ripper verdächtigte man im Laufe der Jahre sowohl ein Mitglied des Herrscherhauses als auch einen Arzt und einen asozialen Seemann.

Das Interesse an solchen verbrecherischen Erscheinungsformen ist ebenfalls nicht neu, aber es verstärkte sich deutlich zu Beginn der 70er Jahre des 20. Jahrhunderts. Dies ist wahrscheinlich auf die verbesserten Informationsmöglichkeiten zurückzuführen. Etwa zu dieser Zeit erreichte der elektronische Kommunikationsverbund einen Stand, der alle Länder und Kontinente zu einem »Weltdorf« machte. In je einem Winkel der Erde erfuhren die Menschen rasch von Katastrophen und Verbrechen, oft sogar durch Bilder in die Rolle des unmittelbaren Beobachters versetzt.

Dadurch gewann oft ein nur lokales Ereignis eine überregionale Bedeutung. Der Vorrang und die Häufigkeit von Nachrichten über Serientäter schürte die allgemeine Verbrechensfurcht. Manche Bürger fühlten sich von Straftätern umzingelt. Das zwang die Ermittlungsbehörden zu vermehrten Anstrengungen, dem Verbrechen durch Vorbeugung zu begegnen. Vorbeugung erfordert Wissen über Ursachen und das Ausmaß des Geschehens. Schnell erwies sich, dass man über diese schlimmste Ausformung des Verbrechens wenig bis nichts wusste. Daher bemühte man sich die Größenordnung des Phänomens zu erkunden. Ergebnis: Im Zeitraum von 1977 (man beachte den Erfassungsbeginn!) bis April 1992 konnte das National Center oft the Analysis of Violent Crime rückblickend insgesamt 331 Serienmörder in den USA ausmachen.

In der Bundesrepublik gab es kein vergleichbares Lagebild. Beim Nachzählen in den (unvollständigen) Justizunterlagen der alten Bundesrepublik wiesen diese für den Zeitraum von 1945 bis 2000 insgesamt 68 Männer und 8 Frauen verurteilte Serienmörder aus. Sie mussten sich für 421 Morde verantworten. Außerdem standen zusätzlich 20 Männer als vermutliche Serienmörder vor Gericht, aber die Beweislage hatte deren Verurteilung nicht zugelassen. In der gleichen Zeit blieben 23 erkannte Mordserien ungeklärt. Gewiss gab es weitere Serien, die durch den miserablen polizeilichen Informationsaustausch unerkannt blieben.

Seit dieses Tatgeschehen unter Beobachtung steht, steigen im europäischen Raum die Zahlen über erkannte oder vermutete Serien. Ab Anfang 1995 bis Mitte des Jahres 2000 berichteten deutschsprachige Medien über 229 Serientäter, denen man 2836 vollendete oder versuchte Morde zurechnete. Das macht das gewachsene Interesse am Auftreten der Serientäter schon verständlicher.

Dennoch: Im Wust der allgemeinen Straftatenflut (in der Bundesrepublik über 6 Millionen jährlich) erscheinen diese Zahlen gewichtig, aber nicht bedrohlich. Eine unmittelbare Gefährdung für den Einzelnen signalisieren sie nicht. Aber die statistische Minimal-Gefahr wird von der sozial-psychologischen Wirkung weit übertroffen.

Immer verunsichert das Eintreten eines Serienmörders viele Mitbürger, schränkt sie in ihrem Verhalten ein, stört die Geborgenheit der engsten Umwelt und verleitet zu radikalen Forderungen an Politik und Polizei. Das macht die Beschäftigung mit den Serientätern so notwendig und rechtfertigt jeden Aufwand, unerkannte Serientäter als solche zu entlarven, sie aufzuspüren und dingfest zu machen.

Dazu leistet das neue Buch von Harbort einen wichtigen Beitrag. Seine offenkundige Kompetenz machten ihn zum gesuchten Interview-Partner und Berater von Fernseh-Dokumentationen. Zugleich erreichten ihn Einladungen, Vorträge bei Fachkonferenzen zu halten und an nationalen und internationalen Forschungsprojekten mitzuwirken.

Das berechtigte und verpflichtete ihn, seine Untersuchungen fortzusetzen. Er hat dazu Polizei- und Justizunterlagen ausgewertet, Verurteilte im Gefängnis besucht und Informationen mit Kollegen ausgetauscht. Die Ergebnisse haben im vorliegenden Buch ihren Niederschlag gefunden. Sie sind für den Fachmann und den »Normal-Bürger« gleichermaßen von hohem Interesse.

Der Leser findet authentische Aussagen über die Innenwelt der Täter, deren Motive und Antriebe. So vermittelt der Autor Einblicke in die sonst kaum einfühlbaren Denkweisen von Satanisten und mordenden Rechtsradikalen. In besonderer Weise beleuchtet er die Rolle und Bedeutung der Opfer. Im Kapitel 13 leistet er einen beachtenswerten Beitrag zu der Diskussion, ob der Gesetzgeber auch nachträglich Sicherungsverwahrung ermöglichen sollte, wenn der Verurteilte sich als nicht therapierbar erweisen sollte. In diesem Zusammenhang befasst sich Harbort auch mit der viel diskutierten Frage, ob eine lebenslange Strafe wirklich lebenslang dauern darf.

Aber er nimmt auch die oft als neue »Wunderwaffe der Kriminalistik« gelobte neue Ermittlungsmethode des »Profiling« kritisch unter die Lupe.

Seine Auffassungen zu diesem Bereich fasst er in den Feststellungen zusammen:

Die verlockende Vorstellung, Kriminalisten eine Checkliste in die Hand zu geben, bestimmte Merkmale herauszufiltern, hiermit einen Computer zu füttern, der schließlich das reale (oder ideale) Täterprofil ausspuckt, bleibt kriminalistische Science-Fiction.

Grundlage jeder kriminalistischen Arbeit bleibt die sorgfältige Tatsachenerhebung, die eine erfolgversprechende Fallanalyse ermöglicht

Die Fallanalytik ist immer Teamarbeit. Das (oft zitierte) »Täterprofil« kann immer nur die Folge der Fallanalyse sein.

Kritik ist sicher erwünscht, aber Lob – auch für die sprachliche Darstellung – sicher ebenso begründet.

Köln, im Juni 2002

Hans-Werner Hamacher
Direktor a. D. des Landeskriminalamtes Nordrhein-Westfalen

Für Ilona. Ich bin nur mit dir, allein bin ich nichts.

»Jeder Mensch ist ein Abgrund.«
Georg Büchner

»In seinen Taten malt sich der Mensch.«
Friedrich Schiller

Kapitel 1

Mitten unter uns

Frankfurt am Main. Feldbergstraße 21. Es war der 25. November 1947. Nach Mitternacht brannte im ersten Stock des Hauses noch Licht. Schwach fiel der Schein in die schwere Herbstnacht. Die Straße hatte ein eigentümliches Gesicht: Mittendurch war ein Zaun gezogen worden, der das amerikanische Wohnviertel abtrennte. Zu dieser Zeit erschien die Stadt wie ausgestorben, kaum jemand wagte sich auf die Straßen. Nachkriegszeit. Aufgewühlte, ungewisse, gefahrenträchtige Verhältnisse, beherrscht von einer Angst machenden Norm, dem Gesetz des nackten Überlebens. Deutschland war besiegt und zerschlagen, die Besatzungsmächte regierten die kümmerlichen Reste. Doch Autorität und Macht reichten kaum unter die Oberfläche des kärglichen Daseins, das Millionen von Menschen fristen mussten. Sie dachten nur daran, wie sie sich und ihre Familien satt bekommen sollten, wie sie für ihre primitivsten Bedürfnisse sorgen konnten. Für manche von ihnen schien es nur einen Ausweg zu geben: Diebstahl, Raub, Mord.

Häufig hatte im ersten Stock des Hauses zu vorgerückter Stunde noch Licht gebrannt. Dort wohnte Hans Grabowski, von Beruf Weinhändler. Es war nicht ungewöhnlich, wenn der 45-Jährige zu dieser Zeit noch Geschäfte machte. Es waren die üblichen Kungeleien der damaligen Zeit, Hans Grabowski war einer derjenigen, die die unsägliche Not auszunutzen wussten – als Schwarzhändler. Unzählige Transporte mit Wein und Spirituosen hatte er aus der französischen Zone nach Frankfurt geschmuggelt. Die Nachfrage war groß, das Geschäft blühte. In seiner Wohnung lagen teure Teppiche, und seine Ehefrau Klara, 43, konnte sich elegante Kleidung leisten.

Kurz vor 1.35 Uhr schellte jemand an der Haustür. Klara Grabowski wollte sich gerade schlafen legen, sie trug schon ein Nachthemd. Ihr Ehemann öffnete das Wohnzimmerfenster, spähte hinunter. Er hatte noch Besuch erwartet. Zwei Männer standen dort unten in der Dunkelheit. Er kannte sie. »Komm mal runter«, tönte es von unten hinauf. Ernst Grabowski nickte und ging nach unten, um zu öffnen. Sekunden später erschrak Klara Grabowski. Sie hatte etwas gehört. *Einen Schrei?* Ja, zweifellos; denn jetzt, das war deutlich zu hören, stöhnte jemand. *Hans!* durchfuhr es sie. *Was war passiert? Drohte etwa Gefahr?* Sie wollte ihrem Mann zu Hilfe eilen, lief in den Korridor der Wohnung. Weiter kam sie nicht, ein unbekannter Mann versperrte ihr den Weg, baute sich vor ihr auf. Sie sah noch den Totschläger in der Hand des Eindringlings, dann spürte sie einen dumpfen Schlag in der Schläfengegend und sank schreiend zu Boden.

Jetzt ging alles sehr schnell. Die Untermieter der Grabowskis, das Ehepaar Kuske, hatte den Lärm gehört. Ernst

Kuske sprang aus dem Bett, wollte nachsehen, was passiert war. Während der 53-Jährige noch zur Tür lief, wurde diese unvermittelt aufgestoßen. Ein Fremder versuchte ihm auf den Kopf zu schlagen, Ernst Kuske duckte sich, konnte dem Hieb ausweichen. Es entwickelte sich ein heftiges Handgemenge, Martha Kuske, nun tapfer an der Seite ihres Mannes, prügelte kräftig mit. Plötzlich ein ohrenbetäubender Knall. Allgemeine Verwirrung. Dann war klar: Ein zweiter Mann hatte die Wohnung betreten, auf das Ehepaar gefeuert. Der Schuss war jedoch fehlgegangen, die Kugel durch das Holz der Schlafzimmertür gesplittert. Ernst Kuske gelang es, in sein Zimmer zu flüchten, die Tür abzuschließen. Über den Balkon kletterte er hastig in die benachbarte Wohnung, alarmierte die Polizei: »Kommen Sie schnell! Überfall! Auf uns wurde geschossen! Feldbergstraße 21, erster Stock.«

Seine Frau hatte dieselbe Idee gehabt, sie war ins Wohnzimmer der Grabowskis gelaufen, wollte telefonieren. Plötzlich wurde der 29-Jährigen der Hörer aus der Hand gerissen. Einer der Männer drückte sie in einen Sessel und schoss ihr aus nächster Nähe in die Schläfe. Martha Kuske war sofort tot. Das Geschehen eskalierte. Mittlerweile hatte sich der schwer verletzte Hans Grabowski die Treppen hochgeschleppt, ängstigte sich um seine Frau: *die Schüsse* – er hatte sie gehört. Im Korridor der Wohnung fand die Bluttat dann ein grausames Ende: Klara und Hans Grabowski, zu ernsthafter Gegenwehr nicht mehr imstande, wurden durch Genickschüsse förmlich exekutiert. Die erbarmungslosen Mörder durchsuchten noch hektisch die Wohnung, erbeuteten 17 000 Reichsmark – bald kaum noch das Papier wert, auf dem sie gedruckt waren – und verschwanden unbehelligt in der Dunkelheit der Nacht.

Die unverzüglich eingerichtete Mordkommission war guter Hoffnung, die Täter alsbald dingfest zu machen. Denn es gab einen Augenzeugen: Ernst Kuske, der sich über den Balkon hatte retten können. Er beschrieb die Mörder detailliert. Erster Täter: »Schmales Gesicht, Menjou-Bärtchen, dunkles gewelltes Haar, links gescheitelt, dunkler Anzug und grüner Gabardinemantel, bewaffnet vermutlich mit einer Stahlrute.« Zweiter Täter: »Etwa 40 Jahre alt, 1,80 Meter groß, kräftig, ovales Gesicht, dünnes dunkelbraunes und gescheiteltes Haar, abgenutzte braune Lederjacke, tierischer Gesichtsausdruck.«

Die Ermittlungsrichtung war eindeutig. Die Täter waren mit größter Wahrscheinlichkeit im Dunstkreis des Schwarzmarkthandels zu suchen. Man ging davon aus, dass zwischen Hans Grabowski und den Mördern ein Deal vereinbart worden war. Gleichwohl hatten die Täter dieses Geschäft lediglich zum Schein eingefädelt. Darauf ließ die sofortige Gewaltanwendung gegen Hans Grabowski schließen. Zudem konnte die Tatwaffe identifiziert werden: Pistole »Langenhan«, Fabrikationszeichen »FL«, Kaliber 7,65 mm. Schnell stießen die Ermittler auf zwei Verdächtige: Burkhard Grams und Walter Appelt. Die Indizien: Sie waren vorbestraft. Schwarzmarkthändler, die Täterbeschreibungen »passten«. Dennoch: Fehlanzeige. Die beiden Männer konnten ein nicht zu erschütterndes Alibi nachweisen, die Tatwaffe blieb unauffindbar. Man musste sie gehen lassen. Einige Spuren führten ins Saarland, diverse Lieferanten und Geschäftspartner Ernst Grabowskis waren ins

Visier der Ermittler geraten. Man stieß auf etwa tausend Personen, die als »potentiell tatverdächtig« einzustufen waren. Das Ergebnis der langwierigen Untersuchungen: null. Drei Jahre später, Anfang 1950, keimte wieder Hoffnung auf. Klaus Gramich, 45, Gewohnheitsverbrecher, hatte sich der Tat bezichtigt, sogar ein Geständnis abgelegt. Dies erwies sich jedoch nach eingehender Überprüfung als Hirngespinst. Und dann wurde es ruhig. Die »drei Morde nach Mitternacht« blieben ungesühnt.

Rückblende: Etwa anderthalb Monate nach den scheußlichen Morden in Frankfurt, genau am 13. Januar 1948, ereignete sich ein gleichartiges Kapitalverbrechen. Diesmal in Worms, im Haus Alzeyer Straße 42. Der Bäckermeister Günther Kozlik und seine Frau Gerda hatten sich gegen 22 Uhr zur Ruhe begeben. Ein kalter und stürmischer Wind peitschte gegen die Fensterscheiben. Anderthalb Stunden später wurde die 43-Jährige aus dem Schlaf gerissen. Sie meinte das Klirren einer Fensterscheibe gehört zu haben. Das Geräusch musste aus der Backstube gekommen sein, die ein Stockwerk tiefer lag. Besorgt rüttelte sie ihren Ehemann wach: »Günther, da ist jemand in der Backstube!« Der 50-Jährige lauschte noch etwas benommen, ob auch er etwas Verdächtiges feststellen konnte. Und tatsächlich: das Quietschen einer Tür im Erdgeschoss. Um sich letzte Gewissheit zu verschaffen, öffnete Günther Kozlik das Schlafzimmerfenster. Die Backstube war hell erleuchtet.

Während seine Frau in heller Aufregung telefonisch die Polizei alarmierte, stieg Günther Kozlik vorsichtig die Treppe ins Parterre hinab, wo sich die Backstube mit Nebenräumen befand. Entwarnung: niemand da. Er konnte lediglich feststellen, dass ein Fenster eingeschlagen worden war. Dann stieß er auf Lederhandschuhe. Die Eindringlinge hatten sie offenbar zurückgelassen. Erleichtert ging er davon aus, dass die Einbrecher sich aus dem Staub gemacht hatten. Als Günther Kozlik die Backstube wieder verlassen wollte, stockte ihm der Atem. Urplötzlich stand ein Mann vor ihm: maskiert, in der rechten Hand eine Pistole. Dann krachte ein Schuss. Der Bäckermeister sackte unterhalb des Rippenbogens getroffen zusammen. Er schleppte sich in Richtung Backofen. Doch der Fremde kannte kein Erbarmen. Von hinten trat er an sein Opfer heran, presste die Waffe ins Genick des Mannes und drückte ab.

Entsetzt stürmte Gerda Kozlik die Treppe hinunter. »Günther!«, schrie sie voller Panik. Als sie die Backstube betrat, wurde sie sofort von zwei vermummten Gestalten umringt, an den Armen festgehalten. »Ruhig sein!«, fauchte einer der beiden. Als die völlig verängstigte Frau ihren Mann blutend am Boden liegen sah, versuchte sie sich loszureißen. Vergeblich. Schützend hielt sie die Hände vor ihr Gesicht, schlug mit dem Kopf hin und her. Einer der Maskierten setzte seine Pistole am linken Ohr der Frau an – und feuerte. Ein zweiter Schuss traf sie in die Brust. Zwei weitere Projektile verletzten sie am Mittelfinger der rechten Hand sowie am Unterarm. Benommen sackte sie zu Boden.

Die Täter suchten überstürzt das Weite und entkamen mit knapper Not den inzwischen herbeigeeilten Beamten, denen sich ein schrecklicher Anblick bot. Auf einem Aschhügel vor dem Backofen fanden sie den sterbenden Bäckermeister in einer großen Blutlache. Günther Kozlik erlag seiner Verletzung auf dem Weg ins Krankenhaus. Seine Frau hockte apathisch und blutüberströmt auf dem obersten Treppenabsatz. In einer Ecke lag als stummer Zeuge teilnahmslos der Hund der Familie. Er musste von den Mördern durch einen Köder oder ein bewusstseinstrübendes Mittel ausgeschaltet worden sein. Die einzigen Spuren am Tatort: einige Hülsen Kaliber 7,65 mm und ein Paar Lederhandschuhe, vermutlich amerikanischer Herkunft.

Gerda Kozlik konnte den Ermittlern nicht viel weiterhelfen. Das Tatgeschehen hatte sich binnen weniger Minuten abgespielt, zudem waren die Mörder maskiert gewesen und hatten keine weiteren Hinweise hinterlassen. Die Suche nach Fingerspuren am Tatort blieb erfolglos. In der Folgezeit wurden Zeugen verhört, Alibis überprüft, jedem noch so abwegigen Hinweis nachgegangen. Ohne zählbaren Erfolg. Stattdessen blieben Fragen, auf die es keine plausible Antwort zu geben schien: Warum hatte der Hund nicht angeschlagen? Warum waren die Täter den umständlichen Weg über das Grundstück aus der Richtung Gewerbeschule gelaufen? Warum hatten die Täter ihre Opfer getötet beziehungsweise den Versuch unternommen, obwohl eine spätere Identifizierung durch die Vermummung nahezu ausgeschlossen erschien? Zudem: Was hatten die Mörder überhaupt gesucht? Wertgegenstände, Bargeld, Lebensmittel oder Brotmarken? Gerda Kozlik zeigte sich ratlos: »Wir hatten kein Vermögen.« Auch diese Gräueltat blieb mysteriös – und ungeklärt.

Erst 11 Jahre später erreichte die zuständigen Fachdienststellen in Frankfurt und Worms eine Eilmeldung des Bundeskriminalamts: »Bei einem am 25.11.1947 verübten Raubmord in Frankfurt/M. und einem Mord am 13.1.1948 in Worms wurde die gleiche – Tatwaffe Pistole ›Langenhan Fz.‹, ›FL‹, Kal. 7,65 mm – benutzt. Die Tatwaffe wurde bisher nicht ermittelt. Alle Pol.-Dienststellen, bei denen nach dem 13.1.1948 eine derartige Pistole sichergestellt wurde, werden um einen Kurzbericht und um Mitteilung über den Verbleib der Waffe gebeten.«

Nunmehr stand zweifelsfrei fest: Zwischen den Morden in Frankfurt und Worms musste ein Zusammenhang bestehen. Mit an Sicherheit grenzender Wahrscheinlichkeit hatte man es mit denselben Tätern zu tun. Diese Annahme stützte auch die zumindest partiell gleichartige Tatbegehungsweise: Überfall zur Nachtzeit auf Privatpersonen in deren Wohnungen durch jeweils zwei Täter, sofortige Gewaltanwendung, Tötung der Opfer durch Kopf- beziehungsweise Genickschuss. Die nun wieder forciert durchgeführten Ermittlungen konzentrierten sich naturgemäß auf die Tatwaffe. Derjenige, der sie besaß, musste als »dringend tatverdächtig« angesehen werden. Doch alle Bemühungen erwiesen sich als fruchtlos, die Pistole »Langenhan« blieb unauffindbar.

Insbesondere die Wormser Kripo hatte den »Mordfall Kozlik« nicht einfach zu den Akten gelegt. Schließlich handelte es sich um das einzige ungeklärte Tötungsdelikt der Nachkriegszeit. Und es waren mittlerweile 18 Jahre vergangen, die Verjährung drohte. Die Täter mussten also bis zum 13. Januar 1968 dingfest gemacht werden. Das wurmte die Ermittler, ihr Ehrgeiz, die Mörder doch noch überführen zu können, war ungebrochen. Schließlich wandte man sich an die Presse. Der Fall sollte der Bevölkerung erneut ins Gedächtnis gerufen werden, man erhoffte sich neue Hinweise.

Kurz zuvor hatte sich ein anonymer Hinweisgeber gemeldet und behauptet: »Einer der beiden Verbrecher ist nach Australien ausgewandert und dort verstorben. Der andere lebt aber noch unbehelligt in Deutschland.« Am 26. März 1966 schrieb die *Wormser Zeitung:* »Lebt der Mörder noch unter uns? Mordfall Kozlik nach 18 Jahren immer noch ungeklärt. Wormser Kripo sucht neue Spuren.« Weiter hieß es: »Die Bluttat vom 13. Januar 1948 in der Alzeyer Straße ist noch immer nicht aufgeklärt. Die Wormser Kriminalpolizei tappt nach wie vor im Dunkeln. Alle Anzeichen deuten daraufhin, dass der Mörder des damals 50 Jahre alten Bäckermeisters Günther Kozlik auch heute noch auf freiem Fuß lebt. Sämtliche Ermittlungen sind bisher im Sand verlaufen. Die Akte Kozlik kann vorläufig nicht geschlossen werden. (...) Die Kriminalpolizei jagt weiter den geheimnisvollen Mörder.«

Knapp drei Monate später wähnten die Ermittler sich unverhofft kurz vor der Aufklärung der Morde, die bisher im Dunkel der Nachkriegszeit verschüttet schienen. Am 20. Juli wurde Gustav Neumann bei der Kripo in Worms vorstellig. Der 56-jährige Maurer hatte den Beamten etwas mitgebracht: eine Pistole, Kaliber 7,65 mm, Fabrikat »Langenhan«, Nummer 48986. Den verblüfften Kriminalisten erklärte er: »Das ist die Waffe, mit der die Leute in Worms und Frankfurt umgebracht worden sind. Und ich weiß auch, wer es gewesen ist. (...)«

Unverzüglich wurde die Waffe zu ballistischen Vergleichsuntersuchungen dem Bundeskriminalamt überbracht. Ungeduldig wartete man auf das Ergebnis. Schon am nächsten Tag erreichte die Wormser Kripo das Fernschreiben Nummer 10 878: »Es handelt sich bei der übersandten Pistole ›Langenhan‹ zweifelsfrei um die Tatwaffe, die in den Mordfällen Kozlik in Worms und Grabowski/ Kuske in Frankfurt verwendet wurde.«

Am nächsten Morgen, gegen 7.45 Uhr, wurde der mutmaßliche Mörder an seiner Arbeitsstelle in Worms festgenommen. Es war Ernst Wilms, 43, Autoschlosser, verheiratet, vierfacher Vater. Ihm widerfuhr allerdings nichts, was er nicht kannte. Sein Vorstrafenregister war beachtlich: Diebstahl, schwerer Diebstahl, Urkundenfälschung, Betrug, unerlaubte Entfernung von der Truppe, fortgesetztes und unbefugtes Tragen von Orden und Ehrenzeichen, Hehlerei, Trunkenheit am Steuer, Fahren eines Kraftfahrzeuges ohne Fahrerlaubnis, Begünstigung zur Steuerhehlerei, fortgesetzte Steuerhehlerei, Verleumdung, vorsätzliche Körperverletzung, fahrlässige Tötung in Tateinheit mit fahrlässiger Verkehrsgefährdung. Mehrfach hatte er im Zuchthaus gesessen. Und jetzt: Mord?

Am Tag zuvor hatte Gustav Neumann seinen Bekannten verpfiffen: »Die Pistole hatte meine Frau von ihrer Schwester bekommen, die heute in Amerika lebt. Sie war in erster Ehe mit Wilms verheiratet gewesen. Sie sollte die Waffe verschwinden lassen. Ich habe sie aber vor drei Jahren in unserem Keller gefunden. Ich habe bisher geschwiegen, weil Wilms einen Komplizen hatte. Den Albert Kontermann. Der ist 1953 gestorben. Ich habe seine ehemalige Frau geheiratet. Meine Frau wusste von den Raubüberfällen und dass geschossen worden war. Sie konnte nicht mehr schlafen, weil sie das so belastet hat. Ich wollte reinen Tisch machen, die Sache ein für alle Mal aus der Welt schaffen.«

Angesichts der unwiderlegbaren Beweise unternahm Wilms erst gar nicht den Versuch, die Taten zu leugnen. Zu Beginn seiner Vernehmung erklärte er spontan: »Ich habe mich nach reiflicher Überlegung entschlossen, die reine Wahrheit zu sagen. Ich gebe zu, dass ich an der Straftat zum Nachteil Grabowski/Kuske in Frankfurt/Main und bei der Mordsache Kozlik in Worms Mittäter war. Beide Straftaten wurden mit dem verstorbenen Albert Kontermann durchgeführt.« Mit unbewegtem Gesicht und kühl kalkulierend fügte er hinzu: »Der Albert hat mich zu den Einbrüchen angestiftet. Ich war nur Mittäter. Geschossen habe ich auch nicht!«

Der 1,68 Meter große Mann mit dem Menjou-Bärtchen, den schwarzen, wie angeklebt wirkenden, zurückgekämmten Haaren, die eine ausgeprägte Stirnglatze säumten, hatte offenbar nachgedacht. Sein Komplize war bei einem Verkehrsunfall ums Leben gekommen. Nichts war nahe liegender, als ihm, der nicht mehr widersprechen konnte, Tatplanung und Tötung der Opfer in die Schuhe zu schieben. So bezeichnete er Kontermann auch als »Eigentümer der Pistolen«. Und: »Wir haben nicht ausgemacht und auch nicht darüber gesprochen, dass wir eventuell von den Schusswaffen Gebrauch machen.« Auch auf mehrmaliges Nachfragen der Vernehmungsbeamten antwortete er monoton: »Der Albert hat geschossen.«

Doch die Ermittler hatten erhebliche Zweifel. In einem Vermerk vom 22. Juli 1966 »über die Vernehmung des tatverdächtigen Ernst Wilms« hieß es unter anderem: »(…) Die Darstellung des Beschuldigten weicht erheblich von dem tatsächlichen Sachverhalt, der zu diesen Straftaten festgestellt ist, ab.« Denn die Witwe des ermordeten Bäckermeisters war zum Tatgeschehen nochmals befragt worden. Sie hatte zu Protokoll gegeben: »Es waren zwei Männer von unterschiedlicher Größe. Es war der Kleinere von beiden, der mir die Pistole an den Hals gesetzt und dann auch geschossen hat.« Der »Kleine« musste Wilms gewesen sein – zweifelsfrei. Albert Kontermann war 1,80 Meter groß gewesen.

Der mutmaßliche Todesschütze wurde nun tagelang immer wieder aus dem Untersuchungsgefängnis »vorgeführt«, »in die Mangel genommen«, mit »Vorhalten« konfrontiert. Immer dann, wenn man ihm die Widersprüchlichkeit seiner Aussagen, die er auch durch insgesamt sechs »Tatortskizzen« zu entkräften versuchte, unmissverständlich aufgezeigt hatte, zog Wilms stets die verbale Notbremse: »Ich kann nichts dazu sagen. Ich habe nichts zu berichtigen.« Oder: »Da bin ich wirklich in jeder Beziehung überfragt.« Auch versuchte er die gemeinschaftliche Tatvollendung zu entschuldigen: »Der Raub des Geldes war geglückt, aber die Menschenopfer waren nicht nötig. (...) Ich hatte nur das Geld im Kopf und habe dadurch, dass ich weiterhin am Tatort blieb, alle anderen Folgen mit in Kauf genommen. Mit anderen Worten: Ich wollte Kontermann gegenüber kein Feigling sein.« Fast schon resignierend vermerkten die Vernehmungsbeamten am 4. August: »(...) Wilms blieb hartnäckig und stur bei seinen Aussagen.«

Doch sie hatten noch ein »Ass im Ärmel«. Das Bundeskriminalamt hatte mittlerweile mitgeteilt, dass die Pistole »Langenhan« bei einem weiteren Kapitalverbrechen benutzt worden war. Am 24. Juni 1946. In der Gemarkung Bobenheim bei Worms. Dort war der 39-jährige Hilfsfeldhüter Anton März erschossen worden. Ohne Einzelheiten zu nennen, warf man Wilms vor: »Sie stehen unter dem dringenden Tatverdacht, einen weiteren Mord verübt zu haben. Mit derselben Waffe!« Wilms zeigte sich beeindruckt. Mehr noch: Er brach in Tränen aus, bat um »Bedenkzeit«. Die Vernehmung musste unterbrochen werden. Beim Abtransport zum Untersuchungsgefängnis stammelte er: »Ich mache Angaben und sage alles. Am Montag. Ich sage Ihnen jetzt nur: Kartoffelacker, Feldhüter und Moritz!«

Wilms blieb dabei, legte schließlich ein Geständnis ab. 20 Tage nach seiner Festnahme war sein Widerstand gebrochen. Die körperlichen Spuren waren unübersehbar: Der 43-Jährige wirkte leichenblass, hatte 20 Pfund abgenommen. »Ja, ich habe geschossen«, räumte er ein. Die Motive: »Auf dem Feld wollten wir« – er hatte sich mit seinem Bekannten Franz Moritz auf »Hamstertour« befunden – »Kartoffeln klauen. Da kamen uns die Feldhüter in die Quere. (...) In der Backstube haben wir nach Mehl gesucht. (...) Bei dem Weinhändler haben wir eine größere Menge Bargeld vermutet. Zum Schein hatten wir ein Geschäft vereinbart.«

Weitere Zeugen wurden vernommen, auch Otto März, der Bruder des getöteten Feldhüters. Er konnte sich noch an sämtliche Details jener Nacht erinnern: »Wir gingen zunächst entlang des Bahndamms in Richtung Worms. Als wir dann später, gegen 23.45 Uhr, den gleichen Weg zurück machten, entdeckten wir plötzlich auf einem Kartoffelacker Schatten. Albert Schons, er war auch dabei, rief den Kartoffeldieben »Stehen bleiben, Feldpolizei!« zu. Da krachten auch schon verschiedene Schüsse. Eine Kugel pfiff zwischen meinen Beinen hindurch. Durch eine andere wurde mein Bruder am Knie getroffen und brach schreiend auf dem Ackerboden zusammen.« Otto März warf sich, nur drei Meter von seinem Bruder entfernt, in eine Ackerfurche. Er wollte abwarten, bis die schießwütigen Räuber abgezogen waren, anschließend seinem Bruder zu Hilfe kommen. Dann geschah das Unfassbare: Einer der Ganoven lief auf seinen Bruder zu, feuerte gezielt aus zwei Metern Entfernung. Anton März war sofort tot. Herzschuss. Wilms kommentierte diese »Hinrichtung« lapidar: »Wir hatten einfach Hunger.«

Am nächsten Morgen titelte das *Wormser 5 Uhr Blatt.* »Sensationelles Geständnis eines Schwerverbrechers. 5 Raubmorde auf einen Schlag geklärt.« Obwohl Wilms im Oktober 1966 sein Geständnis widerrufen hatte, reichten dem Mainzer Schwurgericht die vorgelegten Beweise. Das Urteil: »Der Angeklagte wird wegen Mordes und wegen gemeinschaftlichen Mordes in vier weiteren Fällen, davon in drei Fällen in Tateinheit mit besonders schwerem Raub, sowie wegen gemeinschaftlichen versuchten Mordes in zwei Fällen, davon in einem Fall in Tateinheit mit besonders schwerem Raub, zu lebenslangem Zuchthaus verurteilt.«

Ernst Wilms. Tapferer Soldat, Ehemann, Familienvater – und skrupelloser Serienmörder. Wie passt das zusammen? Die Lebensgeschichte dieses Mannes begann schon mit dem Makel des unehelich Geborenen, den er von Kindesbeinen an mit sich herumtragen musste. Seine Mutter war verheiratet, aus dieser Ehe stammten zwei Töchter. Dann starb ihr Mann. Vier weitere Kinder brachte die Frau zur Welt – darunter den am 30. Mai 1923 geborenen Ernst. Die familiären Verhältnisse waren ungünstig. Seine Mutter konnte sich kaum um ihn kümmern, der Junge blieb sich selbst überlassen. Er lebte nicht in einer Familie, sondern überwiegend auf der Straße. Es fehlte am Nötigsten, manchmal musste der Junge hungern. Als nichts mehr ging, klaute er in Warenhäusern, brach Gartenlauben auf, stieg in Wohnungen ein. Da war er noch ein Kind. Dann die endgültige Trennung von Mutter und Familie: Erziehungsheim. Nach der Schulzeit absolvierte er eine Schlosserlehre, erwies sich auch als »fleißiger Arbeiter«. Gleichwohl zog ihn das »Abenteuer« wie magnetisch an. Regelmäßig trieb es ihn in Kneipen, Bordelle. Ihm wurde deshalb die »Überweisung in ein anderes Erziehungsheim« angedroht. Er ging »stiften«, flüchtete zu seiner Mutter nach Mainz. Zwei Wochen hielt er es dort aus, kehrte nach Wiesbaden zurück, brach dreimal bei seinem Lehrherrn ein, stahl und fälschte Schecks, verjubelte das Geld in einschlägigen Lokalen in Köln, Frankfurt, Koblenz. Am 8. Mai 1939 wurde der nun knapp 16-Jährige in Wilhelmshaven festgenommen. Die Quittung: acht Monate Knast.

Nach seiner Entlassung nahmen die Dinge einen anderen Lauf. Es herrschte Krieg. Wilms wurde eingezogen, kämpfte an der Front, erhielt mehrere Auszeichnungen, brachte es bis zum Unteroffizier. Noch während seiner Militärzeit heiratete der junge Mann die Tochter eines Gastwirts. Am 17. November 1943. Zwei Kinder wurden geboren. Die Ehe hielt zehn Jahre. Während dieser Zeit stahl, betrog und hehlte Wilms. Immer wieder schnappte man ihn. Gleichwohl galt er in Kreisen der Kripo als »sympathischer Krimineller«. Schließlich entwickelte er sich mit zunehmender Intensität und Brutalität zum Gewohnheits- und Gewaltverbrecher, begann zu rauben, zu morden. Seine lapidare Begründung: »Ich brauchte doch das Geld.«

Doch es steckte mehr dahinter. Wilms gehörte zu den Existenzen, die aus der Not anderer Kapital zu schlagen wussten. Er, der »gute Soldat« – ausgezeichnet mit beiden Eisernen Kreuzen, Infanterie-Sturmabzeichen, Goldener Nahkampfspange und Verwundeten-Abzeichen –, nutzte seine Kriegserfahrungen und soldatischen Fähigkeiten. Auf dem Schwarzmarkt. Revier derjenigen, die, vom Krieg aus der Bahn geworfen, keinen Rückweg in das normale Leben finden konnten, finden wollten. Doch für Wilms, selbstgefällig, eigenbrötlerisch, egoistisch, war dies nur eine Zwischenstation seiner Karriere als Verbrecher. Die Jahre an der Front hatten ihn hart gemacht, innerlich verrohen lassen. Er hatte getötet – mehrfach. Sein »Organisationstalent«, im »Kampf gegen den Feind« als »unverzichtbare Tugend« gewertet und geachtet, machte er sich zunutze. Dass er dabei andere Menschen um ihre Habseligkeiten, das Wenige, das sie besaßen, brachte, störte ihn »kaum«. Er – in Verbrecherkreisen »Sol ei« genannt – rekrutierte Kleinkriminelle, gründete eine Schwarzhändlerbande, begann mit Raubzügen. Natürlich bewaffnet. Schon bald ging in Worms und Umgebung die nackte Angst um. Wilms und Konsorten, regelmäßig schwarz maskiert, spezialisiert auf Landwirte und Geschäftsleute, begannen kaltblütig zu stehlen, zu rauben, schließlich das Leben der Opfer auszulöschen auch für eine Hand voll Mehl.

Seine zweite Ehefrau Edeltraut, aber auch die beiden Kinder hatten »ihren Ernst« überwiegend als »treusorgenden Familienvater« erlebt, geschätzt, geliebt. Den Wochenlohn hatte der Autoschlosser jeden Freitagnachmittag brav auf den Küchentisch gelegt. »Er war immer so ein guter Ehemann, der Ernst«, beteuerte seine Frau nach der Festnahme, »nur wenn er betrunken war, dann wurde mein Leben zur Hölle.« Auch in der Nachbarschaft, die Familie Wilms hatte in einem grauen Doppelhaus in Worms-Herrnsheim gewohnt, galt die Ehe als »glücklich«. Niemand hatte etwas geahnt. Nun stand diese Frau vor einem Scherbenhaufen, der einmal ihr Leben gewesen war. Enttäuscht und verbittert kündigte sie Konsequenzen an: »Er wird lange auf mich warten müssen. Zu groß ist die Schmach, die er mir zufügte. (...) Ich liebte ihn, aber ich kann nicht länger mit einem Mörder verheiratet sein.« Wenige Monate später war endgültig Schluss. Scheidung.

Aber auch die Überlebenden der Mordanschläge und die Angehörigen der Opfer hatten über zwei Jahrzehnte hinweg gelitten, gezweifelt, gehofft. Katharina März, die Witwe des ermordeten Feldhüters, beschrieb ihre zwiespältigen, quälenden Empfindungen: »Das Gefühl, dass der feige Kerl *mitten unter uns* leben könnte, ließ mich 20 Jahre nicht los. Ich arbeitete als Aushilfskellnerin bei großen Festen. Immer wieder kam mir der Gedanke, jetzt sitzt der Mörder deines Mannes eventuell unter den Gästen. Vielleicht hast du ihn schon bedient.«

Es war kurz nach 6 Uhr, als Karl Rittmann Sturm schellte. Am 28. April 1989. Bei seinen Nachbarn. Armin Stahl war bereits aufgestanden und öffnete. Rittmann machte einen nervösen Eindruck, zitterte am ganzen Körper. »Meine Frau ist tot! Ich brauche deine Hilfe!«, stammelte der 57-Jährige. Armin Stahl erschien wenige Minuten später im Parterre. Seinen Nachbarn fand er in der Küche – rauchend, immer noch zittrig. »Sie liegt im Schlafzimmer, sieh nach.« Armin Stahl lief ins Schlafzimmer. Und tatsächlich: Dort lag Marina Rittmann. Auf dem Ehebett, von den Knien an aufwärts mit einem Laken bedeckt, die Füße über das Bett hinausragend. Armin Stahl eilte zurück in die Küche. »Ich rufe sofort einen Notarzt.« Karl Rittmann war unfähig zu sprechen, nickte nur kurz.

Um 6.21 Uhr erschienen ein Notarzt und zwei Rettungssanitäter. Vorsorglich wurde ein EKG angelegt. Das Ergebnis: »Null-Linie«, keine Herztätigkeit mehr. Da die Pupillen der 39 Jahre alten Marina Rittmann nicht mehr ganz rund und schon geweitet waren, musste der Tod spätestens gegen 5 Uhr, frühestens um Mitternacht eingetreten sein. Am Rücken des Leichnams hatten sich bereits Totenflecken ausgebildet. Genauere Untersuchungen zu Todesursache und -zeitpunkt unterblieben. Schließlich war es lediglich ein Routineeinsatz, die Todesursache blieb zunächst »ungeklärt«. Deshalb benachrichtigte man die Polizei. Kurze Zeit später trafen zwei Uniformierte ein, sicherten das Schlafzimmer.

»Komm so schnell du kannst. Mutter ist tot!« Fassungslos, zwischen Gefühlen der Ungläubigkeit und des Entsetzens schwankend, legte Irina Miletic den Hörer auf die Gabel. Die Todesbotschaft hatte sie von ihrem Bruder Dragan erhalten. Der war inzwischen informiert worden, seine Schwester hatte bei einem Freund übernachtet. Wenig später stürzte die 19-Jährige in die Sozialwohnung am Spessartweg in Hannover. Sie wollte ihre Mutter sehen. Man hielt sie zurück. Wutentbrannt baute sie sich vor ihrem Stiefvater auf, brüllte: »Du hast sie umgebracht. Gib es doch zu!« Rittmann saß scheinbar gefasst auf einem Stuhl in der Küche, versuchte zu erklären: »Sie hat in der Badewanne gelegen und sich geföhnt. Da muss es passiert sein.« Die zierliche blonde Irina hatte Zweifel, zischte: »Aber wir haben doch gar keinen Föhn!« Der »Alte«, wie ihn seine Stiefkinder aus einer Mischung von Furcht und Hass nannten, nahm einen Schluck Kaffee, rauchte – und schwieg.

Gegen 7.10 Uhr trafen zwei Beamte des Kriminaldauerdienstes ein, nahmen eine Leichenschau vor, dikierten ihre Feststellungen auf Band: »(...) Leiche bekleidet mit hellblauem Slip und weißem Unterhemd. Die Pupillen haben einen Durchmesser von 5 mm, gleich weit geöffnet. Die Bindehäute sind klar und ohne sichtbare Unterblutungen. Punktförmige Unterblutungen können nicht festgestellt werden. Der Mund ist geschlossen, nach Öffnen des Mundes liegt die Zunge zwischen den kompletten Zahnreihen auf. Vom linken Ohr des Leichnams hin zum linken Schulterbereich verläuft eine ausgeprägte Verfärbung. In der Armbeuge des linken Armes sind verschorfte Hautabnormitäten vorhanden, desgleichen an der Vorderseite des rechten Unterschenkels, im Bereich des Schienenbeins links ein oberflächlicher Hautdefekt mit leichter Hämatomrandbildung. Am Rücken und an der Rückseite der Ober- und Unterschenkel sind violette Totenflecken zu sehen. Diese sind noch wegdrückbar und kehren auf Druck nach 15 Sekunden zurück. Körpertemperatur der Leiche nur noch im Oberbauch feststellbar. Urinabgang hat stattgefunden.«*

Sodann wurden Zeugen befragt, auch Karl Rittmann. Er wirkte auf die Beamten »sehr mitgenommen« und schilderte aus seiner Erinnerung die vergangenen acht Stunden: »Ich habe meine Frau gestern Abend letztmalig gegen 22 Uhr lebend gesehen. Da war noch alles in Ordnung. Sie hatte nur Unterbauchschmerzen. Wegen der Monatsblutung. Früher hat sie öfter über Rücken- oder Kopfschmerzen geklagt. Einen Hausarzt gibt es nicht. Ich bin heute Morgen kurz vor 6 Uhr durch das Klingeln des Weckers wach geworden. Ich bin dann auf die Toilette, anschließend in die Küche gegangen. Dort habe ich einen handgeschriebenen Zettel meiner Frau gefunden, auf dem stand, ich sollte schon mal die Kaffeemaschine anstellen und sie anschließend wecken. Das habe ich dann auch tun wollen. Aber als ich sie angefasst habe, war sie völlig steif.«

Da die Todesursache vor Ort nicht hatte geklärt werden können, stellten die Beamten in ihrem Bericht »die Durchführung einer Obduktion anheim«. Konkrete Verdachtsmomente für ein »Fremdverschulden« lagen aus ihrer Sicht nicht vor. Der Leichnam wurde in das Institut für Rechtsmedizin der Medizinischen Hochschule Hannover überführt, dort in einem Kühlraum gelagert. Nach Ablauf des Wochenendes und des Mai-Feiertages wurde am 2. Mai die Leichenschau vorgenommen. Ein erster Verdacht keimte auf. Denn: Der Leichenbeschauer, selbst noch in der Ausbildung zum Facharzt für Rechtsmedizin, hatte »Hautabnormitäten« festgestellt, die er als »Strommarken« deutete. Zudem: »Blutungen in den Bindehäuten.« Unverzüglich verständigte er telefonisch seinen Chef: »Da stimmt was nicht. Wir sollten obduzieren!«

Nach der Obduktion war man sich uneins. Während der Institutsleiter von einem »Herzversagen« ausging, unterstellte sein Mitarbeiter: »Stromtod«. Der diensthabende Staatsanwalt wurde telefonisch unterrichtet. Er empfahl »feingewebliche Untersuchungen« von Teilen aus Hirn, Herz, Lunge, Leber, Niere und kleinerer Ausschnitte der Hautverfärbungen. In der Folgezeit wurden chemischtoxikologische und feingewebliche Untersuchungen durchgeführt. Das Ergebnis war alarmierend: »Frau Marina Rittmann ist nach Stromdurchfluss verstorben.«

Am 28. Juni 1989, zwei Monate nach den mysteriösen Vorkommnissen, wurde Karl Rittmann verhaftet. Der Tatvorwurf war ungeheuerlich: »vierfacher Mord«. Kripo und Staatsanwaltschaft waren davon überzeugt, dass der Elektriker nicht nur seine Ehefrau Marina, sondern auch deren unvermutet und plötzlich verstorbene Vorgängerinnen umgebracht hatte – durch tödliche Stromstöße.

Die mutmaßliche Tatwaffe: ein Holzkästchen mit Knöpfen, Lämpchen und Kabeln, das wie ein kompliziertes Messgerät aussah und die Größe einer Zigarrenkiste hatte. Oben ein gelber, ein brauner und ein weißer Schalter. Diese Apparatur war bei einer Hausdurchsuchung im Schrank einer Abstellkammer gefunden worden und beinhaltete drei nicht miteinander verbundene elektrische Baugruppen. Zwei davon waren im Prinzip funktionslos, sollten wohl der Tarnung dienen. Seinen Kindern hatte Rittmann erklärt: »Damit mache ich Alkoholtests.« Die dritte Baugruppe indes konnte tödliche Folgen verursachen. Auf der niedrigsten Schaltstufe betrug die Stromstärke lediglich drei Milliampere, für einen Menschen weitestgehend ungefährlich. Wurde aber ein bestimmter Schalter geschlossen und ein roter Knopf gedrückt, drohte Lebensgefahr: Die Stärke des Stroms erhöhte sich auf 25, bei Abnahme der Potentiometer-Widerstände sogar auf 100 Milliampere. Die Folge: Herz- und Atemstillstand. Laut Gutachten führten 100 Milliampere »innerhalb kürzester Zeit mit absoluter Sicherheit zum Tod«.

Nach Auffassung der Ermittlungsbehörden auch bei Cordula Rittmann. Am 17. Dezember 1972 war die 47-Jährige in einer Gartenlaube, die sie mit ihrem Ehemann bewohnt hatte, tot aufgefunden worden. Jedoch: »Hautverfärbungen am Unterarm und Hauteintrockungen am Fuß« waren als nicht verdächtig bewertet worden. Angebliche Todesursache: »Herzversagen bei wiederholter Herzinnenhautentzündung«. Schon damals hatte es dunkle Andeutungen, ja Verdächtigungen gegeben. Familienangehörige hatten bemerkt, dass Rittmann »an Steckdosen manipulierte«, die Verstorbene sollte Freunden gegenüber zudem geäußert haben: »Wenn mir was passiert, war's der Karl.« Er selbst hatte vorgeschützt: »Als sie dalag und japste, hatte ich einen Blackout.« Erst 17 Jahre später wurde den Ermittlern ein Abschiedsbrief der Verstorbenen übergeben. Graphologische Untersuchungen ergaben: »Karl Rittmann dürfte dieses Schreiben mit an Sicherheit grenzender Wahrscheinlichkeit verfasst haben.«

Gerda, 44, die zweite Frau Rittmanns, war von ihrem Mann am l. April 1975 gegen 7.30 Uhr als verstorben gemeldet worden. Sie war starke Raucherin gewesen, hatte unter Bluthochdruck gelitten. Anhaltspunkte dafür, dass etwas nicht stimmte, hatten sich nicht ergeben. Schließlich hatte ihre Hausärztin einen »Schlaganfall« als Todesursache bescheinigt.

Auch das Protokoll der Leichenschau aus dem Jahre 1979 hatte keinen Argwohn erregt, obwohl »punktförmige, rötliche ein Millimeter große Flecken an beiden Innenarmen« festgestellt worden waren. Die Tochter hatte die dritte Ehefrau Rittmanns am Morgen des 13. September tot im Wohnmobil vor dem Eigenheim entdeckt. Die leichenschauende Arztin war zu dem Ergebnis gekommen, dass es sich bei den punktförmigen Hautverfärbungen um Totenflecken gehandelt habe. Da die 33-Jährige sehr dick gewesen war, zudem an Diabetes und Asthma gelitten hatte, war als Todesursache »Herz-Kreislauf-Versagen bei Asthmaleiden« angenommen worden. Eine von den Kindern, die immer wieder von »Strom« und »Kabeln« erzählt hatten, geforderte Obduktion war abgelehnt worden. Von Karl Rittmann. Er hatte es so gewollt – »unbedingt«.

Die Exhumierungen der ersten drei Ehefrauen erbrachten keine neuen Erkenntnisse. Man fand nur noch Haut und Knochen, teilweise waren die inneren Organe bereits entfernt worden. Zeugen wurden befragt. Die berichteten von »Experimenten mit Strom«, »ständigem Streit zwischen den Eltern«, »panischer Angst vor dem Vater«, »Scheidungsabsichten« des ersten Opfers. Bekannte der Familie berichteten schließlich, Karl Rittmann habe beim Begräbnis seiner dritten Frau geäußert: »Ich bin schuld an ihrem Tod.« Auch sollte er einem Freund am Telefon vielsagend erklärt haben: »Mit Cordula (erste Ehefrau) ist alles erledigt.« Rittmann wurde vernommen, mit den belastenden Indizien konfrontiert. Aber der 1,80 Meter große, hagere Mann mit der Goldbrille, dessen Gesicht hinter einem Vollbart kaum sichtbar wurde, ließ sich nicht beeindrucken. Er schwieg.

Im Dezember 1989 wurde Rittmann angeklagt. Der Tatvorwurf: »heimtückischer Mord an drei seiner Ehefrauen«. Das Motiv: »Habgier«. Rittmann hatte geerbt. Insbesondere das Vermögen seiner dritten Frau war beträchtlich gewesen: ein Bungalow in der Nähe von Hannover, eine Eigentumswohnung sowie 200 000 Mark in bar. Im Todesfall der zweiten Gattin hatte man auf eine Anklage verzichtet. Die Indizien reichten nicht aus. Die Vorwürfe der Staatsanwaltschaft, Rittmann habe seine erste und dritte Ehefrau ermordet, um »sie zu beerben«, erachtete das Landgericht Hannover schließlich ebenfalls als »nicht beweisbar«. Dennoch: Rittmann bekam lebenslänglich. Für den Mord an seiner vierten Ehefrau.

Doch er gab nicht auf, ging in Revision – und wurde am 24. März 1993 abermals vom Landgericht Hannover wegen Mordes zu lebenslanger Haft verurteilt. Doch das Verfahren musste nochmals aufgerollt werden. Wieder Revision. Diesmal mit einem neuen Verteidiger. Und Rittmann hatte »endlich« Erfolg. Freispruch durch das Landgericht Göttingen am 8. März 1995. Die Urteilsbegründung: »(...) Aufgrund der gesicherten objektiven Beweise steht zur Überzeugung der Kammer weiterhin fest, daß die zunächst beschriebenen Hautabnormitäten am linken Arm und am rechten Unterschenkel Strommarken sind. (...) So ist der Schluß naheliegend, daß der Tod der Marina Rittmann durch äußere Einwirkung eingetreten ist, d. h. durch Stromzuführen an den Körper, und zwar durch Anlegen einer Elektrode an den linken Arm und einer solchen an den rechten Unterschenkel. (...) Daß der Angeklagte hieran beteiligt gewesen ist, davon ist die Kammer ebenfalls überzeugt. Eine Selbsttötung der Marina Rittmann scheidet aus. Hätte sie sich durch Strom das Leben nehmen wollen oder wäre sie bei einem alleine ausgeführten Test mit dem Elektrokabel ›verunglückt‹ so wären die dazu erforderlichen Stromzuführungskabel von den Polizeibeamten am Morgen des 28. April 1989 in unmittelbarer Nähe der Leiche gefunden worden. Dies war nicht der Fall. (...)

Nicht aufklärbar ist mit allein objektiven Beweismitteln, auf welche Art und Weise der Angeklagte den Strom durch den Körper der Marina Rittmann hat fließen lassen und ob dies ohne den Willen der Verstorbenen geschehen ist. Ein Schluß auf die innere Tatseite ist für die Kammer unter diesen Umständen nicht möglich. (...) Es bliebe die Möglichkeit, daß der Angeklagte durch Vortäuschen eines Experiments, etwa durch Verwenden des von ihm gebauten Elektrokastens, in Tötungsabsicht seine Ehefrau zum Mitmachen bewegt hat. Ohne Beweis darf dies nicht zu Lasten des Angeklagten angenommen werden. (...) Daß der Angeklagte vor dem Herbeirufen des Notarztes alle ›Spuren‹ beseitigt hat, daß er jedwede Schuld an dem Tod von Marina Rittmann von sich weist und daß er – wie ansatzweise in der Beweisaufnahme deutlich geworden ist – fälschliche Verdächte gegen Zeugen ausgesprochen hat und daß er zumindest drei Ehefrauen unter letztlich nicht sicher geklärten Umständen durch Tod verloren hat, verkennt auch die Kammer nicht. Diese Umstände sind aber auch nicht geeignet, eine Sachverhaltsfeststellung zu Lasten des Angeklagten zu treffen, die einen Schuldspruch möglich macht. Der Angeklagte war daher freizusprechen.«*

Rittmann galt nun als unschuldig. Ein Jahr lang. Die Staatsanwaltschaft hatte nun ihrerseits Revision eingelegt. Man wollte den mutmaßlichen Blaubart, der mindestens drei seiner Ehefrauen »heimtückisch« umgebracht haben sollte, nicht ungeschoren davonkommen lassen.

Im Sommer 1996 wurde Rittmann erneut festgenommen. Der Bundesgerichtshof hatte das Urteil des Landgerichts Göttingen aufgehoben. Das Verfahren musste durch eine andere Kammer desselben Gerichts nun neu verhandelt werden.

Vom 5. Februar 1997 bis zum 9. Februar 1998 wurde zäh gerungen, um die Wahrheit zu ergründen: 60 Zeugen mussten aussagen, 21 Gutachter wurden gehört. Dem hochintelligenten Angeklagten (IQ von 120) wurde eine Persönlichkeitsstörung attestiert. Bedingt durch seine Erziehung sei er zu einem »autoritären, rigiden Charakter« geworden. Er habe Schwierigkeiten, sich »in einigermaßen elastischer Weise auf seine Mitmenschen einzustellen«. Sein Denkschema sei »starr«, die Denkabläufe »zäh«, hieß es. Seine Persönlichkeit weise »zwanghafte Züge« auf, auch solche der »Pedanterie«. Rittmann sei »narzisstisch geprägt«. Der frühe Verlust des Vaters, im Krieg bei Stalingrad gefallen, habe zu einem »hohen Selbstanspruch« geführt. Durch seine Mutter hingegen sei er »widersprüchlich erzogen worden«. Sie habe den Jungen zugleich in »eine beherrschende, autoritäre Rolle gedrängt«, andererseits aber »stetige, herabsetzende Kritik« an ihm geübt. Dennoch: Diese abnormen Persönlichkeitszüge hatten nach Auffassung des Gerichts »kein so starkes Maß erreicht«, dass eine Schuldunfähigkeit anzunehmen sei.

Das Motiv hingegen konnte nicht zweifelsfrei dargelegt werden. Es gab mehrere Alternativen: »Tötung im Schlaf«, möglicherweise »im Zuge eines vermeintlichen Experiments« – hiervon hatten Zeugen berichtet, die sich auf derartige Vorkommnisse der Vergangenheit bezogen –, eventuell »nach vorherigem Streit« – Marina Rittmann hatte nach Jugoslawien zurückkehren wollen, ihr Mann dies jedoch kategorisch abgelehnt – oder aber »bei einem Verhör mit seinem Lügendetektor, nachdem das Opfer bei einem Diebstahl – Rittmann hatte in seiner Wohnung über größere Mengen Bargeld verfügt, seine Familie jedoch stets knapp gehalten – ertappt worden war.« Gleichwohl rang sich das Gericht zu der Auffassung durch, dass »der Angeklagte seine Ehefrau zielgerichtet durch Zuführung elektrischen Stroms getötet hat«. Wieder wurde Rittmann schuldig gesprochen: »Der Angeklagte wird wegen Mordes zu einer Freiheitsstrafe von zehn Jahren verurteilt.«

Der mittlerweile 65-Jährige, von Freunden und Bekannten als »umgänglich, freundlich und großzügig« charakterisiert, tat das, was zu erwarten gewesen war. Er legte erneut Revision ein. Der Schwerstkranke starb jedoch am 23. November 1998; im Gefängnis, an einem Schlaganfall. Ein in Deutschland einmaliger Fall: dreimal wegen Mordes bei »unklarer Motivlage« abgeurteilt, drei weitere »mysteriöse Todesfälle« ungeklärt. Und: Rittmann gilt – zumindest aus juristischer Sicht – als unschuldig. Das 229 Seiten umfassende Urteil der 7. Großen Strafkammer des Schwurgerichts Göttingen war nicht rechtsgültig geworden. Der Bundesgerichtshof hatte über ein mögliches neues Verfahren nicht rechtzeitig entscheiden können.

Beide Mordserien haben bei unterschiedlicher Motivlage, Opferauswahl und Tatausführung eine bedrückende Parallele: Die Täter konnten sich über 17 beziehungsweise 20 Jahre hinweg dem Zugriff der Ermittlungsbehörden entziehen. In der Bundesrepublik, einem Land, das ohne Zweifel über hervorragend ausgebildete und hoch motivierte Todesermittler verfügt. Dennoch handelt es sich nicht um Einzelfälle. Dies belegt ein Blick in die jüngere Kriminalgeschichte. Einige Beispiele: Knut Storbeck, berufsloser Fürsorgezögling, löschte am Niederrhein sechs Menschenleben aus. Er mordete zehn Jahre lang, von 1974 bis 1983. Der Malergehilfe Thorsten Rupp brachte in Berlin sieben Opfer um. Erst nach $11\frac{1}{2}$ Jahren kam man ihm auf die Spur. Robert Siegmann, von Beruf Bitumenmischer, konnte am 20. Februar 1969 festgenommen werden. Bis dahin hatte er drei junge Frauen gefoltert und ermordet, sein erstes Opfer lebensgefährlich verletzt – dies bereits am 25. Dezember 1959. Auch dem gelernten Tischler Klaus Ludwig aus Hamburg, er tötete vier Menschen und verletzte weitere schwer, gelang es, elf Jahre lang seine Gräueltaten zu vertuschen. Sieben Frauen erwürgte, erdrosselte und erstickte der Anstreicher Hans Dahm. In München und Regensburg. Erst nach 19 Jahren kam man ihm auf die Schliche. Ebenso erwies sich Jürgen Knoll nach Auffassung des Landgerichts Duisburg als »geschickter Jäger«. Mindestens acht Kinder und Frauen fielen dem Waschraumwärter zum Opfer. $21\frac{1}{2}$ Jahre hatte er unbehelligt morden können.

Die erheblichen kriminalistischen Probleme bei der Ermittlung und Überführung von Serienmördern können nicht beschönigt, sollten nicht unterschätzt werden. Es besteht Handlungsbedarf. Dies belegen neue Untersuchungen, die ich für den Zeitraum von 1996 bis 2001 durchgeführt habe. 17 Mordserien konnten durch deutsche Ermittlungsbehörden aufgeklärt werden. Beteiligt daran: drei Frauen und 19 Männer. Bedenklich dabei die Zahl der Opfer: durchschnittlich vier. Und die Täter konnten – statistisch gesehen – erst nach dreieinhalb Jahren festgenommen werden.

Dieser unbefriedigende Tatbestand provoziert bohrende Fragen: Warum gelingt es nicht, diese Täter früher zu überführen? Müssen erst mehrere Opfer zu beklagen sein, bevor man ihrer Mörder habhaft wird? Verfügt die deutsche Kriminalpolizei über potente Ermittlungsstrategien und Fahndungshilfsmittel? Wo liegen die Ursachen für dieses nicht zu leugnende Dilemma?

Eines sei vorweg angemerkt: Todesermittler leisten ganz überwiegend akribische und hochprofessionelle Arbeit, die sie regelmäßig an die Grenzen ihrer physischen und psychischen Belastbarkeit führt. Nicht nur ich darf dies aus eigener Erfahrung bestätigen. Das Ursachenspektrum für die nicht von der Hand zu weisenden Unwägbarkeiten und Fallstricke ist insbesondere bei der Bearbeitung von seriellen Tötungsdelikten vielschichtig und vielgesichtig. Schließlich gilt es gerade in diesem Deliktbereich charakteristische Aufdeckungsbarrieren zu überwinden.

Der Tötung eines Menschen geht im Allgemeinen ein Konflikt voraus. In etwa 80 Prozent der Fälle besteht zwischen Opfer und Täter eine für Kriminalisten nachvollziehbare und die Überführung des Täters begünstigende Vorbeziehung. Die übliche Ermittlungsstrategie, den Mörder im Familien-, Freundes- oder Bekanntenkreis beziehungsweise im beruflichen Umfeld des Opfers zu vermuten, greift, hat sich in Tausenden von Fällen als erfolgreich erwiesen. Beim Mord in Serie hingegen liegen die Dinge anders. In 82 Prozent der Fälle, bei seriellen Sexualmorden sogar bei 89 Prozent der Taten, besteht keine vordeliktische Täter-Opfer-Beziehung. Die Folge: Es muss nach dem »großen Unbekannten« gesucht werden. Ein kriminalistischer Kraftakt – mit ungewissem Ausgang.

Erschwerend kommt hinzu, dass Serientötungen in zwei Drittel der Fälle als solche gar nicht verifiziert werden können. Einer der Gründe: Die Täter verändern bewusst oder unbewusst ihren Modus operandi, variieren beispielsweise bei der Opferauswahl, der Tötungsart, benutzen unterschiedliche Tatmittel. Nur ein Beispiel: Vor dem Landgericht Dresden gestand der gelernte Binnenschiffer Harald Spieß im Januar 1997 drei Morde. Die Opfer: eine Rentnerin, sein Vater, ein Taxifahrer. Die Tötungsarten: Erschlagen, Erdrosseln, Erstechen. Die Tatwaffen: ein Messer, eine Axt, ein Elektrokabel. Das Motiv des 33-Jährigen: »Abbau von inneren Spannungen«.

Auch für erfahrene Kriminalisten drängt sich bei derart divergierenden Fallkonstellationen die Hypothese auf, man habe es mit Einzeltaten und verschiedenen Tätern zu tun. Wertvolle Ermittlungshinweise bleiben so unberücksichtigt, spezielle Fahndungshilfsmittel – auf die an anderer Stelle noch detailliert einzugehen sein wird – ungenutzt. Auch fehlte es bis dato an einem hilfreichen Auswertungsinstrument, um Tötungsdelikte als Bestandteil einer Serie erkennen zu können. Der bis vor kurzem im Bereich der Tötungsdelinquenz genutzte so genannte Kriminalpolizeiliche Meldedienst hat sich als ungeeignet erwiesen. Zu unspezifisch waren die Fallbeschreibungen, zu unregelmäßig wurde der Meldepflicht genügt, zu veraltet und nicht kompatibel waren die Computersysteme. Eine bundesweite Datenbank, die mit sämtlichen relevanten Fällen hätte gespeist werden können, wurde beim Bundeskriminalamt erst Mitte der achtziger Jahre eingerichtet und lieferte keine brauchbaren Ergebnisse. Alles blieb Stückwerk – unausgegoren, lückenhaft.

Ein weiteres Manko: 24,3 Prozent der in Serie verübten Morde wurden als *Tötungsdelikte* nicht erkannt. So blieben beispielsweise auch die Patiententötungen in einer Berliner Bundeswehrklinik unbemerkt. Fünf Jahre lang hatte Tobias Ernst geschwiegen. Dann, im Frühjahr 2001, gestand der ehemalige Zeitsoldat. Damals befand er sich wegen zahlreicher Brandstiftungen in einer psychiatrischen Fachklinik, offenbarte sich einem Therapeuten. Der »Todesengel« erklärte später auch dem *STERN*, dass er die Tötungen der Patienten im Alter von 60 bis 75 Jahren nach einem »Schlüsselerlebnis« 1995 begonnen habe. Da habe er gesehen, wie zerstört die Organe eines Komapatienten gewesen seien. »Bei diesem Anblick stellte sich bei mir die Frage nach dem Sinn meiner Arbeit«, ließ sich der 27-Jährige zitieren. »Ich dachte, ich tue den Patienten etwas Gutes.« Der Pressesprecher des Krankenhauses unternahm den Versuch einer Erklärung: »Die Patienten waren alle in lebensbedrohlichem Zustand in die Intensivstation eingeliefert worden. Daher hat bei ihrem Tod keinerlei Verdacht auf ein Verbrechen bestanden.« Der psychisch kranke Mann hatte zudem unauffällig und spurenarm getötet: durch Überdosis oder Entzug von Medikamenten. Ohne das Geständnis von Ernst wäre sicher niemandem aufgefallen, dass die Todes*fälle* tatsächlich Tötungs*delikte* waren. Unachtsamkeit, Ungläubigkeit und berufliches Unvermögen – insbesondere bei Leichenschauen – spielen den Mördern immer wieder in die Hände, begünstigen und ermöglichen weitere Taten.

So auch in Hage, einem 3000-Seelen-Dorf in der Nähe von Emden. Hans Bertram, 31, wurde im Zuge der Ermittlungen im Fall der Grete Döhler Anfang des Jahres 2001 festgenommen. Der Verdacht: Er sollte die 80-Jährige kurz zuvor am 2. Weihnachtstag erschlagen und beraubt haben. Schließlich gab er nicht nur diesen Mord zu, sondern bezichtigte seinen Komplizen Holger Gärtig der Mittäterschaft. Nach seiner Festnahme zeigte sich auch der 29-Jährige geständig.

Mehr noch: Die beiden Männer entpuppten sich als skrupellose Serien-Raubmörder, sie brachten die Ermittler auf die Spur dreier weiterer Kapitalverbrechen. Das Motiv: »Wir brauchten Geld für Alkohol.« Sie erklärten, 1995 einen 35-Jährigen und ein Jahr später einen 50-Jährigen umgebracht zu haben. Beide Opfer stammten ebenfalls aus Hage, waren jeweils Nachbarn des Mörder-Duos. Die Beamten der Sonderkommission zeigten sich verblüfft. Die Morde waren als »Unglücksfälle« zu den Akten gelegt worden. Nach der ersten Tat hatte Bertram der Polizei als Zeuge erklärt: »Der war total besoffen und ist gestürzt.« Im zweiten Fall ergab erst eine gerichtsmedizinische Untersuchung nach dem Geständnis und der folgenden Exhumierung der Leiche Anhaltspunkte für eine Gewalttat: »Serien-Rippenbrüche«. Das Opfer war totgetreten worden. Der vierte Mord, begangen an einem 21-Jährigen, hatte als »Vermisstenfall« gegolten. Letztmals war der junge Mann Himmelfahrt 2000 lebend gesehen worden. Niemand hatte – ausgenommen den letzten Fall – Verdacht geschöpft, obwohl überwiegend Anzeichen für »Fremdverschulden« feststellbar gewesen wären.

Serientäter tragen viele Gesichter. Sie sind polizeibekannte Kriminelle, aber auch unbescholtene Bürger: Arbeiter, Handwerker, Hausfrauen, Taxifahrer, Polizeibeamte, Soldaten, geschätzte Ärzte – Serienmörder wie du und ich, Jedermänner, Durchschnittstypen.

Ein berufsspezifisches Täterprofil existiert nicht. Und es gelingt ihnen, sich durch das löchrige Netz der sozialen Selbstkontrolle zu winden. Nicht immer, aber viel zu häufig. Einer der Hauptgründe: Obwohl sozial nicht oder kaum integriert, gelten sie in vielen Fällen als verschroben-freundlich, höflich-zuvorkommend. Eigenbrötlerische Sonderlinge. Harmlos. Doch niemand ahnt oder erkennt, dass diese Menschen ein todbringender Persönlichkeitsdefekt verbindet: Gewissen und Mitgefühl fehlen oder sind bestenfalls fragmentarisch ausgebildet. Auch wenn vage oder gar konkrete Verdachtsmomente durchschimmern, die Befürchtung aufkommt, da stimme etwas nicht, passiert regelmäßig Folgendes: nichts. Das soziale Umfeld der Täter bleibt stumm, nichts dringt nach außen. Kein Sterbenswörtchen.

Im August 2001 musste sich Katharina Wolfertz, zweifache Mutter, vor dem Erfurter Landgericht verantworten. Die

26-jährige Hotelfachfrau gestand, zwei Jungen und ein Mädchen getötet zu haben – ihre eigenen Kinder.

Fall eins, Herbst 1994. Nach einer von den Eltern »unbemerkten« Schwangerschaft – die Zwischenfrage sei erlaubt: Geht das überhaupt? – brachte die damals 19-Jährige ein Mädchen zur Welt. Im Elternhaus. Nachts. Sie erwürgte das Neugeborene, legte es am Straßenrand ab. Fall zwei, Juli 1998. Wolfertz bekam einen Jungen und erstickte ihn mit einem Kissen. Den Leichnam warf sie in einen Straßengraben. Ihrer Mutter soll sie erklärt haben: »Ich hatte nur eine Zyste.« Fall drei, September 1999. Wieder wurde ein Junge geboren. Diesmal in einer Badewanne. Die Mutter ertränkte ihr Baby, ließ es danach in einer Reisetasche verschwinden. Ihre Erklärung: »Ich war mutterseelenallein und hatte totale Panik. Meiner Mutter konnte und durfte ich es nicht erzählen.« Den Erzeugern oder Freunden auch nicht? Hatten die denn gar nichts bemerkt? Wohl kaum. Besser: unglaublich. Am ehesten aber: unmöglich. In solchen und ähnlichen Fällen sind auch den Ermittlern zunächst die Hände gebunden. Gleiches gilt auch für solche Tötungsspiralen, die als vermeintliche »Vermisstensachen« behandelt und bei denen keine Tatzusammenhänge gesehen werden.

Landgericht Braunschweig. Dezember 1947. Bei der Urteilsverkündung ahnten die Ermittlungsbehörden noch nicht, dass Werner Ferstl allein oder unter Beteiligung von zwei Komplizen immer wieder Grenzgängerinnen umgebracht hatte. Niemand hätte den 23-Jährigen – er stand wegen eines Raubmordes an einem Kaufmann vor Gericht – für einen multiplen Sexualmörder gehalten, wenn er nicht im Celler Gefängnis angefangen hätte, unter seinen Mithäftlingen mit seinen Untaten zu prahlen: »Ich bin der größte Totmacher aller Zeiten, habe reihenweise Frauen plattgemacht.« Die Resonanz war gering, man hielt den Epileptiker für einen »Spinner«. Dann begann der selbsternannte »Totmacher a. D.« zu schreiben. Unter anderem sein Tagebuch »Mein Kampf«. Darin enthalten waren auch Zeichnungen von Frauen, stets unbekleidet, alle von übertriebener Geschlechtlichkeit. Daneben: Beile, Messer, Eisenstangen, Knüppel. Die vermeintlichen Tatwaffen.

Schließlich legte er der Anstaltsleitung sein schriftliches Geständnis vor. Die Reaktion: ungläubiges Kopfschütteln. Man hielt den Strafgefangenen 2106/47 für einen »Psychotiker« und »Simulanten«, nicht aber für einen Serienmörder. Dennoch wurde eine Akte mit dem Vermerk »sehr zweifelhaftes Geständnis« angelegt und den verschiedensten Polizeibehörden zugänglich gemacht. Es vergingen acht Monate, es passierte nichts.

Ferstl wurde ungeduldig, sein ungezügelter, maßloser Geltungsdrang ließ ihn wieder zu Papier und Bleistift greifen. Er schrieb dem Bürgermeister von Vienenburg folgenden Brief: *Ich habe mich schon lange an den hiesigen Chef gewandt (Zuchthausdirektor), daß er mir die Todeskandidaten zum Henken überläßt. Nun ist die Sache die: Die glauben mir hier nicht, daß ich ein Mann bin, der gut und schnell totmachen kann. Sie müssen mir nun eben mal den Gefallen tun und hingehen und mir eine Bescheinigung schicken, worauf steht, daß dort eine tote Alte liegt. Mein Rucksack liegt auch noch in dem Loch. Sie müssen aber bißchen schnell machen und mir Bescheid geben, damit ich* *die Erlaubnis kriege und bald mit dem Aufhängen anfangen kann. Ich schicke Ihnen eine kleine Zeichnung, damit sie die Alte auch finden. Ergebenst, Ihr Werner Ferstl.**

Ermittler der Mordkommission Braunschweig-Land machten sich auf den Weg und stießen tatsächlich in einem Brunnen neben dem Wärterhäuschen 25 an der stillgelegten Bahnstrecke Vienenburg-Halberstadt auf die Leichen zweier Frauen. Nach den Obduktionen stand fest: »Todeseintritt durch stumpfe Gewalteinwirkung«. Ferstl war entweder Täter oder Mitwisser. Die Ermittlungen wurden nun forciert, zumal dieser Mann eine Vielzahl weiterer Frauenmorde offenbarte. Er »arbeitete« mit, wollte endlich »berühmt« werden. Die grauenhaften Taten waren nicht als Tötungsdelikte erkannt worden, da der Großteil der Opfer als »vermisst« gegolten hatte. Auch seine Komplizen, Karl Hausmann, 35-jähriger Nadelsetzer, und der Fleischer Konrad Schorlemmer, 21, konnten schließlich festgenommen werden. Ferstl wurde 1950 wieder vor Gericht gestellt. Die Anklage der Braunschweiger Staatsanwaltschaft: »neunfacher vollendeter und einfacher versuchter Mord«. Das Urteil: »Lebenslänglich«.

Gelegentlich verschwinden Menschen spurlos. Doch niemand vermisst sie. Dies war der Hauptgrund, warum man auch dem Serientäter Paul Hopp nicht schon viel früher auf die Spur gekommen war. Der Wachmann hatte in den siebziger Jahren vier ältere Prostituierte in seiner Hamburger Wohnung erdrosselt. Gescheiterte Existenzen, schlichte Gemüter am Rand der Gesellschaft. Niemand hatte sie näher gekannt, niemand hatte sie als vermisst gemeldet. Warum auch! Wieder so ein tragisch-hässlicher Fall, der belegt, wie fremd und gleichgültig wir uns mittlerweile geworden sind.

Die beschriebenen, kasuistisch beliebig erweiterbaren Aufdeckungsbarrieren unterstreichen: Serienmörder sind schwer zu fassen – und nicht selten kommen sie sogar ungeschoren davon.

Kapitel 2

Aktenzeichen UJs ...

Die Leiche war bereits teilskelettiert und stark in Verwesung übergegangen. Um den toten Körper verstreut: Jacke, Pullover, lange Hose, Büstenhalter, Slip. Ein Schuh hing am rechten Fuß, der andere lag in einem Gebüsch. Der Leichnam war am 27. Mai 1973 gegen 7.30 Uhr gefunden worden. Wie so häufig in solchen Fällen von einem Spaziergänger. Die Obduktion ergab: »Tod durch Verschluß der Atemwege«. Vermutlich war die junge Frau erwürgt worden; in der Gemarkung Harksheide, unweit des Tangstedter Forstes. Im Brustbereich des Opfers konnten Spermaspuren gesichert werden. Zweifellos lag ein Sexualmord vor.

Die Tote konnte noch am selben Tag identifiziert werden. Es handelte sich um Hildegard Gerling. Die 19-jährige Studentin war am 3. Oktober 1972 letztmals lebend gesehen worden. Gegen 16.20 Uhr in der Innenstadt von Norderstedt. Seitdem hatte sie als »vermisst« gegolten.

Auf Anordnung des Leiters der Kripo in Kiel wurde in Norderstedt schon am nächsten Tag eine Sonderkommission eingesetzt. Der Grund: In den vergangenen Jahren waren in Norderstedt oder im Nahraum der Stadt »unter ähnlich gelagerten Umständen« bereits drei Frauen »aus sexuellen Motiven« getötet worden. In die Ermittlungen mit einbezogen wurden auch drei weitere ungeklärte Sexualmorde – begangen im Einzugsgebiet Norderstedts.

Fall eins: Am 24. Mai 1969 wurde die Schülerin Annika Bernhardt bei der Kripo in Lüneburg vermisst gemeldet. Die 17-jährige war mit ihrem Fahrrad auf dem Heimweg gewesen, zu Hause jedoch nicht angekommen. 13 Tage später fand man ihre Leiche in der Gemarkung Drögeholz, unweit eines Wasserwerks. Bis auf die Unterwäsche waren alle Kleidungsstücke vorhanden. Als Verletzungen konnten lediglich Hämatome im Bereich des Unterleibs festgestellt werden. Todesursache: »Erwürgen«.

Fall zwei: Jutta Mellenkamp, 20, fand man in Norderstedt auf dem Grundstück Krahestraße 34. Die Verkäuferin war zuletzt am Vorabend des 7. Juni 1969 gegen 21.05 Uhr gesehen worden. Ihre Bluse war bis über die Brust hochgezogen, Hose und Schlüpfer fehlten. Spermaspuren konnten am rechten Oberschenkel nachgewiesen werden. Am Hals befanden sich Würgemale, das Zungenbein war gebrochen. Der Tod war durch »eine Verlegung der Atemwege« eingetreten. Wertgegenstände fehlten nicht.

Fall drei: Gut drei Monate später, genau am 27. September, kam Ricarda Rumplasch nicht nach Hause. Die 19-jährige Friseurin war im Kino gewesen und gegen 23 Uhr von mehreren Zeugen noch dabei beobachtet worden, als sie versucht hatte, Autos anzuhalten. Spielende Kinder stießen am 20. Mai 1970 im Tangstedter Forst auf ihren Leichnam. Skelettiert. Verwest. Dem Opfer mussten die

Kleider vom Leib gezerrt worden sein. Bluse, Rock und Slip waren zerrissen. Wieder fehlten keine Wertgegenstände. Als Todesursache wurde – obwohl nach der langen Liegezeit und der fortgeschrittenen Verwesung keine zweifelsfreien Befunde zu erlangen waren »Tod durch Einwirkung auf die Atemwege« angenommen.

Fall vier: Am 1. Juli 1970 bestieg Claudia Groß gegen 18.10 Uhr in Hamburg den Bus der Linie 724. Sie wollte nach Altona, ihre Großeltern besuchen. Dort wartete man vergebens auf die 20-jährige Rechtsanwaltsgehilfin. Anderthalb Monate später fand man ihren Leichnam in der Nähe einer U-Bahn-Station. Die Leiche war stark verwest und teilskelettiert. Die Oberbekleidung war hochgeschoben, die Strumpfhose hing auf dem rechten Fuß, der Slip war zerrissen. Die Brieftasche des Opfers fehlte. Wieder hatte der Täter erhebliche Gewalt angewendet. Die Todesursache konnte nicht mehr ermittelt werden.

Fall fünf: Ein halbes Jahr später erschien spätabends der Vater der 12-jährigen Martina Handick bei der Kripo Reinbek, alarmierte die Beamten: »Meine Tochter ist verschwunden. Am Nachmittag hat sie noch mit meinen beiden Söhnen gespielt. Später soll sie mit einem Mann mitgegangen sein. Mehr wissen wir nicht.« Eine Suchaktion wurde eingeleitet. Schon einen Tag später, am 22. Dezember 1970, fand man Martina. Tot. In einem Gebüsch im Trittauer Forst. Wieder war das Opfer teilentkleidet worden. Martina musste sich heftig gewehrt haben. Darauf ließen entsprechende »Abwehrverletzungen« schließen. Der Täter hatte sie »erstickt« und vor oder nach ihrem Tod sexuell missbraucht.

Fall sechs: Die Dunkelheit war bereits hereingebrochen, als Hermann Boost das Fahrrad seiner Tochter fand. In einem Straßengraben an der Bundesstraße 75 zwischen Dassendorf und Brunsdorf. Es war der 12. Juni 1972. Die 13-jährige Mareike war letztmals gegen 17.45 Uhr von ihrer Freundin gesehen worden. Ein halbes Jahr später wurden bei einer Einsatzübung der Bereitschaftspolizei Hamburg in einem Waldgebiet in der Nähe von Dassendorf Skeletteile gefunden. Und eine Hose. Das Opfer konnte schnell identifiziert werden: Es war Mareike. Aufgrund der »besonderen Auffindesituation« und des »unfreiwilligen Zurücklassens des Fahrrades« wurde von einem »sexuell motivierten Gewaltverbrechen« ausgegangen. Die Todesursache war »nicht mehr verifizierbar«.

Sieben Sexualmorde an jungen Frauen beziehungsweise Kindern im Großraum Norderstedt – binnen vier Jahren. Ungeklärt. Eine außergewöhnliche Häufung von Kapitalverbrechen in dieser Gegend. Zweifellos. Der offizielle Ermittlungsauftrag für die Sonderkommission lautete zunächst: »Die Soko hat die Aufgabe zu klären, ob die benannten Tötungsdelikte als Einzeltaten von verschiedenen Tätern anzusehen sind oder Übereinstimmungen den Rückschluß einer Serienstraftat eines einzelnen Täters zulassen.«

Also: Einzeltäter? Serienmörder? Oder beides? Erschwert wurden die Analysen durch den Umstand, dass die meisten Opfer erst nach langer Liegezeit gefunden und wegweisende Details des Tatablaufs oder der Tötungsart in einigen Fällen nicht lückenlos rekonstruiert oder nachgewiesen werden konnten. Dennoch wurde zu Recht die Hypothese aufgestellt: »In allen Fällen handelt es sich mit großer

Wahrscheinlichkeit um Sexualdelikte.« Hierfür sprachen nahezu zweifelsfrei: Die Opfer waren weiblich, junge Mädchen oder Frauen im Alter von 12 bis 20 Jahren; zudem im Genital- und/oder Brustbereich entkleidet.

Für die Annahme, dass alle Opfer durch denselben Täter umgebracht worden sein könnten, lagen ebenfalls Anhaltspunkte vor: »In allen Fällen dürfte die Gewaltanwendung unblutig, ohne grobe Verletzungen hinterlassende Werkzeuge ausgeführt worden sein. Die Tötung erfolgte durch Einwirkung auf die Atemwege, durch Erwürgen bzw. Erdrosseln. In allen Fällen waren der Brust- und/oder Genitalbereich Reizpunkte für den Täter. Grobe Abartigkeiten oder Verletzungen in diesen Bereichen erfolgten nicht. (...) Bis auf einen Fall wurden alle Opfer in einem unwegsamen Gelände zurückgelassen, sodaß sie erst spät gefunden wurden. (...) In keinem Fall hat sich eine nähere Täter-Opfer-Beziehung nachweisen lassen.«*

Nicht berücksichtigt worden waren weitere die Taten *eventuell* verbindende Faktoren. Alle Opfer wurden letztmalig frühestens nach 16.20 Uhr lebend gesehen. War(en) der oder die Täter berufstätig? Sehr wahrscheinlich. In sämtlichen Fällen, die eine entsprechende Untersuchung zuließen, war durch den Täter auf Geschlechtsverkehr verzichtet worden. Potenzprobleme? Hatte der Täter abnorme Fantasien ausgelebt? Es gab nicht einen einzigen unmittelbaren Tatzeugen. Übereinstimmend wurden die Leichen an abgelegenen Orten getötet, liegen gelassen, oder aber der Täter hatte im innerstädtischen Bereich eine Örtlichkeit gewählt, die eine ungestörte Ausführung der Tat ermöglichte. Detaillierte oder grobe Ortskenntnisse waren hierfür zwingend erforderlich. Also dürfte der Mörder zu den Tatzeiten mit an Sicherheit grenzender Wahrscheinlichkeit in der näheren Umgebung der Tatorte gewohnt haben oder aufhältig gewesen sein. In Norderstedt?

Es gab allerdings auch Unterschiede. Lediglich in zwei Fällen waren den Opfern Kleidung oder Wertgegenstände geraubt worden. Bei drei Taten waren Tatort und Begegnungsort nicht identisch. Opfer und Täter mussten mehrere Kilometer gemeinsam zurückgelegt haben. Hatte der Täter in diesen Fällen über ausreichende kommunikative beziehungsweise manipulative Fähigkeiten verfügt, um seine Opfer an den späteren Tatort zu locken? Hatte er die Opfer als Anhalterinnen mitgenommen? Bei den übrigen Morden waren die Opfer mit größter Wahrscheinlichkeit überfallartig angegriffen worden. Ein unter Umständen bedeutsamer Unterschied eines dann charakteristischen Täterverhaltens. Oder aber waren die Opfer hier nicht auf Angebote des Täters eingegangen, und er hatte sich deshalb bei günstiger Gelegenheit – keine Zeugen, Dunkelheit – zu sofortiger Gewaltanwendung und Tatausführung entschlossen? Denkbar.

Es lagen keine Beweismittel – beispielsweise übereinstimmende Finger-, Fuß- oder Reifenspuren – vor, die auf *einen* Täter bei mehreren oder allen Tötungsdelikten hätten schließen lassen. Und es fehlte an einer hoch signifikanten Tatbegehungsweise oder spezifischen, sich wiederholenden Handlungssequenzen. Der Täter hatte den Opfern keine speziellen Verletzungsmuster beigebracht, sie nicht gefoltert, keine Organe entnommen oder ähnliche Scheußlichkeiten begangen. Eine so genannte Signatur – dieser Aspekt soll später eingehend diskutiert werden – war nicht zu erkennen. Dennoch war man sich in den Reihen der Ermittler nahezu sicher, dass zumindest die drei Morde im Tangstedter Forst einem Serientäter zuzuschreiben waren.

Aber diese Erkenntnis brachte die Sonderkommission nicht entscheidend voran. Da man von einem »örtlichen Täter« ausging, wurden nun sämtliche aufgeklärten Vergewaltigungsfälle der jüngeren Vergangenheit, die in Norderstedt verübt worden waren, aufgearbeitet. Das Ziel: den- oder diejenigen herauszufiltern, die aufgrund ihres den Morden ähnlichen Modus operandi als »potentielle Tatverdächtige« infrage kamen.

Nach eingehender Analyse und Bewertung erschienen den Ermittlern zwei Taten »besonders relevant«. In den Verfahrensakten war nachzulesen:

»Sachverhalt: C. wartete vor dem U-Bahnhof auf einen Bus. B. bot sich an, sie nach Hause zu fahren. Er fuhr an den Rand des Tangstedter Forstes. Als sie weglaufen wollte, ergriff er sie, riß ihr in einem Zug die lange Hose und den Schlüpfer bis auf die Knöchel herunter, legte sie auf die Vordersitze des PKWs und sagte – wegen ihrer Gegenwehr – ›Wenn du das noch mal tust (kneifen), muß ich dir auch weh tun.‹ Dabei legte er die Hand auf den Hals des Opfers. Er führte einen Finger in die Scheide ein, sein Glied erschlaffte, und er war nicht in der Lage, den GV (= Geschlechtsverkehr, Anm. d. A.) zu vollenden. Er fuhr sein Opfer bis in die Nähe der Wohnung.«

»Sachverhalt: Nachdem R. mit der U-Bahn am Bahnhof angekommen war, bot sich B. an, sie mit dem PKW nach Norderstedt zu fahren. Er fuhr mit ihr in den Tangstedter

Forst und versuchte, außerhalb des PKWs R. zu notzüchtigen, scheiterte aber an der Gegenwehr. Er riß ihr in einem Zug die lange Hose und den Schlüpfer bis zu den Knöcheln herunter, legte sie auf die Vorderseite des PKWs und führte den GV aus. Vorher hatte er ihren Widerstand gebrochen, als er sagte: ›Wenn du nicht aufhörst, werde ich brutal.‹ Nach dem GV fuhr er sie in die Nähe ihrer Wohnung.«

Des Täters konnte man habhaft werden. Denn der saß im Knast. Es war Willi Burk, 38; von Beruf Maurer, verheiratet, kinderlos. Schon im »Todesermittlungsverfahren Gerling« war er als Verdächtiger vernommen worden. Er hatte alles abgestritten. Zu einer Anklage war es jedoch nicht gekommen – wegen »zu dünner Beweislage«.

Schließlich wurde die Presse informiert. Es sollten sich insbesondere weitere Geschädigte melden. 37 Frauen berichteten dann, sie seien von Burk »in ähnlicher Weise« angesprochen worden. Er hatte sie zur Mitfahrt überreden wollen. In sieben Fällen – die Opfer hatten sich mitnehmen lassen – war er »tätlich geworden« oder hatte die Frauen überdies »beleidigt«. Da alle Vorfälle sich im »tatkritischen Zeitpunkt« ereignet hatten, »erhärtete« sich nach Auffassung der Ermittler der Verdacht, Burk könne auch für einige Morde »gut sein«.

Häufig ergeben sich insbesondere bei multiplen Sexualmördern aus ihrer Biographie, ihren Lebensumständen und -gewohnheiten, ihrem Sexualverhalten und ihrer Persönlichkeitsstruktur ernst zu nehmende Hinweise auf bestehende und tatrelevante Perversionen oder Persönlichkeitsstörungen. Auch in diesem Fall? Entsprechende Ermittlungen wurden angestellt.

Burk wuchs bei Pflegeeltern auf. Die leiblichen Eltern hatten sich vor seiner Geburt scheiden lassen. Er galt als »schwierig«, schwänzte häufig die Schule. Schließlich musste er in einem Erziehungsheim untergebracht werden. Nach seinem Schulabschluss arbeitete er bei verschiedenen Bauern – für kurze Zeit. Er war »zu faul«, wurde erneut in ein Erziehungsheim gegeben. In einem Schreiben der Jugendbehörde wurde der junge Mann als »geistig zurückgeblieben, zeitweise widersetzlich und außerordentlich unordentlich« charakterisiert. Dann lernte er Gerlinde kennen. Ein Jahr später heiratete er die damals 20-jährige Friseurin, zog mit ihr zu den Schwiegereltern nach Norderstedt. Zeugen berichteten der Sonderkommission, dass er seine Frau »häufiger geschlagen«, sie als »Schlampe« oder »Nutte« bezeichnet haben soll. Eine Bekannte schätzte ihn als »unberechenbar, gefühllos, fast sadistisch« ein. Bei »nichtigen Anlässen« sei er in »Wut und Jähzorn« geraten. Eine Nachbarin: »Diese unstete Art. Er wirkte immer irgendwie unruhig. Häufig gab es Streit. Die Polizei wurde einige Male ins Haus gerufen.« Burk war kontaktarm, mit den Verwandten hatte er sich zerstritten, unter Nachbarn und Arbeitskollegen galt er als »unsympathischer Sonderling«.

Burk war mehrfach vorbestraft. Die erste Verurteilung erfolgte 1956 wegen »schweren Diebstahls«. Im selben Jahr bekam er für eine »Verkehrsgefährdung« eine sechswöchige Bewährungsstrafe. Burk war noch Jugendlicher. Dann das erste Sexualdelikt, zwölf Monate später: Er lernte eine damals 17-Jährige kennen, lud sie zu einem Spaziergang ein. Schließlich wollte er Sex. Sie lehnte ab. Er packte sie am Hals, begann zu würgen. Die junge Frau schrie um Hilfe.

Ein Anwohner wurde aufmerksam, konnte Schlimmeres verhindern. Einige Jahre später wurde Burk noch zweimal angezeigt. Er hatte exhibiert, sich mit geöffnetem Hosenschlitz und heraushängendem Penis vorbeigehenden Frauen präsentiert.

Auch das Sexualverhalten dieses Mannes wurde – so weit möglich – hinterfragt. Erster Ansprechpartner: Willi Burk. Er bezeichnete sich als »sexuell recht aktiv«, wollte mit seiner Frau in den ersten Ehejahren »vier- bis fünfmal« pro Woche Verkehr gehabt haben. Zuletzt allerdings »nur noch widerwillig« und »wenn sie danach verlangt hat«. Er habe sich schließlich »andere Frauen gesucht«, insbesondere wenn »es wieder mal Streit gab«. Dann sei er regelmäßig mit seinem Wagen zu verschiedenen U-Bahnhöfen oder Bushaltestellen gefahren, auf der Suche nach Anhalterinnen. Sein Ziel: der Tangstedter Forst. Und er gab zu: »Ich wollte Geschlechtsverkehr.« Widerstand und Gegenwehr seiner Opfer hätten ihn »erregt«, sodass es manchmal »schon vorher gekommen« sei. Er berichtete auch von Erektionsstörungen: »Der ist dann einfach nicht steif geworden.« Auf den Vorhalt, dass er seine Opfer überwiegend »durch Drohungen eingeschüchtert, sie festgehalten, auf den Boden geworfen, geschlagen und gewürgt« habe, wusste er nur eine Antwort: »Das stimmt nicht!« Dann verstummte Burk, wollte nur noch aussagen, wenn man ihm »eine Entmannung« oder »Befragung unter Hypnose« zusage.

Seine Frau bestätigte, dass »immer seltener« Sexualverkehr stattgefunden habe. Sie führte diesen Umstand auf ein »Nervenleiden« ihres Mannes zurück. Zu »groben Abartigkeiten« sei es hingegen nicht gekommen.

Persönlichkeitsprofil und eventuelle psychische Erkrankungen konnten nur fragmentarisch herausgearbeitet werden. Burk hatte den behandelnden Ärzten untersagt, Auskünfte zu erteilen. Die Schweigepflicht band sie. Lediglich ein Gutachten aus dem Jahr 1970 konnte herangezogen werden. Danach litt Burk unter anderem an »Versagensangst« und »ähnlichen Störungen«, ebenso an »Libido- und zeitweisem Potenzverlust«. Auch war von »Selbstmordgedanken« die Rede. Das war allerdings zu wenig, um tatrelevante Schlussfolgerungen ziehen zu können.

Nach viermonatigen intensiven Bemühungen wurde der Staatsanwaltschaft das Ermittlungsergebnis vorgelegt: »Die Sonderkommission ist zu der Überzeugung gelangt, daß Burk mindestens in den Tötungsfällen Gerling, Groß und Handick als Täter anzusehen ist.« Gleichwohl musste man einräumen: »Die Ermittlungen haben keine direkten Beweise erbracht.« Mit anderen Worten: Es sprachen lediglich Indizien für seine mutmaßliche Täterschaft.

Burk sollte Hildegard Gerling, das erste Opfer, getötet haben. Die Begründung: »Die Tatzeit (...) fällt in eine Zeit, wo Burk in sturer, primitiver Gleichförmigkeit Mädchen ansprach und sie zum Mitfahren aufforderte. Er gibt zu, daß dies nur ein Vorwand war, um eine Gelegenheit zu finden, mit ihnen zum GV zu kommen. Sie fällt in eine Zeit, wo er nach seinen Angaben diese Art des Vorgehens einfach brauchte, wenn es zu Hause Ärger gegeben hatte. Wir kennen seine Art zu notzüchtigen aus den Fällen, wo die Opfer lebend davonkamen. (...) Hier zeigen besonders die Erlebnisse von (...) viele Parallelen zum Fall Gerling auf. Er fuhr mit ihnen in den Tangstedter Forst, so wie es auch bei Gerling der Fall gewesen sein muß. Er wählte stets die gleiche Gegend, weil er hier nach eigener Darstellung sich gut auskannte und sich vor Entdeckung sicher fühlte. Hildegard Gerling wird nicht zu Fuß an den späteren Fundort am Tangstedter Forst gelangt sein, wie es auch ihr einige Kilometer entfernt aufgefundenes Mofa beweist. Die Art der Gewaltanwendung, die Veränderung an der Bekleidung und die Art des GV bei G. und T. (Vergewaltigungsopfer) sind so, wie es der Auffindesituation nach auch Hildegard G. ergangen sein dürfte. (...) Wir wissen von dem Notzuchtsopfer T. und von ihm selbst, daß er Erektionsschwierigkeiten hatte und es zum vorzeitigen Samenerguß kommen konnte. Es wurde ein entsprechender Spermafleck festgestellt.

Die Gewalteinwirkung erfolgte offenbar nur auf die Atemwege. Die Tötung verlief unblutig, ohne Verletzungen hinterlassende Werkzeuge. Irgendwelche Spuren hinterlassende sexuelle Manipulationen wurden nicht vorgenommen. (...) Burk stellt in Abrede, Hildegard G. gekannt zu haben. Zeugen bekunden jedoch, daß er sie nicht nur gekannt, sondern auch näheren Kontakt zu ihr hatte. Zeugen sagen aus, daß Hildegard G. ihnen anvertraute, Burk wolle sich mit ihr treffen und sie in seinem PKW mitnehmen. Sie habe Angst vor ihm. (...) Ein Zeuge will gesehen haben, wie Hildegard G. einmal in den PKW von Burk einstieg. (...) Am Tattag verließ Burk um 14.31 Uhr seinen Arbeitsplatz.«*

Die Tat selber sollte sich so zugetragen haben: »Burk kannte Hildegard G. und versuchte, ihre Bekanntschaft zu machen. Von ihrer Erscheinung her paßte sie zu dem Typ von Mädchen, der Burk für einen GV reizte. Er wußte, welchen Weg sie allabendlich nach Hause nahm. Am Tattage wird sich Burk mit seinem PKW in der Straße Knittkuhlen, einer stillen Straße am Tangstedter Forst (...) aufgestellt haben und das Eintreffen von Hildegard G. abgewartet haben. Er wird sie zum Mitfahren überredet oder gezwungen haben, weil sie ihr Mofa an dieser Stelle zurückließ. Er dürfte mit ihr von dort in den Tangstedter Forst gefahren sein, die Gegend, die er für seine Art des Vorgehens bevorzugte. (...) Sie wird ihrer Veranlagung nach seinem Verlangen Widerstand entgegengesetzt haben. (...) Der Tod dürfte durch Erwürgen oder Erdrosseln eingetreten sein. (...)«*

Weitere Indizien wurden vorgetragen: »Das Mofa der Hildegard G. war im Tangstedter Forst gefunden worden. Als Burk mit seinem Notzuchtsopfer E. am 11.1.1973 in den Tangstedter Forst fuhr und sie ihn fragte, wohin er eigentlich mit ihr fahre, antwortete er, er müsse ›noch mal sehen, ob das Mofa noch da wäre‹. Burk stellt in Abrede, so etwas gesagt zu haben. Damit ließ sich nicht mit letzter Sicherheit klären, ob er das Mofa von Hildegard G. meinte. Zum Zeitpunkt dieses Gesprächs befand er sich in der Nähe der Fundstelle des Mofas, und es sind keine Tatsachen bekannt geworden, daß er ein anderes Mofa meinen konnte.

Dem Zeugen Busch, einem Mithäftling in der JVA Neumünster, berichtete Burk, er habe in Norderstedt ein Mädchen mit Namen Hildegard in seinem PKW mitgenommen, in einem Feldweg ›gefickt‹ und ihm mit den Händen Mund und Hals zugedrückt, als es nicht wollte. Er habe es dann zur Seite geschafft, als es sich nicht mehr rührte. Diese Aussage beeidete Busch vor einem Richter.«

Auch im Fall Claudia Groß sollte eine Vorbeziehung bestanden haben, Opfer und Täter hätten unter anderem »in demselben Lokal verkehrt«. Ferner wollte ein Zeuge das Opfer und den mutmaßlichen Täter zum geschätzten Tatzeitraum »gemeinsam« gesehen haben. Auch war zu dieser Zeit im näheren Bereich des Tatorts »ein heller Pkw« aufgefallen. Burk fuhr zu dieser Zeit einen BMW. Die Farbe: weiß. Belastend wurde ebenfalls der Umstand gewertet, dass Claudia Groß phänotypisch jenem »Frauentyp ähnelte, den Burk bevorzugte«.

Schließlich Martina Handick: Burk sollte das spätere Opfer »vom Sehen her« gekannt haben. Zum Zeitpunkt ihres Verschwindens hatte sie sich nachweislich an einer U-Bahn-Station aufgehalten, die Burk »für seine Vorhaben bevorzugte«. Am Tag nach dem Mord an dem jungen Mädchen »waren frische Kratzspuren an seinen Händen und im Gesicht zu sehen«. Das hatten Arbeitskollegen ausgesagt. Und: Wieder war es »sein Frauentyp«.

In diesen Fällen nahmen die Ermittler einen »dringenden Tatverdacht« an, bei den übrigen Morden wurde lediglich auf »ähnliche Auffindesituationen« verwiesen. Eine Täterschaft Burks könne »nicht ausgeschlossen werden«. Das Motiv für die Tötung der Opfer sahen die Kriminalisten in der vordeliktischen Täter-Opfer-Beziehung. Burk hatte nach Einschätzung der Ermittler seine Opfer demnach umgebracht, um sie als Zeugen für seine vorangegangene Vergewaltigung für immer mundtot zu machen. Im Amtsdeutsch sollte er »zur Verdeckung einer Straftat« getötet haben. Ein klassisches Motiv und Mordmerkmal im Sinne des Paragraphen 211 des Strafgesetzbuches.

Die Burk belastenden Indizien lassen es durchaus gerechtfertigt erscheinen, ihn zu verdächtigen – insbesondere der Morde im Tangstedter Forst. Aber: Gerade Zeugenaussagen halten häufig nicht das, was sie versprechen. Zeugen können irren, Wahrnehmungsverzerrungen unterliegen, sich falsch erinnern, aufgrund einer vermeintlichen Erwartungshaltung der Polizeibeamten sogar bewusst die Unwahrheit sagen. Das wissen Kriminalisten, Staatsanwälte, Richter. Hier wollten Zeugen sich teilweise an Ereignisse erinnert haben, die mehrere Monate zurücklagen. Vorsicht!

Die Tatausführungen konnten nicht vollständig rekonstruiert werden. Die Gründe sind bekannt. Die festgestellten »gleichartigen Auffindesituationen« berechtigen zu der Annahme, *ein* Täter könnte es gewesen sein. Nur sind derartige Tatortbefunde – bezogen auf sexuell motivierte Tötungen – in dieser Form sehr häufig zu beobachten. Man sprach bis vor wenigen Jahren in diesem Zusammenhang nicht ohne Grund von der typischen »Lustmordstellung«: Oberbekleidung nach oben geschoben, Hose und Slip bis auf die Füße heruntergezogen, Beine des Opfers gespreizt. Hier war es ähnlich. Dass Burk bei vorangegangenen Vergewaltigungen seine Opfer in ähnlicher Weise traktiert hatte, ist zweifellos ein Indiz, wiegt jedoch nicht sonderlich schwer. Auch die Tatsache, dass Burk nach eigenen Angaben den Tangstedter Forst für seine Vergewaltigungen als Tatort »bevorzugte«, erscheint beachtenswert. Eine für Mehrfachtäter im Allgemeinen klassische Strategie: Sie bevorzugen abgelegene, ihnen bekannte Örtlichkeiten, die gegen unmittelbare Entdeckung geschützt sind und mehrere Fluchtmöglichkeiten bieten. Das passte. Gleichwohl entlarvt diese Vorgehensweise Burk lediglich als typischen *Serien*täter, stempelt ihn jedoch nicht ohne weiteres zum Serien*möder*.

Das Motiv. Burk sollte die Opfer getötet haben, um sie als Zeugen zu beseitigen. Auf den ersten Blick durchaus plausibel. Aber warum hatte er sich dann gerade *diese* Frauen ausgesucht? Die ihn angeblich kannten, die ihn hätten verraten können! Die Vergewaltigungsopfer hatte er indes nicht gekannt. Warum sollte er dieses Risiko eingegangen sein? Weil sie »seinem Typ« entsprachen? Und er nicht anders konnte? Oder wollte? Ohne Zweifel wäre Burk jedoch jederzeit in der Lage gewesen, bei derselben Zielsetzung ihm unbekannte Frauen in seinen Wagen zu locken. Das hatte man ihm nachweisen können. Warum sollte er Hildegard, Claudia und Martina dann getötet haben? Hatten sie sich möglicherweise heftig gewehrt, eventuell geschrien – in einem Fall durch Zeugenaussage belegt – und er die Nerven verloren? Denkbar. Hiergegen spricht allerdings: Bei vorausgegangenen versuchten Sexualdelikten im »tatkritischen Zeitraum« hatte er bei heftiger Gegenwehr die Opfer verschont, sie entweder aussteigen lassen oder sie nach Hause gefahren. In anderen Fällen war er – insbesondere wenn sich Zeugen genähert hatten – geflüchtet. Derselbe Mann sollte nun unter ähnlichen Bedingungen zur selben Zeit zum mehrfachen Mörder geworden sein? Untypisch. Ungewöhnlich. Unlogisch. Aber nicht unmöglich.

Folgerichtig konnte Burk nicht angeklagt werden, die Indizienkette war »nicht geschlossen«. Die Morde im Raum Norderstedt blieben ungeklärt – bis heute. War er's? Willi Burk weiß es.

Manfred Burbach machte am 2. Juli 1983 seinen Rundgang, wie jeden Tag. Routine. Er arbeitete in der Kläranlage Erzhausen bei Frankfurt am Main. Gegen 9.35 Uhr stockte ihm der Atem. So etwas hatte der 36-Jährige noch nicht gesehen – jedenfalls nicht in der Realität. Dort, wo man nicht einfach abschalten kann; wie bei einem schlechten Film. Er schauderte, wendete sich ab, zweifelte. Dann ein zweiter Blick. Tatsächlich. Ihm wurde übel. Dieses schockierende Erlebnis sollte er sein Lebtag nicht vergessen.

Was der Klärwärter gesehen hatte, beschreibt der »objektive Tatbefund« der Kripo Frankfurt: »Die Leiche lag hinter dem ›Schneckenzufluß‹ in einer schrägen Rückenlage mit der linken Schulter an der westlichen Außenseite des Wasserschachts, die rechte Schulter auf dem Rechen. Die Leiche wies erhebliche Zerstörungen auf, der rechte Oberschenkel war abgerissen, das Becken zertrümmert, die Knochen des rechten Oberschenkels lagen frei. Der Schädel war zertrümmert.«

Es musste obduziert werden, da die äußere Besichtigung des Leichnams keine Feststellungen zur Todesursache zuließ. Dic Obduktion ergab: »Männlicher Leichnam, etwa 16 bis 24 Jahre alt. (...) Fortgeschrittener Fäulniszustand mit ausgedehnter Fettwachbildung. (...) Die erhebliche Zerstörung der Leiche kann durch die Schneckenpumpe nach dem Tod hervorgerufen worden sein. (...) Keine Hinweise auf Stich- oder Schußverletzung. (...) Die Liegezeit dürfte mehr als sechs Monate betragen haben. (...) Eine Todesursache ist nicht objektivierbar.«

Dennoch ging man von einem Tötungsdelikt aus. Nach der Bergung der Leiche hatte festgestellt werden können, dass das Opfer gefesselt worden war. Mit einer Paketschnur, etwa anderthalb Meter lang. Die Hände waren vor dem Bauch zusammengebunden worden.

Zunächst galt es die Identität des Opfers zu klären; stets ein eminent wichtiger Ermittlungsansatz. Fingerabdrücke konnten nicht mehr abgenommen werden. Die Leiche hatte zu lange im Wasser gelegen. Durch die Universität Frankfurt wurde ein Zahnstatus erstellt. Keine Hinweise. Fehlanzeige. Schließlich entschloss man sich, den Fall in *Aktenzeichen XY ... ungelöst* vorzustellen. Am 24. Februar 1984 wurde der Beitrag gesendet. Einen Tag später meldete sich die Verkäuferin Diana Kubik bei der Kripo. »Ich glaube«, erklärte die 20-Jährige unter Tränen, »es ist mein Bruder. Er hatte eine Hose mit den Initialen R. K., so, wie sie im Fernsehen gestern gezeigt wurde.« Durch die behandelnde Zahnärztin des mutmaßlichen Opfers und Rechtsmediziner der Universität Frankfurt wurde eine odontologische Vergleichsuntersuchung durchgeführt. Am 28. Februar lag das Ergebnis vor. Bei dem Opfer handelte es sich tatsächlich um Robert Kubik, einen 18-jährigen Lehrling aus Frankfurt.

Nun musste mehr über den jungen Mann in Erfahrung gebracht werden. Robert Kubik hatte ein unstetes Leben geführt. Als Kind war er mehrfach in Erziehungsheime gesteckt worden, hatte kleinere Gaunereien begangen. Er war immer wieder bei verschiedenen Bekannten untergekommen, hatte sich schließlich im Rotlicht-Milieu gelegentlich als »Stricher« angeboten. Zeugen berichteten, ihn »Ende Januar 1983« letztmals lebend gesehen zu haben. Er habe sich in Begleitung von drei Personen befunden und »nach Saarbrücken« gewollt.

Der Mordkommission gelang es nicht, die ominösen Unbekannten zu ermitteln. Auch in Saarbrücken wurde man nicht fündig. Aber es wurden Parallelen zu fünf Morden an Knaben beziehungsweise Jugendlichen der jüngeren Vergangenheit festgestellt; begangen in den Jahren 1976 bis 1983. In Gießen, Rodenbach, Frankfurt, Offenbach, Hanau. Alle Opfer waren im Bereich einer Kläranlage gefunden worden und hatten sich regelmäßig oder gelegentlich prostituiert. Lediglich in einem Fall war die Todesursache festgestellt worden: »erhebliche stumpfe Gewalt auf den Schädel«. Aufgrund der »Übereinstimmungen des jeweiligen Tatbefundes sowie des sozialen Umfeldes der Opfer« wurde die Hypothese favorisiert, »alle Straftaten dürften von demselben Täter begangen worden sein«.

Für die Ermittler war klar: Der Täter musste im »Homo-Milieu« bekannt sein, dort Kontakte pflegen. Intensive Befragungen insbesondere in Offenbach und Frankfurt erbrachten einen ersten »ernst zu nehmenden« Hinweis. Der führte zu Thomas Roth, einem »alten Bekannten«. Der 40-Jährige war zweiundzwanzigmal verurteilt worden, mehrfach hatte man ihn hinter Gitter geschickt. Unter anderem wegen »homosexueller Handlungen in zwei Fällen« und »Vornahme sexueller Handlungen an einem Minderjährigen«. Dann wurden die Ermittler hellhörig. Mehrere Zeugen wussten Bemerkenswertes über den Lageristen aus Offenbach zu berichten: »Der hat die Jungs schon mal geschlagen, wenn sie nicht wollten.« Oder: »Er ist auch brutal geworden, hat die jungen Burschen gefesselt.« Schließlich wurden die Strafakten wegen »sexueller Nötigung« ausgewertet, mehr als 100 Zeugen aus dem Milieu vernommen.

Das Ergebnis war wenig schmeichelhaft, es entlarvte den 1,95-Meter-Hünen als brutalen Schläger, der seine sexuellen Obsessionen gewaltsam durchsetzte: Er malträtierte seine Opfer mit Fäusten, einem Schlagring, fesselte und bedrohte sie mit dem Tode (»Sonst mach ich dich platt!«).

Roth war nun »verdächtig«. Mittlerweile hatten vier Zeugen übereinstimmend ausgesagt, dass er und Robert Kubik in denselben einschlägigen Lokalen gesehen worden seien, allerdings nie gemeinsam. Und es wurde spekuliert. »Die haben sich doch bestimmt gekannt«, hieß es mehrfach. Waren das die üblichen Verdächtigungen, die im Strichermilieu tagtäglich gestreut werden? Oder steckte mehr dahinter?

Die zuständige Fachdienstelle der Kripo in Darmstadt forcierte die Ermittlungen. »Tatrelevante Objekte«, in denen Roth sich kurz- oder längerfristig aufgehalten hatte, sollten »nach möglichen Beweismitteln« durchsucht und kriminaltechnisch untersucht werden.

Ein Bekannter Roths, der 45-jährige Wolfgang Nicklaus, besaß eine Gartenlaube. Dort waren von dem Verdächtigen drei Jungen missbraucht worden. In der Hütte konnten die Beamten mehrere Fingerspuren sichern. Und rötlich-bräunliche Substanzen, möglicherweise Blut: an einem Bettpfosten, an einer Tischkante. Die Fingerspuren wurden mit den Fingerabdrücken von Roth, Nicklaus und denen des Opfers verglichen. Die Spuren konnten zweifelsfrei Roth und Nicklaus zugeordnet werden – bis auf eine Handflächenspur. Stammte diese von Robert Kubik? »Negativ«.

Nun traf das serologische Gutachten des Bundeskriminalamts ein. Zu der am Bettpfosten gesicherten Anhaftung konnte lediglich festgestellt werden: »Es handelt sich um menschliches Blut.« Für konkretere Aussagen war die Menge »zu gering« gewesen. Die Auswertung der Spuren an der Tischkante hingegen hatte ergeben: »(...) Blutspuren stammen von mindestens drei verschiedenen Personen.« Die Blutgruppen konnten ebenfalls mitgeteilt werden. Bei den Blutspuren handelte es sich überwiegend um Spritzer, wie sie üblicherweise beim Schlagen in blutende Wunden beziehungsweise beim Abschleudern von Tatwerkzeugen entstehen. Waren hier drei der Opfer umgebracht worden? Oder nur Robert Kubik?

Zeitgleich hatte man die Wohnungen von Roth und Nicklaus unter die Lupe genommen. Gefunden wurden: eine Gaspistole, Handschellen, ein Schlachtermesser. In einer Türverkleidung hatte man sieben Einschüsse festgestellt, ein Projektil sichern können. Nach Auskunft des Bundeskriminalamts war jedoch »eine Identifizierung nicht möglich«. Zwei weitere Wohnungen, Roth war dort für einige Zeit untergekrochen, waren durchsucht worden. Fehlanzeige. Der mutmaßliche Mörder wurde schließlich vernommen. Sein Kommentar: »Ich sage nichts.«

Das Fazit der Ermittler: »Aufgrund der Gesamtumstände kann davon ausgegangen werden, daß R. mit hoher Wahrscheinlichkeit als Täter für die Sache Kubik infrage kommt. Ein Beweis läßt sich derzeit nicht führen.«

Die Staatsanwaltschaft Darmstadt war von dem Ergebnis der Ermittlungen unverzüglich in Kenntnis gesetzt worden. Sie regte an, »alle genannten Tötungsdelikte« zentral durch das Hessische Landeskriminalamt aufarbeiten zu lassen. Die »Arbeitsgruppe (AG) 229« wurde ins Leben gerufen. Vier Kriminalisten hatten von nun an die Aufgabe, den mutmaßlichen Serienmörder zu überführen. Im Fadenkreuz der Ermittler: Thomas Roth.

Anhaltspunkte zu möglichen psychischen Störungen, sexuellen Perversionen des Verdächtigen oder andere tatrelevante Hinweise erhofften sich die Ermittler auch aus einem Urteil, das im Dezember 1978 durch das Landgericht Frankfurt verkündet worden war. Roth stammte aus der ehemaligen DDR, wurde in Chemnitz geboren. Er wuchs in »geordneten Verhältnissen« auf, besuchte die Volksschule. Bis zur 8. Klasse. Dann begann er eine Lehre als Dachdecker, übte diesen Beruf auch drei Jahre aus. 1960 kam er in die Bundesrepublik, arbeitete auch hier. Zunächst in einem Kraftwerk, später in einem Verlag. 1961 erfolgte die erste Verurteilung – wegen Diebstahls. Danach immer wieder. Nach mehreren Haftstrafen kam er im März 1975 frei, arbeitete einige Zeit als Lagerist. Danach nicht mehr. Er blieb arbeitslos. Während dieser Zeit knüpfte er enge Kontakte zum Prostituierten- und Zuhältermilieu in Frankfurt. Zeitweilig hatte er eine ganze Clique im Milieu verhafteter, überwiegend junger Männer um sich herum. Roth zeigte sich »großzügig«, gab sich als »starker Mann«. Das Gericht stellte dem Angeklagten jedoch ein außerordentlich schlechtes Zeugnis aus: »Seine soziale Prognose ist denkbar ungünstig. Er lebt enthemmt, ziellos, dem ›Milieu‹ verhaftet und ohne jeglichen Ansatz einer positiven Lebensgestaltung.« Mehr war über diesen Mann zunächst nicht zu erfahren. Zu dünn, zu wenig.

Die »AG 229« schuftete unablässig, analysierte nochmals sämtliche bekannten Details der Verbrechen, ging Hunderten weiterer Spuren und Hinweise nach. Sechs Monate vergingen. Im August 1985 lag das Ermittlungsergebnis vor. Es hatte sich herauskristallisiert, dass Roth einerseits »von Strichern gemieden« wurde, andererseits jedoch »beliebt« war. Der Grund: Er bezahlte seine Sexualpartner – ausnahmslos junge Männer, die in ihrer Not oder um den nächsten »Schuss« finanzieren zu können, ihren Körper feilboten – »überdurchschnittlich gut«. Dieser Mann war abstoßend und anziehend. Gerissen und großzügig. Zweifelsohne auch brutal. Einige seiner Freier hatten ihn angezeigt – wegen seiner »perversen Methoden«. Von seinen sadistisch eingefärbten Ritualen wollte er aber nicht lassen. Vermutlich konnte er auch gar nicht anders. Hatte er immer wieder gemordet, um seine auf tönernen Füßen stehende Freiheit – mit Bewährungsstrafen wäre er nicht mehr davongekommen – durch den Tod seiner Opfer zu zementieren? Spekulation.

Die Kriminalisten schlussfolgerten: »Ermittlungen bzgl. eines möglichen Tatmotives erbrachten den durch verschiedene Zeugenaussagen belegten Nachweis, daß alle Getöteten sich als ›Stricher‹ betätigt und im Strichergebiet in Frankfurt aufgehalten haben. Es dürfte sich somit mit hoher Wahrscheinlichkeit um sexuell motivierte Taten handeln, wobei der Täter bei Würdigung der Erkenntnisse aus allen Verfahren im Homo- bzw. Strichjungenmilieu im Raum Frankfurt/Offenbach zu suchen sein dürfte.«*

Unüberwindliche Hindernisse hemmten die Ermittlungen: Die Todesursachen beziehungsweise Tötungsarten konnten nicht festgestellt werden, Sachbeweise fehlten vollends, die Tatzeiten konnten – wenn überhaupt – nur vage eingegrenzt werden.

Für eine mögliche Täterschaft Roths sprachen Indizien. Er hatte sich seit Mitte 1975 »nachweislich« im Rhein-Main-Gebiet aufgehalten, war dort in der Grauzone menschlicher Begierden und Perversionen »bekannt«. Mit anderen Worten: Er war homosexuell, pflegte entsprechende Kontakte, hielt sich an jungen Burschen schadlos. Zudem konnte ermittelt werden, dass er »drei Opfer gekannt« hatte. In einem weiteren Fall »musste dies vermutet werden«. Alibi-Überprüfungen waren kaum durchzuführen. Man musste sich damit begnügen zu recherchieren, ob Roth zu den fraglichen Tatzeiträumen inhaftiert oder im Rhein-Main-Gebiet gewesen war. Auch hier: Er hätte die Möglichkeit gehabt – mehr aber auch nicht.

So resümierte man im August 1985 folgerichtig: »Der anfängliche Tatverdacht gegen Roth hat sich im Verlaufe der Ermittlungen erhärtet. Insbesondere wegen fehlender Sachbeweise kann eine Täterschaft jedoch beim derzeitigen Sachstand nicht nachgewiesen werden.«

Nach Abschluss der Untersuchungen ereigneten sich im Rhein-Main-Gebiet keine weiteren Tötungsdelikte, die dieser mysteriösen Mordserie zuzurechnen gewesen wären – bis zum 21. Juni 1989. Tot aufgefunden wurde an diesem Tag ein 15-jähriger Junge. Wieder in einem Kanalschacht, diesmal in Offenbach. Torsten Brandt war bereits am 25. Januar 1983 vermisst gemeldet worden. Auch er hatte sich gelegentlich prostituiert. Das siebte Opfer des mutmaßlichen Serienmörders. Die Ermittlungen wurden wieder aufgenommen. Erfolglos. Die »Kläranlagen-Morde« blieben ungesühnt.

Ungeklärte Mordserien sind vergleichsweise selten. Aber es gibt sie, auch in Deutschland. Aufgrund eigener Untersuchungen darf ich feststellen: Nach Ende des Zweiten Weltkriegs blieben hierzulande *mindestens* 23 Serientötungen, die von den zuständigen Fachdienststellen als solche qualifiziert worden waren, nachweislich ungelöst. Eine schwere Hypothek. In diesen Fällen wird im Regelfall nur noch dann ermittelt, wenn sich neue Hinweise ergeben. Auf den Aktendeckeln der Staatsanwaltschaften mahnt das *Aktenzeichen UJs* ... Im juristischen Amtsdeutsch heißt dies: Ermittlungsverfahren gegen Unbekannt.

Ungeklärte Serienmorde ziehen sich wie ein blutroter Faden durch die jüngere deutsche Kriminalgeschichte:

Das Polizei-Meldeblatt des Landeskriminalpolizeiamts Nordrhein-Westfalen titelte in der Ausgabe vom 4. November 1946 unter der Rubrik »Allgemeine Bekanntmachungen«; »Lustmord bei Amern! Nachtrag zum MBl. (= Meldeblatt, Anm. d. A.) 26 (16). Den Tatumständen nach zu urteilen, dürften Tatzusammenhänge mit dem im MBl. 19 (2) z. N. Ilona Feldmann und MBl. 23 (4) z. N. Marianne Koch bestehen. In allen Fällen schlug der Täter brutal mit einem kantigen Gegenstand auf seine Opfer ein. Im Falle Bresser (27.10.46) wurden am Kopf des Opfers fünfzehn Schlageindrücke festgestellt. Diese haben den Tod herbeigeführt. Bei der Obduktion der Leiche wurde [n der] Bruch des Brustbeines und mehrere tiefe Schnittwunden an den Beinen und am linken Unterarm festgestellt. Es ist anzunehmen, daß der Täter auf der Brust der Bresser kniete und die Stiche erst nach Eintritt des Todes ausführte. Bei einem im Mai d. J. in der gleichen Gegend ausgeführten Mordversuch beschrieben die mit großer Mühe dem Unhold Entronnene und weitere Zeugen den Täter: Etwa 25–30 Jahre alt, schlank, kräftig, vorstehende Backenknochen, stechender Blick, dunkelblondes, nach hinten gekämmtes Haar. Täter führte ein Herrenfahrrad mit angeschnallter Ledertasche mit sich. Wer kennt eine solche Person, die mit der Tat in Zusammenhang gebracht werden kann? Wo war eine solche zu den Tatzeiten, 15.6., 27.6. und 27.10.46 ortsabwesend?«*

Am 5. Mai 1961 berichtete das Landeskriminalamt Nordrhein-Westfalen im Bundeskriminalblatt über »Raubmorde in den Jahren 1947/48«. Dort heißt es: »I. Am 30.4.47 wurde in Siegen, in einem Waldgebiet, die Leiche der Martha Kaufhold, 14.2.22 Dortmund, aufgefunden. Die K. war durch vier Schüsse aus einer Pistole getötet worden. Sie galt seit 12.3.47 als vermisst. (...) II. Nacht z. 24.7.47 wurde in Kassel der Kaufmann Rudolf Kofler, 29.9.02 Erfurt, durch zwei Schüsse aus einer Pistole getötet. (...) III. Am 5.4.48, zw. 18.00 u. 19.00 Uhr, wurde am Wank b. Partenkirchen, auf dem Weg z. Esterbergalm, der Förster Albert Mooshammer, 4.7.09, erschossen. (...) Das geraubte Gut ist in allen 3 Fällen nicht wieder aufgetaucht. Auf Grund des bisherigen Ermittlungsergebnisses sind Tatzusammenhänge bei allen 3 Straftaten gegeben. Nach vorlieg. Gutachten wurde bei den Morden ein u. dieselbe Tatwaffe verwendet.«

Ich erkundigte mich beim Landeskriminalamt in Düsseldorf hinsichtlich der beiden Mordserien. Hintergrund war, dass ich mich bei meinen Forschungen nicht nur auf abgeurteilte Serienmörder beschränken, sondern gleichzeitig ein Lagebild für diesen Deliktbereich in Deutschland vorlegen wollte. Es gab nämlich keins. Niemand wusste Bescheid. Hierfür waren statistische Erhebungen notwendig; geknüpft unter anderem an die Fragen: Wie viele Serientäter konnten verurteilt werden? Wie viele Mordserien konnten nicht aufgeklärt werden? Worauf stützte sich die behördliche Annahme *Serien*tötung?

Beide Fälle aus den Jahren 1946 und 1947/48 wurden durch das Landeskriminalamt recherchiert. Das Ergebnis: »Die Taten konnten nicht aufgeklärt werden.«

Von November 1971 bis Oktober 1974 verschwanden vier junge Frauen im Großraum Münster. Ihre Leichen fand man Tage, Wochen oder Monate später in den westfälischen Gemeinden Burgsteinfurt-Sellen, Schöppingen-Stroenfeld, Merfeld und Bentheim. Bedeutsame Parallelen: Die Opfer waren 18 bis 23 Jahre alt, stiegen als Anhalterinnen oder Prostituierte in den Wagen des Mörders, ihre geschundenen Körper wurden sämtlich in Waldgebieten gefunden. Und: Alle Opfer waren durch multiple Stichverletzungen entstellt gewesen. Das Fachdezernat der Kripo in Münster teilte mir mit, dass »kein Tatverdacht geäußert werden konnte«.

Vergleichbares ereignete sich wenig später binnen zwei Jahren in der näheren Umgebung von Heidelberg. Vier Frauen im Alter von 16 bis 21 Jahren waren in den Tod gefahren – als Anhalterinnen. Zwei Leichen fand man im Stadtwald Lampertheim, die übrigen in Waldgebieten bei Schriesheim. Die Todesursachen hatten in drei Fällen »nach zu langer Liegezeit« nicht sicher festgestellt werden können. Das vierte Opfer war erstochen worden. Das Landeskriminalamt Baden-Württemberg wies im *Bundeskriminalblatt* anlässlich des letzten Sexualmordes daraufhin, dass »(...) nicht ausgeschlossen werden kann, daß ein Zusammenhang mit den Mordfällen der Anhalterinnen Monika K., Corinna M. und Veronika S. besteht«. Am 8. Dezember 1997 antwortete mir das Dezernat 1 – Kriminalpolizei – der Polizeidirektion Heidelberg: »Die im genannten BKA-Blatt aufgeführten Mordfälle, allesamt Morde an Anhalterinnen, konnten bis zum heutigen Tage nicht geklärt werden.«*

Dieselbe Tatwaffe verbindet drei Gewaltverbrechen, die bis heute nicht aufgeklärt werden konnten. Am 20. November 1983 wurde in einem Waldgebiet nahe Zweibrücken die Leiche von Berthold Mangels gefunden. Der 21-jährige Bundeswehrsoldat war kurz zuvor erschossen worden. Fünfmal hatte der Mörder abgedrückt. Das Motiv: »unbekannt«. Anderthalb Wochen später kam dieselbe Pistole wieder zum Einsatz, diesmal in Weinheim. Tödlich getroffen wurde Ernst Bierowka um 1.10 Uhr in seinem Taxi aufgefunden. Er konnte noch mitteilen: »Ein Neger hat auf mich geschossen.« Wieder waren fünf Schüsse auf das Opfer abgegeben worden.

Es war genau 10.31 Uhr, als am 1. Februar 1984 ein Geldtransport der amerikanischen Stationierungsstreitkräfte zum Anhalten gezwungen wurde. Ein roter »Renault 5«, besetzt mit zwei Männern, hatte am Ortsausgang von Undenheim, einer kleinen Gemeinde im Landkreis Mainz-Bingen, vor dem Begleitfahrzeug der Militärpolizei gebremst. Einer der Täter feuerte fünfmal auf den Wagen der Militärpolizisten, verfehlte jedoch die Insassen. Lediglich ein Projektil durchschlug das Blaulicht. Anschließend flüchteten die Täter. Kriminaltechnische Untersuchungen der Projektile ergaben: »Die in Undenheim verwendete Waffe (Pistole) ist auch beim Mord z. N. Mangels in Zweibrücken und beim Mord z. N. Bierowka in Weinheim verwendet worden.« Laut Kripo Pirmasens konnte (n) der beziehungsweise die Täter bislang »nicht ermittelt werden«.

Zwei Doppelmorde im Staatsforst Göhrde erschütterten und verängstigten 1989 nicht nur die Bewohner des Landkreises Lüchow-Dannenberg (Lüneburger Heide). Die reinen Fakten der beiden Fälle sind schnell erzählt, weil es so wenige sind. Ingeborg und Manfred Eichendorff, ein älteres Ehepaar aus Hamburg, wurden am 21. Mai ermordet. Aber schon der Tathergang konnte nicht sicher rekonstruiert werden, denn die Leichen waren stark mumifiziert und größtenteils skelettiert. Sie waren von Blaubeersammlern am 12. Juli im Jagen 138 des Staatsforstes entdeckt worden. Nur der juristische Tatbestand war eindeutig: »Mord«.

Die Todesursache hingegen blieb »unklar«. Vom ebenfalls grauenvollen Sterben der beiden anderen Opfer wusste man indes mehr: »Kopfschuß, schwere Strangulierungen, Schädelbrüche«. Das Liebespaar Hans Beckers (43) und Hilde Schmallenberg (46) war noch vor Eintritt der völligen Verwesung gefunden worden. Ein makabrer Zufall: Als die kriminalpolizeilichen Untersuchungen am ersten Tatort stattfanden, wurden exakt zu dieser Zeit nur wenige hundert Meter entfernt, im Jagen 147, die anderen Opfer umgebracht. Die tödlichen Schüsse waren einfach »nicht zu hören« gewesen. Dies hatte eine Rekonstruktion ergeben.

Für die Ermittler der Kripo Lüchow-Dannenberg war klar: »Tatzusammenhang zwischen den Doppelmorden besteht.«

Der Täter dürfte bereits zuvor gemordet haben. Gestützt wird diese Annahme durch den besonderen Umstand, dass das »Phantom der Göhrde« nach den Bluttaten die Wagen der Opfer längere Zeit benutzt hat. Ein ungewöhnliches Verhalten, geprägt von Erfahrung, emotionaler Kälte, kühler Berechnung. Dieser bisher nicht überführte Mann ist kein Anfänger.

Tatort Berlin. Prenzlauer Berg. Am 7. Dezember 1990 starb die 46jährige Hausfrau Marion Duda – im Hausflur ihres Wohnhauses, niedergestreckt durch mehrere Messerstiche in die Herzgegend. Dann folgten zwei Morde an Rentnerinnen, einen Monat darauf; diesmal in Friedrichshain, im Abstand von nicht ganz einer Stunde. Wieder lauerte der Mörder seinen Opfern im Hausflur auf. Abermals stach er jeweils in die Herzgegend. Das Landeskriminalamt Berlin schrieb mir hierzu: »Die Raubmorde in Berlin-Prenzlauer Berg und -Friedrichshain konnten nicht aufgeklärt werden. Ich weise darauf hin, daß die Morde vom 7.12.90 und 9.1.91 nicht zwingend vom gleichen Täter begangen worden sein müssen. Es gibt lediglich Parallelen, die diese Annahme möglich erscheinen lassen. Mit hoher Wahrscheinlichkeit ist allerdings davon auszugehen, daß die beiden Taten am 9.1.91 vom gleichen Täter verübt wurden.«*

Am 20. März 1986 machte ein Arbeiter am Rand eines Wiesengrundstücks im Landkreis Breisgau-Hochschwarzwald einen grausigen Fund. Er stieß auf einen menschlichen

Schädel. In der näheren Umgebung fand die Kripo weitere größtenteils skelettierte Leichenteile. Anhand von Schmuck und Bekleidung der Toten konnte sie identifiziert werden: Angela Storck, 17, Schülerin. Die junge Frau, nach Auffassung der Ermittler zweifellos »Opfer eines Sexualmörders«, galt seit dem 15./16. Juli 1985 als vermisst. Sie war gegen 0.30 Uhr zuletzt lebend gesehen worden; in Freiburg, am dortigen Martinstor. Sie hatte nach Ballrechten-Dottingen fahren wollen per Anhalter. Den Kriminalisten fielen »beachtenswerte Parallelen« zu einem ähnlichen Fall auf. Im Frühjahr 1983 war ebenfalls ein 17-jähriges Mädchen verschwunden. Wieder in Freiburg, wieder am Martinstor. Auch Corinna Schnock hatte nach Ballrechten-Dottingen trampen wollen. Erst ein Jahr später war die Leiche der jungen Frau in einem Waldgebiet gefunden worden.

23. Oktober 1994, gegen 23 Uhr in der Freiburger Innenstadt. »Ciao, mach's gut.« Das waren ihre letzten Worte. Wenige Minuten später stieg Bettina Postel, ihrer Freundin noch hinterherwinkend, in einen Wagen. Das folgende Gespräch führte die 19-Jährige mit ihrem Mörder. Acht Tage später entdeckte man ihren Leichnam. In einem Waldgebiet, zirka zehn Kilometer südöstlich von Freiburg. In diesem unwegsamen Gelände waren bereits zwei Frauen tot aufgefunden worden: Angela Storck und Corinna Schnock. Hatten drei verschiedene Täter zufälligerweise ihre Opfer in derselben Gegend abgelegt? Die jemand, der sich dort nicht auskannte, nie und nimmer gefunden hätte? Das Dezernat 1 der Kripo in Freiburg glaubt nicht daran. So wurde mir mitgeteilt: »(...) Ein Tatzusammenhang mit den beiden o. a. Fällen kann vermutet werden, weil die Ablageorte der Lei-

chen in einem räumlichen Zusammenhang stehen. Um dies zu verdeutlichen, füge ich eine Kopie der Landkarte bei.« Ich konnte mich also selbst davon überzeugen. Zweifel habe ich nicht.

In vier Mordfällen tappen die Todesermittler in Nürnberg, München und Hamburg noch im Dunkeln. Begonnen hatte die Mordserie am 9. September 2000 im Nürnberger Stadtteil Langwasser. Dort hatte der Blumenhändler Ahmet Celik seinen Verkaufsstand aufgebaut. Der 38-Jährige wurde in seinem Kleinlastwagen förmlich hingerichtet. Das Motiv blieb rätselhaft. Ebenso mysteriös erschien der Mord an Habil Erdogan; wieder in Nürnberg, neun Monate später. In seinen Wohn- und Geschäftsräumen hatte man den 49-Jährigen gefunden – mit zwei Projektilen im Kopf. Der Vergleich der Geschosse ergab: »dieselbe Waffe«. Am 29. August 2001 wurde der Obst- und Gemüsehändler Enver Özdemir im Münchener Vorort Ramersdorf gefunden. Der 36-Jährige war erschossen worden – mit jener Waffe, die bereits seinen türkischen Landsleuten in Nürnberg zum Verhängnis geworden war. Auch hier: »kein nachvollziehbares Motiv«. Die Opfer hatten keinen geschäftlichen Kontakt, kannten sich nicht einmal.

Im November 2001 erhöhte sich die Zahl der Opfer auf vier. Bereits am 27. Juni war der 31-jährige Sohn eines Gemüsehändlers in Hamburg-Bahrenfeld erschossen aufgefunden worden. Das Projektil hatten die Ermittler zu Vergleichsuntersuchungen zum Bundeskriminalamt geschickt. Der ballistische Abgleich ergab Monate später, dass es sich »zweifelsfrei« um dieselbe Waffe handelte, mit der die anderen Opfer ermordet worden waren. Die Beamten der überregional operierenden Sonderkommission »Halbmond« schließen nicht aus, dass der Täter »ein professioneller Killer« ist, der im Auftrag unbekannter Hintermänner die vier Türken liquidiert hat. Mittlerweile sind 35 000 Euro Belohnung für Hinweise ausgesetzt worden, die zur Aufklärung der Mordserie führen.

In den frühen Morgenstunden des 5. September 2001 verschwand der Schüler Patrick Gross aus einem 6-Bett-Zimmer des Schullandheims in Wulsbüttel, einer Kleinstadt knapp 25 Kilometer von Bremen gelegen. Groß angelegte Suchaktionen blieben zunächst erfolglos. 14 Tage später fand ein Pilzsammler den Leichnam des 9-Jährigen in der Gebüschreihe eines Waldwegs der Gemeinde Kirchtimke, etwa 46 Kilometer von Wulsbüttel entfernt. Offenbar war der Junge sexuell missbraucht worden. Durch die Sonderkommission »Patrick« der Kripo Lüneburg werden dem Täter – neben zahlreichen anderen Missbrauchsfällen – auch zwei Knabenmorde zugeschrieben: 1992 und 1995 waren »unter sehr ähnlichen Umständen« zwei Kinder im Großraum Lüneburg/Bremen verschleppt und getötet worden.

Weitere ungelöste Serienmorde sind aktenkundig. Einige dieser Fälle habe ich in meinem Buch *Das Hannibal-Syndrom – Phänomen Serienmord* (*Militzke Verlag, 2001*) ausführlich beschrieben. Auffällig ist dabei, dass sämtliche ungeklärten Serientötungen lediglich zwei Motive erkennen lassen. Vereinfacht ausgedrückt: Sex- oder Habgier. Zugegeben: Es handelt sich um die in diesem Kontext am häufigsten festzustellenden Beweggründe, das Leben anderer Menschen auszulöschen. Bei verurteilten Serientätern in genau 78 Prozent der Fälle. Stellt man die gelösten und ungeklärten Taten gegenüber, entsteht allerdings ein schiefes Bild. Statistisch gesehen müssten die *er*kannten Mordserien mit *un*bekanntem Täter auch abweichende tatinitiierende oder tatrelevante Hintergründe aufweisen, also andere Motive. Fehlanzeige. Eine unbekannte Anzahl von Tötungsdelikten dürfte demnach in der Vergangenheit mit Sicherheit nicht als Mord*serie* erkannt worden sein.

In den letzten Jahren haben sich Hunderte Interessierte, Rat- oder Hilfesuchende an mich gewandt. Kriminalisten, Kriminologen, Psychologen, Psychiater, Soziologen, Rechtsmediziner, Doktoranden, Studenten, Journalisten. Auch andere Berufsgruppen. Eine der am häufigsten gestellten Fragen: Welche Erklärung haben Sie dafür, dass ungeklärte Mordserien »abrupt« enden? Auf konkrete Fälle angesprochen, lautete die Antwort unisono: »Keine.« Ich konnte lediglich eine Vielzahl von Hypothesen anbieten, gespeist durch empirisch belegte Fakten und Erfahrungswerte. Zunächst: Das jeweilige Motiv ist richtungsweisend. Sadistisch veranlagte Serientäter morden in aller Regel tatsächlich so lange, bis sie gefasst werden. Sie delirieren in einer morbiden Vorstellungs- und Erlebniswelt, quälen, foltern, töten. Diese emotionalen und sozialen Krüppel versuchen durch ihre an Maß- und Zügellosigkeit kaum zu übertreffenden realen Gemetzel ihre eigenen seelischen und psychischen Deformationen zu kompensieren. Dies gelingt. Vor, während und nach der Tat. Dann aber werden sie wieder eingeholt – von der Wirklichkeit, in der sie sich nicht zurechtfinden, in der sie orientierungslos durchs Leben stolpern. Soziale Aussteiger, Versager, Geächtete. Nischenmenschen.

Und dann laufen sie wieder los, verlangen nach neuen Opfern. Dieser Typ Täter ist in aller Regel nicht dumm, vielmehr intelligent, gerissen, plant seine perversen Akte, entwirft Konzepte, Strategien. Der Genuss soll von Dauer sein. Lebenslänglich. Er schlägt keine sozialen Wurzeln, ist jederzeit willens und in der Lage, Arbeitsstelle oder Wohnort zu wechseln. Insbesondere dann, wenn er glaubt, man sei ihm auf der Spur. Die Mordserie reißt ab. Andernorts wütet der Täter weiter, ohne dass ein Zusammenhang gesehen wird.

Oder aber die Täter gestehen gezielt andere Delikte, lassen sich verurteilen, wandern für kurze oder längere Zeit in den Knast. Der Grund: Sie wollen sich »aus der Schusslinie bringen«. Manche legen auch bewusst größere Entfernungen zurück, um Tatzusammenhänge zu verschleiern. Jürgen Knoll zum Beispiel. Der vereinsamte Waschraumwärter fuhr mit Bus und Bahn bei seiner Opfersuche kreuz und quer durch das nördliche Ruhrgebiet. Seine Begründung: »Wenn ich alles in Duisburg gemacht hätte, dann hätten sie mich schon längst gekriegt. Ich bin dann einfach irgendwo hingefahren, wo mich keiner kennt.« Eine simple Strategie – und leider erfolgreich. Mindestens acht Opfer würgte oder drosselte er zu Tode.

Ein solches Verhaltensmuster pflegen gelegentlich auch Serien-Raubmörder, wenn sie sich auf eine bestimmte »Masche« festgelegt haben. Janette Koslowski, eine 20-jährige Prostituierte, und der Arbeitslose Franz-Josef Schütz, 46, bevorzugten nach Erkenntnissen des Polizeipräsidiums Rheinpfalz stets dieselbe Arbeitsweise: »Vereinbarung zum Geschlechtsverkehr, meist gegen Entgelt und vielfach nach vorheriger telefonischer Kontaktaufnahme (Handy), Betäubung des Opfers mit Chloroform oder Drogen, Fesselung des Opfers, plötzlicher Angriff gegen den Hals (schneiden, drosseln), Tote in Gewässer werfen.« Nach diesem Muster verübte das ungleiche Paar im ersten Halbjahr 2001 vier Tötungsdelikte: in Los Almendros/Spanien, in Hooftdorp/Niederlande, in Andenne/Belgien, in Den Haag/Niederlande. Gewohnt hatten die Täter allerdings in Amsterdam.

Hin und wieder führen aber auch positiv sich verändernde Lebensumstände dazu, dass Serienmörder, ohne weitere Taten zu begehen, unbehelligt unter uns leben. Insbesondere dann, wenn Habgier das Motiv ist. Auch Ernst Wilms (Kapitel 1) verhielt sich so. Nach seinen letzten Morden in Frankfurt am Main blieb er standhaft, heiratete, ging einem ordentlichen Beruf nach, gründete eine Familie. Erst 17 Jahre später bröckelte die bürgerliche Fassade: Festnahme, Verurteilung, Zuchthaus.

Belegt sind auch solche Fälle, in denen die Täter wegen lediglich eines Mordes verdächtigt oder verurteilt wurden, während der Haft dann aber »reinen Tisch« machten. So gestanden beispielsweise Werner Ferstl und Thorsten Rupp (Kapitel 1) zehn beziehungsweise fünf Morde, die man ihnen gar nicht vorgeworfen hatte. Nachgewiesen ist ebenso, dass einige Täter aus familiären oder beruflichen Gründen ihren Lebensmittelpunkt verlagern mussten. Wir werden noch davon hören. *Denkbar* erscheinen in diesem Zusammenhang auch Begleitumstände, die die Täter für längere

Zeit oder gänzlich von weiteren Morden abgehalten haben *könnten*: Krankheit, unfallbedingte körperliche Behinderung, Tod.

Wie viele Serienmörder laufen derzeit in Deutschland frei herum? Die mir am häufigsten gestellte Frage; insbesondere von Journalisten. Im Zeitungs-, Rundfunk- oder Fernsehinterview. Verständlich – bei entsprechender Relevanz und Brisanz. Nämlich dann, wenn wieder mal ein »Ungeheuer« geschnappt wird. In meinem Aufsatz *Kriminologie der Serienmörder* vertrat ich im Oktober 1999 im Fachorgan *Kriminalistik* die Auffassung: »Es muß derzeit davon ausgegangen werden, daß sich mindestens acht Serienmörder auf freiem Fuß befinden.« Diese Aussage kümmerte zunächst niemanden. Sie blieb unbeachtet. Zu Recht. Angesichts der Tatsache, dass Hunderte Totschläger und Mörder im vergangenen Jahrzehnt nicht überführt werden konnten, erscheint die Zahl acht verschwindend gering. So ist es auch.

Ich stützte meine Hypothese auf die Erkenntnis, dass hierzulande in den vergangenen 15 Jahren nachweislich zehn Mordserien ungeklärt geblieben waren. Da das Einstiegsalter der Täter – es handelte sich ausnahmslos um Sexual- oder Raubmorde – im Durchschnitt bei 25 Jahren liegt, dürfte mit an Sicherheit grenzender Wahrscheinlichkeit kein Täter verstorben sein. Nicht auszuschließen ist jedoch, dass ein oder mehrere Täter wegen anderer Delikte »sitzen«. Gleichwohl: Auch sie kämen wieder in Freiheit. Zu berücksichtigen war ebenfalls die Besonderheit, dass *Serien*tötungen bisher in zwei Drittel der Fälle gar nicht erkannt worden waren. In meiner *Erfahrungsschätzung* – in der Kriminologie aufgrund bestimmter Tatsachen zulässig und anerkannt – musste also eine so genannte Dunkelziffer Berücksichtigung finden. Diesem Erfordernis habe ich entsprochen, indem ich davon ausging, dass im Beurteilungszeitraum mindestens fünf Mordserien unerkannt geblieben waren. So begründete ich meine Hypothese »mindestens acht«.

Im Oktober 2000 gab ich der *Süddeutschen Zeitung* ein Interview. Ich wiederholte auf Nachfrage meine Vermutung. Im gleichen Artikel meldete sich ein ranghoher Mitarbeiter des Bundeskriminalamts zu Wort: Derlei Behauptungen seien »unseriös«. Ich hatte mir nichts vorzuwerfen, blieb standhaft und wiederholte diese Einschätzung in dem Beitrag *Serienmörder – Ermittlungsmethoden in der Kritik*. Ausgestrahlt in *Report aus Mainz* am 19. März 2001. Eine gewagte Aussage? Das Gegenteil ist der Fall. Denn: Bis Mitte des Jahres 2001 konnten – neben weiteren multiplen Mördern – auch neun Serientäter festgenommen werden, die ihre Taten größtenteils bereits *vor* Oktober 1999 begangen hatten. Das entscheidende Kriterium hierbei: In allen Fällen hatten keine Tatzusammenhänge hergestellt werden können, die genannten zehn Mordserien der letzten 15 Jahre galten weiter als ungelöst. Und: Nur ein Täter hatte sich in Haft befunden, dort ein Geständnis abgelegt. Es hatten sich also *tatsächlich* wesentlich mehr Serienmörder auf freiem Fuß befunden, als ich prognostiziert hatte.

Dieses sicher auch kriminalpolitisch eingefärbte Scharmützel belegt eindrucksvoll, dass wir in Deutschland noch weit davon entfernt sind, gegenteilige Auffassungen sachlich zu diskutieren und insbesondere die so oft beschworene, aber so gut wie nicht praktizierte interdisziplinäre beziehungsweise institutionsübergreifende Forschung voranzutreiben. Das klingt entmutigend, resignativ. Verstanden werden soll diese Feststellung jedoch als Signal: es besser zu machen.

Kapitel 3

»Geheime Privatsache«

Man kann fast sagen, bis zehn Minuten vor der ersten Tat habe ich mir gar nicht zugetraut, so etwas zu machen. Es war ja nicht so, dass ich da ankam und dachte, den bringst du jetzt um. (...) Die höchsten Qualen, die in den Tod übergehen, will ich mit den Händen spüren, seinen Übergang in den Tod.

Lange hatte er sich dies nur vorstellen können, vorstellen dürfen. Hemmungen. Aber das Verlangen hatte er nicht auslöschen können, so, als wenn man eine Kerze einfach auspustet. Sie war allgegenwärtig – die Vorstellung. Mal latent drängend, mal konkret fordernd.

Es waren diese zwei Welten. Die eine normale, wenn ich Dienst hatte oder mit Freunden zusammen war. Wenn das nicht der Fall war, war ich automatisch in der anderen.

Am 16. Juli 1983 verließ er nach dem Mittagessen seine Dienststelle. Er wollte mit dem Bus nach Neubrandenburg fahren, dort nach einem Opfer suchen. Zärtlichkeit, anfassen, streicheln des nackten Oberkörpers, würgen, töten. Danach sehnte er sich. Diesem Akt der Unmenschlichkeit fieberte er entgegen. Die Tatwaffe hatte er dabei: ein Fahrtenmesser, 12,5 Zentimeter lang, 1,9 Zentimeter breit, zwei Millimeter Rückenstärke, feststehende Klinge; versteckt in einem blauen Beutel. In den Nachmittagsstunden suchte er nach einem geeigneten Tatort. Er fand ihn. In der Folgezeit durchstreifte er den Kulturpark, seinen Beutel hatte er zuvor in einem Gebüsch deponiert. Das Fahrtenmesser steckte jetzt in der Innentasche seiner schwarzen Lederjacke.

Ich hatte ja nie einen Plan, heute musst du was machen. Ich war eigentlich regelmäßig unterwegs, immer wenn ich Zeit hatte. Ich ließ es einfach darauf ankommen, ob sich die Situation ergibt oder nicht.

Er war jetzt auf der Pirsch, musterte jeden jungen Mann, der ihm begegnete. Er wollte Beute schlagen – endlich. Stattdessen: Enttäuschung. Niemand war ihm über den Weg gelaufen, der seinen Vorstellungen entsprochen hätte. Er entschloss sich, seinen Beutel zu holen und nach Cölpin zurückzufahren. Es war bereits 22 Uhr geworden. Er schlenderte missmutig auf die Gaststätte »Badehaus« zu, als er unvermittelt innehielt. Da saß jemand, etwa zehn Meter entfernt auf einer Bank. Jetzt war er wieder hellwach, witterte seine Chance. An der Bank schlich er zunächst vorbei. Denn er wollte wissen, mit wem genau er es zu tun hatte. Die Dunkelheit war bereits hereingebrochen. Erleichtert und erregt stellte er fest, dass es ein junger Mann war, der offensichtlich eingeschlafen war und stark nach Alkohol roch.

Das war in der 7. oder 8. Klasse oder so, da habe ich auch das Interesse für andere Jungs bemerkt und ohne jetzt eine Möglichkeil zu sehen, tatsächlich mit ihnen in Kontakt zu kommen, und gleichzeitig kam daneben auch der Gedanke, ihn eventuell zu töten. Der Gedanke zu töten sollte praktisch eine Ersatzhandlung sein, kann man sagen.

Sein Plan: links unter den Armen in den Körper stechen, ihn dadurch bewusstlos machen. Er zückte sein Messer, rammte es dem Schlafenden in den Unterbauch. Der junge Mann erwachte vor Schmerzen, wollte schreien. Er würgte sein Opfer, um dies zu verhindern – minutenlang. Doch eine Bewusstlosigkeit wollte nicht eintreten. Dann griff er, das Opfer mit der einen Hand festhaltend, wieder nach seinem Messer und stach zu. Seitlich in den Hals. Der Angegriffene rappelte sich hoch, drückte mit der rechten Hand auf die klaffende Wunde, röchelte, begann zu taumeln. Jetzt stach er noch mal zu, in den Rücken. Sein Opfer sackte tödlich getroffen zusammen. Den leblosen Körper zerrte er in ein Gebüsch. Dann verschwand er.

Die Sache ist nicht so abgelaufen, wie ich mir das vorgestellt hatte. Die Gegenwehr, ich konnte ihm gar nicht nahe sein. Ich war richtig enttäuscht.

Zehn Tage später packte er wieder seinen Beutel. Darin: eine Paketschnur, etwa 80 Zentimeter lang, ein Fotoapparat mit Zubehör. Diesmal sollte alles glatt gehen, er hatte sich eine neue Strategie zurechtgelegt.

Die Kinder sollten der Ersatz dafür sein, dass ich an Gleichaltrige in dem Sinne nicht rankommen konnte.

In Neubrandenburg besorgte er sich ein Tauchermesser und ging wieder in den Kulturpark. Er suchte nach einer geeigneten Stelle, um von dort aus möglichst unauffällig die Gegend nach potentiellen Opfern sondieren zu können. An einer Brücke vor dem Tollensesee bezog er Stellung. Von dort konnte er den kleinen Badestrand beobachten. Der Anblick der im Wasser herumtobenden Knaben erregte ihn. Er begann zu fantasieren.

Vielleicht ist nicht bewusst der Sadismus das Ziel gewesen. Es ging mir ja darum, wenn ich sie sowieso töte, kann ich sie ja vorher auch quälen in dem Sinne.

Endlich – ein Junge. Allein. Er ließ den Kleinen, den er auf neun oder zehn Jahre schätzte, zunächst passieren, folgte ihm dann. Seine Erregung war gewaltig. Jagdfieber. Als sonst niemand mehr zu sehen war, packte er den Jungen von hinten am Genick, schob ihn vom Weg zu dem von ihm ausgesuchten Busch. Auf der dortigen Lichtung angekommen, forderte er: »Leg deine Tasche dahin!« Dann begann er den verschüchterten Jungen zu befragen: »Wie heißt du mit Familiennamen? Wie heißt du mit Vornamen? Wann bist du geboren? Wo wohnst du?« Die Antworten vermerkte er in seinem roten Notizbuch. Dann nahm er die Kamera und machte insgesamt sieben Aufnahmen. Schließlich befahl er: »Hinlegen, auf den Rücken!« Jetzt war er in seinem Element.

Die Erregung, ja, aber es war auch mehr eine seelische Befriedigung, irgendwie mit einer befreienden Wirkung, zumindest dabei und unmittelbar danach.

Zunächst drückte er dem Kleinen die Faust in den Magen, dann schlug er zu. Sein Opfer schrie laut auf. Wenig später legte er sich auf das Kind, würgte es mehrere Minuten lang. Der Körper des Jungen bäumte sich auf, wehrte sich gegen den nahenden Tod. Er genoss es. Emotional und sexuell. Dann war es vorbei. Um den Tod sicher zu machen, stach er an der Brustwarze bis zum Knauf in die linke

Brusthälfte. Den Tatort verließ er auf einem anderen Weg. In Cölpin angekommen, durchlebte er die unsäglichen Leiden seines Opfers. Er saß in seiner Unterkunft, ließ alles noch einmal passieren.

Es war eine Art Auswertung im Prinzip. Die Bilder danach waren eine Auswertung nach dem, was es im Prinzip gebracht hat, wie schön es war.

In den nächsten Tagen verließ er Cölpin nicht. Er hatte Angst; dass sie kommen und ihn holen würden. *Sie*. Das war die Volkspolizei. Ihren Fahndungsaufruf hatte er in der Tageszeitung *Freie Erde* gelesen: »VP bittet um Mithilfe. Am Mittwoch, dem 27.7.1983, wurde in den Morgenstunden ein 10-jähriger Junge in Neubrandenburg am Wassergewinnungsgebiet am Gätebach tot aufgefunden. Es besteht der Verdacht, daß das Kind Opfer eines Verbrechens wurde. (...) Alle Informationen werden auf Wunsch vertraulich behandelt. VPKA Neubrandenburg, Kriminalpolizei.«*

Gerade nach den ersten beiden Straftaten hat es mich auch ein bisschen enttäuscht, dass niemand gekommen ist, der mich verhaften wollte. Dass sie nicht reagiert haben, dass nichts passiert ist. Da habe ich mir auch Gedanken gemacht, welche Möglichkeiten die haben, auf mich zu kommen. Und eigentlich hatten sie ja keine, es gab keine Verbindungen zu den Opfern. Und wenn sie haufenweise Spuren haben, konnten sie mir nichts wollen, weil ich ja nirgendwo registriert war. Ich konnte aber nie ein Kind töten, dass ich persönlich gut kannte. Daran gedacht habe ich auch, aber ich konnte es nicht.

Erst Anfang August wagte er sich wieder nach Neubrandenburg. Die Morde waren inzwischen Stadtgespräch,

Angst machte sich breit. Fahndungsplakate wurden aufgehängt. Zufrieden nahm er zur Kenntnis, dass es offenbar keine Täterbeschreibung gab. Niemand hatte ihn gesehen. Trotzdem: Die nackte Angst blieb zunächst sein ständiger Wegbegleiter. Jetzt war er der Gejagte, getrieben von unsichtbaren Häschern. Die intensiven Ermittlungen der Kripo blieben ihm nicht verborgen. Hunderte Verdächtige wurden vernommen. Auch in seiner unmittelbaren Umgebung. Nur von ihm wollte niemand etwas wissen. Verblüfft und erleichtert nahm er die Erfolgsmeldung der Kripo zur Kenntnis. Am 9. August 1983 meldete die *Freie Erde*: »Mitteilung der Volkspolizei. Beide Tötungsverbrechen aufgeklärt. (...) Der Täter wurde inhaftiert. Gegen einen im dringenden Tatverdacht stehenden, bereits zweimal vorbestraften 23jährigen Bürger der Stadt Neubrandenburg wurde ein Ermittlungsverfahren eingeleitet und Haftbefehl erlassen. Die Volkspolizei dankt allen Bürgern für ihre aktive Mitarbeit.«

Mit der Zeit wurde ich mir auch immer sicherer. In der Hinsicht, dass sie mich nicht kriegen.

Die seelische Entspannung nach der Ermordung des 10-Jährigen hielt an. Allerdings nur etwa zwei Wochen. Dann packte ihn wieder das Verlangen, quälte ihn die Ruhelosigkeit.

Ich habe von Tag zu Tag gelebt, nach Erklärungen gesucht. Was macht das überhaupt für einen Sinn? Ich wusste es einfach nicht und habe auch nicht weiter darüber nachgedacht.

In seiner Fantasie wurde wieder geschlagen, gewürgt, gemordet. Mal mehr, mal weniger.

Die Sache konnte ich nicht überschauen. Ich wusste

selbst nicht, warum ich das tat. Es gab Stunden abends, wo ich zu Hause gesessen habe und auch geheult habe, verzweifelt war. Weil ich nicht verstehen konnte, was da ablief. Ich war also ganz allein. Dann, und nur dann sind langsam die Gedankenspiele hochgekommen. Wieder loszugehen, einfach mal zu schauen.

Er wurde wieder mutiger, angriffslustiger, verlangte nach einem neuen Opfer. Die letzte Bluttat hatte ihn befriedigt. Aber: Der Junge war wehrhaft gewesen, der unmittelbare körperliche Kontakt, das Beobachten des Todeskampfes, hatte nicht jene Qualität erreicht, nach der er gierte: vollkommene Kontrolle, uneingeschränkte Macht, zügellose Verfügungsgewalt. Das war es, der Kick, der Thrill.

Ich wollte praktisch den direkten Hautkontakt haben zum Oberkörper. Das hat mich unheimlich gereizt.

Er erweiterte seine unmenschlichen Fantasien, wollte endlich zum Ziel kommen – ungestört, ungehemmt. Seine Opfer sollten künftig gefesselt werden. Gegenwehr ausgeschlossen, Genuss garantiert. Deshalb besorgte er sich eine 20 Meter lange Zeltleine, zerschnitt sie in zehn Stücke, jeweils zwischen 50 und 80 Zentimeter Länge.

Der Streit in mir selbst, machst du es oder nicht, lief dann eigentlich nur darum, über die Hemmschwelle hinwegzukommen. Aber ich hatte immer das Ziel, Kinder zu treffen, sie in den Wald zu führen, sie mir sexuell gefügig zu machen und hinterher zu töten.

Am 23. September war er wieder so weit – reisefertig und ausgerüstet. Der Inhalt des blauen Beutels: reichlich Fesselwerkzeug, Kamera, Notizbuch, Kugelschreiber, Fahrtenmesser mit buntem Plastikgriff. Von Neubrandenburg fuhr er mit dem Zug nach Oranienburg, stieg dort gegen 12.45 Uhr aus. Seine Gedanken fuhren schon während der Fahrt Achterbahn. Er wollte körperlichen Kontakt, quälen, töten. Mit der S-Bahn fuhr er nach Lehnitz, hielt sich mehrere Stunden am dortigen See auf. Sein Messer steckte bereits in der Innentasche seiner Jacke – griffbereit. Wie so häufig lief er Kilometer um Kilometer, die Gegend ausspionierend, nach geeigneten Orten suchend, potentielle Opfer belauernd. Frauen als mögliche Leidtragende kamen in seiner düsteren Vorstellungswelt nicht vor.

Frauen waren für mich unantastbar, etwas Wertvolles. Das wäre undenkbar gewesen.

Zwischenzeitlich hatte er das Waldgebiet bei Borgsdorf erreicht. Auf der Ortsverbindungsstraße von Borgsdorf nach Briese lief er stundenlang hin und her. Zunächst: erwartungsfroh, ungeduldig, gespannt. Später: aufgewühlt, missmutig, enttäuscht. Er hatte sich keines Knaben bemächtigen können.

Es war gegen 18.15 Uhr, als er plötzlich Kinderstimmen hörte. Zwei junge Burschen, nach seiner Einschätzung zwischen 10 und 12, kamen aus einem Waldweg aus Richtung Briese. »Hey, könnt ihr mir mal sagen, wie spät es ist?« Der erste Kontakt.

Ich habe versucht, zu dem Kind eine Beziehung aufzubauen in dem Sinne, dass es die Situation für harmlos hält. Die Tat kam dann für das Kind aus dem Nichts.

Einer der beiden lugte auf seine Armbanduhr. »Zwanzig Minuten nach sechs.« Der andere fügte arglos hinzu: »Wir wollen zur S-Bahn, müssen uns aber beeilen, sonst verpassen wir den Zug.«

Während der Unterhaltung konnte ich dann nicht mehr zurück. Der Drang war zu groß. Ich musste etwas tun.

»Ihr zwei, wartet mal!«, hieß es mit einem Mal im Befehlston. Er ging auf die Jungen zu, packte sie blitzartig von hinten am Genick und schob sie in den Wald. Jetzt umklammerte er die Kinder mit festem Griff an den Armen. Sie gingen noch einige Meter. »Hinsetzen!« Die beiden parierten. Dann das übliche Frage-Antwort-Spiel: »Wie heißt du?« ... Er notierte alles fein säuberlich in seinem Notizbuch. Schließlich fotografierte er die Jungen. Mehrmals. Er kam in Stimmung.

Die Sache war beschlossen: Sie sollten sterben. Er fesselte die Jungen. Die Beine verschnürt, die Hände auf dem Rücken zusammengeknotet. Jetzt war es so weit. Er hatte die vollkommene Kontrolle, trennte die Kinder schließlich, um sich ihnen ungestört einzeln widmen zu können.

Die sexuelle Erregung war eher ein Nebeneffekt. Es ging um das Töten an sich. Es war nicht das blanke Auslöschen, was mich befriedigt hat, es war die Art und Weise der Tat. Die Macht, die man dabei hatte.

Einen Tag später wurden die Leichen gefunden. Die Obduktion ergab bei dem 11-jährigen Rene Kunkel: »(...) Eintourig um den Hals verlaufende Drosselmarke. (...) Kratzerartige Hautvertrocknungen an der Halsvorderseite und in der Drosselgrube sowie entsprechende Unterblutungen des Unterhautfettgewebes als Hinweise für ein Würgen. (...) Dunsung des Gesichts und massenhafte Stauungsblutungen als weitere Zeichen einer Halskompression. (...) Auf der Vorderseite des Halses eine tiefe Schnittverletzung und mehrere Hautanschnitte in der Wundumgebung. (...) In der

Nabelregion eine quergestellte Stichverletzung mit vier nach hinten verlaufenden Stichkanälen. (...) In der linken seitlichen Rumpfpartie eine quergestellte Stichverletzung mit einem quer zur Körperlängsachse verlaufenden Wundkanal. (...) Mäßige Ausbildung der Totenflecken und mäßige Blässe der inneren Organe als Zeichen der Ausblutung. (...) Hautunterblutungen am rechten Kniegelenk und an der Vorderseite der Unterschenkel als Zeichen geringfügiger stumpfer Gewalteinwirkung.« Eine ähnliche Marter hatte sein Bruder Richard, 9, über sich ergehen lassen müssen. Die Obduzenten zählten 15 Stichverletzungen. Auffällig hingegen: Wiederum verliefen die Untersuchungen auf Sperma an Kleidung, Körper und Körperöffnungen »negativ«. Zweifelsfreie Hinweise auf Vergewaltigung oder sexuellen Missbrauch lagen nicht vor.

Ich wusste damals auch über Sexualität nichts. Deswegen habe ich auch nie gewusst, was ich mit denen hätte anfangen können.

Die Ermittler in Potsdam vernahmen mehr als 40 Zeugen. Drei Aussagen erschienen beachtenswert. Zweimal hieß es: »Zu der Zeit hat da ein junger Mann gesessen. Auf der Bank am Waldrand.« Und eine Frau wusste zu berichten: »Beim Pilzesuchen habe ich ganz in der Nähe einen blauen Beutel aus Jeansstoff liegen sehen.« Alles stimmte, ergab aber kein Bild.

Knapp anderthalb Stunden war er über seine Opfer hemmungslos hergefallen, erst dann hatte er sich ausgetobt, die Jungen von ihren Qualen erlöst. Für ihn war es die »schönste Tat« gewesen.

(...) weil die am längsten war, und da war ja auch der

hingezogene Körperkontakt vor dem Töten. Ich habe erst nach den beiden Brüdern angefangen, alles aufzuschreiben.

Ein Tagebuch des Todes. Der Titel: *Geheime Privatsache*. Akribisch begann er damit, sämtliche Details aller Taten zu schildern und auch seine Gefühle zu beschreiben. Aus seiner Sicht hatte sich dieser scheußliche Doppelmord so angebahnt: »Ich saß auf der Bank und wartete. Da hörte ich Kinderstimmen und sah sie die Kurve herunterkommen. Mist, dachte ich: Was soll ich denn mit zwei? Oder Doppelmord? Ach nein, der eine ist zu groß. Na, mal sehen. (...) Ich überlegte, ob ich es tun sollte oder nicht und wie ich am besten mit beiden fertig werden würde. Die Bahn müsstet ihr noch schaffen, antwortete ich. Sie wollten weitergehen. Wartet mal, halte ich sie zurück. Schaffen wir sie doch nicht? Oder sollen wir rennen? Das fehlt mir noch, dachte ich und beschloss, es zu versuchen.«

Das mit dem Aufschreiben. Ich wusste, es werden mehrere, damit ich nicht durcheinanderkomme.

»Rene sagte von Zeit zu Zeit: Nun machen Sie doch endlich, ich denke. Sie wollen uns nur fotografieren? Und: Sie wollen uns doch irgendwas tun. Ich beruhigte ihn jedes Mal, so gut ich konnte. Rene sah selbst mit seinem verheulten Gesicht klasse niedlich aus. Ich fotografierte sie dann, sie wollten sich aber nicht ausziehen. Ich fragte: Warum nicht? Rene antwortete: Ja und dann nehmen Sie Ihr Messer ... Das kann ich auch mit Sachen. Ich zwang sie aber nicht, sich auszuziehen. Bei Richard bereue ich das jetzt, denn er hatte einen wirklich schönen Körper. Nach dem Fotografieren fragten sie, ob sie jetzt endlich gehen könnten. Ich sagte, dass das nicht so einfach geht, ich einen

Vorsprung brauche usw. Ich überlegte die ganze Zeit schon, wie es nun weitergehen sollte, erst mal musste ich sie fesseln, aber dann? Ich wollte ja schließlich beide erwürgen, und wenn ich den einen gerade erwürge, wird der andere bestimmt schreien. 18.45 Uhr (...)«

Im Urteil des 1. Strafsenats des Militärobergerichts Berlin heißt es zu seinem Tagebuch: »Der Angeklagte fertigte über die von ihm begangenen Handlungen Unterlagen an, die er in einem grünen Ordner abheftete. Dazu entschloß er sich nach der Tötung von (...) In der Folgezeit erfragte bzw. verschaffte er sich anderweitig die Personalien und andere persönliche Daten der Opfer. In den möglichen Fällen wollte er vor der Tatausführung diese Personen fotografieren. Die so entstandenen Aufzeichnungen enthielten neben den Personalien der Opfer detaillierte Tatschilderungen. Nach den Handlungen an den Geschwistern (...) begann er, die zunächst handschriftlichen Notizen auf seiner Schreibmaschine ›Olympia Traveller de luxe‹ protokollartig auf Blätter vom Format A 4 zu schreiben. Da ihm dieses Format zu unhandlich war, schrieb er ab Anfang 1984 alle Aufzeichnungen auf das Format A 5 um. Diese wurden von ihm als ›Private Geheimsache‹ bezeichnet und mit einer laufenden Nummer versehen. In chronologischer Reihenfolge enthielt der Ordner Schilderungen über die Handlungen an (...) Als Anlagen fügte er das von ihm gefertigte Negativmaterial von den Aufnahmen der Kinder, die er fotografiert hatte, und Pressemitteilungen bei. Einen Teil der im Format A 4 über die Geschwister (...) gefertigten maschinenschriftlichen Aufzeichnungen verfilmte er auf Negativmaterial. Anhand dieser Unterlagen wollte er die begangenen Handlungen später gedanklich nachvollziehen, um so nochmals zur sexuellen Befriedigung zu kommen. Bei der Beschäftigung mit diesen Aufzeichnungen kam es dann auch teilweise zur Gliedsteife mit Samenerguß, wobei ihm bereits die Anfertigung dieser Berichte ein Glücksgefühl brachte. Die Aufzeichnungen sollten ihm dazu dienen, die Übersicht über die Handlungen zu behalten.«*

In der Folgezeit begnügte er sich damit, in Gedanken zu morden. Sein Tagebuch und die Fotos der Opfer halfen ihm dabei. Nach der x-ten Wiederholung verloren diese Horrorfilme ihren Reiz. Nach und nach. Er legte als neues »Jagdgebiet« das Neubaugebiet in der Oststadt von Neubrandenburg fest. Dort war er noch nicht gewesen. Das Risiko erschien ihm gering. Er konzentrierte sich auf mehrgeschossige Neubauten. Dort fand er ideale Voraussetzungen: Vorder- und Hintereingang, Kellertüren fast nie verschlossen. Regelmäßig schlich er durch die Straßenschluchten. Doch kein Junge wollte ihm in die Arme laufen. Bis zum 7. Februar 1984. Er tötete einen 7-Jährigen, im Keller des eigenen Wohnhauses – nach bewährtem Muster. Der Junge sollte nicht sein letztes Opfer bleiben.

Der Tatortbefund ließ mehrere Motive möglich erscheinen. Tötung aus Wut oder Hass? Im Affekt? Der Familien-, Verwandten- und Bekanntenkreis des Jungen wurde »abgeklopft«. Niemand hatte sich verdächtig gemacht. Vielleicht ein Sexualmord? Dafür fehlte es aber an zweifelsfreien Indizien. Sperma war nicht gefunden worden. Auch der Doppelmord in Oranienburg wurde in Betracht gezogen. Derselbe Täter? Aber weder die Tatortbedingungen noch die Begehungsweise ließen Gemeinsamkeiten erkennen.

Ich habe geglaubt, nicht aufhören zu können. Angekämpft habe ich dagegen. Aber es war zwecklos. Es musste weitergehen.

Drei Monate wartete er, bis er seinen letzten Mord in Buchstaben lebendig werden ließ. Er hatte es bis dahin nicht gewagt, nach Datzeberg zurückzukehren. Für seine Aufzeichnungen fehlten einige wichtige Daten: exakte Schreibweise des Familiennamens, Hausnummer. Erst jetzt konnte er sein Werk vollenden, er machte auch diese Aufzeichnungen zur »Geheimen Privatsache«.

Am 8. Juli 1984 drängte es ihn wieder. Er war ausgelaugt, ausgehungert. Wie ein Raubtier, dass schon lange keine Beute mehr geschlagen hatte. Er fuhr mit dem Rad zum Kiessee bei Schildow. Nachdem er sein Fahrrad versteckt hatte, notierte er: »06.00 Uhr am Tatort, 07.10 Uhr arbeitsbereit«. Lange Zeit tat sich nichts. Gegen 13 Uhr aber näherten sich zwei Jungen, die mit ihren Rädern den Weg am Wald entlangfuhren.

Einer der Burschen gefiel mir besonders. Ein hübscher kleiner Junge, direkt zum Verlieben!

Er zwang sie zum Anhalten, packte beide an den Armen, wollte sie in Richtung Wald zerren. »Hilfe, Hilfe, loslassen!«, schrie der Ältere. Tatsächlich. Er ließ los, die Kinder machten sich auf und davon.

Einer der Jungen hatte den unheimlichen Fremden erkannt – als denjenigen, von dem er bereits zwei Wochen zuvor in ähnlicher Weise belästigt worden war. Kein Zweifel. Zu Hause angekommen, berichtete er aufgeregt seinem Vater davon.

Dann ging alles sehr schnell. *Er* beeilte sich, zu seinem

Fahrrad zu kommen, spürte instinktiv, dass Gefahr drohte. Dann das: ein Platter. Während er verzweifelt mit der Luftpumpe hantierte, hörte er Stimmen. Die wurden immer lauter. Panik. Urplötzlich packte ihn jemand am Arm. Es war der Vater des Jungen, den er hatte ermorden wollen. Flucht? Unmöglich. Von mehreren Männern umringt, musste er das Eintreffen eines Funkstreifenwagens abwarten. Dann klickten die Handschellen. Er wurde vorläufig festgenommen – »zur Klärung eines Sachverhalts«.

Schnell wurden die Beamten der Schutzpolizei misstrauisch. Es war der Beutel mit dem sonderbaren Inhalt: Fotoapparat, schwarze Lederhandschuhe, Linoleummesser, Jagdmesser, eine geflochtene Schnur, Stielkamm, Kugelschreiber, Pinsel und eine Rolle Pflaster. Die Kripo in Oranienburg wurde eingeschaltet, es folgte eine erkennungsdienstliche Behandlung. Der Verdacht: »versuchter sexueller Mißbrauch«.*

Er. Name: Markus Steimle. Alter: 23. Familienstand: ledig. Beruf: Feldwebel der NVA. Erscheinungsbild: mittelgroß, schmächtig, dunkelblondes Haar, weiche Gesichtszüge. Keine »besonderen Merkmale«.

Der Berufsunteroffizier einer Nachrichteneinheit in Cölpin bemühte sich um Erklärungen, wollte sich rechtfertigen. Bohrende Fragen wurden ihm gestellt: »Was wollten Sie von den Kindern?« Oder: »Was hatten Sie mit den Sachen aus Ihrem Beutel vor?« Seinen Antworten fehlte es an Plausibilität. Ausflüchte. Ausreden. Immer wieder schützte er vor: »Den Kindern wollte ich nichts tun.« Mittlerweile waren auch Beamte der Mordkommission Potsdam eingetroffen. Sie übernahmen. Kurz nach Mitternacht der Zusammenbruch: »Ja, ich war's.« Zumindest den Doppelmord vom 23. September 1983 gestand er. Haftbefehl.

Am 17. Juli 1984 meldete die FDJ-Zeitung *Junge Welt* mit wenigen Zeilen: »Gewaltverbrecher festgenommen. Durch aktive Mitarbeit der Bevölkerung konnte am 8. Juli Markus S. durch die Deutsche Volkspolizei festgenommen werden. Er steht in dringendem Verdacht, im September 1983 im Kreis Oranienburg Tötungsverbrechen an zwei Kindern begangen zu haben. Ein Ermittlungsverfahren wurde eingeleitet und Haftbefehl erlassen. Die Volkspolizei dankt allen Bürgern, die durch ihr umsichtiges Handeln zur Festnahme des Täters beigetragen haben.« Näheres durfte nicht berichtet werden.

Steimle hatte in Berlin gewohnt. Schlicht und unauffällig in einer 1-Zimmer-Wohnung in der Greifswalder Straße. Eine Durchsuchung wurde angeordnet. Den Kriminalisten fiel dabei auch der grüne Ringordner »Geheime Privatsache« in die Hände. Den Beamten, »alte Hasen«, stockte der Atem. Minutiös, detailverliebt waren dort alle Morde nachzulesen und reichlich bebildert: Steimle nackt, dazu Aufnahmen von drei seiner Opfer. Ihnen waren Schrecken und tiefe Verunsicherung anzusehen. Das Kuriose dabei: Zwei Morde hatten bereits als »geklärt« gegolten. In einer späteren Vernehmung prognostizierte er: »Ich hätte weiter gemordet, wenn ich nicht gestellt worden wäre.«

Der »Fall Steimle« bekam auch eine politische Dimension. Serienmörder in der DDR? So etwas gab es nicht, so etwas durfte es nicht geben. Die Presse war lange Zeit nicht informiert worden. Ungewollte Rückendeckung und Ermunterung für einen Menschen, der anderen Menschen nach dem Leben trachtete. Wie viele Opfer könnten heute noch leben?

In mehr als 30 Vernehmungen redete Steimle sich alles von der Seele. Nicht flüssig, eher bruchstückhaft, hochgewürgt, herausgestoßen, langwierig, nachdenklich. Es wühlte in ihm, es gärte. Auch in diesem Fall hatte eine sexualpathologische Entwicklung stattgefunden. Mit etwa zehn Jahren schlug er kleineren Kindern in den Magen. Seine Begründung: »Das war schön, erregend.« Sexuelle und seelische Befriedigung bedeuteten für ihn: »Den nackten Oberkörper eines Jungen oder Knaben berühren, streicheln und würgen.« Dass ihn Schmerzzufügung nicht nur sexuell stimulierte, hatte er bereits am eigenen Leib ausgekostet – indem er sich über die Stange eines Barrens oder Klettergerüstes gelegt und seine Faust als Druckmittel in den Magen benutzt hatte. Das »reichte aber nicht«. Er begann Fantasien zu entwickeln: »Junge Männer, am besten betrunken, streicheln, würgen, den Übergang in den Tod beobachten.« Das Erstechen der Opfer hatte hingegen einen pragmatischen Grund: »Risikominimierung.« Die Tötungen hatten also keinen sexuellen Hintergrund im eigentlichen Sinn. Es war sexualisierte Gewalt. Zum Höhepunkt gelangte Steimle vielmehr durch »das spürbare Aufbäumen des Körpers, während ich würgte«. Mit der Zeit eskalierten seine sadistisch eingefärbten Tötungsfantasien: »Ich wollte den Oberkörper aufschlitzen, während sie noch bei Bewusstsein sind. Die noch zuckenden Organe wollte ich in den Händen halten und an seinem Körper den Übergang in den Tod spüren.«

Wie bei vielen multiplen Sexualmördern, so auch hier.

Steimle war allein. Freundschaften? Nein, die gab es in seinem Leben nicht. Nur seine Tante akzeptierte er als »Vertrauensperson«. Der Kontakt blieb jedoch oberflächlich. Er konnte, wollte sich niemandem anvertrauen. Er hatte Angst, es drohten Schmach, Herabsetzung, Entwürdigung. Er war »anders«. Mit wem hätte er reden, wem hätte er sich anvertrauen sollen? Da war einfach niemand.

Schon in der Kindheit sträubte er sich gegen mütterliche Gefühle: »Wenn meine Mutter mich in den Arm nehmen wollte, mich küssen wollte, habe ich das immer abgewehrt. Ich weiß nicht warum.« Die familiären Verhältnisse waren zudem ungünstig. »Ich bin von meinem Stiefvater verprügelt worden«, erklärte er resignierend, »meine Mutter hat mir nicht helfen können.« Er blieb ein Außenseiter, zurückgesetzt, missachtet, am Rand der Gesellschaft balancierend. Seine Selbsteinschätzung: »Ich hatte weniger Angst vor Menschen, aber vor der Zurückweisung durch sie.«

Steimle war ein Sadist, er weidete sich an den Qualen seiner Opfer. Seine bizarren Gewaltfantasien beherrschten sein Bewusstsein, sein Denken, sein Handeln. Hätte er sich dagegen wehren können? Musste er seine Opfer zu Tode quälen? Gab es keinen Ausweg aus diesem Dilemma? Mit anderen Worten: War Markus Steimle vermindert oder voll schuldfähig?

Am 19. November 1985 beantwortete das Gericht diese Frage. In der Urteilsbegründung heißt es: »Die beim Angeklagten vorhandene abnorme Triebrichtung führte in ihrer Intensität bei der Vorbereitung seiner Handlungen nicht zur Einschränkung der Aufmerksamkeit, der Wahrnehmung sowie des logischen Durchdenkens und Handelns. Er bereitete die Geschehensabläufe überlegt vor und erkundete dazu geeignete Ortlichkeiten, die nach seinem Ermessen ein erhöhtes Risiko für seine Person ausschlössen. Die von ihm ausgewählten Gegenden suchte er zielgerichtet auf und wartete teilweise stundenlang auf ein Opfer.

Er beruhigte diese durch heuchlerische Worte, um so ohne großen Widerstand seine Zielsetzung verwirklichen zu können. Der Angeklagte verlor auch während der Tötungshandlungen nie den Überblick. Er befand sich in keiner Phase in einer Form höchster Erregung. Er blieb trotz allem Triebdruck der im Denken klare, überlegene, sich der Situation anpassende und somit entscheidungsfähige Täter.

Diese Feststellungen treffen ebenfalls für das Verhalten nach der jeweiligen Tat zu. Er verdeckte dort, wo es ihm notwendig erschien, die Leichen, sicherte sich beim Verlassen der Ereignisorte ab und reinigte seine Kleidung. Die Analysierung der von ihm begangenen Handlungen führte mit dazu, daß er in seinem Jeansbeutel den Umfang der Gegenstände und deren Zweckbestimmung dem jeweils gestiegenen Erfahrungsstand anpaßte.

Der Angeklagte vollzog die von ihm begangenen Tötungen bewußt nach. Dazu dienten ihm die mehrfache Protokollierung der Tatabläufe, die Phantasievorstellungen, die noch darüber hinausgingen, und die gedankliche Vollendung der vorbereiteten Handlungen. Insgesamt war die Intensität der schwerwiegenden abnormen Entwicklung deshalb tatbezogen nicht so hoch, daß die Entscheidungsfähigkeit des Angeklagten hinsichtlich der konkreten Tathandlungen erheblich vermindert oder ausgeschlossen war und damit Krankheitswert bestanden hätte.«*

Steimle sollte also auch zum Zeitpunkt der Taten »voll schuldfähig« gewesen sein. Nach heutigen Kriterien ein krasses Fehlurteil – mit weitreichenden Folgen. Steimle hätte einer Therapie bedurft, wurde jedoch in die Justizvollzugsanstalt Torgau überstellt. Die Unterbringung in einer psychiatrischen Klinik hätte angestrebt werden sollen. Denn ohne individuelle therapeutische Begleitung, erfolgreiche Aufarbeitung und Bewältigung der Taten wird dieser Mann nicht in Freiheit kommen dürfen. Noch während der Hauptverhandlung hatte er orakelt: »Ich denke, ich habe noch nicht das, was ich eigentlich gesucht habe.«

Diese Mordserie ist insbesondere aus kriminalistisch-kriminologischer Sicht bemerkenswert – und lehrreich. Bevor die Taten Steimles aus fallanalytischer Sicht untersucht und bewertet werden, bedarf es einiger Vorbemerkungen.

Das *Kriminalistik Lexikon* definiert den Begriff des Modus operandi als »Art und Weise der Begehung von Straftaten und anderen kriminalistisch relevanten Handlungen, einschließlich ihrer Verschleierung sowie der angewandten Mittel und Methoden in den jeweiligen räumlichen, zeitlichen und sozialen Bezügen«. Die Tathandlungen basieren demnach auf rationalen Überlegungen und Entscheidungen, die ausnahmslos instrumentell, strategisch, pragmatisch ausgerichtet sind. Versatzstücke der Tatbegehungsweise sind also: Tatort, Tatzeit, Opfertyp, Tatwaffe, die Art des Zugangs zum Tatort, die Art der Annäherung an das Opfer, die Art des Gewinnens von Kontrolle über das Opfer, Mittäter, spezielle Begleithandlungen (zum Beispiel Feuer legen oder den Wachhund vergiften). Die Ziele: ungestörte Tatausführung, Verschleierung der eigenen Identität oder der des Opfers, Gewährleistung des Taterfolgs, Garantie von Fluchtmöglichkeiten.

Bis Mitte der siebziger Jahre ging man in Wissenschaft und Forschung überwiegend davon aus, dass die so genannte Perseveranzhypothese zutreffend sei.

Sie wurde von Dr. Robert Heindl, dem »Nestor der deutschen Kriminalpolizei« und »Begründer der modernen Kriminalistik in Deutschland«, Mitte der zwanziger Jahre entwickelt. Er ging davon aus, dass insbesondere Berufsverbrecher an einer einmal erfolgreich angewandten Arbeitsweise beharrlich (perseverant) festhalten – bedingt durch »eine minderwertige psychische und physische Ausstattung«. In seinem Buch *Polizei und Verbrechen* schrieb er 1926: »Doch die Perseveranz des Berufsverbrechers geht noch weiter. Er bleibt nicht nur der einmal gewählten Verbrecherklasse treu, sondern er praktiziert innerhalb dieser Klasse fast stets nur einen ganz bestimmten Ausführungstrick.«

Die Perseveranzhypothese fußt demnach auf der aus der kriminalpolizeilichen Praxis hergeleiteten Erkenntnis, dass »Täter mit besonders hoher krimineller Energie ähnliche Straftaten ausführen und dabei ihre Arbeitsweise häufig beibehalten« (*Handbuch der Kriminalistik*, 1977). Obwohl diese kriminalistische Erfahrungstatsache in dieser verallgemeinerten und stringenten Formulierung nunmehr als veraltet gilt, lehren uns einige in der jüngeren Vergangenheit verübte Serientötungen, dass sie noch immer zu beobachten ist: die Perseveranz im Modus operandi.

Fall 1: Im Frühjahr 1983 bekamen die Todesermittler der

Hannoveraner Kripo alle Hände voll zu tun. Binnen zehn Wochen, vom 11. Februar bis zum 21. April, wurden drei Frauen getötet; 44, 45 und 60 Jahre alt. Alle Taten wiesen bedeutsame Übereinstimmungen auf, die nach Auffassung der Fahnder »keinen zufälligen Charakter« hatten: bei den Opfern handelte es sich um alleinstehende Frauen; die Tatorte waren Privatwohnungen; die Tatzeiten lagen nach 18 Uhr, der Einbruch der Dunkelheit war offenbar abgewartet worden; Todesursache war in allen Fällen »Ersticken durch Drosseln oder Würgen«; ein gewaltsames Eindringen des Täters konnte nicht festgestellt werden; die Opfer wiesen keine massiven Abwehrverletzungen auf. Zudem waren in jedem der Mordfälle diverse Wertgegenstände geraubt worden. Ein wertvoller Ermittlungsansatz. Alle Leih- und Pfandhäuser in Hannover wurden abgeklappert. Würde der Täter das Risiko eingehen und das Raubgut versetzen? Er tat nicht nur das, er hinterließ auf mehreren Pfandscheinen auch gleich Namen und Anschrift: Erwin Sprado, Asternstraße 16, 3000 Hannover. Am 14. Juli 1983 wurde der 53-jährige gelernte Rechtsanwaltsgehilfe festgenommen. Der reichlich Vorbestrafte gestand nicht nur die ihm vorgehaltene Tötung der 60-jährigen Amelie Manthei vom 12. Februar, sondern auch die übrigen Taten. Hätte er sich nicht stets derselben Arbeitsweise bedient, wäre er mit großer Wahrscheinlichkeit glimpflicher davongekommen. Nach drei Morden gaben die Richter allerdings keinen Pardon mehr: lebenslänglich und anschließende Sicherungsverwahrung.

Fall 2: Der Berufsfachschüler Claudio Peters tötete in den Sommermonaten des Jahres 1985 drei junge Frauen.

Die Leichenfundsituationen waren weitestgehend identisch: Alle Opfer fand man in einem Erdgrab, die Leichen waren hügelartig unter belaubten Ästen versteckt worden. Im Rahmen der Ermittlungen stieß man auf den 26-Jährigen. Er hatte das letzte Opfer gekannt, sich sogar an der Suchaktion beteiligt. Und er war bereits vorbestraft – wegen Mordes an einem jungen Mädchen zehn Jahre zuvor. Die Besonderheit dabei: Auch dieses Opfer war auf gleichartige Weise vergraben worden. Diese Parallelen brachten die Fahnder schließlich auf die richtige Spur.

Fall 3: Von November 1987 bis November 1990 fielen dem Grafiker Andreas Ernst in Hamburg und Buchholz drei Frauen zum Opfer. Dabei pflegte er eine stereotype Vorgehensweise: Er zwang seine Opfer mit Waffengewalt in seinen Wagen, fuhr mit ihnen in seine Wohnung, fesselte, knebelte und vergewaltigte die Frauen, erwürgte oder erdrosselte sie und entsorgte die Leichen mit seinem Wagen. Bei der Überprüfung der im Bereich des wahrscheinlichsten Tatorts lebenden »üblichen Verdächtigen« stieß man auf Ernst. Der Grund: Verurteilung wegen Freiheitsberaubung, verübt am 16. Januar 1988. Der Tathergang war denen der Morde sehr ähnlich gewesen: Unter Vorhalt eines Klappmessers hatte er eine 19-Jährige gezwungen, ihm in seine Wohnung zu folgen. Dort war die junge Frau gefesselt, anschließend vergewaltigt worden. Danach hatte Ernst sein Opfer freigelassen. Auch hier waren die sich ähnelnden Tatbegehungsweisen im Wesentlichen ausschlaggebend für den Ermittlungserfolg.

Tatsächlich spiegelt das Verhalten multipler Mörder mehrheitlich eine Tendenz zu sich ähnelnden beziehungsweise übereinstimmenden Tatbegehungsweisen. Hierbei darf jedoch nicht in Vergessenheit geraten, dass es im Regelfall lediglich eine oder mehrere Tathandlungs*sequenz(en)* sind, die auf denselben Täter hinweisen können. Dennoch erscheint diese Erkenntnis nicht generell geeignet, um eine zweifelsfreie Tat-Tat-Zuordnung oder Tat-Täter-Übereinstimmung prognostizieren zu können. Denn der Modus operandi ist ein kognitiv gesteuertes, erlerntes, dynamisches und jederzeit veränderbares Verhaltensmuster, das zudem von situativen Einflüssen vor, während und nach der Tat, aber insbesondere auch von der Intelligenz und den Lernerfahrungen des Täters gespeist und dominiert werden kann. Das heißt: Kein Mord gleicht dem anderen.

Betrachten wir die Taten von Markus Steimle, dem jungen NVA-Soldaten, aus diesem Blickwinkel genauer. Zunächst überfiel er einen jungen Mann, würgte ihn, stach mehrere Male auf sein Opfer ein. Niemand hätte auf die Idee kommen müssen, es habe sich hier um einen Mord aus sexuellen Motiven gehandelt.

Steimle war »enttäuscht«. Er hatte sein Ziel nicht erreicht – das Beobachten des »Übergangs in den Tod«. Der damals 21-Jährige dachte nach, legte sich eine neue Strategie zurecht. Das Opfer sollte nicht wieder ein Erwachsener sein, der sich wehren würde, der nicht ohne weiteres zu kontrollieren wäre; ein Kind sollte es treffen. Den Grund nennt das Militärobergericht Berlin: »Er entschloß sich deshalb, künftig auch Knaben für seine sexuellen Handlungen zu missbrauchen, da sie körperlich unterlegen sind.«* Eine pragmatische Entscheidung. Die Ziele: Risikominimierung, Gewährleistung einer ungestörten Tatausführung »in diesem Sinne«. Er hatte also dazugelernt.

Sein zweiter Mord entsprach dann auch schon »fast« seinen Vorstellungen. Diesmal hatte er sein Opfer nicht überfallartig angegriffen und sofort zugestochen, sondern »sanfte Gewalt« angewandt, um den Kleinen an den späteren Tatort zu führen. Die »Gegenwehr« des Jungen beim Würgen hatte ihn aber irritiert, gestört.

Wieder war der »Übergang in den Tod« nicht genau zu beobachten gewesen. Bei der üblichen Reflexion der Tat kam ihm die Idee, das nächste Opfer zu fesseln. Die zweite Tat offenbart einen weiteren Lerneffekt. Er hatte den Tod des Jungen – ähnlich wie bei dem Mord an dem 19-Jährigen – für »nicht sicher« gehalten. Die Lösung: ein Herzstich.

Auch die dritte Tat, der Doppelmord an den beiden Brüdern, hatte partiell ein anderes Erscheinungsbild. Diesmal fesselte er die Opfer an Händen und Füßen. Sie sollten sich nicht wehren können. Deshalb mussten die Kinder besonders lange leiden. 75 Minuten vergingen: ausfragen, fotografieren, streicheln, schlagen, würgen, stechen. Und: Endlich hatte er den Würgevorgang, den er bewusst abbrach, um wenig später fortzufahren, »auskosten« können. Sein »schönster« Mord. Diese Tat implizierte auch eine fortwährend zu beobachtende Zunahme von Gewalt. Diesmal fügte er seinen Opfern multiple Stichverletzungen zu, setzte ferner einen Kehlschnitt. Das hatte es vorher nicht gegeben.

Sein fünftes Opfer suchte er nicht in öffentlichen Parks oder Waldgebieten. Dies war ihm »zu gefährlich« geworden.

Er tötete den 7-Jährigen im Keller eines Mehrfamilienhauses. Als er Geräusche aus Richtung der Kellertür hörte, flüchtete er. Die beabsichtigten Stichverletzungen hatte er dem Knaben nicht mehr zufügen können.

Steimle wurde gieriger, selbstbewusster. Hatte er früher die Wohnungen der Opfer als mögliche Tatorte kategorisch ausgeschlossen, so ging er nun ein höheres Risiko ein. Nach den Feststellungen des Militärobergerichts Berlin hatte sich die folgende Bluttat so zugetragen: »(...) Später ging er zurück zu dem Einfamilienhaus, drang in das Grundstück ein, stellte eine dort liegende Leiter an das geöffnete Fenster, stieg diese hoch und blickte in das Zimmer. Da er nicht erkennen konnte, ob sich nur eine Person darin befand, holte er aus dem Versteck den Beutel, in dem sich die Taschenlampe befand. Als er danach erneut die Leiter bestiegen hatte, kehrte er wiederum um, da er durch die Scheibe der Zimmertür einen Lichtschein wahrnahm und Schritte hörte. Nach ca. 10 bis 15 Minuten stieg er gegen 03.00 Uhr nach dem Ausleuchten in das Zimmer ein.

Er legte das Tauchermesser griffbereit auf den Tisch, die Taschenlampe und die Handschuhe auf dem Fensterbrett ab. Er ging ans Bett des Jugendlichen, schlug die Decke zurück und streichelte dessen nackten Oberkörper. Anschließend verknotete er eine Zeltleine an dessen Handgelenk und band das andere Ende am Bein des Bettes am Fußende fest. Als er eine zweite Leine am Fußgelenk befestigen wollte, wurde der Jugendliche wach. Der Angeklagte stürzte sich sofort auf ihn und würgte ihn am Hals. Der Jugendliche stieß ihn weg und rief um Hilfe. Der Angeklagte stach daraufhin wahllos auf diesen ein. Als die Zeugin (...) das

Zimmer betrat, floh er unter Zurücklassung der mitgebrachten Gegenstände durch das Fenster, nahm seinen Beutel auf und rannte vom Grundstück.« Steimle hatte seinen Modus operandi demnach bewusst verändert oder war situativ gebunden von der ausgegebenen Marschroute abgewichen. Er perfektionierte seine Vorgehensweise – von Mord zu Mord.

Ähnliches plante auch Bernd Dammer. Seine Frau Cornelia wollte sich von ihm trennen – endgültig, unwiderruflich. Er hatte sie zu oft verprügelt. Am 3. Februar 1969 reichte die 32-Jährige die Scheidung ein. Ihr Noch-Ehemann wollte sich damit nicht abfinden. *Sie einem anderen überlassen? Niemals!* Für den 34-jährigen ehemaligen Sektionsgehilfen gab es nur eine Lösung: Er wollte seine Frau umbringen. Sein Plan war, sie im Gerichtssaal zu erstechen, kurz bevor der Richter das Scheidungsurteil würde verkünden können. Aber Zweifel plagten ihn. *Schaffe ich das? Mit einem Messer zuzustechen? Einen Menschen zu töten?* Um sicherzugehen, wollte er es ausprobieren.

Ein Opfer war schnell gefunden. Erika Bechthold, 49. Eine ehemalige Freundin, mit der er auch intim gewesen war. Am 14. Februar schellte Dammer kurz nach Mitternacht bei ihr. »Ich hab Ärger mit Conny, kann ich vielleicht bei dir übernachten?« Sie nickte nur kurz. Wenig später tötete er sie.

Die wesentlichen Ergebnisse der Obduktion: »(...) Punktförmige Blutungen an der Innenseite der Kopfschwarte und im Bereich beider Schläfenmuskeln. (...) Querer Halsschnitt mit Durchtrennung der Halsweichteile bis auf die Wirbelsäule. (...) Zwei Stichverletzungen in der Herzgegend. (...) Längsschnitt durch die Bauchdecke mit Eröffnung des Bauchraumes. (...)«

Dammer hatte sein Opfer zunächst bis zur Bewusstlosigkeit gewürgt, ihm den Hals durchtrennt, mehrere Herzstiche gesetzt und schließlich den Bauch aufgeschlitzt. Er sah sich die Leiche an. *Kein Mitleid.* Aber er war sich nicht vollkommen sicher, ob er dies auch seiner Frau antun konnte, die er noch liebte. Die Konsequenz: ein zweiter »Probemord« – um »ganz sicher zu sein«.

Es traf Josefa Schiller. Auch sie kannte er. Die gleiche Vorgeschichte wie bei seinem ersten Opfer. Noch in der derselben Nacht tötete er auch die 39-Jährige – nach bewährtem Muster: Würgen bis zur Bewusstlosigkeit, tiefer Halsschnitt, Herzstich, Eröffnung des Bauchraums. Diesmal ging er noch einen Schritt weiter. »Kragen- und Körperlängsschnitt mit Schnittführung bis zum rechten Knie«, sollte später im Obduktionsbericht stehen. Er ging die Tat nochmals durch – in Gedanken. *Ruhig und gelassen* hatte er gewürgt und geschnitten, das Leben seiner ehemaligen Freundin ausgelöscht. Einfach so – so einfach. Jetzt war kein Zweifel mehr, er glaubte daran. *Ich schaffe das.*

Dammer hatte seinen Modus operandi perfektioniert, und er hatte seine natürliche Tötungshemmung ausradiert. Noch am selben Tag metzelte er seine Frau dahin. In ihrer Wohnung in Berlin-Lichtenberg. Das grauenhafte Szenario lässt sich anhand von Teilbefunden der Obduktion nachvollziehen: »(...) Tiefer Halsschnitt mit unvollständiger Durchtrennung der Halswirbelsäule, Rückenmark vollständig durchschnitten. (...) Fünf Stich-Schnitt-Verletzungen in der linken Brustregion, zwei davon mit Eröffnung der Herzkammern, 100 ml Blut in der linken Brusthöhle. Hochgradige Ausblutung.«

Ein in der deutschen Kriminalgeschichte wohl einmaliger Fall. Noch am Tatort wurde Dammer festgenommen, die älteste Tochter des Opfers hatte die Polizei alarmiert. Zu spät. Den konsternierten Beamten erklärte Dammer: »Da liegt sie. Mausetot. Ich habe sie seziert. Schlechte Arbeit für einen Sektionsgehilfen. Kein richtiges Werkzeug gehabt. Und keinen richtigen Tisch mit Blutablauf. Pfuscharbeit. Schade.«

Dennoch: Insbesondere Lern- und Erfahrungsprozesse der Täter führen in unschöner Regelmäßigkeit dazu, dass bei mehreren Tötungsdelikten, die sich phänotypisch wenigstens in Teilbereichen unterscheiden, nicht von einem Täter ausgegangen wird. Ich bin diesen Verhaltensstrukturen nachgegangen, habe sie analysiert. Deutliche, zum Teil sogar signifikante Unterschiede ergaben sich vornehmlich im Rahmen der vergleichenden Bewertung von Erst- und Zweittaten: 59,1 Prozent der Probanden (Sexualmörder: 72,7 Prozent, Raubmörder: 45,5 Prozent) veränderten *gezielt* ihren Modus operandi durch die Veränderung folgender Tatbegehungsmerkmale:

- Tatort frei zugänglich → Tatort bot ausreichenden Sichtschutz,
- Opfer aus sozialem Umfeld → keine vordeliktische Opfer-Täter-Beziehung,
- überfallartige Tatbegehung → Opfer wurde manipuliert und an den Tatort gelockt,

- Ruhigstellung des Opfers durch Bedrohung → Fesselung des Opfers,
- Tatmittel stammte vom Opfer oder Tatort → Tatmittel wurde durch Täter mitgeführt,
- Einzeltäter → gemeinschaftliche Tatausführung,
- lediglich manuelle sexuelle oder sexuell eingefärbte Manipulation → versuchte oder vollendete Vergewaltigung,
- versuchtes Tötungsdelikt → vollendeter Mord,
- Beweismittel wurden am Tatort zurückgelassen → Beweismittel wurden beseitigt,
- Einfachmord → Doppel- oder Dreifachmord,
- fluchtartiges Verlassen des Tatortes ohne äußeren Anlass → längerer Aufenthalt nach Tötungsakt,
- Gegenstände des Opfers am Tatort zurückgelassen → Mitnahme von Gegenständen,
- Leiche offen dargestellt → versuchte oder vollendete Leichenbeseitigung,
- Tatort = Leichenfundort → Tatort ≠ Leichenfundort,
- Opfer männlich → Opfer weiblich,
- Opfer wurde in freiem Gelände angegriffen → Tatort war Wohnung des Opfers,
- Tötung durch Messerstiche → Opfer wurde erdrosselt.

Aufgrund dieser Erkenntnisse wird deutlich, dass überwiegend von einer temporären, sukzessive sich entwickelnden und manifestierenden Perseveranz im Modus operandi auszugehen sein wird, die jedoch jederzeit durch endogene und exogene Faktoren beeinflusst werden kann. Obwohl durch denselben Täter begangen, gelingt es eben deshalb vergleichsweise selten, das Handlungsmuster eines Serienmörders in seinem ganzen Ausmaß zu verifizieren. So wie bei Markus Steimle – erst sein Geständnis entlarvte ihn als Menschenjäger.

Kapitel 4

Signaturen

Die physische Gewalt ist der intensivste Machtbeweis, den ein Mensch erbringen kann – urplötzlich, unmittelbar, unmissverständlich. Gewalt überzeugt, auch wenn sie sinnlos und willkürlich erscheint. Sie ist faktisch, normativ. Keine Sprache, die wir kennen, hat eine größere Überzeugungskraft als die Sprache der Gewalt. Ihre Intention muss nicht übersetzt werden, sie ist spürbar, lässt keine Fragen offen.

Die wohl perfideste Spielart der Gewalt ist der Sadismus. Emotionen gipfeln in Leidenschaft – absolut und uneingeschränkt verfügen zu können; am liebsten über einen anderen Menschen. Dieser wird dehumanisiert, zum Ding degradiert, zum Spielball der eigenen, zügellosen Begierde. Das Ziel ist immer dasselbe: Macht auszuüben. Erlebt wird dieser ekstatische Zustand als Allmacht. Alles erscheint leicht, alles erscheint möglich. Die Opfer werden zu pulsierenden, paralysierten Objekten. Ihre Reaktionen werden geplant, kalkuliert, reguliert, im Endstadium intensiviert und ausgedehnt. Das heißt: Leiden werden ihnen aufgezwungen – so lange, bis nichts mehr geht, der Tod unvermeidlich wird.

Dieses Hochgefühl der Überlegenheit, dieser emotionale Super-GAU suggeriert dem Täter, Grenzen überschreiten zu können. Beliebig oft, beliebig lange.

Der Sadist lebt jenseits der sozialen Ordnung. Intimität empfindet er als Bedrohung. Sie könnte ihn entlarven. Er ist Fremder oder Feind, bündelt seine destruktiven Kräfte. Er strebt nach Sicherheit, weil selbst entwurzelt. Besitz garantiert Sicherheit. Er muss verfügen können. Schrankenlos; zunächst in ausufernden Gedankenspielen, später im realen Gemetzel. Er kompensiert seine seelische Impotenz und soziale Inkompetenz, indem er fesselt, knebelt, schneidet, foltert, tötet. Aber er bleibt, was er ist: ein ungeliebter, unbeachteter, isolierter, schreckhafter, scheuer, angstvoller Mensch. Hier schließt sich der Kreis, beginnt sich die Spirale der Gewalt erneut anzubahnen.

Er kommt über die Menschen, löscht sie aus, weil er sich nicht unter sie finden kann. Sein rituell eingefärbtes Dahinschlachten hat ein individuelles Gepräge. Die Schändung ist charakteristisch. Sie liefert Informationen, lässt häufig eine so genannte Handschrift erkennen. Nur: Nicht jeder ist imstande, sie zu erkennen, nicht jeder ist in der Lage, sie zu deuten, nicht jeder ist kompetent genug, sie zu entschlüsseln. Versuchen wir uns diesem psychopathologisch bedingten Verhaltensphänomen zu nähern – der *Signatur* des Serienmörders.

Sonntag, 21. Juni 1998. Am Vormittag entdeckten Spaziergänger in Wesel-Schermbeck die Leiche einer jungen Frau. Sie war unbekleidet, lag am Rand eines Feldwegs in einem Gebüsch nahe der Autobahn 3. Die Besonderheit: Die

Hände des Opfers fehlten. Die Kripo wurde alarmiert, eine Mordkommission – bestehend aus Duisburger und Weseler Kriminalisten – unverzüglich eingerichtet. Da die Identität des Opfers zunächst nicht geklärt werden konnte, erhielt die Kommission die Bezeichnung des Fundortes »Wachtenbrink«.

Die Arbeit der Ermittler wurde durch die extreme Witterung erschwert. 35 Grad. Einer der Beamten sollte später vor Gericht aussagen: »Die Verwesung war rasant. Schon im Lauf der Befundaufnahme gab es sehr deutliche Veränderungen. Wir haben an Ort und Stelle Bilder vom Zustand des Körpers gemacht. Zwei Stunden später in der Gerichtsmedizin hätten wir schon keine brauchbaren Ergebnisse mehr erzielen können.« Dennoch konnten schon bald erste Erkenntnisse gewonnen werden. Tötungsart: »Hinterkopfschuss«. Das Opfer war nicht am Fundort getötet worden. Mit einer Kollegin machten die Fahnder Tests, um herauszubekommen, durch wie viele Täter die Leiche transportiert worden sein dürfte. Das Ergebnis: »Einzeltäter«.

Der Leichnam wurde für die angestrebte Identifizierung exakt beschrieben: »Ca. 20–30 Jahre alt, 1,61–1,62 m groß, schlank, Gewicht ca. 50 kg, schulterlanges dunkelbraunes Haar, kleine Füße, Schuhgröße 34–36, Blinddarm-OP-Narbe, linkes Ohr: 1 Loch im Ohrläppchen, rechtes Ohr: 5–6 Löcher im äußeren Ohrmuschelkranz, auffällige Fehlstellung der rechten Großzehe, mindestens eine Schwangerschaft.« Bei der Obduktion konnten keine Misshandlungen oder andere Gewalteinwirkungen festgestellt werden. Aus dem Kopf der Toten wurde lediglich ein stark deformiertes Projektil entfernt: Kaliber 22. Der Täter hatte kaum Spuren hinterlassen:

ein paar Stofffasern, eine Reifenspur. Allen Beteiligten war klar, dass ein kriminalistischer Kraftakt bevorstand. Die drängendste Frage: Wer war die junge Frau?

Eine Identifizierung über Fingerabdrücke war unmöglich. Es fehlten die Hände des Opfers. Die Art und Weise der Tötung, das Abschneiden der Hände und der »spurenarme« Fundort ließen vermuten, dass der Mörder »polizeierfahren« sein dürfte. Erste Hinweise auf das soziale Umfeld des Opfers, auf ein Motiv? Die Kommission tat das, was in solchen Fällen üblicherweise zu geschehen hat. Es wurden »Arbeitshypothesen« aufgestellt. Stammte die Tote aus dem »Milieu«? Der Zahnstatus deutete darauf hin, dass es sich möglicherweise um eine drogenabhängige Prostituierte handeln könnte: »Zähne 18, 28 und 46 Karies, 16, 26, 38 und 46 fehlen, 36 und 47 Amalgamfüllung, 37 Kunststofffüllung, zugleich kariös.« Dann wäre sie eventuell »erkennungsdienstlich behandelt« worden. Hatte der Täter die Hände aus diesem Grund abgetrennt? Um einen Tatbezug zu verschleiern? War es womöglich ihr Zuhälter gewesen, dem das Opfer aus irgendeinem Grund lästig oder gefährlich geworden war? Oder war es eine »Strafaktion« gewesen? Die Tat glich ohne Zweifel einer Hinrichtung. Und die Leiche war an einem abgelegenen Ort gefunden worden. Verfügte der Täter über Ortskenntnisse? Verifiziert werden konnten diese Fragen indes nicht. Also musste »in alle Richtungen« ermittelt werden.

Nach langen und kontrovers geführten Diskussionen ging man davon aus, dass »der Täter eine enge Beziehung zur Getöteten hatte und eine Identifizierung unmittelbar zu ihm führen dürfte«. Die Beschreibung des Opfers wurde veröffentlicht. Kein Hinweis. Vermisstenfälle, 24 an der Zahl, wurden bundesweit überprüft. Kein Treffer. Mittlerweile hatte sich eine Hypothese bestätigt. Das Opfer musste »langzeitige Heroin- und Kokainkonsumentin« gewesen sein. Dies hatte ein toxikologisches Gutachten ergeben. Es musste also tatsächlich in Prostituierten- und Zuhälterkreisen verkehrt haben. Mit Bildern der Toten ausgestattete Beamte schwärmten aus, fragten in Bars, Bordellen und anderen einschlägigen Lokalen. »Kennen Sie diese Frau?« Kopfschütteln. »Schauen Sie sich das Bild bitte genau an!« Wieder nur Kopfschütteln. So ging es Tag für Tag. Frust machte sich breit bei der 35-köpfigen Kommission. Aus eigener Erfahrung weiß ich nur zu gut, wie ermüdend und desillusionierend solche Ermittlungen sein können. Es geht einfach nicht voran.

Dann hatte jemand *die* Idee. Eine junge Kommissarin war es, die vorschlug, das Aussehen des Opfers zu Lebzeiten zu rekonstruieren. Am 8. Juli wurde die Zeichnung überörtlich publik gemacht. Und »Kommissar Zufall« hatte wieder mal seine Hände im Spiel. Bekannte der Familie der Getöteten hatten das Bild gesehen, *sie* erkannt, die Eltern informiert. Die wiederum wandten sich an die Kripo. Der zahnärztliche Befund brachte letzte Gewissheit. Es war Petra Kleinert aus Bottrop. Die 26-Jährige war auch seit drei Wochen vermisst worden, jedoch war dieser Umstand der Polizei nicht mitgeteilt worden. Als die Eltern Petra als vermisst melden wollten, waren sie von dem Vermieter ihrer Tochter angesprochen worden. Der hatte von »Geräuschen« aus ihrer Wohnung berichtet, die Mitbewohner des Hauses gestört hätten. Man war in die Wohnung gegangen, hatte dort einen eingeschalteten Föhn gefunden. Auf dem Fußboden im Badezimmer. Der Trugschluss: Da dies am Tag zuvor noch nicht der Fall gewesen war, musste Petra zu Hause gewesen sein. Die Eltern waren davon ausgegangen, dass ihre Tochter vergessen hatte, den Föhn auszuschalten. Tatsächlich aber hatte sich dieser samt Haken selbstständig von der Wand gelöst, war mit dem Schalter auf einen Schrubber gefallen und so aktiviert worden. Erleichterung machte sich in den Reihen der Ermittler breit, man wähnte sich »eng am Täter«. Ein Motivationsschub, der neue Kräfte freisetzte. Zeugenbefragungen ergaben, dass Petra Kleinert seit Jahren drogenabhängig gewesen war und ihren Konsum durch Gelegenheitsprostitution finanziert hatte. Am 19. Juni, einem Freitag, war sie nachmittags von ihrem Schwager zum Essener Hauptbahnhof gefahren worden. Sie wollte »anschaffen«. Das letzte Lebenszeichen.

Eine Vielzahl von Vernehmungen mussten durchgeführt werden. Eltern, Geschwister, Verwandte, Freunde und Bekannte sagten aus. Hieran knüpften sich weitere Ermittlungsansätze. Petra Kleinert hatte viele Kontakte zu Intimfreunden, Schul- und Arbeitskollegen gepflegt – und reichlich Verbindungen zur »Szene« in Bottrop. Es galt einen Beziehungswirrwarr zu durchleuchten, zu entflechten. Zentrale Frage dabei: Wer hätte ein Motiv gehabt haben können? Etliche der Befragten mussten als »potentiell tatverdächtig« eingestuft werden. Ihr letzter Freund zum Beispiel, ein mit Haftbefehl gesuchter Dealer. Hatte er befürchtet, von Petra »verpfiffen« zu werden? Oder einer ihrer Brüder, der selbst Drogen nahm und sich »verdächtig« verhalten hatte. Mit Petras Ex-Freund war ein Alibi abgesprochen worden. In seinem Wagen fand man überdies schwarze Stapelfasern, die auch an der Leiche und am Ablageort hatten gesichert werden können. Für einen »Tatverdacht« reichte das aber nicht.

Schließlich wurden die Ermittlungen auf den Straßenstrich ausgedehnt. Am 19. Juli musste Petra Kleinert abends ihrem Mörder begegnet sein. Sie hatte sich mit ihrer besten Freundin, die ihren Körper ebenfalls feilbot, bei McDonald's am Hauptbahnhof getroffen. Petra hatte sich schließlich mit den Worten verabschiedet: »Ich brauch noch einen Kerl.« Etliche Zuhälter, Prostituierte und Freier wurden kassiert und vernommen, manch eine(r) plauderte munter drauflos. Das Ergebnis war beachtlich, aber auch ernüchternd: Eine Vielzahl von Straftaten aller Art konnten aufgeklärt werden – nur dem Mörder war man nicht auf der Spur.

Und die Fahnder waren sich ob dieser Enttäuschungen nicht mehr sicher. Doch kein »Beziehungsdelikt«? Vielmehr ein »durchgeknallter« Freier? Davon gab es reichlich, wie die befragten Damen zu berichten wussten.

Man nahm Kontakt mit Kollegen in Mönchengladbach auf. Zwei Jahre zuvor war auf einem Feldweg in Willich-Neersen, nahe der Landstraße 461, eine 30-Jährige ermordet aufgefunden worden. Aus dem Tatortbefund: »Die Totenstarre war noch nicht ausgebildet. Die Leiche war unbekleidet, enthauptet und im Thoraxbereich weitgehend eröffnet. Teile der Eingeweide wurden in unmittelbarer Nähe aufgefunden, Kopf und Bekleidung fehlen. Nach der Spurenlage ist der Fundort nicht Tatort.« Ein grauenhaftes Szenario: Das Herz hatte der unbekannte Mörder herausgeschnitten, es zwischen die Beine des Opfers gelegt.

Derselbe Täter? Tatsächlich ergaben sich einige Parallelen. Beide Opfer waren drogenabhängig, etwa gleichaltrig, hatten am Essener »Kiez« gearbeitet, waren dort letztmals lebend gesehen worden. Doch die Verletzungshandlungen divergierten stark. Das Willicher Opfer war enthauptet und ausgeweidet worden, der Mörder von Petra Kleinert hatte ihr lediglich die Hände abgetrennt. Das schien »nicht zu passen«.

Brian Forbes, Fallanalytiker des »Office of Special Investigations« der United States Air Force mit Sitz bei der NATO Air Base in Geilenkirchen, war anderer Auffassung. Er konfrontierte die Duisburger Fahnder mit der Hypothese, dass er von einem Serienmörder ausgehe. Die vermutlich erste Tat sei bereits am 9. September 1994 verübt worden. In Bennekom, einer kleinen Gemeinde in den Niederlanden an der Autobahn 12. Dort war die Leiche einer 28-jährigen Anhalterin gefunden worden – ohne Kopf und Hände. Zusätzlich hatte der Täter dem Opfer zahlreiche Schnittverletzungen zugefügt. Brian Forbes wurden die Ermittlungsakten zugänglich gemacht, man diskutierte. Er kam zu dem Schluss: »Es wäre denkbar, dass es sich doch um *einen* Täter handelt, da bei Serientätern mitunter eine Regressionsphase eintritt und die postmortalen Verletzungen deutlich reduziert werden.« Die Fundorte lägen zumindest in zwei Fällen in relativer Nähe zu Militärflughäfen, es könne sich bei dem Täter um einen Angehörigen der US-Streitkräfte handeln.

Die Kriminalisten aus Duisburg blieben standhaft, verwarfen die »Serienmörder-Hypothese«. Gleichwohl wurden Personen und Fahrzeuge, die bei den Morden in Willich *und* Wesel eine Rolle gespielt hatten, besonders gründlich überprüft. Ohne Erfolg. Nach dreieinhalb Monaten war Schluss, die Kommissionsarbeit musste aufgegeben werden. Im September 1999 wurde die »MK (= Mordkommission) Wachtenbrink« jedoch wieder eingerichtet. Es hatten sich »erfolgversprechende Hinweise« ergeben, die nur durch eine nun 15-köpfige Ermittlungsgruppe zu bewältigen waren. Zwei Monate vergingen. Wieder nichts.

Dann keimte erneut Hoffnung auf. Am 23. November 1999 meldete sich beim Kriminalkommissariat 11 der Kripo Duisburg zuständig für so genannte Todesermittlungsverfahren – ein Kollege aus Bottrop. Er teilte mit, dass Kollegen aus dem hessischen Korbach bei ihm gewesen seien. Hintergrund waren Ermittlungen in einem Mord aus dem Jahr 1994. Besonders interessant: Dem Opfer waren Kopf und Hände abgetrennt worden. Es wurde ein Treffen vereinbart. Teilnehmen sollten Kriminalisten aus Duisburg, Mönchengladbach und Korbach.

Die Beamten aus Korbach konnten einen Verdächtigen präsentieren: Klaus Heßling, 29, verheiratet, zweifacher Vater. Der gelernte Dachdecker, im Ruhrgebiet aufgewachsen, war 1996 nach Battenberg-Dodenau (Hessen) verzogen, hatte dann 1997 in Hatzfeld-Eifa gewohnt und war am 19. November 1999 nach Bottrop zurückgezogen. Grund für den Umzug war eine neue Arbeitsstelle bei einer Firma in Oberhausen gewesen. Heßling hatte bereits »ausgepackt«; aber nicht bei der Kripo. Mitte 1995 hatte er seiner Mutter von der angeblichen Tötung einer Anhalterin erzählt; beim Legen von »Tarot-Karten«. Obenauf sollte immer dieselbe Karte gelegen haben: die des Todes. Auf diese Merkwürdigkeit angesprochen, hatte er spontan erklärt: »Ich habe letztes Jahr eine Anhalterin mit nach Holland genommen. Wir bekamen Streit. Dann habe ich sie mit einem Hammer erschlagen.« Seine Mutter aber hatte ihm »diesen Blödsinn« nicht geglaubt.

Im April 1998 verschwand Gertrud Altmann, eine Tante Heßlings. Sie war seine »Vertrauensperson« gewesen. Persönliche Gegenstände waren in der Nähe der Wohnung des Dachdeckers entdeckt worden. Die Leiche hatte man nicht finden können. Heßling war hierzu auch »als Zeuge« vernommen worden, zumal er Gertrud Altmann kurz vor ihrem Verschwinden nach einem Besuch in Hessen nach Bottrop zurückgefahren hatte. Das war auch seiner Mutter nicht verborgen geblieben, die wenig später einer Verwandten von dem »unglaubwürdigen Geständnis« erzählt hatte. Die war schließlich zur Polizei gegangen. Hellhörig geworden, waren durch die Fahnder in Korbach Ermittlungen in den Niederlanden angestellt worden. Und tatsächlich: Am 9. September 1994 war der verstümmelte Torso einer Anhalterin gefunden worden, die Tat jedoch bislang ungeklärt geblieben. An der Leiche hatten aber Spermaspuren gesichert werden können. Aufgrund der Gesamtumstände war durch die Staatsanwaltschaft Marburg ein Verfahren angestrengt worden – gegen Klaus Heßling. Er sollte die junge Frau in den Niederlanden getötet haben.

Die Beamten aus Duisburg und Mönchengladbach zeigten sich naturgemäß hochinteressiert. Sollte sich herausstellen, dass Heßling tatsächlich der Mörder war, wäre er schlagartig der Taten in Willich und Wesel verdächtig. Also doch ein Serientäter?

Noch musste allerdings der Beweis erbracht werden. Am 23. November 1999 klingelte es gegen 6 Uhr an der Wohnungstür in Bottrop. Klaus Heßling öffnete. Die Beamten aus Korbach, unterstützt von Kollegen des Polizeipräsidiums Recklinghausen, hatten amtliche Dokumente mitgebracht: Beschlüsse des Amtsgerichts Marburg für eine »Wohnungsdurchsuchung« und eine »Entnahme von Körperzellen«. Ihm wurden der »Tatvorwurf« und das weitere Procedere erläutert. Eiligst telefonierte er mit seinem Rechtsanwalt. Dann verblüffte er seine Häscher, mit leiser Stimme erklärte er: »Das mit der Speichelprobe können Sie sich sparen. Ich war's.« Einzelheiten wollte er hingegen nicht preisgeben.

Die Fahnder aus Korbach waren am Ziel. Nur die Kollegen aus Duisburg nicht. Es fehlte an »objektiven Täterspuren«. Aufgrund des »räumlichen Bezugs«, den Heßling zweifelsfrei nach Essen hatte, musste er aber als »tatverdächtig« angesehen werden. Die einzige Chance blieb ein Geständnis. Anders war diesem Mann die Tat nicht nachzuweisen. Auf der Polizeiwache in Bottrop erklärte er zudem: »Ich rede nur, wenn mein Anwalt dabei ist.« Der hatte seine Kanzlei in Hessen, war jedoch eine Woche verhindert. Am 24. November erließ das Amtsgericht Bottrop Haftbefehl, Heßling wurde in der Justizvollzugsanstalt Essen untergebracht. Nach zähen Verhandlungen wurde das Gesamtverfahren gegen Heßling schließlich der Staatsanwaltschaft in Duisburg übertragen.

Zwei erfahrene Hauptkommissare der Duisburger Kripo erklärten sich bereit, die Vernehmungen durchzuführen. Kein leichtes Unterfangen. Heßling sollte ohne Not – Beweise lagen nicht vor – einen Mord gestehen. Dazu muss man wissen, dass Kriminalisten in solchen Gesprächen höchsten Anforderungen gerecht werden müssen. Zwingend erforderlich: Einfühlungsvermögen, Beharrlichkeit, Geduld. Kurzum: psychologisches Geschick, die richtige Strategie. Und die »Chemie« muss stimmen.

Heßling signalisierte Gesprächsbereitschaft. Auch ohne seinen Anwalt. Er wurde ins Essener Präsidium gebracht. Den Ermittlern saß ein leger gekleideter Mann gegenüber, dunkelblondes, kurzgeschnittenes Haar, keine Auffälligkeiten. Ein Durchschnittstyp, ein Jedermann. Lediglich seine Gesichtszüge wirkten maskenhaft, ließen keine Gefühlsregung erkennen. Sie waren wie eingefroren. Die Beamten begannen den Dialog behutsam, ließen ihn über seinen Lebensweg plaudern. Allgemein. Unverbindlich.

Seine Mutter ließ sich scheiden, als er noch ein Baby war. Die ersten Jahre lebte er mit seiner Mutter im Haushalt der Großmutter. In Oberhausen. Seine Kindheit? Ein Desaster. Von den Gleichaltrigen in seiner Siedlung wurde er ausgegrenzt und schikaniert. So musste er beispielsweise einen Hundehaufen essen. Er lernte zu »hassen«. Um den seelischen Grausamkeiten zu entgehen, verbrachte er die meiste Zeit in seinem Zimmer, versteckte sich hinter Büchern. Die Folge: Erpressungen und Ausgrenzung nahmen zu. Später versuchte er sich »Respekt zu verschaffen« – durch selbstgebastelte Sprengsätze.

Vor seinem Wechsel zu einem weiterführenden Gymnasium heiratete seine Mutter einen Polizeibeamten. Der entschied, dass der Junge eine »fahrkostensparende« Hauptschule besuchen musste. Den Grund erfuhr er Jahre später:

»Ich habe von meiner Großmutter gesagt bekommen, dass er das Geld brauchte, um sich ein erstklassiges Zielfernrohr für sein Gewehr zu kaufen.« Wieder eine Demütigung, der sich weitere anschlössen: »Weil ich mit 9 noch Bettnässer war, durfte ich nicht mit in [den] Urlaub. Ich wurde bei meiner Oma geparkt. Wenn ich aus der Schule kam, musste ich mich an die Wand stellen und mein Stiefvater hat mich durchsucht.«

In der Ehe begann es zu kriseln. Seine Mutter konnte dies nicht mehr ertragen, versuchte sich das Leben zu nehmen. Sein Stiefvater kannte den Schuldigen: Klaus. Der resignierte, beging seinerseits einen Suizidversuch. Der damals 10-Jährige füllte eine hochprozentige Kochsalzlösung in ein Kondom, verschluckte es. Er hatte Glück, das Kondom konnte unversehrt operativ entfernt werden. Die Reaktion seiner Mutter kam einer Ohrfeige gleich: »Für so einen Blödsinn muss ich dich ständig besuchen.«

Er suchte nach einem Ausweg, begann zu »schnüffeln«. Butangas. Mit 16 bat er aus freien Stücken um eine Heimeinweisung. Nichts ging mehr: »Ich baute immer wieder Mist, um zu schocken und Aufmerksamkeit zu erregen.« Mehr als 400 Einbrüche beging er bis zu seinem 18. Lebensjahr. Nur zweimal schnappte man ihn. Während dieser Zeit startete er eine Lehre als Bergmechaniker. Das war 1985. Nach vier Monaten war Schluss – zu häufige Fehlzeiten. Die Heimleitung erfuhr von seiner Gasschnüffelei, man schickte ihn zur Entgiftung in die Rheinische Landesklinik nach Bedburg-Hau.

Nach seiner Entlassung kam er bei seinem leiblichen Vater unter, einem Alkoholiker. Auch das ging schief. Heßling lebte fortan »auf der Straße« oder teilte sich eine Wohnung mit einem Bekannten. Dann lernte er Ilona kennen. Die Beziehung mit der 18-Jährigen blieb nicht folgenlos. Er wurde Vater, die Liaison aber ging in die Brüche. Mit 19 begann er eine Ausbildung zum Dachdecker. Nach der Trennung von seiner Freundin zog er wieder zu seiner Großmutter, beendete 1991 seine Lehre. Diesmal erfolgreich. Zwölf Monate arbeitete er in der Oberhausener Firma, die ihn ausgebildet hatte. Wieder kam er zu selten zur Arbeit. Es folgte die Kündigung. Auch in den nächsten Jahren fand er immer wieder einen Job. Kurzfristig. Mal hier, mal dort.

1995 trat Angelika in sein Leben. Die 22-jährige kaufmännische Angestellte besuchte die Bauchtanzgruppe seiner Mutter. Schnell fand man Gefallen aneinander, schon wenige Monate später wurde geheiratet. Sie wohnten jetzt in Essen. Seine Mutter ließ sich scheiden und zog mit ihrem neuen Lebensgefährten ins hessische Battenberg. Seine Mutter »drängte« ihn, mit seiner Frau ebenfalls nach Hessen zu ziehen. So kam es. Beruflich konnte er auch dort nicht Fuß fassen. Das alte Lied: Er fand sich einfach nicht zurecht. Der Lebensgefährte seiner Mutter verschaffte ihm einen neuen Job – als Vertreter für Krawatten. 1997 kam es zum Zerwürfnis zwischen seiner Mutter und ihrem Freund. Trennung. Heßling verzog mit seiner Familie, mittlerweile war er Vater einer Tochter geworden, nach Hatzfeld. Im November 1999 folgte der Umzug nach Bottrop.

Die Vernehmungen zogen sich über mehrere Tage hin. Die Beamten waren zurückhaltend geblieben, hatten Heßling überwiegend die Gesprächsführung überlassen. Mit unverkennbarer Freude und Leidenschaft plauderte er unter anderem über Waffen und deren Funktionsweise, »dozierte« geradezu; über »Schussentfernungen«, »Laufaustrittsgeschwindigkeiten« oder »Schießübungen«. Zudem war überdeutlich geworden, dass er seine Mutter hasste. Sie war »schuld« an seiner »Fehlentwicklung«. Warum, wollte er nicht sagen. Kurze Zeit später erklärte er dann überraschend: »Wenn ich mit meiner Frau sprechen kann, mache ich Angaben zur Sache.« Mit anderen Worten: Er wollte ein Geständnis ablegen. Die Geduld der Beamten schien sich auszuzahlen.

Am nächsten Tag, es war der 27. November 1999, erhielt er Gelegenheit, mit seiner Frau zu reden. Was dieser Mann in den folgenden Stunden berichtete, verschlug den Anwesenden den Atem, schockierte, führte sie an die Grenzen des Erträglichen – und darüber hinaus. Detailliert schilderte er drei Morde. Die Taten in Bennekom 1994, Willich 1996, Wesel 1998. Bei der späteren Gerichtsverhandlung sollte einer der Beamten resümieren: »Ich habe schon viele Vernehmungen durchgeführt, aber noch keine wie diese. So ein hohes sprachliches Niveau erlebt man selten. Er hat so flüssig ausgesagt, als würde jemand seiner Sekretärin etwas diktieren.« Bei der dritten Tat bat ihn seine Frau: »Verschone mich mit weiteren Details.« Sie konnte es nicht fassen. Nichts ahnend hatte sie mit einem Menschen zusammengelebt, der reihenweise Frauen auf unsägliche Weise gequält, erschossen und anschließend verstümmelt hatte.

Nun erfuhren die Fahnder auch, wie es zur Tötung von Petra Kleinert am 19. Juni 1998 gekommen war. In ihrem Aufsatz *Der »Rhein-Ruhr-Ripper«* (*Der Kriminalist* 2001) schildern die seinerzeit ermittelnden Kriminalhauptkommissare Klaus Engler und Hubert Ensink den Tathergang: »Am Abend dieses Tages fuhr Klaus Heßling (Name geändert, Anm. d. A.) mit dem bereits bei der Tötung vor 4 Jahren benutzten roten Mazda, jetzt mit einer Zulassung in Korbach, von Hatzfeld nach Essen zum dortigen Straßenstrich. Dort angekommen, fuhr er die Straßen neben dem Hauptbahnhof Essen so lange ab, bis er auf eine einzelne Frau traf. Er achtete darauf, dass sich weder vor ihm noch hinter ihm ein weiteres Fahrzeug befand, aus dem man hätte das Einsteigen der Frau in seinen Wagen beobachten können.

Heßling bot der Frau 400,– DM an, wenn sie sich an einem von ihm zu wählenden Ort fesseln ließe. Nach kurzer Überlegung willigte die Frau ein, und Heßling fuhr zu dem dunklen Parkplatz in Oberhausen, auf dem er vor 4 Jahren den Kopf der Anhalterin aus den Niederlanden zerschlagen hatte. Auf dem Parkplatz angekommen, unterhielt sich Heßling zunächst mit der Frau und erfuhr so, dass sie Petra (Name geändert, Anm. d. A.) hieß und aus Bottrop kam. Beide begaben sich in den Fond des PKW, in dem Heßling die Rücksitzbank bereits so umgelegt hatte, dass dort eine glatte Fläche entstand. Nach dem Ausziehen legte Heßling der Frau Handschellen um die auf dem Rücken liegenden Handgelenke. Die Beine der Frau fixierte er, indem er Spanngurte um die Knie legte und diese rechts und links an der Rastung der hinteren Rückbank befestigte. Geschützt mit einem Kondom führte er dann den Geschlechtsverkehr aus. (...)

Während des Geschlechtsverkehrs beklagte sich die

Frau, dass sie die Handschellen drückten. Heßling zog sich zurück und löste die Spanngurte an den Beinen. Der Frau erklärte er, dass er die Handfesseln noch nicht abnehmen wolle. In Wirklichkeit hätte er sie auch nicht mehr entfernen können, da er gar keinen Schlüssel zu den Fesseln dabei hatte. Er schlug ihr vor, die Handfesseln mit einem Isolierband zu umwickeln und dann weiterzumachen. Heßling straffte zunächst die Spanngurte wieder, so dass die Frau bewegungsunfähig war. Dann begab er sich in ihren Rücken, riss einen Streifen von dem Isolierband ab und klebte es der Frau in einer schnellen Bewegung von hinten über den Mund. Danach drückte er die Handfesseln so eng zusammen, wie es ging. Heßling veränderte die sitzende Stellung der Frau durch Umschubsen in eine liegende Position. Durch extremes Straffen der Spanngurte brachte er ihre Beine in eine starke Spreizstellung. Die Unterschenkel fixierte er mit zusätzlichen Spanngurten, so dass die Frau nun mit gespreizten Beinen unbeweglich vor ihm lag.

Er gab ihr dann, vor ihr sitzend, zu verstehen, dass sie mit dem Einsteigen in seinen Wagen den letzten Fehler ihres Lebens begangen habe. Er stellte ihr in Aussicht, dass sie sich selber vor dem Morgengrauen den Tod wünschen würde.

Heßling holte dann seine selbstgebaute Waffe mit einem aufgesetzten Schalldämpfer hervor. (...) Er erklärte Petra die Funktion der Waffe, hielt sie ihr an den Kopf und fragte, ob sie so sterben wolle. Dabei genoss Heßling die Todesangst der jungen Frau in vollen Zügen. Er fühlte sich stark und überlegen. Er steigerte die Angst noch, indem er den Schalldämpfer der Waffe gewaltsam in die Vagina der Frau stieß.

Nun fragte er sie, ob es ihr lieber sei, ihr so die Eingeweide in das Gehirn zu blasen, und weidete sich an ihrer Angst. (...)

Nachdem er den Schalldämpfer wieder herausgezogen hatte, drang er mit seiner linken Hand in die Frau ein. Mit der rechten Hand nahm er sein Feuerzeug, brach die obere Kappe ab und zündete es in unmittelbarer Nähe der gespreizten Schamlippen. Die Frau bäumte sich unter Schmerzen auf und wollte schreien, was ihr mit dem Isolierband über dem Mund nicht gelang. Danach drang er mit seinem Geschlechtsteil in sie ein, biss ihr gleichzeitig in die Brust und hielt ihr die Nase zu, bis sie drohte, das Bewusstsein zu verlieren. Nachdem er die Nase wieder freigegeben hatte, drückte er einen Zeigefinger in die linke Augenhöhle. Dabei fragte er sie, was sie davon halte, wenn er ihr so das Auge ausreiße.

Ohne Orgasmus zog er sich zurück und beobachtete die Frau. Er gab ihr nochmals zu verstehen, dass er sie töten werde. Er stellte ihr dann die folgenden drei Möglichkeiten zur Auswahl vor: »1. Anbinden an einen Baum und an die Anhängerkupplung seines Fahrzeugs, loszufahren und sie so zu zerreißen. 2. Stück für Stück des Körpers verbrennen, bis sie an den Verbrennungen sterbe. 3. Bei lebendigem Leib den Körper aufzuschneiden und das Herz herauszureißen. (...) Ohne weitere Worte hob er die geladene Waffe an ihren Hinterkopf und drückte ab.«

Heßling hätte weitergemordet. Auf seiner Computer-Festplatte fand man einen Text, in dem er sich in allen Einzelheiten ausgemalt hatte, eine Frau bei lebendigem Leib in die Luft zu sprengen. Die Tötung seiner Tante hingegen sollte »eine Hilfe zum Selbstmord« gewesen sein. Dabei blieb er. Auch vor Gericht. Mit an Sicherheit grenzender Wahrscheinlichkeit eine Schutzbehauptung. Die Schilderung der Tötung der ihm fremden Opfer bereitete ihm keinerlei Schwierigkeiten. Wortgewandt, überwiegend emotionslos und sachlich hatte er sie »diktiert«. Der Mord an seiner Tante indes hatte eine andere Qualität. Sie hatte zur Familie gehört, war seine »Vertrauensperson« gewesen. Hatte er auch ihr gegenüber »geplaudert«, sein Gewissen erleichtert? Sie dann als potentielle Belastungszeugin beseitigt? Ein plausibles Motiv. So sollte später auch das Landgericht Duisburg urteilen.

Er sprach auch von den Empfindungen, als er, damals noch Jugendlicher, anfänglich ein Meerschweinchen tötete und sich vom Anblick der Gedärme und Innereien angezogen fühlte: »Da habe ich zum ersten Mal dieses faszinierende Gefühl gehabt, das ich dann immer wieder gesucht habe.« Er zählte auf, wie er sich weiter dabei steigerte, seine abnormen Fantasien auszuleben: »Mein Wunsch war ein Bad in Eingeweiden. Meine Taten waren eine Annäherung daran.« So hatte er ein angefahrenes Kaninchen beispielsweise einfach »abgefackelt«. Nachdem er Hunderte Karnickel, Rinder und Pferde verstümmelt hatte – er nannte es »metzgern« –, brach er mehrfach in Leichenhallen ein: »Ich habe Körperteile im Raum drapiert, um einen Schock hervorzurufen. Es war eine regelrechte Präsentation.« So platzierte er in einem Fall eine weibliche Leiche ohne Kopf auf der Bank in der Trauerhalle. Seine Vision: »Ich wollte die Bankreihen mit zahlreichen Dauergästen füllen.« Das ging aber nicht – »zu wenig Leichen«.

Der »zärtliche Mann« und »liebevolle Familienvater« erklärte auch, er habe sich gefühlt, als gebe es ihn zweimal: »Derjenige, der auf die perversen Sachen steht, und derjenige, der normal ist und auch gemocht wird.« Nur wenn er seine Frau und seine Tochter um sich hatte, gelang es ihm, seine sadistischen Vorstellungen und Bedürfnisse zu verdrängen: »Wenn sie den Raum verließen, waren die Gedanken wieder da.« Vier Jahre lang hatte er ein wahres Doppelleben geführt, sein morbides Verlangen verheimlichen können: »Meine Frau wusste von nichts. Ich glaube, dass sie mich jetzt in die allertiefste Hölle wünscht. Ich kann mir nur wünschen, dass sie sich von mir distanziert, auch wenn ich sie noch immer liebe.«

Am 11. März 2001 beklagte Angelika Heßling im ZDF-Magazin *Mona Lisa* ihre leidvollen Erfahrungen: »Man muss selbst mit dem Zwiespalt leben«, sagte sie. »Da ist der Mann, den man geliebt hat, und den man anders kannte. Und andererseits gibt es den anderen Mann. Als ob sie jemanden in der Mitte durchschneiden. Den einen habe ich geliebt, den anderen aber verabscheue ich. Ich wünschte, ich könnte ihn hassen. Das würde es leichter machen, Abstand zu nehmen. Aber ich kann ihn nicht hassen, weil ich auch einen anderen Klaus kenne. Und dieser Klaus, den ich geheiratet habe, war ein wirklich zärtlicher Ehemann, ein fürsorglicher Vater. Klaus war ein Schöngeist, mochte klassische Musik, gute Bücher und gute Filme und war unheimlich intelligent. Den habe ich gekannt. Ich habe nicht das Monster gekannt«, beteuerte sie.

Die Tötung eines Menschen hatte er sich vor seinem ersten Mord in allen Einzelheiten ausgemalt: »Ich hatte immer den Wunsch, mit den Händen in den ganzen Körper einzutauchen.« Nach der Tat im September 1994 habe er gespürt: »Jetzt gibt es kein Halten mehr. Ich wusste, ich hatte eine Schwelle überschritten und würde es wieder tun. Es war eine zwiespältige Stimmung zwischen einem Hochgefühl und abgrundtiefem Selbsthass.« Und: »Ich habe immer wieder dagegen angekämpft. Seit meinem zehnten Lebensjahr ist mir bewusst, dass meine Wünsche nicht normal sind. Mit 15 oder 16 war mir klar, wo das enden wird. Ich hatte eine Wahnsinnsangst davor.«

Vor dem Duisburger Landgericht erklärte er zu einem möglichen Auslöser für die erste Tat, er sei am Vorabend von seiner damaligen Freundin »dreist« am Telefon »abserviert« worden: »Da hatte ich so einen Hass in mir, das kann ich nicht in Worte fassen.« Auch wusste er von einem Schlüsselerlebnis zu berichten. Als Kind sei er während eines Krankenhausaufenthaltes zufällig mit einer Leiche konfrontiert worden. Den Geruch beschrieb er so: »Duft, den keine Parfümerie der Welt liefern kann.« Auf seine Kindheit zurückblickend mutmaßte er: »Vielleicht waren es die Quälereien durch zwei Mädchen, die zu meinen späteren Taten geführt haben.« Gleichwohl lautete sein Fazit: »Ich habe Schlimmes gemacht. Lasst mich nicht mehr raus! Selbst wenn ich mit 50 rauskäme, wäre das Risiko zu groß. Umbringen könnt ihr mich nicht. Leider! Das war's.«

Die Morde dieses Mannes waren charakteristisch. Klaus Heßling folterte seine Opfer, bevor er sie umbrachte. Dann verstümmelte er sie. Ausgangs- und Endpunkt dieser Tötungen waren seine abnormen, bizarren, das menschliche

Vorstellungsvermögen übersteigenden Gewalt- und Tötungsfantasien.

Allgemein betrachtet ermöglichen Fantasien ein introspektives Erleben, sie sind das innere Drehbuch, nach dem der Film im Kopf abläuft. Menschen gestalten und instrumentalisieren solche Vorstellungen, nutzen sie als Spielwiese beziehungsweise Surrogat für ihre unerfüllten oder unerfüllbaren Bedürfnisse und Leidenschaften. Manchmal dient die Imagination aber auch als Generalprobe für die Realität. Kriminogene Szenarien, also reale Verbrechen, entstehen immer dann, wenn extrem gewaltbesetzte Visionen und Obsessionen das Bewusstsein überlagern, auf Verwirklichung drängen und sich schließlich in tatsächlichen Handlungen entladen. Insbesondere solche Serienmörder, die eine sadistisch perverse Entwicklung durchlaufen, deren Taten also nicht im Sinne von Impulshandlungen als Durchbruch einer destruktiven Dynamik zu interpretieren sind, werden im Regelfall von bewusstseinsdominanten Allmachtsfantasien inspiriert, beherrscht, angetrieben. Das deviante Thema: Vorstellungen von Überwältigen, Schlagen, Foltern, Quälen, Töten, Verstümmeln. Die sadistischen Absichten in der Fantasie gehen über Aggressivität und über Grausamkeit hinaus, sie zielen auf die Beherrschung des anderen, focussieren ein totales Verfügen über ihn, suggerieren die Aufgabe seiner Eigenständigkeit. So wie bei Klaus Heßling: »Ich wollte Macht haben, quälen, die Sinnesorgane eines Menschen vollkommen zerstören.«

Die angehenden Täter delirieren in einer pathologischen Vorstellungswelt: Gewaltexzesse werden zelebriert, der Tötungsakt wird *detailversessen* arrangiert. Grundsätzlich erscheinen prädeliktische Tötungsfantasien focussiert auf den Akt der Entmenschlichung, der Pönalisierung, der Vernichtung. Dabei werden die imaginären Opfer zu bloßen Objekten degradiert. Sie haben keine Namen, kein Gesicht, keine Identität. Nur die Anonymität ermöglicht narzisstische Vorstellungen eigener Omnipotenz. Aber auch fetischistisch, nekrophil oder kannibalistisch eingefärbte Gewaltfantasien haben bei unterschiedlicher Konstellation und Gewichtung ein sadistisches Gepräge. Sie ersetzen zunehmend die reale Welt und die reale Konfrontation. Insbesondere dann, wenn sexuelle Beziehungen aufgrund vorheriger Misserfolge, Zurückweisungen oder Versagenserlebnisse konfliktbesetzt erscheinen, nicht mehr ausagiert werden können.

Grundsätzlich sind solche Bemächtigungs- und Vernichtungswünsche ritualisiert, nur das *detailgetreue* Durchfiebern der Imagination ermöglicht die angestrebte emotionale und sexuelle Befriedigung. Gleichwohl werden häufig zusätzlich reale Rahmenhandlungen durchgespielt, um die Vorstellungswelt möglichst wirklichkeitsnah zu simulieren. Klaus Heßling schlitzte Leichen den Bauch auf, schnitt ihnen den Kopf ab. Gleiches tat er mit Tieren. Eine Art Generalprobe. Nicht zufällig glichen die Auffindesituationen der zerschnippelten Rinder und Pferde zumindest dem »Tatortbefund« des Mordes an der Anhalterin im Jahr 1994.

Sexualität ist infolge der Fixierung auf die stereotypen Fantasien und Begleithandlungen im Regelfall nicht mehr erlebbar oder führt nicht zu der sonst üblichen Gratifikation. Die Wunschvorstellungen werden jedoch nicht nur von endogenen Impulsen gespeist und unterhalten; auch gewaltbesetzte beziehungsweise -verherrlichende oder pornographische Darstellungen in Wort und Bild können die Fantasie beflügeln und zu einer neuen perversen Ausprägung führen. Auch Klaus Heßling will im Alter von acht Jahren durch Szenen des Gewaltvideos *New York Ripper* inspiriert worden sein. Dem psychiatrischen Gutachter berichtete er, bestimmte Filmsequenzen hätten ihn »fasziniert«.

Sadistische Gewalt- und Vernichtungsfantasien haben an sich eine lediglich temporäre Konstanz: Sie sind dynamisch, formbar. Charakteristisch sind ausufernde Entwicklungs- und Verlaufsformen. Psychologen und Psychiater nennen dies »Progredienz«. Die perversen Symptome ermöglichen nur bis zu einem gewissen Grad lustbetontes Erleben und emotionale Stabilität. Um die angestrebte Stimulanz herbeizuführen, werden die Fantasien erweitert. Inhaltsreichtum und Intensität nehmen zu, erweisen sich dann aber in der Verbrechenswirklichkeit nicht selten als undurchführbar. Auch Klaus Heßling hatte sich für seinen nächsten Mord ein Drehbuch zurechtgelegt. Allerdings hätte er diese Tat nicht wie geplant vollenden können. Die dem Opfer zugedachten Misshandlungen wären schon nach kurzer Zeit tödlich gewesen.

Das zwanghaft-ritualisierte Fantasieren stabilisiert aber auch die abnorme Persönlichkeit. In der Deviation werden die aggressiven und destruktiven Impulse gebunden und weitgehend durch die Verlagerung in die Fiktion entschärft, partiell befriedigt und entladen. Aus diesem Grund vergehen durchschnittlich zehn Jahre, bis diese Vorstellungen das Bewusstsein beherrschen, schließlich zu einem vollständigen Zusammenbruch der im Regelfall vorhandenen psychischen Abwehrkräfte führen und in reale Verbrechen münden. Die Tötungshemmung wird ausgehöhlt, zerbröselt. Diesen langwierigen Prozess bedingen allerdings auch durchaus zwiespältige Einschätzungen der eigenen Abnormität und die Angst vor drohenden Perversionsdurchbrüchen in der Realität. Die Fantasie- und Erlebniswelt wird einerseits als belebend, stimulierend und lustvoll erlebt, andererseits erscheint sie bedrohlich, persönlichkeitsfremd und abgründig. Sie hat einen ambivalenten, janusköpfigen Charakter: drängend-verlockend – abstoßend-schockierend.

Die Taten sadistisch devianter Serienmörder kennzeichnet vielfach ein zumindest partiell rituelles Verhaltensmuster. Dabei dient die Fantasie als Skript, als geistige Vorlage, als Schema. Die bewusstseinsdominanten Wunschträume drängen, wollen ausagiert werden. Ungebremst. Hautnah. Real. Nur das penible Imitieren und Ausleben der Fantasie ermöglicht und garantiert sexuelle, vor allem aber seelische Befriedigung und die vermeintliche Bestätigung eigener Omnipotenz. Die morbide Vorstellung wird gegen das Ritual eingetauscht, verschmilzt mit ihr, ermöglicht das narzisstisch-autarke Selbsterleben. Das Ritual ist eingebettet in regelgebundene, den Täter verpflichtende Handlungsabläufe. Diese pathologische Fixierung bedingt häufig ein zumindest partiell identisches Verhaltensmuster.

In diesem Kontext propagieren insbesondere Wissenschaftler und Autoren aus dem angloamerikanischen Sprachraum, dass die so genannte *Signatur* beziehungsweise *Handschrift* – beide Begriffe werden in der wissenschaftlichen Nomenklatur synonym verwendet – des multiplen Sexualmörders »konstant« und »veränderungsresistent« sei.

Unter einer *Signatur* sollten unverwechselbare Handlungssequenzen verstanden werden, die die speziellen Bedürfnisse eines Täters abbilden und keinen strategischen oder rationalen Charakter aufweisen. Hierdurch unterscheidet sich die *Signatur* vom Modus operandi, der lediglich die kognitiv gesteuerten Tathandlungen beschreibt, die innere, psychopathologisch bedingte und hochsignifikante Struktur der Tat, ihre charakteristische Ausprägung hingegen weitestgehend unberücksichtigt lässt.

John E. Douglas, ehemaliger FBI-Profiler, definierte diesen »Verhaltens-Fingerabdruck« 1992 im *FBI Law Enforcement Bulletin* wie folgt: »Die Visitenkarte ist das, was über das zur Begehung des Mordes Notwendige hinausgeht. Die Handschrift ist sehr häufig fantasiegebunden. Sie mag sich entwickeln, was jedoch nicht heißt, dass sie sich im landläufigen Sinne verändert. Vielmehr ist dies ein Prozess des sich nach und nach ausprägenden Themas. Die Handschrift bleibt im Kern – im Gegensatz zum Modus operandi – unverwechselbar erhalten.« Der ehemalige Kriminalist und jetzige Präsident des »Institute for Forensic« in Seattle Robert D. Keppel beschreibt die »psychologische Visitenkarte« in seinem Buch *Signature killers* (1997) als »persönlichen Ausdruck, den unverwechselbaren Stempel, den er der Tat aufdrückt als Ergebnis eines psychologischen Zwangs, sich auf diese Weise sexuell zu befriedigen«. Zu einer ähnlichen Einschätzung gelangt Brent E. Turvey (*Criminal profiling*, 1999), Wissenschaftler und Fallanalytiker in den USA: »Eine Täter-Handschrift ist das Muster eines unverwechselbaren Verhaltens, das charakteristisch ist für emotionale und psychologische Bedürfnisse.«

Tatsächlich hat es auch in Deutschland immer wieder multiple – im Regelfall sadistisch veranlagte – Sexualmörder gegeben, die insbesondere den Tötungsakt, aber auch sonstige Tathandlungen überwiegend oder durchgängig ritualisierten und anhand ihrer *Signatur* als Serientäter erkannt werden konnten. Peter Kürten, der »Vampir von Düsseldorf«, fügte seinen Opfern stets Stich- oder Schlagverletzungen im Brust-, Hals- und/oder Kopfbereich zu. Seine Begründung: »Erst beim Stechen steigerte sich die Erregung, dabei kam der Samen. (...) Ich gab ihm noch einen kräftigen Stich, da hörte ich deutlich das Blut hervorrauschen. Das war der Höhepunkt.« Der Rangierer Ernst Kofler erschoss von 1934 bis 1939 in Waldgebieten in der Nähe von München vier Frauen. Seine *Handschrift*. Er schnitt den Opfern die Vagina heraus, kaute darauf herum.

Die pathologische Fixierung des bereits in Kapitel 1 erwähnten zehnfachen Frauenmörders Werner Ferstl äußerte sich in dem Verlangen, die Opfer »umhauen« und anschließend »bearbeiten« (heftiges Kneten der Brüste) zu können. In seinen autobiographischen Aufzeichnungen *Mein Kampf* schilderte er, warum nicht nur in dem beschriebenen Fall trotz sich bietender Möglichkeit gelegentlich eine Tötungshandlung unterblieben war: *Anschließend bin ich wieder zurück nach Zorge auf den Bahnhof in Benneckenstein hap ich auch noch ein Mädchen troffen die über die Grenze wollte, daß wahr so richtig mein Fall ein fetten Arsch, unt bar gute Titten hat sie auch gehabt. Aber zu meinen Bedauern hape ich keinen Apparat gehapt womit ich ihr den Ballong einballern konnte, hap mir auch die größte Mühe gegeben hap aber kein gefunden, unt deßhalb lebt nun auch heute* *das Luder noch.** Ferstl hatte die junge Frau also nur deshalb verschont, weil eine andere Tötungsart nicht seinem perversen Drang entsprochen hatte.

Von 1974 bis 1984 fielen dem Gelegenheitsarbeiter Knut Storbeck ein 13-Jähriger, ein Jugendlicher und vier erwachsene Männer zum Opfer. Unter anderem trennte er fünf seiner Opfer das Geschlechtsteil ab, zerschnitt es. Seine Erklärung: »Ich habe denen den elften Finger abgeschnitten, weil ich wissen wollte, wie das Ding funktioniert, wie das Pipi da rauskommt.« Bei seiner ersten Tat, als er einem Mann mit einem Kalksandstein das Gesicht zerschmetterte, verzichtete er notgedrungen auf sein bizarres Ritual. »Ich bin doch gestört worden«, ließ er die Vernehmungsbeamten wissen, »leider ist es dann dazu nicht mehr gekommen.«

Die beliebig erweiterbare Darstellung repetitiver, hochsignifikanter Tathandlungssequenzen und mitunter gleichartiger Opferdispositionen bei sadistisch devianten Serienmördern belegt, dass das *Signatur*-Konzept als Instrumentarium zur Verifizierung von Tat-Tat- beziehungsweise Tat-Täter-Zusammenhängen in vielen Fällen durchgreift. Aber: Eigene Untersuchungen an 76 Tätern, die in Deutschland – einschließlich der ehemaligen DDR – von 1915 bis 2000 wegen mindestens zwei Sexualmorden abgeurteilt wurden, haben ergeben, dass lediglich 48 so genannte Probanden (= 63,2 Prozent) vereinzelt Tathandlungen im Sinne einer *Personifizierung* (signifikante Begehungsweise im Einzelfall, die bei mehreren Taten als *Signatur* bezeichnet wird) erkennen ließen und für nur 30 Täter (= 39,5 Prozent) das zunächst fantasierte Ritual überwiegend oder durchgängig Auslöser und Leitfaden ihrer realen Verbrechen war.

Diese Erkenntnisse belegen: *Personifizierungs*aspekte findet man kaum bei solchen Sexualmördern, die aus »Verdeckungsabsicht« töten und als »asoziale Notzüchter« einzuordnen sind. Der Taterfolg ist im Regelfall nicht an das Ausleben vorfantasierter, sexualisierter Destruktivität gekoppelt, so dass eine persönliche, auf den selben Täter hinweisende Ausprägung unterbleibt. Hingegen lassen sich im Einzelfall – selten hingegen durchgängig – bei aggressionsgeleiteten Impulstätern, die töten, um Gefühle wie Verzweiflung, Angst, Enttäuschung, Wut oder Hass zu entladen, Handlungssequenzen beobachten, die als *Personifizierung* oder *Handschrift* zu deuten sind.

Ein Beispiel: Der Schlachthofarbeiter Armin Nischick erwürgte oder erdrosselte von 1983 bis 1987 in Kiel drei Prostituierte und eine Anhalterin. In zwei Fällen brachte er den Opfern genitale Verletzungen bei, führte darüber hinaus Gegenstände in die Vagina ein. Bei einer anderen Tat setzte er lediglich einen Brustbiss. Sein letzter Mord hingegen ließ keine Form der *Personifizierung* erkennen. Die einzige Besonderheit, das Verbrennen des Leichnams, sollte ausschließlich die Beseitigung von Spuren zur Folge haben. Zu seinem Motiv äußerte er sich so: »Die Frauen tun lieb und schön zu einem, wenn sie von einem Geld erwarten können, hinter dem Rücken wird man dann von ihnen betrogen. (...) Deswegen habe ich oft eine Hasskappe geschoben. (...) Und wenn dann wieder so eine Situation kam, habe ich die Beherrschung verloren und bin ihnen an den Hals gegangen.«

Charakteristisch bei solchen Delikten ist eine fehlende Tatplanung, der Täter glaubt sich vielmehr durch das Opfer provoziert oder erniedrigt. Die Tötung ist kein lustvoller Akt, sondern unmittelbare Folge ungebremster, aggressiver Impulse. Dieser Umstand bedingt, dass die Täter keinem inneren Handlungsmuster folgen und regelmäßig nur vereinzelt Tatmerkmale erkennen lassen, die ein persönliches, hochsignifikantes Bedürfnis abbilden. So wie bei Gerhard Bold. Der ungelernte Maschinenschlosser tötete 1971 binnen fünf Wochen in Frankfurt am Main und Umgebung vier Frauen, verletzte darüber hinaus während eines Hafturlaubs im Jahr 1988 eine Frau durch multiple Stichverletzungen lebensgefährlich. Sein Motiv: »Hass auf Frauen.« Lediglich in einem Fall tat er mehr, als zur Tötung des Opfers *notwendig* gewesen wäre: Er biss einer jungen Frau in die Brust und fügte ihr mit einer Zigarette Brandwunden zu.

Es wird demnach davon auszugehen sein, dass das *Signatur*-Konzept lediglich auf *bestimmte* Tätertypen anwendbar ist – insbesondere sadistische Serienmörder. Und: Die Hypothese, die *Handschrift* des Serienmörders sei konstant und veränderungsresistent, wird sich mit der *so* formulierten Stringenz und Ausschließlichkeit nicht aufrechterhalten lassen. Denn: Signifikante Handlungsmuster können sich verändern, wenn entsprechende Fantasien weiterentwickelt werden. Hier divergiert im Zuge der sexuellen Deviation lediglich das die *Signatur* abbildende Verhalten. So wie im Fall Heßling: Seine Gewaltbereitschaft und das Ausmaß der sadistischen Misshandlungen nahmen – bei ungestörter Tatausführung – kontinuierlich zu, während das Thema – Foltern, Hervorrufen von Todesängsten, postmortale Verstümmelungen – erhalten blieb. Demgegenüber hat aber die perverse Neuorientierung, die durch sexuell oder emotional eingefärbte Schlüsselerlebnisse, Lernerfahrungen oder situative Rahmenbedingungen eingeleitet und determiniert wird, zwangsläufig eine nicht nur partiell, sondern auch thematisch divergierende *Personifizierung* oder *Handschrift* zur Folge.

Diese These lässt sich belegen. Beispiele hierfür hat es reichlich gegeben. So berichtete der ehemalige Leitende Kriminaldirektor Günther Bauer in seinem Fachaufsatz *Die Problematik der Triebverbrechen aus kriminalistischer Sicht* (*Der Kriminalist*, 1972): »Der Hilfsweichenwärter Paul Ogorzow sprach zunächst in den Berliner Laubenkolonien von der Arbeit zurückkehrende Frauen an, schließlich erschreckte er sie durch Anblenden mit einer Taschenlampe. Bald genügte ihm diese Freude am Erschrecken seiner Opfer nicht mehr, es kam zu grobsexuellen verbalen Beleidigungen, schließlich zu Handgreiflichkeiten. Es folgten eine Reihe von Notzuchtsverbrechen. Dann nahm er auf seinen Gängen ein Messer mit, um seinen Opfern Messerstiche zu versetzen oder sie auch durch Schläge zu betäuben. Bei dieser Gelegenheit tötete er in einer Wohnlaube eines seiner Opfer, um sodann sein Tätigkeitsfeld in die S-Bahnzüge zu verlegen – er war bei einem seiner Streifzüge von einem ihm folgenden Mann kräftig verprügelt worden. Als sich hier das erste Notzuchtsopfer heftig wehrte, so daß es nicht zum beabsichtigten Geschlechtsverkehr kam, und er in heftiger Gegenwehr im brausenden Fahrtwind mit einem Kabelstück auf sein Opfer einschlug, um den dann erschlaffenden Frauenkörper in die Dunkelheit zu werfen, erlebte er einen Rauschzustand, der ihn so befriedigte, daß er von nun an nicht mehr vergewaltigte, sondern nur noch töten will. Auf diese Art mordet er aus Lust an der Tötungshandlung fünf Frauen und versucht es auf gleiche Weise bei zwei weiteren Opfern.«

Beachtlich erscheinen zwei Aspekte: Ogorzow stieß zufällig auf seine ihn »tief befriedigende« Passion, *nachdem* er bereits gemordet hatte. Und er wich von diesem höchstpersönlichen und in der deutschen Kriminalgeschichte einzigartigen Tatmuster ab, als er vor seiner Festnahme eine Frau erschlug – wieder in einer Gartenkolonie. Als Grund nannte das Landgericht Berlin: »Der Angeklagte, der inzwischen Kenntnis erhalten hatte, daß die Polizei umfangreiche Maßnahmen getroffen hatte, um den Täter, der die Frauen aus den fahrenden S-Bahnzügen hinauswarf, zu ermitteln, beschloß nunmehr, von weiteren Taten in der S-Bahn abzulassen. Er wollte weitere Taten nur noch in der Siedlung oder auf der Straße ausführen.«* Dem *Signatur*-Konzept nach hätte es zwei Täter geben *müssen*: den S-Bahn-Mörder und denjenigen, der seine Opfer in der Gartenkolonie umbrachte. Pustekuchen.

Auch der Kinder- und Frauenmörder Jürgen Knoll ließ erst nach einer Reihe von Morden eine *Handschrift* erkennen. Das Landgericht Duisburg stellte – bezugnehmend auf das erste Tötungsdelikt im Februar 1955 – hierzu fest: »(...) Er hatte bis dahin noch keinen Menschen zu Tode gebracht und wußte infolgedessen noch nicht, daß ihn die Tötung durch Erwürgen in Verbindung mit der bewußten Beobachtung des Todeskampfes seines Opfers zur äußersten Steigerung seiner Geschlechtslust und zur höchsten Befriedigung führen werde, eine Erfahrung, die er erst in späteren

Fällen machte. Demgemäß erwürgte der Angeklagte Irmgard Schneider nicht, sondern ...«* Gleichwohl ließ Knoll schon bei dieser Tat *Personifizierungs*aspekte erkennen, die wohl als Probierverhalten zu deuten sind. Im Urteil heißt es hierzu weiter: »(...) Mit dem Tatmesser brachte der Angeklagte sodann seinem toten Opfer mindestens weitere vier Schnitt-/Stichverletzungen bei. (...) Alle diese postmortalen Verletzungen fügte der Angeklagte seinem Opfer zu, weil er immer noch hochgradig sexuell erregt war und eine weitere Luststeigerung und Lustbefriedigung erstrebte.« Bezeichnenderweise realisierte Knoll erst 21 (!) Jahre später eine weitere perverse Vorstellung, die von seinem üblichen Tatschema abwich: »(...) einen Menschen aufmachen und hineinsehen.« Dies wurde 1976 einem 4-jährigen Mädchen zum Verhängnis. Er »schlachtete« (O-Ton Knoll) sein Opfer.

Einschränkend sollte in diesem Zusammenhang darauf hingewiesen werden, dass sich nicht in jedem Fall eine *Handschrift* ausprägen kann. Ausschlaggebend sind situative Faktoren und Einflüsse. Der Täter wird oder fühlt sich gestört, muss auf die beabsichtigten Scheußlichkeiten notgedrungen verzichten. Oder aber das Opfer leistet unerwarteten heftigen Widerstand, so dass eine vollständige Umsetzung der Fantasie unmöglich wird; vornehmlich in solchen Fällen, in denen der Täter auf die stereotype Misshandlung lebender Opfer fixiert ist. Auch bleibt eine *Signatur* nicht selten unerkannt, weil das spezifische Täterverhalten nicht nachvollzogen werden kann. Die Leiche ist zu stark verwest, skelettiert oder bleibt unauffindbar.

Die insbesondere von Mitarbeitern des FBI vertretene Auffassung, die *Signatur* eines sexuell motivierten Serienmörders sei »veränderungsresistent«, ist demnach mit der gebotenen Sorgfalt und Zurückhaltung zu bewerten. Das unübersehbare Manko: Wissenschaftlich sind diese Verhaltenssyndrome bisher nicht ausreichend belegt worden. Es existiert – soweit ersichtlich – keine publizierte Studie, die derartige Verhaltensphänomene zum Gegenstand hat. Die hierzu veröffentlichten Fachaufsätze verschiedener FBI-Veteranen und anderer Autoren stützen die dort aufgestellten Hypothesen lediglich durch einzelne Kasuistiken, die »passen« und das Konzept des »Signature Killers« belegen sollen. Gegenbeispiele, die es – wie dargestellt – ohne Zweifel gegeben hat, finden sich dort nicht. Es muss stets in Betracht gezogen werden, dass auch multiple Sexualmörder sowohl ihren Modus operandi als auch ihre *Handschrift* bewusst, intuitiv oder notgedrungen entwickeln, verfeinern und teils massiv verändern. Um es vorsichtig auszudrücken: Es besteht Nachholbedarf. Dennoch: Die gewonnenen Erkenntnisse haben sich in vielen Fällen als hilfreich erwiesen. Nur sollte man sie nicht in unzulässiger Weise verallgemeinern, sondern die ohne Zweifel wertvollen Forschungsansätze im Zuge empirischer Untersuchungen validieren, also auf ihre Gültigkeit hin überprüfen, und verfeinern. So mahnt denn auch der Essener Universitätsprofessor Jo Reichertz in seinem Aufsatz *Meine Mutter war eine Holmes* (publiziert in: *Täterprofile bei Gewaltverbrechen*, 2001) mit Blick auf das *Signatur*-Konzept zu Recht: »(...) Ansonsten geraten die Fahnder leicht in die Situation des bedauernswerten Menschen, der sich mit alten Landkarten in einer neuen Welt zurechtfinden will. Was die alten Karten dann liefern, ist lediglich das gute (und leider trügerische) Gefühl zu wissen, wo etwas zu finden ist und wie man dorthin gelangt. Neue Wege und neue Orte wird man auf diese Weise jedoch nur durch Zufall finden.«

Das muss nicht sein, das darf nicht sein. Ein neuer Weg ist insbesondere unter dem Aspekt der *Handschrift* des Serienmörders mit der Entwicklung und Einführung des aus Kanada stammenden Datenbanksystems ViCLAS (Violent Crime Linkage Analysis System) beschritten worden. Das Erkennen von Serientaten soll künftig nicht mehr dem Zufall überlassen bleiben. Mit dieser Datenbank sollen Delikte von Wiederholungs- und Serientätern im Bereich der schweren Gewaltkriminalität, die zur Verübung ihrer Verbrechen nicht davor zurückscheuen, Orts-, Stadt- oder Landesgrenzen zu überschreiten, erkannt und schneller zusammengeführt werden. In Deutschland bundesweit seit Juli 2000.

In das ViCLAS-System eingespeist werden Tötungsdelikte, Vermisstenfälle, Sexualstraftaten und das verdächtige Ansprechen von Kindern. Fälle, bei denen eine vordeliktische Opfer-Täter-Beziehung besteht, werden nicht erfasst. Ausgenommen: Die Tatausführung erscheint ungewöhnlich. Mit einem 168 Fragen umfassenden Erhebungsbogen werden Informationen zu Täter, Opfer, Tatablauf und -dynamik, benutzten Waffen oder Fahrzeugen und eventuell festgestellter Todesursache in das System eingegeben. Die Methode: fallübergreifender Abgleich anhand des Modus operandi, der *Signatur*, geographischer oder sonstiger Übereinstimmungen. Das Ziel: Erkennen von bereits bekannten oder rückfälligen Tätern und Serienverbrechen.

Diese etwas voreilig als »Wunderwaffe« gepriesene Fahndungs- und Ermittlungshilfe wird sicher von Nutzen sein; auch bei der Erkennung von Serienmorden. Der Erfolg ist jedoch abhängig von der Quantität und Qualität der eingegebenen Daten. Derzeit (Stand: Mai 2001) sind erst etwa 5 700 Fälle erfasst. Das System gleicht einer Bibliothek, in die viele Bücher eingestellt werden können. Nur: Die meisten fehlen noch, müssen retrograd geliefert werden. Das braucht Zeit. Deshalb wird ViCLAS erst in einigen Jahren effizient eingesetzt werden können.

Voraussetzung ist aber auch ein auf hohem Niveau stehendes kriminalistisch-kriminologisches Grundverständnis und Fachwissen der eingebenden und auswertenden Beamten. Das heißt: Die zur Verfügung stehenden Daten müssen vollständig aufbereitet und dem Status quo der kriminalistischen Wissenschaft und Praxis entsprechend bewertet und ausgewertet werden. Um diesem Erfordernis zu genügen, werden in der Bearbeitung von Tötungsdelikten und Sexualstraftaten erfahrene Beamte speziell geschult. Ob dieses Spezialwissen und die daraus abzuleitende Methodik, also die ganzheitliche Bewertung eines oder mehrerer Tötungsdelikte unter fallanalytischen Gesichtspunkten, Todesermittlern flächendeckend vermittelt werden kann, bleibt abzuwarten. Zumindest die aufgeklärten Mordserien der jüngeren Vergangenheit haben uns unwiderlegbar und schmerzvoll vor Augen geführt, dass es bis dorthin noch ein langer Weg ist.

Der Fall Heßling ist insofern besonders lehrreich. Man *hätte* das Morden dieses Mannes auch im Zusammenhang sehen *können*. Zumindest bei den Tötungen der jungen Frauen. Richtungsweisend und ausschlaggebend sind die

Entscheidungen, die Heßling vor, während und nach den Taten getroffen hat. Diese müssen sequentiell herausgefiltert werden.

Die Selektion der Opfer: Heßling wählte Situationen, in denen er die Frauen, ohne dabei Aufsehen zu erregen, in seinen Wagen locken konnte. Es war ihm somit möglich, die Opfer im Kontext der Prostitution oder des Trampens unbemerkt zu manipulieren, zu kontrollieren. Das war seine Masche. Der Tötungsakt: unvermittelte, gezielte Gewalt gegen Hals oder Kopf, bei jedem Mord. Dieses spezifische Verhaltensmuster wäre – auch angesichts der Tatsache, dass zwei Opfern der Kopf abgetrennt worden war – aus rechtsmedizinischer Sicht nachzuvollziehen gewesen. Das Verhalten nach der Tat: Allen Opfern wurden postmortale Verletzungen beigebracht, Körperteile fehlten *und* wurden mitgenommen. Auch entfernte er jeweils Bekleidung und Schmuck der Frauen. Zumindest zwei Leichen fand man in provozierender, entwürdigender Haltung – eine Präsentation. Bei seinem letzten Fall verzichtete er hierauf, weil er sich durch einen zufällig vorbeifahrenden Wagen gestört fühlte. Das konnte niemand wissen, man hätte es aber in Betracht ziehen können.

Diese sequentielle Tathergangsanalyse belegt, dass Heßling gleichartige, teilweise höchstpersönliche und auf die Befriedigung spezieller Bedürfnisse abzielende Entscheidungen getroffen hat. Aber: Hinterher ist man immer schlauer. Und ob der »Rhein-Ruhr-Ripper« so früher hätte überführt werden können, bleibt Spekulation.

Kapitel 5

Vogelfrei

Noch 13 Jahre, 156 Monate, 624 Wochen, 4 368 Tage, 104 832 Stunden, 377 395 200 Sekunden – bis zum Jahr 2007. Die hier erzwungene Zeit des Wartens kostet so viel Energie, Kraft meines Lebens, so viel – für was?

Einsamkeit. Früher wurde dieser Begriff mit positiven Wertungen assoziiert: Der einsame Weise, der Mitmenschen in Notsituationen Rat und Hilfe erteilte. Oder die entspannende Stimmung der Waldeinsamkeit. Aber auch der von der Welt zurückgezogen lebende Mensch, der auf diese Weise zu sich selbst fand. Erst seit dem 20. Jahrhundert wurde das Alleinsein auch als krankhafte Isolierung von der sozialen Umwelt erkannt und verstanden.

Einsame Menschen sind Einzelgänger, die meist seit früher Kindheit keine engeren sozialen Kontakte pflegen können, wollen, dürfen. Sie sind gewöhnlich verschlossen, gehemmt, sperrig, wenig anpassungsfähig. Viele dieser Menschen leiden unter ihrer Isolierung. Die Fähigkeit, freundschaftliche, vertrauensvolle oder herzliche Beziehungen aufzunehmen, ist bestenfalls fragmentarisch ausgebildet.

Sie empfinden sich als anders, minderwertig, nicht dazugehörig, erleben ihr soziales Umfeld als abweisend, fremdartig, bedrohlich. Oft resultieren aus diesem mit unter autistisch anmutenden Einzelgängerdasein Verhaltensstörungen und – insbesondere bei Kindern und Jugendlichen – soziale Einpassungsstörungen und Kriminalität.

Denis Köhler war ein Einzelgänger, ein einsamer Mensch. Ungeliebt. Missachtet. Verloren. Viele Jahre lang hatte er aufgeschrieben, wie alles gekommen war. Im Knast. Mit einer Schreibmaschine auf gelbem Papier. Zunächst unpersönlich. Aus *ich* wurde *er*.

Eigentlich war er nur einsam. Nicht etwa, weil er irgendwelche Eigenarten an sich hatte, die ihn zum einsamen Menschen machten, so wie vielleicht ein geistig behinderter Mensch, der durch etwas auffällt, was andere Leute abstößt. Nein, er war nur etwas schüchtern. Traute sich nicht aus sich heraus. Ging von sich aus nicht auf andere zu. Er stellte sich selbst ins Abseits, obwohl er gerne im Mittelpunkt gestanden hätte. Aber er traute sich nicht. Das fing schon in der Schule an. Dort war er ein guter Schüler in den Anfangsklassen. Er besuchte die Schule sogar gern. Bis ihm klar wurde, daß er durch seine Kleidung auffiel. Er zeigte deutlich, welchem Stand er angehörte. Seine Kleidung war nicht die modernste, und sein Äußeres entsprach nicht dem, was als »in« galt.

Dafür hatte er auch kein richtiges Interesse. Ihm lag nicht viel daran, wie sein Äußeres war. Und damit fiel er aus der Rolle. Die Mitschüler erkannten bald, daß sie witzeln konnten, daß sie ihn beschimpfen konnten, ohne daß er sich zur Wehr setzte. Jedenfalls nicht, indem er schlagfertig geant-

wortet hätte. Schlagfertig wurde er aber oft, wenn die Schule zu Ende war. Dann lauerte er denen oft auf, die ihn gehänselt haben. Die ihn verspottet haben, weil er sich nicht pflegte. Oh, er stank nicht oder war schmutzig in dem Sinne. Er ließ sich gehen, und es machte ihm nicht viel aus, wenn seine Mutter ihm Klamotten gab, die schon sein älterer Bruder getragen hatte. *

Verzweifelt sehnte er sich danach, als Individuum, als Mensch gezählt, anerkannt und verstanden zu werden. Aber es gelang nicht. Er konnte sich nicht mitteilen, hatte Angst vor den üblichen Repressalien. Frustration. Der einzige Ausweg: Er musste zurückschlagen, um nicht den letzten Funken Selbstachtung zu verlieren.

Er hat viel versucht, um etwas Anerkennung zu bekommen. Das hat sich in der Schule so ausgewirkt, daß er fast täglich nach dem Unterricht oder in den Pausen Schlägereien hatte. Meist war er der Unterlegene, und sehr oft machte er sich selbst zum Clown, um seine Angst zu kaschieren. Nicht selten ging aber gerade deswegen eine Schlägerei lachend aus, und es passierte nichts Ernsteres. Er entwickelte auch eine geradezu panische Angst davor, daß ihn jemand vor anderen »runtermachte«. Deshalb nahm seine Teilnahme am Unterricht von der dritten Klasse an immer mehr ab. *

Seine familiären Verhältnisse? Katastrophal. Eine hochexplosive Mischung aus Angst, Missgunst und Gewalt. Er hatte drei Geschwister: zwei Brüder, eine Schwester. Die Mutter war mit der Erziehung der Kinder überfordert. Der Vater auch; ein Alkoholiker, der Frau und Kinder regelmäßig verdrosch. Aus nichtigem Anlass. Das Verhältnis der Geschwister untereinander: angespannt, aggressiv, perspektivlos, geprägt von Egoismus, Unverständnis – und Kriminalität.

So geriet er auch nicht in einen Konflikt, wenn er mit seinem älteren Bruder aus Not am Geld stehlen ging. Das war eine interessante Abwechslung, und es brachte ab und zu auch die Erfüllung von Wünschen. Nur leider erging er sich nicht daran, indem er für alle etwas erfüllte. Einfach gesagt: Er war ziemlich intolerant und dachte nur an sich selbst. Wahrscheinlich deshalb, um Hänseleien, die er wegen seiner starken Brille nicht nur in der Schule, sondern auch von seinen Geschwistern zu ertragen hatte, aus dem Weg zu gehen.

Da war sein jüngerer Bruder, der ihm, seiner Unfähigkeit wegen, schlagfertig zu antworten, wenn er ihn hänselte, das Leben zur Hölle machte. Ihm machte es viel mehr aus, wenn man ihn »Brillenschlange«, »Schielauge« oder »Spasti« nannte, als er sich selbst gegenüber zugeben wollte. Es war dann so eine Art zu schlagen, weil er von seiner Klasse her gewöhnt war, wenn er ausrastete, daß dann diese Hänseleien aufhörten. Wenn das auch nur für den Augenblick war. Er schlug seinen Bruder. Und der haßte ihn dafür und machte immer weiter. Kinder können grausam sein. Diese spätere Erkenntnis vergaß er nie. Aber seine eigene Brutalität seinen kleinen Geschwistern gegenüber vergaß er darüber und schlug auch seine kleine Schwester, die ihm dafür nie vergeben konnte und die ihm später, als sie erwachsen waren, noch vorhielt, daß er sie gequält hat. *

1977 wurde die Ehe der Eltern geschieden. Seine Mutter erhielt das Sorgerecht, man lebte von Sozialhilfe. Seinen Vater kümmerte dies nicht. Er kam seiner Unterhaltspflicht nicht nach. Als Denis 11 war, schloss er sich einer »Gang«

an. Dort war er zunächst eine »kleine Nummer«, stand Schmiere oder half auf ähnliche Weise. Die anderen tranken Bier, Schnaps. Er wollte nicht zurückstehen, trank mit. Erst hin und wieder, dann regelmäßig. Schließlich blieb er der Schule fern. Erst ab und zu, dann immer häufiger, zum Schluss kam er gar nicht mehr. In der Oberschule musste er 1979 die siebte Klasse wiederholen. Den Hauptschulabschluss schaffte er nicht.

Irgendwann, mit 10 oder 11, war die Schule dann auch nicht mehr so wichtig. Ihm war es ganz egal, was später werden sollte, wenn er keinen Abschluß erreichen würde. Viel wichtiger war es, die Abenteuerlust zu schnuppern, die er geatmet hatte, wenn sein älterer Bruder ihn nachts mitnahm. Wenn sie aus der elterlichen Wohnung schlichen, während alle anderen schliefen. Und dann ging es los. Sein Bruder wußte meistens schon, wohin es gehen sollte. Er hat tagsüber ausgekundschaftet, wo es vielleicht etwas zu holen gab. Und wenn nicht, es fand sich eigentlich immer etwas.

Und diese nächtlichen Touren brachten mehr, als ein Buch zu lesen oder mit den anderen Kindern zu spielen. Daran verlor sich sein Interesse mit der Zeit vollkommen, und es gab bald nur noch diese Art Nervenkitzel, und bald schwänzte er die Schule, um in Kaufhäusern Spaß an Computerspielen zu haben, die sie sich nicht leisten konnten. Und es machte auch die Runde in der Familie, unter den Geschwistern, bis schließlich auch der Jüngere mitzog, und da er sehr pfiffig war, etablierte sich der Junge in einer Nachbarsgang, die tagsüber durch Diebstähle ihr Taschengeld aufbesserte. (...) Eine Mutprobe gab es in diesem Sinne nicht.

Man mußte eben etwas leisten. Mut beweisen, indem man etwas klaute, was wirklich schwierig war. *

Die Diebestouren blieben vor allem seiner Mutter nicht verborgen. Sie reagierte, verprügelte die Kinder.

Wenn es Ärger gab, war meistens er es, der diesen Frust dann mit unseren Eltern ausbaden konnte. Und wir alle bekamen, wenn etwas anstand, viel Schläge. Oft von meiner Mutter. Die wollte damit aber auch bloß vermeiden, daß unser Vater uns dermaßen zusammenschlug in seinem täglichen Alkoholrausch, daß wir ernsthaft verletzt wurden. Aber dennoch. Es tat trotzdem weh. *

Denis wurde immer wieder geschnappt. Hauptsächlich wegen Ladendiebstahls oder Einbrüchen. Als Jugendlicher kam er regelmäßig mit Bewährungsstrafen davon; später nicht mehr.

Meine Eltern hatten sich dann durch diese häufigen Polizeibesuche und den übermäßigen Alkoholgenuß meines Vaters scheiden lassen. Wegen der Vorkommnisse gab es auch Ärger mit dem Jugendamt. Meine Mutter kam nicht mehr klar mit uns Kindern.

Im Oktober 1980 besuchte er, um den Hauptschulabschluss nachholen zu können, einen Lehrgang am Mittelstufenzentrum in Berlin-Rudow. Ohne Erfolg. Schon nach wenigen Tagen erschien er nicht mehr. Was blieb? Klauen, einbrechen. Was fehlte? Gefühle der Geborgenheit, der Anerkennung, der Selbstachtung. Kurzum: ein Freund.

Einen Freund zu haben ist eines der schönsten Dinge im Leben. Ein Freund zu sein ist das Beste, was du sein kannst. Ein Freund ist wie ein Schatz, den du hüten musst, um ihn nicht zu verlieren, denn er ist eines der wertvollsten Ge-

schenke, die uns das Leben bietet. Ein Freund steht dir bei – in guten wie in schlechten Zeiten. Er teilt dein Weinen und dein Lachen. Ein Freund ist einer, auf den du dich verlassen kannst, dem du deine Geheimnisse anvertrauen kannst. Er ist ein wunderbarer Mensch, der – wie kein anderer – immer an dich glaubt. Ein Freund ist eine Zufluchtsstätte, ein Freund ist ein warmes Lächeln. Ein Freund ist eine Hand, auf die du dich immer stützen kannst, auch wenn du weit entfernt sein solltest. Ein Freund ist immer für dich da und wird sich immer um dich sorgen. Ein Freund ist ein Gefühl von Beständigkeit im Herzen. Ein Freund ist die Tür, die immer offen steht.

Nichts von alledem wurde ihm zuteil. Er blieb allein – zumindest empfand er so. Freudlosigkeit, Depressionen, Erniedrigungen. Das war die Realität, sein Alltag.

Vor all meinen Bedrängern bin ich zum Spott geworden. Eine Last meinen Freunden, ein Schrecken meinen Nachbarn. Bin vergessen in ihren Herzen, wie ein Toter.

Gleichwohl war er zumindest zeitweise nicht vollkommen isoliert. Er hatte »Freunde«. Zwielichtige Gestalten. Verwahrloste Burschen. Kriminelle. Die fand er ausschließlich in seiner Clique, der »Gang«. In seinen autobiographischen Aufzeichnungen hatte er mittlerweile das Schreiben in der dritten Person aufgegeben. Aus *er* wurde *ich*.

In dieser »Gemeinschaft« ging es für mich hauptsächlich darum, Anerkennung zu finden. Freunde, Menschen, die mich so akzeptierten, wie ich war, deshalb und natürlich auch, weil ich keiner wohlhabenden Familie entstammte, nahm ich weiter an Einbrüchen und Diebstählen teil. (...) Das »Wie« und »Warum« zählte für mich eigentlich nicht so *sehr, wie aber sehr wohl, daß ich dazugehörte. Natürlich weiß ich heute, daß es nicht der richtige Weg, nicht die richtige Machart war, um das zu finden, was ich eigentlich suchte. Aber es war die einzige Art und Weise, mich zu behaupten.**

Insbesondere Fürsorge und Zuspruch seines Vaters hatte er schmerzlich vermisst, litt darunter – sein Leben lang.

*Er suchte an mir zu nörgeln und fand immer einen Grund, um auf mir herumzuhacken, um mich zu schlagen, um mich zu bestrafen. Ich haßte ihn dafür, heute kann ich ihn nur noch verachten. Vielleicht klingt das kalt, aber ich sähe ihn lieber nie wieder, als noch mal ein Wort mit ihm zu wechseln.**

1981 die nächste Katastrophe. Sein älterer Bruder tötete eine Mitbewohnerin des Hauses. Aus »Habgier«. Schnell wurde er gefasst und abgeurteilt. Für Denis, damals 16, ein einschneidendes, folgenreiches, traumatisches Erlebnis.

*Für meine Mutter, meine jüngeren Geschwister und für mich bedeutete dies Hänseleien in der Schule, in unserem Wohnhaus (es fanden sich oft Zettel an der Wohnungstür, wo wir als Mörderbrut und Asoziale betitelt wurden) und der gesamten Wohngegend, so daß es gar keine andere Wahl gab, als von dort wegzuziehen. Unser neues Heim war dann das Märkische Viertel, in dem ich persönlich mich nie heimisch gefühlt habe. (...) Ich selbst habe in diesen Wochen, die es dauerte, bis wir eine neue Wohnung fanden, Trost und Vergessen in Alkohol und Haschisch gesucht, vorher hatte ich keinen Bezug zu irgendwelchen Drogen.**

Er begann sich abzukapseln, fand keine Freunde oder sonst jemanden, mit dem er über seine Nöte und Ängste hätte reden können. Er war allein.

*In der Zeit verlor ich auch sämtliche Freunde oder Bekanntschaften, die ich bis dahin in Schöneberg und Umgebung hatte. Ich verlor auch meine Selbstachtung. Ich traute mich nicht mehr, normale Beziehungen mit anderen Menschen anzufangen. Ich hatte Hemmungen, die ich heute als noch nicht überwunden ansehe und die letztendlich zu Störungen in meinem Sexualleben geführt haben. Ich fühlte mich in meinem Innern ständig verkrampft, wodurch ich nicht in der Lage war, meine Gefühle auszudrücken und zu erleben. (...) Ich war zu diesem Zeitpunkt ohne jegliche soziale Bindung und hatte eigentlich mit dem Leben schon abgeschlossen. Ich hatte niemanden, mit dem ich sprechen konnte. Warum gibt es keine Welt, in die ich entfliehen kann? In der ich glücklich leben kann?**

In der Folgezeit versuchte er ein weiteres Mal seinen Hauptschulabschluss nachzuholen. An der Abendschule Kreuzberg. Er lernte zudem zwei junge Männer kennen, die bei einem Oberstudienrat untergekommen waren. Dort zog er ein, fand endlich »ein Zuhause«. Er sollte sich als Gegenleistung um den Pflegesohn des Lehrers kümmern. Das war 1982. Bis dahin hatte er keinerlei sexuelle Kontakte gehabt. Der Grund: Er fühlte sich zu Jungen »hingezogen«, erlebte aber Enttäuschungen, wenn die Freunde seine platonische Zuneigung nicht erwiderten. Es war wie immer: Er war zu unsicher, traute sich nicht, schämte sich. Von Guido, einem der beiden Burschen, die bei dem Lehrer wohnten, fühlte er sich »stark angezogen«.

1983 dann unternahmen wir zusammen eine Autoreise durch Frankreich, Spanien und Portugal. (...) Die Reise endete für mich katastrophal. Irgendwann, als wir auf der ganzen Reise in Schlafsäcken an Stränden oder in Wäldern übernachteten, bemerkte ich, dass Guido und Bernd (der andere Jugendliche, Anm. d. A.) *ein sexuelles Verhältnis hatten. Das machte mich eifersüchtig, nicht weil ich ebenfalls ein solches Verhältnis mit Guido unterhielt, sondern weil ich ihn als Freund betrachtete, der für mich schon so etwas wie ein Bruder war. Ich kann meine Gefühle in dieser Zeit nur so weit erklären, daß ich Angst hatte, zwischen unserer Freundschaft würde eine Kluft entstehen, und alle unsere gemeinsamen Unternehmungen würden nun ein Ende haben. (...) Als ich dann aber bemerkte, daß sich alles durch meine Drohung nur noch verschlimmerte, wollte ich mir das Leben nehmen. Hierzu muß ich ganz deutlich sagen, daß ich schon solange ich denken kann so etwas wie einen Todestrieb hatte.* *

Sein Selbsttötungsversuch misslang. Und seine Vorstellungen, Wünsche, Träume zerplatzten wie Seifenblasen. Er löste die Beziehungen, die ihm Halt gegeben hatten, sah keine Perspektive mehr, ließ sich gehen. Er arbeitete lediglich sporadisch. Sein Nachteil: Er hatte keinen Beruf erlernt und war immer wieder »bekifft« aufgefallen. Der einzige Ausweg: noch mehr Drogen.

Jetzt fing ich aber ganz konkret an Drogen zu nehmen, und zwar alles, was ich bekommen konnte. So machte ich meine ersten Erfahrungen und fing hier an Heroin zu sniefen, Psylobsibin (Mescal-Pilze), Atropin (ein in Pflanzen wie z. B. dem Fliegenpilz oder dem Stechapfel enthaltenes pflanzliches Halluzinogen) auszufiltern, Trips (LSD) zu nehmen, Opium zu rauchen und zu essen und weiterhin Haschisch zu rauchen. (...) Jetzt hatte ich auch vor, ernsthaft meinem Leben ein Ende zu machen, weil ich keine Möglichkeit sah, meinem Drogenkonsum Herr zu werden. In den folgenden Monaten schreckte ich nicht einmal vor Raubüberfällen zurück, es war mir wirklich völlig egal geworden, wie ich mir das Geld besorgen würde. Nur auf den Strich wollte ich niemals ernsthaft gehen.

Köhler war jetzt 21, versuchte Frust und Enttäuschung zu verdrängen, zu vergessen, indem er sich in die bunte Welt der Drogen flüchtete. Dort war alles leicht, er konnte vergessen, fantasieren.

Aber die graue, belastende, ereignislose, triste Realität holte ihn immer wieder ein. Unwiderruflich. Unwiderlegbar. Dann der nächste »Schuss«. Und er brauchte »Kohle«, wollte er wieder »drauf sein«. Seine Hemmungen nahmen ab, seine Gewaltbereitschaft steigerte sich zusehends.

Er hatte nichts mehr zu gewinnen, aber auch nichts mehr zu verlieren. Nachdem er zunächst mehrfach vom Fahrrad aus Frauen die Handtasche entrissen hatte, begann er damit, sich gezielt ältere Frauen auszugucken, ihnen bis zu deren Wohnungen zu folgen und sie zu töten.

Ich habe den gleichen Fehler gemacht wie eine Million anderer Jugendlicher auch. Nicht überlegt, wo man Kohle herbekommt, ohne gleich jemanden zu töten. Denn genau das habe ich getan, wirklich, ohne daß ich dabei erwischt wurde oder die riesigen Gewissensbisse hatte. Ich war wieder drauf und dran, dasselbe zutun. (...) Ich habe von den drei Sachen mit den Frauen niemandem etwas erzählt. Lediglich in den

*Briefen, die gefunden wurden, habe ich davon geschrieben. Ich wollte niemanden belasten. Wenn doch nur jemand geantwortet hätte, wäre so was noch mal und noch mal und noch mal nicht passiert.**

Nach seinem letzten Mord konnte er schon einen Tag später festgenommen werden. Er war durch einen Zeugen beobachtet worden. Der hatte ihn identifiziert. Auch hatte man seine Fingerspuren in der Wohnung des Opfers gefunden. Aus freien Stücken gestand Köhler zwei weitere Tötungen an älteren Frauen, die ihm gar nicht vorgehalten worden waren.

Das einzige, was uns heute als geschrumpfte und leidgeprüfte, zerrüttete und zerrissene Familie bleibt, für immer geblieben ist, ist Bitternis, Traurigkeit und ein Gefühl der Leere, der Unausgefülltheit.

Aus der Schwurgerichtsanklage der Staatsanwaltschaft Berlin vom 2. Oktober 1986:

»II. An einem nicht mehr eindeutig feststellbaren Tag zwischen dem 11. und 18. Juni 1986 folgte der Angeschuldigte, in der Absicht, gewaltsam an Bargeld zu kommen, in Berlin-Schöneberg der am 5. Juli 1906 geborenen Rentnerin Wiltrud Probst zu ihrem Wohnhaus in Berlin-Schöneberg. Gemeinsam mit der Rentnerin, die die Haustür aufgeschlossen hatte, betrat er das Wohnhaus. Während Frau Probst nach ihrer Post im Briefkasten schaute, ging der Angeschuldigte im Treppenhaus nach oben und wartete auf das Nachfolgen der Rentnerin, vor der er sich versteckt hielt. Nachdem Frau Probst ihre Wohnungstür aufgeschlossen hatte, folgte ihr der Angeschuldigte nach und nahm unmittelbar darauf von hinten die insoweit völlig arg- und wehrlose Frau in den Würgegriff und erdrosselte sie alsbald mit einer schwarzen Strumpfhose, die er um den Hals des Opfers knotete. Anschließend durchsuchte er seinem Plan entsprechend die Wohnung nach Bargeld. Geld vermochte er nicht zu finden. Daraufhin nahm er lediglich die Geldbörse der Getöteten mit ca. 50,– DM Inhalt an sich und verließ den Tatort.

III. Am 10. Juli 1986 beobachtete der Angeschuldigte im Bereich der Hauptstraße in Berlin-Schöneberg die am 14. Dezember 1904 geborene Rentnerin Magdalena Kollwitz, als sie vor einem Zeitungsgeschäft Geld in ihr Portemonnaie steckte. Der Angeschuldigte entschloß sich, der Frau zu folgen und ihr gewaltsam Geld wegzunehmen. Zunächst wollte er ihr auf der Straße die Börse entreißen. Er verwarf dann aber diesen Plan und folgte der Frau weiter. Nachdem Frau Kollwitz in Berlin-Schöneberg ihr Wohnhaus betreten hatte, folgte ihr der Angeschuldigte durch die nicht verschlossene Haustür nach, ging im Hausflur an der Frau vorbei und im Treppenhaus aufwärts. Dort wartete er für Frau Kollwitz nicht sichtbar, bis diese die Tür zu ihrer Wohnung aufgeschlossen hatte, näherte sich der Frau von hinten und stieß die insoweit Ahnungslose mit beiden Händen in die Wohnung. Zunächst nahm er die Rentnerin, die zu schreien und sich zu wehren begann, in einen Judogriff und hielt ihr den Mund zu. Unmittelbar darauf erwürgte er die Frau. Nach der Tötung durchsuchte er ohne Erfolg ein Zimmer der Wohnung nach Bargeld und nahm eine Geldbörse der Getöteten mit 75,– DM Inhalt an sich und verließ den Tatort.

IV. Am 15. Juli 1986 suchte der Angeschuldigte seine

Großtante, die am 20. April 1912 geborene Gerda Kurz in ihrer Wohnung in Berlin-Schöneberg auf, um von ihr Geld zu erbitten. Da Frau Kurz seiner Bitte, wie schon tags zuvor bei einem Besuch, nicht nachkam, entwendete der Angeschuldigte in einem Augenblick, in dem er sich unbeobachtet glaubte, aus dem Morgenmantel seiner Großtante im Schlafzimmer einen 500-DM-Schein. Als Frau Kurz, die die Tat beobachtet hatte, den Angeschuldigten zur Rede stellte, entschloß dieser sich, die Frau zu töten. Daraufhin hielt er sie an den Armen fest, zog aus seiner Jeanshose einen Schnürsenkel, der als zweiter Verschluß der Hose diente, schlang diesen zweifach um den Hals seiner Tante und zog so lange zu, bis sich das Opfer nicht mehr bewegte. Anschließend legte er den Leichnam auf den Boden und durchsuchte die Wohnung nach mitnehmenswerten Gegenständen, insbesondere nach Bargeld. Dabei stieß er auf 3 000,– DM, die er ebenfalls zu sich steckte. Mit seiner Beute verließ er den Tatort.«*

Köhler war über seine Opfer brutal hergefallen, hatte ihnen erhebliche Verletzungen beigebracht. Die Obduktionsbefunde zeugen davon. Fall 1: »(...) Massivste Gewalteinwirkung hatte den Unterhals mit der Vorderfläche des Brustkorbs und den Oberhals mit Brüchen von Kehlkopf und Zungenbein betroffen. Einbezogen in die massive stumpfe Gewalteinwirkung gegen den oberen Brustkorb waren ausgedehnte Rippenserienbrüche.« Fall 2: »(...) Frakturen beider Schildknorpel- und Zungenbeinhörner. Rippenserienfrakturen beiderseits.« Fall 3: »(...) So fanden sich intensive Einblutungen in die Halsmuskulatur, ein Bruch des linken Schildknorpelunterhorns sowie eine Sprengung des Schildknorpels. Unabhängig fanden sich Rippenserienbrüche links und ausgedehnte Unterblutungen im Ansatz des großen Netzes sowie des Gekröses.«

Am 18. März 1987 folgte das Urteil: »Der Angeklagte wird wegen Mordes in drei Fällen zu einer Gesamtfreiheitsstrafe von 15 (fünfzehn) Jahren verurteilt.« Zu Gunsten des Angeklagten wurde eine »verminderte Schuldfähigkeit« angenommen. Die Begründung: »(...) war der auto- und fremdaggressive, in seiner Sexualität gestörte, fantasierliche, labile, depressiv verstimmte Angeklagte, der – ohne massiv davon abhängig zu sein – jahrelang Rauschgiftmissbrauch betrieb und zuletzt täglich unter Rauschmitteleinfluß stand, bei den Taten in seiner Hemmungsfähigkeit aufgrund seiner als schwere seelische Abartigkeit diagnostizierten Persönlichkeitsanomalie in Verbindung mit dem Rauschmitteleinfluß zu den Tatzeiten im Sinne des § 21 StGB möglicherweise erheblich vermindert.«

Mittlerweile waren 15 Jahre vergangen. Denis Köhler »saß« noch immer; in der Justizvollzugsanstalt Berlin-Tegel, der größten ihrer Art in Deutschland. Ich hatte mich entschlossen, diesen Mann zu besuchen. Ich wollte wissen: Hatte er sich mit seiner Vergangenheit auseinander gesetzt? War er therapiert worden? Wenn ja, mit welchem Erfolg? Wie hatte er seine Taten erlebt? Was hatte er dabei empfunden? Wie stellte er sich seine Zukunft vor, sofern man ihn entlassen würde? Dies waren einige der Fragen, auf die ich Antworten erhoffte. Um es vorwegzunehmen: Ich wurde nicht enttäuscht. Nur: Bei manchen Erklärungen dieses Mannes sollte mir der Atem stocken, sollte es mir die Sprache verschlagen.

Am 24. September 2001 war es so weit. Gegen Mittag erreichte ich die Anstalt. Nachdem meine Personalien erfasst worden waren und ich sämtliche Utensilien, die ich für dieses Interview benötigt hätte, in einem Schließfach außerhalb des JVA-Geländes hatte deponieren müssen, wies man mich an: »Etwa einhundert Meter geradeaus. Das Gebäude auf der linken Seite. Haus 3. Einfach schellen.« Ich folgte den Anweisungen, klingelte, man ließ mich ein. In einem Aufenthaltsraum wurde ich darauf hingewiesen, »Mantel und so weiter« in einem weiteren Schließfach zu verstauen. Nun hatte ich weder Stift noch Papier. »Kein Problem«, beruhigte mich ein älterer Beamter, »das bekommen Sie von mir.« Schließlich wurde ich von einem anderen Bediensteten der JVA abgetastet und durchsucht. »Alles in Ordnung, warten Sie hier, Herr Köhler wird gleich zugeführt.«

Mit Kugelschreiber und einem Stück Papier ausgerüstet wartete ich. Nach etwa fünf Minuten kam der »Häftling 469/86-9« auf mich zu, schüttelte mir die Hand. Wir gingen in den Besucherraum. Ich war enttäuscht. Etwa 40 bis 50 Menschen saßen zusammengepfercht an einer Vielzahl von Tischen, die maximal vier Personen Platz boten. Lautes Stimmengewirr. Ich war irritiert, hatte mir eine persönlichere Atmosphäre erhofft. Das Ambiente glich dem renovierungsbedürftigen Essraum einer in die Jahre gekommenen Autobahnraststätte. Das schien niemanden zu kümmern. Mich schon. Etwas zaghaft fragte ich: »Können wir hier überhaupt ein vertrauliches Gespräch führen?« – »Kein Problem«, erklärte er mit unverkennbarem Berliner Dialekt.

Wir nahmen Platz. Mir gegenüber saß ein etwa 1,75 Meter großer Mann, jungenhaftes, blasses, ausdrucksloses Gesicht, die kurzgeschnittenen braunen Haare zu einer Pony-Frisur glattgekämmt, gepflegte, aber kräftige Hände, eine unübersehbare Narbe über dem rechten Auge. Er trug ein beiges Sweatshirt, Jeans, Turnschuhe.

Der 36-jährige passionierte Kampfsportler wirkte auf mich weder zurückhaltend noch gehemmt. Wir duzten uns. Er plauderte munter drauflos, erzählte von seiner »verkorksten« Kindheit, den »Diebestouren«, seiner »hilflosen Mutter«, seinem »bekloppten« Vater. Und dem vergeblichen Versuch seiner Selbstfindung: »Ich habe immer eine Rolle gespielt.« Ich bremste ihn: »All das ist mir bekannt.«

»Wie ist es *dazu* gekommen?«, wollte ich wissen. Ohne ihn konkret auf die Morde an den Rentnerinnen anzusprechen, wusste er, worauf ich hinauswollte. »Die Aggressionen konnte ich auf der Suche nach Dope abreagieren. Das Würgen bei der ersten Tat ist mir heute gar nicht mehr bewusst. Aber ich wusste in dem Moment, dass es kein Zurück mehr gibt. Jetzt war mir alles egal.« Seine Opfer hatte er sich bewusst ausgeguckt. Der zweite Mord: »Die sah reich aus, behängt wie ein Weihnachtsbaum. Ich wollte sie töten.« Also doch keine »spontanen Augenblickstaten«, wie das Landgericht Berlin erkannt zu haben glaubte. Seine Gefühle zu dieser Zeit hatte er auch einem seiner Brüder mitgeteilt. In einem Brief vom 10. Juli 1986: (...) *Ich möchte mich nicht unbedingt entschuldigen, es tut mir leid, daß ich Dich nicht besucht habe. Ich habe selbst so viel Scheiße zu laufen, daß ich wirklich keine Lust, kein Geld und keine Initiative habe, um zu kommen. Wenn ich jetzt schreibe, dann auch nur, weil das die letzte Nachricht ist, die Du von mir bekommen wirst. (...) Glaub mir, daß ich Dich echt liebe, zu-*

*mal wir gerade anfingen, uns irgendwie mal richtig zu verstehen. Ich kann nicht mehr. Was damals im Hochhaus ablief, geht bei mir jeden Tag ab, allerdings sind dabei schon zwei Menschen abgegangen. Ich bin also ein Mörder. (...) Verliebt bin ich außerdem in einen Jungen, und das geht halt so nicht in Ordnung, wie ich es mir wünschen würde. Keine Arbeit, keine Wohnung, kurz Mist auf der ganzen Linie. (...) Alles läuft halt nur noch mit Kohle besorgen, fett sein und Feeling genießen, aber der Preis belastet mich schon bis ins Feeling hinein, deshalb glaube ich, den Endpunkt schon vor mir zu haben. (...) Es gibt keine Möglichkeit zu entfliehen, vor dem Staat, dem System und den üblen Menschen. Was erzähle ich, der eine schafft es, der andere nicht, immer das alte Lied, ich bin halt bei dem Spiel der Verlierer. (...) Es ist wohl schon lange vorprogrammiert. Ich war schon so oft kurz davor, daß es sowieso verwunderlich ist, daß ich bis jetzt noch niemals versuchte habe, mir das Leben zu nehmen, außer damals in der Plötze. Als ich mir den Kopf einrennen wollte, als ich aber die Besinnung verlor und dann zum Sani gebracht wurde. Aber das weißt Du ja selbst. Ich bin eigentlich schon eine ganze Weile tot. (...) Werde jetzt aber so lange weitermachen, daß ich mir genug Hero für einen Goldenen holen kann. Die paar Tage mehr oder weniger, darauf kommt es auch nicht an. Heute werde ich wahrscheinlich noch ein Hochhaus klarmachen. Ich muß, glaube ich, wirklich aufpassen, daß es nicht zur Gewohnheit wird. Werde sonst vielleicht zu unvorsichtig, aber das wird sowieso egal sein. Entweder so oder so. Einfahren oder sterben.**

Ich fragte ihn: »Wie war das nach der zweiten Tat? Hast

du anders empfunden?« Mit einer Sachlichkeit, die mich irritierte, gab er zur Antwort: »Danach war ich *vogelfrei.* Ich stand über der Gesellschaft, spürte die Macht. Ich habe drei oder vier Tage nicht geschlafen. Die alltäglichen Bedürfnisse waren nur noch peripher. Wenn ich auf die Straße gegangen bin, habe ich nur noch Opfer gesehen. Ich habe begriffen, wie einfach das ist, einen Menschen wegzumachen. Ich war sehr mächtig, keiner konnte mir was.«

Und er fügte hinzu: »Das, was ich dir erzähle, habe ich bisher noch niemandem gesagt.« Das stimmte. Ich hatte die Verfahrensakten zuvor penibel studiert, insbesondere das psychiatrische Gutachten, die Anklageschrift, das Urteil. Nichts von alledem war dort nachzulesen gewesen. Der äußere Tatbestand, sicher. Aber die innere Struktur, das unmittelbare Empfinden vor, während und nach den Taten waren nicht angesprochen oder erörtert worden. »Warum erzählst du mir das?« Er schaute mich an – und schwieg.

Die Schilderung seines dritten Mordes ließ eine fortschreitende innere Verrohung und Gleichgültigkeit erkennen: »Das war sehr kalt, überlegt. Ich legte ihr meine Hand um den Hals. Das war der Kick. Wie in Zeitlupe. Ich habe gefühlt, wie die Lunge aufgehört hat zu arbeiten. Da fließt noch mal Urin. Kristallklar.«

Er hatte das empfunden, was insbesondere sadistische Serienmörder auskosten: »Macht zu haben«. Es war demnach nicht nur die schlichte Gier nach »Kohle«, die ihn antrieb, sondern auch das pathologisch eingefärbte Verlangen, seelische und emotionale Fesseln zu sprengen, die eigene Bedeutungslosigkeit, das Nicht-beachtet-werden zu kompensieren. Dieses von Enthusiasmus, Euphorie und narzisstisch-autarkem Selbstempfinden getragene Hochgefühl war der zusätzliche »Kick«, den er sich verschaffte – zumindest bei seinen letzten beiden Morden. Begünstigt wurde diese ausgeprägte Kaltblütigkeit sicher auch durch seinen fortwährenden Drogenmissbrauch: »Durch die Drogen wird man gefühlskalt, irgendwie tot innerlich, eben kalt. Nichts macht einem mehr was aus, nichts.«

Die Opfer: ahnungslose Rentnerinnen, heimtückisch umgebracht. Er beschrieb mir seine Träume: »Die Opfer erscheinen mir, sind plötzlich da. Ich habe Angst davor. Manchmal versuche ich aber auch dieses Machtgefühl zurückzuholen. Dann schreie ich meine Opfer an: Ich habe dich getötet, geh weg von mir!« Er zeigte aber auch Mitgefühl: »Tut mir Leid. Ich würde mein Leben geben, um das alles ungeschehen zu machen.«

Ich fragte ihn nach seinem schönsten Erlebnis. Erstmals hielt er inne, begann zu grübeln. Dann plötzlich: »Die Reise nach Portugal und so. Das Begrabbeln mit Guido.« Seine schlimmste Erfahrung: »Das Verhör bei den Bullen. Terror pur. Ich durfte nicht schlafen, nicht essen oder mich waschen. Die hatten mich völlig unter Kontrolle.« Dennoch hatte er zwei Morde gestanden, die er nicht hätte preisgeben müssen. »Warum?«, hakte ich nach. »Die haben mir Dope versprochen. Unter Aufsicht natürlich, damit nichts passiert. Dafür wollte ich dann eine Lebensbeichte ablegen.« Dies erschien mir doch ein wenig weit hergeholt, unglaubwürdig. In diesem Zusammenhang hatte er mir zuvor vielmehr von »Gewissensbissen«, einem »Gerechtigkeitsempfinden« erzählt und hinzugefügt: »Ich wollte diesen Tunnelblick loswerden, dieses Tunneldenken.«

Seine langjährigen Knasterfahrungen hatte er ebenfalls aufgeschrieben. Wieder mit einer Schreibmaschine. Diesmal auf weißem Papier. Dort heißt es: *Ich hasse es, daß sie mit Dir machen können, was sie wollen. Daß sie nach dem Gesetz für Dich verantwortlich sind, es aber nicht berücksichtigen. Daß sie Dich behandeln können, mit der Begründung, Sicherheit und Ordnung im Vollzug – wie sie wollen. Daß Du Dich ausziehen musst. Dich zu bücken, Dir in den Arsch sehen lassen mußt, daß sie Dir in die Schnauze hauen können, wenn sie wollen. Daß sie darüber entscheiden, was Du Dir kaufst, wann und wie lange Du telefonierst, wann und wie lange Du Besuch haben darfst. Daß sie sich nicht an die Gesetze halten, es aber von Dir verlangen. Und obwohl sie wissen, daß der Knast Dich schädigt, lassen sie Dich hier langsam vor die Hunde gehen.* *

Er machte die Gesellschaft »für alles« verantwortlich. Dieser Mann, desillusioniert, verbittert, sich selbst bemitleidend, die ungeheure moralisch-ethische und juristische Schuld vornehmlich von sich weisend, hatte nachgedacht, reflektiert, die Ursachen für seinen sozialen und mörderischen Exodus ausgemacht. So schrieb er: *Wolken voll schillernder Farben, ein Regenbogen im Auge des Betrachters. Was helle war, auch grauer Schnee, ist blau-grün, schillernde Pracht, die rot umleuchtet. Berge sich bewegender Nebelwesen bildet. Schönheit paart sich mit dem Tod, Leben – mit staubigen Leichnamen. Die Smog- und Giftwolken lachen uns in ihrer tödlichen und süßen Stille an, sie locken mit honigsüßen Farben und Düften, um zu täuschen – jene, die sich täuschen lassen. Mumifizierte Gesellschaft der großen Toteninsel, von uns selbst geschaffen, läßt mich sehen und* *beschreiben, was uns bevorsteht, Visionen lassen mich nicht ruhen, wie den Propheten sein GOTT! In dieser Gesellschaft, wo niemand mehr allem folgen kann, in der alles in die einzig erlaubte und ergründete Richtung sich bewegt, ist es fast unmöglich, sich als »freier« Mensch zu äußern – aber ganz unmöglich für einen Mörder – einen Mörder, der eigentlich Opfer ist.* *

Sommer 2007. Das mögliche Datum seiner Entlassung. »Was machst du dann?« Er wurde ernst, sprach mit erhobener Stimme Unfassbares: »Ich werde ein Atomkraftwerk in die Luft sprengen.« Ich hielt inne, dachte an einen makabren, zynischen Scherz. Die verheerenden terroristischen Anschläge des 11. September in den USA hatte ich natürlich nicht vergessen, sie waren immer noch allgegenwärtig. »Unsinn«, entgegnete ich. Die Begründung lieferte er hingegen postwendend: »Die Gesellschaft ist nicht ausgegoren genug. Es soll ein Zeichen von Rebellion sein. Eine zweite Chance. Das Ganze abkürzen.« Ich beließ es dabei, eine Diskussion erschien mir sinnlos.

Köhler hatte ein »rücklaufendes Tagebuch« geschrieben, es mir später zugeschickt. Der Zweck: »Ich habe es für mich geschrieben. Um zu verstehen.« Neugierig geworden fragte ich ihn nach seiner Erklärung. Die Antwort: »Ich habe keine.« In fünf Jahren könnte dieser Mann in Freiheit kommen – dann wieder *vogelfrei*?

Schließlich hatte er nicht nur sich selbst in seinen literarischen Reflexionen eine düstere Prognose gestellt: (...) *Daß diese Behörde hier nicht an der Menschlichkeit, an der »Wiedereingliederung« interessiert ist, daß niemand auch nur etwas fähig ist, in diesem Ghetto Lebensfähigkeit zu för-*

dern, ist so offenbar, daß es mich als Insasse wundert, daß niemand da »draußen« etwas davon weiß oder wissen will. (...) Ich bin verbittert über diese Justiz, über diesen Staat, über die Leute, die sich einbilden, mit Knast und Gefangenschaft, mit Repressionen und Unterdrückung könnten sie einen Menschen ändern. Das einzige, was hier erreicht wird, ist, daß ein jeder Gefangener, der hier viele Jahre seines Lebens verbringen muß, entweder psychisch zugrunde geht, moralisch-seelisch und geistig »angeknackst« oder aber skrupelloser wie zuvor ist und wieder entlassen wird. Hier trägt dann wirklich »der Mann von der Straße« den »schwarzen Peter«. Denn er ist am schnellsten das erste Opfer oder das schnellstmögliche Aggressionsventil. In diesen Menschen züchtet der Staat sich seine »Zeitbomben«. *

Kapitel 6

In den Fußstapfen des Mörders

Sie werden um Hilfe gebeten, wenn nichts mehr geht, wenn insbesondere Todesermittler nicht mehr weiterkommen: »Profiler«. Nach landläufiger Meinung, schließlich wird es doch im Kino oder Fernsehen (fast) immer so gezeigt, reisen hoch qualifizierte »Spezialagenten« an, um der »Feldwaldundwiesenpolizei« auf die Sprünge zu helfen. Der Profil-Fahnder steht dann zehn Minuten am Tatort herum, runzelt die Stirn, inspiziert gedankenversonnen die Umgebung, schnüffelt an der Leiche. Vor seinem geistigen Auge entsteht urplötzlich das Psychogramm des gesuchten Täters – natürlich ein »Serienkiller«. Er kann das. Warum, weiß niemand so genau. Unterstellt werden aber stets intuitive Fähigkeiten und ein Höchstmaß an psychologischer Intelligenz. Schließlich fordert er die staunenden Beamten auf: »Suchen Sie nach einem Mann, weiß, zwischen 20 und 30, ledig. Von Beruf Fernfahrer. Lebt alleine, hat einen Mutterkomplex und war früher Bettnässer. In seiner Kindheit ist er sexuell missbraucht worden und hat Tiere gequält. Vermutlich hat er einen Sprachfehler und stottert.« Wenig später wird der Mörder gefasst, das Profil passt haargenau. Schluss.

Der Mythos lebt – und wird unterhalten. Nicht zuletzt auch von jenen »Pionieren« des so genannten crime profiling. So leistete der Ex-FBI-Agent John E. Douglas allerlei Irrungen und Wirrungen Vorschub, als er seinen Ghostwriter Mark Olshaker 1995 in seinem plakativen Plädoyer für die Todesstrafe *Die Seele des Mörders* das Wesen des Profilings beschreiben ließ: »Man muß den Tatort in seiner Fantasie neu erschaffen. Man muß soviel wie möglich über das Opfer wissen, damit man einschätzen kann, wie es vielleicht reagiert hat. Man muß sich in die Lage der Frau versetzen, wenn der Angreifer sie mit einer Pistole oder einem Messer, einem Stein, seinen Fäusten oder sonst was bedroht. Man muß ihre Angst fühlen können, wenn er sich ihr nähert. Man muß ihren Schmerz fühlen können, wenn er sie vergewaltigt oder schlägt oder auf sie einsticht. Man muß sich vorstellen können, was sie durchmacht, wenn er sie zur Befriedigung seiner Bedürfnisse foltert. Man muß verstehen, wie es ist, vor Entsetzen und Qualen zu schreien und zu wissen, daß es nichts nützt, daß es ihn nicht aufhalten wird. Man muß wissen, wie es war. Für den Beamten bedeutet das eine schwere Belastung, die noch schwerer wird, wenn es sich bei dem Opfer um ein Kind oder eine ältere Frau handelt. (...) Ebenso schwierig jedoch ist es, sich in die Lage des Täters zu versetzen, zu denken, wie er denkt, gemeinsam mit ihm zu planen, seine Genugtuung zu verstehen und zu empfinden, in diesem Augenblick, in dem seine aufgestauten Fantasien wahr werden und er endlich die Macht hat, einen anderen Menschen vollständig zu manipulieren und zu beherrschen. Ich muß auch in den Fußstapfen des Mörders wandeln.«*

Sherlock Holmes alias Arthur Conan Doyle, einer der literarischen Urväter und Vordenker des Profilings, hätte es nicht treffender formulieren können. Womöglich ließ Douglas sich auch von Albert Einstein inspirieren, der einmal vielsinnig bemerkt hat: »Fantasie ist wichtiger als Wissen, denn Wissen ist begrenzt.«

Genau dort setzt das Erstellen von Täterprofilen an. Fehlendes Wissen soll durch Hypothesen ersetzt werden. Insbesondere dort, wo herkömmliche kriminalistische Methoden sich als wenig ergiebig erweisen – bei der Ermittlung von Verbrechern, die zu ihren Opfern vor der Tat in keiner erkenn- oder nachvollziehbaren sozialen Beziehung stehen. Die Lösung: Man muss »mitfühlen« – sowohl mit dem Opfer als auch dem Täter –, dann könne es auch gelingen, »bis ins Detail die Freizeitgestaltung, das Alter, die Bildung, die Wohnsituation und auch die psychiatrische Vorgeschichte zu erschließen.« Das jedenfalls behauptete der bis heute ohne »Volltreffer«, also erfolglos gebliebene deutsche Soziologe und Profilersteller Volker Ludwig 1998 in einem Interview für *DIE ZEIT*.

Dennoch: Profiler sind »erfolgreich«; vornehmlich in den Vereinigten Staaten und Großbritannien. Das jedenfalls wird über sie berichtet, das behaupten sie selbst. Die Erfolgsrate soll momentan zwischen 70 und 80 Prozent liegen. Doch der Schein trügt. Viele dieser »Erfolgsmeldungen« sind unzureichend recherchiert und werden nur dann publizistisch verwurstet, wenn das Profil des »Schlächters« angeblich »gepasst« hat. Gerne wird dabei vergessen, beiseite geschoben oder schlichtweg unterschlagen, dass lediglich Teilaspekte der »Teufelsmaske« *tatsächlich* zutreffend waren. Herausgehoben werden stets schlichte Zufallstreffer – beispielsweise das richtig geratene Fabrikat des vom »Killer« benutzten Wagens. Dann stimmt auch noch die unterstellte Farbe: dunkel. Aber kaum jemand erklärt oder *will* erläutern, wie diese Geniestreiche gelingen konnten. Dann schweigen auch diejenigen, die »die Seele des Mörders« sezieren und »in den Abgrund« blicken. Oder sie demaskieren sich durch höchst fragwürdige, phrasenähnliche, plump anmutende und wissenschaftlich nicht belegte Profilingweisheiten: »Meiner Erfahrung nach bevorzugen zwanghafte Menschen dunkle Autos.« Und wenn überhaupt keine plausibel *erscheinende* Begründung geliefert werden kann, wird es ganz profan: »Nichts geschieht einfach so.« Punkt. Wenn es doch nur so einfach wäre!

Fakt hingegen ist, dass es kaum seriöse wissenschaftliche Untersuchungen gegeben hat, um auch die Erfolgsquote des Profilings zu verifizieren. Sämtliche ernst zu nehmende Evaluationsstudien wurden – vermutlich nicht ganz zufällig – in Europa durchgeführt. Hierzu zählt das so genannte Coals to Newcastle-Projekt, eine britische Forschungsarbeit; die bislang größte Studie dieser Art. 1997 publizierten der Psychologe Gisli H. Gudjonsson und Gary Copson, Mitarbeiter der Metropolitan Police in London, ihre ersten Ergebnisse. Man hatte unter anderem festgestellt: Das präziseste Täterprofil stammte von einem klinischen Psychologen. 79 Prozent der prognostizierten Merkmale waren zutreffend. Der Umkehrschluss sei erlaubt: Selbst das »erfolgreichste« Profil bestand also zu einem Fünftel aus Fehleinschätzungen. Die Legende des unfehlbaren »Jägers in der Finsternis« entpuppt sich bei näherer Betrachtung als psychologischer Mummenschanz.

Die Geschichtsschreibung des Profilings will es so, dass der Psychiater James A. Brussel das erste Täterprofil erstellt haben soll. Er beschrieb den »Mad Bomber«, der in den fünfziger Jahren die Bevölkerung von New York durch eine Serie von Bombenattentaten in Angst und Schrecken versetzt hatte, weitestgehend zutreffend: »(...) katholisch, ledig, untersetzter Einwanderer, trägt geknöpften Zweireiher«. Obwohl detaillierte und größtenteils zutreffende Informationen vorlagen, konnte der Täter erst zehn Jahre später gefasst werden. Tatsächlich soll George Metsky bei seiner Verhaftung genau in der von Brussel beschriebenen Weise gekleidet gewesen sein. Aber auch in seinen späteren Schriften vermochte der »Experte« nicht schlüssig nachzuweisen, auf welchen Tatsachen oder Überlegungen seine Annahmen beruhten.

Gleichwohl irren die Historiker. Das erste Täterprofil wurde so weit ersichtlich – nicht in den Vereinigten Staaten erstellt. 1929 verunsicherten eine Vielzahl von ungewöhnlich brutalen Morden und Mordversuchen die Bürger von Düsseldorf. Fünfzehnmal schlug der Täter zu, tötete neun seiner Opfer. Kinder, Frauen, Männer; stets durch multiple Stich- oder Schlagverletzungen im Kopf-, Hals- oder Brustbereich. Als die örtlichen Fahnder keine Erfolge vorweisen konnten, wurde der Berliner Kriminaldirektor Ernst Gennat, Leiter der dortigen »Mordinspektion«, als Ermittlungsführer eingesetzt. Nach eingehendem Studium und Analyse der

Verfahrensakten publizierte er ein Täterprofil des »Vampirs« – nachzulesen in einer Sonderausgabe des *Deutschen Kriminalpolizeiblattes* vom 8. April 1930.

Vor einiger Zeit erhielt ich eine Interview-Anfrage der British Broadcasting Corporation (BBC) aus London. Dr. Tilman Remme, der Projektleiter, plante eine Dokumentation zum Thema »Profiling« und konfrontierte mich mit der Annahme, das erste Täterprofil stamme von James A. Brussel. Ich widersprach und erklärte ihm, dass der »Kürten Case« wohl auch durch angloamerikanische Wissenschaftler diskutiert worden sei, jedoch keine Detailkenntnisse der Ermittlungsführung durchgedrungen waren. Dr. Remme bat mich, die analytische Vorgehensweise Gennats nachzuvollziehen, das Täterprofil transparent zu machen. Ich recherchierte im Düsseldorfer Staatsarchiv die umfangreichen Fallakten und las darüber hinaus sämtliche Publikationen des Berliner Kriminalisten.

Obwohl Gennats methodische Ansätze naturgemäß nicht dem heutigen kriminalistischen Standard entsprachen, lassen seine Ausführungen bemerkenswerte Ähnlichkeiten zur Erstellung heutiger Täterprofile erkennen. Er arbeitete acht signifikante Aspekte heraus, die sich auf das Verhalten des mysteriösen Unbekannten sowie einzelne Beweismittel stützten. Zunächst stellte er die fahndungsrelevanten Erkenntnisse voran und bildete hierzu verschiedene Hypothesen. Ich listete diese Tatbestände auf, verifizierte seine Schlussfolgerungen. Um nachvollziehen zu können, welche Annahmen zutreffend beziehungsweise unzutreffend gewesen waren, kennzeichnete ich sie durch einen entsprechenden Klammervermerk (+/–).

1. Täter schickte der Polizei insgesamt drei so genannte Mörderbriefe, die konkrete Angaben zu einem Tötungsdelikt beinhalten (Zeichnungen, Beschreibungen).

Hypothesen

- »Der Täter benutzte bei der Beschreibung des Leichenfundortes Ortsbezeichnungen (z. B. Pappendelle), die darauf schließen lassen, daß er die örtlichen Verhältnisse in Düsseldorf gut kennt. Vermutlich handelt es sich um eine Person, die schon seit längerer Zeit in Düsseldorf wohnen dürfte.« (+)
- »Der Täter schickte der Polizei diese Briefe, weil er hoffte, durch die dringend gewünschte Ausgrabung der Leiche eine Entsühnung zu erfahren. Er wollte von seinem Lustrausch befreit werden.« (–)
- »Der Täter könnte diese Briefe auch geschrieben haben, um sich selbst zu schützen und um den Anreiz zum Besuch jener Stätte auszuschalten.« (–)

2. Bei mehreren Taten fand vor dem versuchten oder vollendeten Tötungsakt ein längerer und einvernehmlicher Täter-Opfer-Kontakt statt.

Hypothese

- »Der Täter dürfte offenbar über ein durchaus gewinnendes und sympathisches Wesen verfügen.« (+)

3. Täter brachte den Opfern zum Teil multiple Hieb- und Stichverletzungen bei.

Hypothesen

- »Der Täter dürfte eine widernatürliche Geschlechtsneigung (in Form des Sadismus) haben.« (+)
- »Der Täter dürfte eine sexualpathologische Entwicklung durchgemacht haben, deren einzelne Stadien nach außen erkennbar waren.« (+)

• »Wahrscheinlich ist er schon in seiner Jugend durch unwiderstehliche Neigungen zur Begehung von Grausamkeiten (z. B. Quälen von Kindern und Tieren) aufgefallen.« (+)

• »Wahrscheinlich ist der Täter bereits wegen einschlägiger Sittlichkeitsdelikte polizeibekannt/vorbestraft.« (+)

4. Täter zeigte in vielen Fällen ein enormes Maß an innerer Verrohung und ausgeprägter Grausamkeit.

Hypothesen

• »Der Täter dürfte geisteskrank sein.« (–)

• »Vermutlich ist er bereits in einer Erziehungs-, Heil- oder Pflegeanstalt untergebracht gewesen.« (–)

• »Über den Täter dürfte es dort entsprechende Unterlagen geben.« (–)

5. Täter ließ bei vielen seiner Taten ausgesprochen sadistische Wesenszüge erkennen.

Hypothesen

• »Der Täter dürfte in seinem sozialen Umfeld als sanft, weich und gutherzig gelten.« (+)

• »Aufgrund dieses Erscheinungsbildes dürfte sein soziales Umfeld davon ausgehen, daß es sich in keinem Fall um den gesuchten Mörder handelt.« (+)

6. Das Vergraben der Leiche der Maria Hahn.

Hypothese

• »Der Täter dürfte den Leichnam als Fetisch angesehen haben, der ihn unwiderstehlich angezogen hat.« (+)

7. Seit dem 7.11.1929 wurden keine weiteren Tötungsdelikte bekannt.

Hypothesen

• »Der Täter hat keine weiteren Versuche unternommen,

um Opfer in seine Gewalt zu bringen bzw. diese zu töten.« (–)

• »Der Täter könnte die Stadt oder Region verlassen haben. Möglicherweise ist er erkrankt, verstorben oder hat Selbstmord begangen. Vielleicht ist er wegen anderer Delikte im Gefängnis oder befindet sich nun in einer Nervenheil- oder Pflegeanstalt.« (–)

8. Herkunft der abgebrochenen Klinge im Rücken der Gertrud Schulte.

Hypothese

• »Die Produktion dieser Messer war fast ausschließlich nach Bayern gegangen. Möglicherweise ist der Täter ein gebürtiger Bayer oder hat dort für eine gewisse Zeit gelebt.« (–)*

Zu insgesamt 17 Schlussfolgerungen war Gennat gekommen, neun erwiesen sich als zutreffend. Die Profilübereinstimmung betrug demnach 52,9 Prozent. Die wohl gravierendste Fehleinschätzung unterlief dem »dicken Kommissar vom Alexanderplatz«, als er den Täter als »geisteskrank« einstufte und die Fahndung auf entsprechende Einrichtungen focussierte. Tatsächlich wohnte Peter Kürten aber in der Düsseldorfer Innenstadt. Er hatte zwar den Großteil seines Lebens in Gefängnissen zugebracht, eine »Irrenanstalt« jedoch nie betreten. So konnte dieser Mann auch erst überführt werden, nachdem er seiner Frau die Morde gestanden und diese sich an die Kripo gewandt hatte.

Die Bildung von Tätertypologien, das Herausfiltern bestimmter Persönlichkeitsmerkmale oder Tatbegehungsweisen, ist eine von mehreren Methoden, die Profilerstellung wissenschaftlich zu fundieren und diese auch kriminalistisch nutzbar zu machen. Bereits Mitte des 19. Jahrhunderts versuchte der italienische Mediziner und Anthropologe Cesare Lombroso, Kriminelle und Nicht-Kriminelle anhand typischer biologischer Merkmale zu unterscheiden. Er ging davon aus, dass kriminelle Energie und verbrecherisches Handeln genetisch bedingt seien und vererbt würden. So entstand das Zerrbild des »delinquente nato« (des »geborenen Kriminellen«), den man schon anhand seines »Mörderblickes« oder anatomischer Besonderheiten als Verbrecher ausmachen könne – noch bevor er überhaupt delinquent wird. Der deutsche Psychiater Ernst Kretschmer schloss sich dieser Theorie an. Mit seiner berühmten Konstitutionslehre behauptete er einen Zusammenhang zwischen Körperbau und krimineller Präferenz. Der Gewaltverbrecher: »leptosom«, also schmal und mager. Der Kleinkriminelle hingegen: »pyknisch«, folglich mittelgroß und gedrungen. Allerdings haben diese atavistischen Theorien im sozialdarwinistischen Sinne keine Konjunktur mehr, sie gelten allgemein als veraltet. Gleichwohl stellten diese fruchtlosen Bemühungen den ersten Versuch dar, spezifisches kriminelles Verhalten einem bestimmten Tätertypus zuzuordnen – auch heute noch eine Grundannahme beim Erstellen von Täterprofilen.

Unwidersprochen und allzu bereitwillig lassen sich verschiedene FBI-Veteranen als »Erfinder des Profilings« feiern. Hier wird fahrlässig mit Halbwahrheiten jongliert. Ansatzweise wurde schon 1932 bei der Entführung des Lindbergh-Babys über das charakteristische Erscheinungsbild des Täters sinniert. 1943 beauftragte der US-Militärgeheimdienst OSS, der Vorläufer des CIA, den Psychiater Walter C. Langer, eine umfassende psychologische Analyse und Bewertung von Adolf Hitler vorzunehmen. Kein Täterprofil im herkömmlichen Sinn. Schließlich wurden keine Hypothesen zu einem unbekannten Täter erarbeitet, sondern eine namhafte Persönlichkeit analysiert. 1972 veröffentliche Langer seine Arbeit unter dem Titel *The mind of Adolf Hitler*. Er schwadronierte unter anderem, Hitler habe sich zum Diktator und Kriegstreiber aufgeschwungen, um seiner Mutter seine Männlichkeit zu beweisen. Die Ehe seiner Mutter habe er zudem als persönliche Erniedrigung zugunsten des sadistischen Vaters gedeutet und empfunden. Ödipuskomplex. Allerdings hatte er zutreffend prognostiziert, dass Hitler sich im Falle einer militärischen Niederlage das Leben nehmen würde.

Auch in Deutschland gab es nach Ernst Gennat eine Reihe von Kriminalisten und Psychologen, die Täterprofile im engeren Sinne erstellten. 1960 unternahm beispielsweise der Berliner Kriminaldirektor Wolfram Sangmeister den Versuch, die Persönlichkeit des »Unholds vom Grunewald«, dem zahlreiche Sexualverbrechen bis hin zum Mord zugeschrieben wurden, zu ergründen. In 210 Druckzeilen ließ er sich über die »Persönlichkeit des Grunewaldverbrechers« aus.

Die Überlegung, Tötungsdelikte mit ähnlicher Charakteristik zu analysieren, um so in gleichgelagerten Fällen auf die Persönlichkeit des Täters zu schließen, machte man sich in der ehemaligen DDR zunutze. Anlass waren drei Morde an Knaben in der Kreisstadt Eberswalde, etwa 50 Kilometer nordöstlich von Berlin im damaligen Bezirk Frankfurt. Seit den frühen Nachmittagsstunden des 31. Mai 1969 wurden die befreundeten Schüler Markus Schütz und Norbert Glos, beide neun Jahre alt, vermisst. Trotz intensiver Suchaktionen wurde die Leiche von Norbert Glos erst 13 Tage später durch einen Forstarbeiter zirka fünf Kilometer von seiner Wohnung entfernt entdeckt. Zwei Tage später fanden Ermittler des Volkspolizeikreisamtes Eberswalde den anderen Jungen. Die toten Körper lagen etwa 500 Meter voneinander entfernt im Unterholz eines Waldgebietes, im Jagen 119.

Die Obduktion im Institut für Gerichtliche Medizin der Charité in Berlin ergab bei Norbert Glos folgenden Befund: »(...) fortgeschrittene Leichenerscheinungen, oberflächliche Stichverletzung auf der linken Brustseite. (...) Todesursache ist Verbluten infolge Halsschnittes mit Durchtrennung der linksseitigen großen Halsgefäße.« Bei Markus Schütz konnte die Todesursache aufgrund des fortgeschrittenen Zersetzungszustands nicht eindeutig ermittelt werden. Der Pullover und der darunter liegende Nicki waren in der Herzgegend durchstochen. Darüber hinaus wurde eine »scharfe Gewalteinwirkung auf den Hals« angenommen, da sich am Fundort im Bereich von Kopf und Hals eine Blutlache befunden hatte. Man ging davon aus, dass beide Opfer »etwa zeitgleich« getötet worden waren.

Die unter Hochdruck ermittelnde MUK (Morduntersuchungskommission) ging davon aus, dass beide Opfer durch denselben Täter umgebracht worden sein dürften. Für diese Annahme sprachen: gleichartige Verletzungsmuster, identisches Tatwerkzeug, zeitlicher und örtlicher Zusammenhang. Man diskutierte das Motiv. Da ein Junge mit geöffneter Hosenklappe gefunden worden war, favorisierten die Fahnder »eine lustbetonte Tötung«. Schließlich wandten sich die Ermittlungsbehörden an Professor Hans Szewczyk,

Leiter des Instituts für Gerichtliche Psychiatrie an der Berliner Charité. Ihm wurden die Ermittlungsakten zugänglich gemacht. Hans Szewczyk sollte eine »Täterhypothese« erarbeiten. Das Ergebnis: »Es handelt sich bei dem Täter um einen homophilen Sadisten, eine noch ziemlich junge Person, die vermutlich in geordneten, mit hoher Wahrscheinlichkeit nicht asozialen Verhältnissen lebt. Über die Ursachen des Sadismus gibt es bisher noch keine gesicherten Erkenntnisse. Der Sadismus als sexuelle Perversion ist nicht heilbar, eine Rückfallgefahr ist immer vorhanden.«

Eine Vorstellung davon, nach welchem Tätertyp zu suchen sei, hatten die Ermittler nun. Mehr aber auch nicht. Das Profil des Mörders blieb schemenhaft, letztendlich konturenlos. Aus dem Negativ- musste ein Positivbild werden. 328 Spuren wurden verfolgt. Doch der Mörder blieb unbehelligt. Am 3. Dezember 1970 musste das Verfahren eingestellt werden.

Zehn Monate später erstatteten die Eltern des 12-jährigen Bernhard Worms Vermisstenanzeige. Wieder in Eberswalde. Zwei Tage später stieß ein Pilzsammler auf eine Knabenleiche; im Jagen 241, einem Waldgebiet unweit von Eberswalde. Es war Bernhard. Im Zuge der Obduktion konnten ein Halsschnitt und elf tiefer gehende Stichverletzungen festgestellt werden. Vier Stiche hatten den Brustkorb eröffnet, fünf den Schädelknochen beschädigt – zwei davon waren bis ins Gehirn vorgedrungen. Die übrigen Stichwunden reichten tief in die Halsweichteile hinein. Ferner hatte der Täter zwölf oberflächliche Einstiche in Brusthaut, Hals und Oberarmkugel gesetzt. Zum Beweggrund für die Tötung des Jungen wurde durch die Rechtsmediziner festgestellt: »Zur vorläufigen Einschätzung der Tatmotivation kann aus dem insgesamt bisher ablesbaren Tatablauf gefolgert werden, daß es sich zweifellos um eine typische sexuell-sadistische Tötung handelt, wobei die Auswahl des Opfers und das Quälen über einen gewissen Zeitraum hinweg dafür charakteristisch sind. Es fällt auf, daß trotz der mit Sicherheit erfolgten Entblößung der Gesäß- und Genitalregion des Opfers hier keine Verletzungen gesetzt worden sind.«

Die Ermittler in Eberswalde vermuteten denselben Täter für die Morde von 1969 und 1971. Dafür gab es eindeutige, nahezu zweifelsfreie Anhaltspunkte: Die Opfer waren Knaben, die Taten wurden in Waldgebieten verübt, als Tatwaffe wurde ein Messer benutzt, der Täter hatte kaum den Versuch unternommen, die Leichen zu verbergen. Und es waren den Opfern jeweils – vermutlich als Schlusspunkt der vorfantasierten Taten – tödliche Halsschnitte beigebracht worden. Auch hatte der Täter bei seinem letzten Mord wesentlich mehr Gewalt angewendet, sein Opfer gequält, ihm multiple Stichverletzungen zugefügt – ein für sadistische Serienmörder typisches Verhaltensmuster.

Aufgrund der besonderen Tatumstände wurden bestimmte Personen- und Berufsgruppen überprüft: einschlägig in Erscheinung getretene Sexualstraftäter mit pädophiler oder sadistischer Neigung; Geisteskranke, die in den örtlichen psychiatrischen Einrichtungen untergebracht waren; bestimmte, mit den Tatumständen korrespondierende Berufsgruppen, wie zum Beispiel Fleischer, Jäger oder Forstarbeiter; Männer, die sich zu den Tatzeiten in Eberswalde vorübergehend aufgehalten hatten; alle männlichen Jugendlichen und Erwachsenen der Stadt, die wegen sadistischer Neigungen bekannt waren; allein wohnende oder zu den Tatzeiten allein stehend gewesene Jugendliche und Männer im erweiterten Bereich der Tatorte.

Ein gigantischer Aufwand wurde betrieben, der zunächst fruchtlos blieb. Nun wandte man sich erneut an Hans Szewczyk. Er sollte anhand des neuen Fallmaterials seine Täterhypothese »präzisieren«. Im Rahmen seiner Analyse fielen ihm schließlich Parallelen zwischen den Eberswalder Morden und jenen auf, die in der BRD durch den »Kirmesmörder« Jürgen Bartsch verübt worden waren. Der hatte in den sechziger Jahren vier Knaben in einen ehemaligen Luftschutzstollen gelockt, dort gefoltert, getötet und anschließend verstümmelt. Das Ministerium für Staatssicherheit verschaffte Szewczyk die gewünschten Ermittlungsakten.

Die Analyse der Eberswalder Tatortbefunde und der Unterlagen über den Fall Bartsch bewogen Szewczyk zu der Schlussfolgerung, »es könnte sich um einen ähnlichen Täter handeln«. Jürgen Bartsch war vor seinem ersten Mord bereits mehrfach durch sexuell-sadistische Handlungen an Knaben aufgefallen, war aber lediglich in einem Fall wegen »Körperverletzung« verurteilt worden. Die übrigen Opfer hatten aus Scham oder Angst – Bartsch hatte sie mit dem Tode bedroht, sollten sie »irgendjemandem etwas davon erzählen« – geschwiegen. Dieser besondere Umstand erschien Szewczyk beachtenswert. Er stellte die Hypothese auf, dass der Eberswalder Täter »vor und zwischen den Morden Kinder belästigt haben könnte«. Diese Vorfälle seien »aus Angst oder Scham nie zur Anzeige gekommen«.

Auf dieser Überlegung fußend wurde eine neue Ermittlungsstrategie entwickelt: eine groß angelegte Befragung von Schülern im »tatrelevanten Alter«; vornehmlich im Stadtteil Westend, weil »tatortnah«. Diese Strategie sollte sich bewähren. Am 11. November 1971 erzählte einer der Befragten von der sexuellen Misshandlung durch einen »älteren Jungen«. Es sollte 1968 passiert sein. Den Übeltäter hatte der Junge in der Vergangenheit wiederholt in Eberswalde gesehen – sogar am Fenster eines ihm bekannten Wohnhauses. Die Ermittler reagierten postwendend, beschafften sich Passbilder der in diesem Haus wohnenden Männer. Sie wurden dem Zeugen vorgelegt. Er tippte auf ein Bild: »Der war's.«

Einen Tag später wurde der mutmaßliche Mörder festgenommen. Es war Martin Gruber, 19, lediger Koch, nicht vorbestraft. Noch am selben Tag gestand er den Doppelmord von 1969, wenig später auch die letzte Tat.

Nach Abschluss der Vernehmungen bestätigten sich die Annahmen Szewczyks. Bartsch und Gruber waren Jugendliche, als sie mordeten. Auch Gruber benötigte – wie fast alle sadistischen Serienmörder – eine längere »Anlaufphase«, in der er zunächst sadistische Fantasien entwickelte, diese später partiell umsetzte, indem er anfangs Tiere quälte und tötete, später Kinder zu misshandeln begann. Zu diesem Zweck hatte er sich in der Nähe seiner Wohnung aus einem Bretterverschlag eine Bude gebaut – seine »Folterkammer«. Dorthin lockte er Knaben, missbrauchte sie, »ritzte« die Opfer mit einem Messer. Ähnlich war Bartsch vorgegangen. Beide Täter wuchsen in nach außen geordnet erscheinenden familiären Verhältnissen auf, die jedoch tatsächlich geprägt waren von fehlendem Einfühlungsvermögen der Eltern und einer sterilen, autoritären Atmosphäre. Auch hatten Bartsch und Gruber kaum soziale Kontakte, wurden gehänselt, ausgegrenzt.

Rückblickend ist festzuhalten, dass Szewczyk mit seinen »Täterhypothesen« zutreffende Suchkriterien vorgegeben und eine erfolgreiche Ermittlungsstrategie vorgeschlagen hatte – zweifellos ein historischer Meilenstein der »Profil-Fahndung«.

Als »legendär« bezeichnet wird auch das »Criminal Personality Research Project« des nordamerikanischen FBI. Von 1979 bis 1983 untersuchte die »Behavioral Science Unit« (BSU) der US-Bundespolizei Tatverhalten, Persönlichkeitsstrukturen und Lebensläufe von 36 Sexualmördern, darunter 25 Serientäter. Forschungsgrundlagen waren Interviews mit den Tätern sowie Polizei- und Gerichtsakten. Die konkrete Fragestellung: Bestehen Zusammenhänge zwischen dem Verhalten eines Täters, das sich durch spezifische Handlungssequenzen und Spuren am Tatort abbildet, und individuellen Charakteristika des Mörders? Ziel war es demnach, Merkmalskategorien herauszufiltern, die es ermöglichen, aus typischen Verhaltensweisen vor, während und nach der Tat einen »psychologischen Fingerprint« des Täters herauszulesen, um diesen als Täterprofil in die Fahndung zu integrieren.

Die FBI-Forscher entwickelten schließlich eine Täter-Dichotomie: den »organized« und »disorganized« Mörder. Aufgrund bestimmter, in der Mehrzahl der untersuchten Fälle – es waren insgesamt 118 Tötungsdelikte – gefundener Verhaltensmerkmale (zum Beispiel Verwendung von Fesseln, sexuelle Handlungen am lebenden Opfer, Zurücklassen von Tatmitteln oder Positionierung der Leiche) wurden dem planenden und dem nicht planenden Täter kategorische Wesenszüge und soziale Verhaltensweisen zugeschrieben. Der »organized« Täter soll demzufolge beispielsweise eher ein Soziopath, berufstätig und beziehungserfahren sein, seine Taten penibel vorbereiten, ihm fremde Opfer auswählen oder die Ermittlungen in den Medien verfolgen. Sein Pendant, der nicht planende Mörder, gilt unter anderem als intellektuell flach, gelegentlich auch als schizophren. Er soll einzelgängerisch veranlagt sein, allein und zurückgezogen in der Nähe des Tatortes leben oder seine Taten vornehmlich im Affekt begehen. Ob diese Serienmörder-Typologie und andere durch das FBI propagierte fallanalytische Methoden und Interpretationsvorgaben als wissenschaftlich fundiert und praktikabel bezeichnet werden dürfen, soll an anderer Stelle genauer erörtert werden.

Allgemein ist jedoch anzumerken, dass die durch das FBI vorgelegten Forschungsergebnisse angreifbar sind. Nicht mehr als 36 Sexualmörder wurden untersucht. Es handelt sich zweifellos um eine hochselektive Stichprobe. In den Vereinigten Staaten hat es Hunderte dieser Täter gegeben. Ob die hierdurch auch für das Erstellen von Täterprofilen gezogenen Schlussfolgerungen überhaupt repräsentativ sind, darf bezweifelt werden. Zudem: Ein Großteil der befragten Täter waren Serienmörder. Täterprofile werden allerdings in der Mehrzahl der Fälle erstellt, in denen der Täter lediglich ein Tötungsdelikt begangen hat. Auch die Motivstruktur – im Rahmen der FBI-Forschungen wurden nahezu ausnahmslos sadistische Täter berücksichtigt –

ist keineswegs identisch. Insofern stellt sich die dringliche Frage, ob die *so* gewonnenen Erkenntnisse übertragbar sind. Es hätten demnach Vergleichsgruppen gebildet werden müssen, um eventuelle Divergenzen festzustellen.

Dichtung oder Wahrheit? Selbstbekenntnis oder Selbstbetrug? Diese simpel anmutenden Fragen stellen – vereinfacht ausgedrückt – das Kernproblem bei der Befragung von Serienmördern dar. Das FBI griff bei Untersuchungen auf diese wissenschaftlich zulässige Methodik zurück. Man wollte aus erster Hand mehr über Formen, Motive und Auswirkungen begangener Verbrechen erfahren. Die Begründung: »Dort sitzen die eigentlichen Experten. Sie können uns alles erklären.« Denn nur der Mörder *dürfte* beziehungsweise *müsste* wissen, was ihn angetrieben, warum er getötet hat, wie es wirklich war.

Der Täter soll sich also möglichst detailliert erinnern – auch wenn die Verbrechen viele Jahre zurückliegen (!) –, das tatsächliche Geschehen extrahieren, seine Beweggründe ungefiltert mitteilen und eigene Bewertungen oder Interpretationen unterlassen. Der Idealfall. Heraus kommt im Regelfall jedoch bestenfalls eine nicht selten beschönigende oder dramatisierende, in jedem Fall aber verfremdete Selbstdarstellung eigener Unzulänglichkeiten. Eben eine Geschichte – aus der Sicht des Befragten. Also eine vermeintlich plausible Deutung tatrelevanter Aspekte, die der oftmals intuitiv oder bewusst wahrgenommenen Hörererwartung entsprechen soll, aber auch zur Lebenssituation, zur eigenen Persönlichkeit passen muss. Derlei Aussagen sind demnach durchdrungen von Halb- und Unwahrheiten. So mahnt beispielsweise der Psychologe Paul Britton in seiner

Autobiographie *Das Profil des Mörders* zur Vorsicht: »Natürlich lügen diese Menschen, und zwar nicht nur gegenüber dem Kliniker; sie belügen auch sich selbst. Da gibt es nichts, was man unbesehen glauben kann; die Tatsachen müssen von nachträglich verstandesmäßigen Rechtfertigungen getrennt werden.«

Ich habe 18 Serienmörder gesprochen, sie befragt, mit weiteren 20 zum Teil mehrjährigen Briefkontakt unterhalten – und ähnliche Erfahrungen gemacht. Mal wurde mir die »Bestie« vorgespielt, mal behauptet: »Ich habe getötet, aber ich bin kein Mörder!« Oder aber ich wurde mit Belanglosigkeiten abgespeist, ohne etwas Konkretes zur Motivation, zum Tatverlauf, zur Tatdynamik zu erfahren. Zweifellos habe ich auch Interviews geführt, die ich rückblickend als profitabel einstufe. Ich hatte mehr herausarbeiten, mehr erfragen können, als es den seinerzeit ermittelnden Fahndern oder Psychologen und Psychiatern vergönnt gewesen war. Ob sich die Mitarbeiter des FBI bei ihren Befragungen dieser Problematik bewusst gewesen und wie sie diesen Unwägbarkeiten begegnet sind, bleibt jedoch nebulös. Nirgends lässt sich nachlesen, wie tatsächlich verfahren wurde. Gleichwohl schätzt beispielsweise Douglas die Validität seiner Interviews, jeder Theorie und Erfahrung widersprechend, ausnehmend hoch ein: »Und die Leute, die ich interviewte, die bösen Jungs – grundsätzlich mochten sie mich, und ich musste nur ein wenig schauspielern, damit sie mir vertrauten. Aber wenn sie sich mir gegenüber öffneten, schaute ich nach gemeinsamen Nennern und Mustern in ihren Verbrechen, in ihrem Verhalten, da ich glaube, dass wenn ich diesen gemeinsamen

Nenner einmal gesehen habe, ich in der Lage bin, sie in laufenden Fällen in diesem Land und im Ausland anzuwenden.«* Hochmut kommt vor dem Fall.

Der Psychologe Jens Vick, Mitarbeiter des Bundeskriminalamts, beklagt in seiner »Vorbemerkung« zu *Methoden der Fallanalyse* (*BKA Forschungsreihe*, 1998) vollkommen zutreffend: »(...) Die *mangelnde Methodentransparenz* scheint sich als schwierigeres Problem darzustellen. Hinsichtlich der Methoden müssen bei dem amerikanischen System zwei Bereiche streng getrennt werden: Die Problematik, wie Erkenntisse aus Daten gewonnen werden (Forschung), und die Frage, wie diese Erkenntnisse in eine Täterprofilerstellung oder eine *Criminal Investigative Analysis* einfließen (Anwendung). Für beide Bereiche sind von den Amerikanern kaum valide Aussagen über die von ihnen angewandten Methoden zu bekommen. Bei der Frage nach den Forschungsmethoden wurde meist auf eine Reihe von Täterinterviews verwiesen, die offensichtlich als Datenbasis fungierten. Wie die Daten danach weiterverarbeitet wurden, ist weitgehend unklar. Nachzulesen war nur eine kleine Anzahl von Untersuchungen und Auswertungen, aus denen dann vermutlich die Erkenntnisse für das System extrahiert wurden. Die Anwendung ist mittlerweile eine computergestützte Datenbank, wobei offensichtlich auch umfangreiches Erfahrungswissen in eine Analyse einfließt. Wie diese Erkenntnisse vorliegen und vermittelt werden, ist ebenfalls weitgehend unklar. Auf die wiederholte Nachfrage hin, mit welchen Methoden die Profilersteller denn jetzt letztendlich arbeiten, wurden oft nur unbefriedigende Antworten gegeben. Es scheint damit allerdings eine Problematik offen gelegt worden zu sein, die tiefer gründet, als zunächst von uns angenommen, und die wenig mit einer störrischen Verweigerungshaltung zu tun hat.«

Wenn die ehemaligen FBI-Agenten in ihren autobiographischen Jagdreports darüber philosophieren, die Arbeit eines Profilers bestehe darin, die Leiden der Opfer »nachzuerleben« oder mit dem Mörder »gemeinsame Pläne zu schmieden«, dann verschwimmen die Grenzen von Dichtung und Wahrheit. Der Mörder wird zum »Künstler« (v)erklärt, der Ermittler zum Kunstsachverständigen. So wartet beispielsweise Douglas mit allerlei Profilerweisheiten auf: »Will man den Künstler verstehen, muss man sich sein Werk ansehen.« Und: »Verhalten spiegelt Persönlichkeit.« Oder einfach: »Versetz dich in die Position des Jägers.« Schließlich wird noch vielmeinend auf die allerorts latent lauernde Gefahr der Profiling-Mutation hingewiesen: »Wer mit Ungeheuern kämpft, mag zusehen, dass er dabei nicht zum Ungeheuer wird.« Nietzsche hat das geschrieben. Da wurde offensichtlich flugs ein morscher, mittlerweile bei näherer Betrachtung dahinbröselnder Mythos zusammengezimmert und nachgeschoben. Lebende Legenden lassen sich nun mal wesentlich besser vermarkten als die platte Realität.

Dazu passt die Behauptung von Douglas: »Der hohe IQ, das ist das Problem, weil der durchschnittliche IQ einer durchschnittlichen Person zwischen 95 und 105 liegt. Serientäter, ob nun Vergewaltiger, Mörder oder Bombenleger, haben einen IQ von 115 und höher, in der Regel 125 und höher.« Es ist also die in Serie mordende Intelligenzbestie, die den Profiler herausfordert. Der muss logischerweise noch intelligenter sein, will er den blutbesudelten Fehdehandschuh ergreifen und das »Monster« besiegen. Allerdings habe ich im Zuge meiner Forschungsarbeiten festgestellt, dass Serienmörder – zumindest in Deutschland – keineswegs über herausragende intellektuelle Fähigkeiten verfügen. Der Durchschnitts-IQ beträgt lediglich 99,8. Da ich als Grundlage für meine Berechnungen die psychologisch-psychiatrischen Gutachten nahezu sämtlicher Täter herangezogen habe, die im Zeitraum von 1945 bis 1995 verurteilt wurden, darf ich meinen Untersuchungsergebnissen trauen. Die FBI-Forscher hingegen stützen ihre Annahmen auf eine sehr geringe Anzahl von Tätern, ihre Ergebnisse sind keineswegs repräsentativ – schon gar nicht für einen anderen Kulturkreis. Trotzdem wird mit dem Trugbild des vor intellektueller Potenz strotzenden Serientäters kokettiert. Egal. Es liest sich doch ganz nett.

Geradezu abenteuerlich mutet es an, wenn unter anderem das nahezu exakte Alter, Körpergröße, Konstitution oder andere phänotypische Merkmale »vorhergesagt« werden. So beschrieb beispielsweise Robert K. Ressler als damaliger FBI-Profiler den »Vampir von Sacramento«, der 1978 eine schwangere Frau und wenige Tage später eine vierköpfige Familie auf ungewöhnlich brutale Weise ermordet und verstümmelt hatte, in seinem Täterprofil unter anderem als »hageren und verwahrlosten Typ«. Diese Vermutung stellte sich als zutreffend heraus. In einem Interview für die *Süddeutsche Zeitung* im Jahr 1997 begründete er seine Annahme: »Ich habe mich sehr intensiv mit verschiedenen Körpertypen beschäftigt. Das gilt heute als veraltet, meiner Erfahrung nach ist es aber hochaktuell. Viele Studien sehen einen Zusammenhang zwischen Körperbau und Mentalität eines Menschen. Schmächtige Menschen neigen danach eher zu einer introvertierten Form der Schizophrenie. Das schien mir in diesem Fall ganz logisch: Introvertierte Schizophrene essen kaum etwas, vernachlässigen ihr Äußeres und achten nicht auf körperliche Hygiene.«

Ressler hatte sich also an den bereits genannten Konstitutionstypologien orientiert, die unter anderem einen schmalen Körperbau bei Schwerstverbrechern unterstellen. Wissenschaftlicher Mumpitz, wie wir heute wissen. Ein Beispiel: August Geitlinger erschlug 1990 binnen weniger Monate in Frankfurt am Main sechs Obdachlose, zwei weitere verletzte er lebensgefährlich. Der vom Gericht bestellte psychiatrische Gutachter stellte die Diagnose einer »paranoid-halluzinatorischen Schizophrenie«. An dieser Geisteskrankheit litt auch Richard Trenton Chase, der »Vampir«. Gleichwohl war Geitlinger kein schmächtiger Typ mit verwahrlostem äußeren Erscheinungsbild, entsprach also keineswegs dem *leptosomen* Typus, wie man nach Resslers Faustregel hätte vermuten müssen. Vielmehr hatte Geitlinger stets einen gesunden Appetit, trug einen prächtigen Kugelbauch vor sich her und mordete im Allerwelts-Look – geradezu ein Paradebeispiel des *Pyknikers*.

Dennoch darf den FBI-Forschern das Verdienst zugerechnet werden, aus der Idee des mentalen Phantombilds eine Methodik entwickelt zu haben, die zweifellos auch international wesentlich dazu beigetragen hat, das kriminalpsychologische Element bei der Aufklärung von Gewaltverbrechen stärker zu berücksichtigen. Und die gewonnenen Erkenntnisse haben sich in einer Vielzahl von Fällen als hilfreich erwiesen. Dies sollte man bei aller berechtigten Zurückhaltung und Kritik nicht vergessen.

Schlagworte wie »Profiler«, »Profiling«, »Profil-Fahnder« oder »Psycho-Fahndung« hört man in Fachkreisen der deutschen Kriminalpolizei nicht so gern. Zu Recht. Diese Nomenklatur ist wenig aussagekräftig und verengt den Blick auf lediglich einen Teilbereich dieser in Deutschland relativ jungen kriminalistisch-kriminologischen Arbeitsmethode. Es geht nicht nur darum, ein Täterprofil zu erstellen, sondern in erster Linie um die Rekonstruktion von Tatabläufen und Täterverhalten, basierend auf systematischen und speziellen Analyseverfahren. Das Bundeskriminalamt hat aus diesem Grund den Begriff der »Operativen Fallanalyse« eingeführt, um die Komplexität fallanalytischer Verfahren deutlich zu machen und um sie von der Bearbeitung, Bewertung oder Erforschung allgemeiner Kriminalitätsphänomene und -entwicklungen abzugrenzen.

Seriös angelegte und durchgeführte Fallanalysen sind notwendig, können sich als hilfreich erweisen. Es sind zeitintensive, umfängliche und komplexe Verfahren. Die Psychologin Cornelia Musolff erläutert in ihrem Aufsatz *Täterprofile und Fallanalyse* (nachzulesen in: *Täterprofile bei Gewaltverbrechen*, 2001) zutreffend die grundsätzlichen Divergenzen zwischen der Fallanalytik und tradierten kriminalistischen Methoden: »Der prinzipielle Unterschied der Fallanalyse zum herkömmlichen kriminalistischen Vorgehen ist – einfach ausgedrückt –, altbewährte Strategien und Erfahrungen, aber auch intuitives Wissen des Kriminalbeamten herauszuarbeiten, weiterzuentwickeln, zu systematisieren, manche Annahmen zu revidieren und daneben interdisziplinäres Wissen explizit zu nutzen und gezielt zu berücksichtigen.«

Konkret bedeutet dies, dass neben speziellen Erscheinungsformen der Kriminalität (zum Beispiel Erpressungen oder Entführungen) auch ein Tötungsdelikt *ganzheitlich* betrachtet, also zunächst möglichst vollständig rekonstruiert wird. Ausgangspunkt jeder Fallanalyse sind sämtliche zur Verfügung stehenden objektiven kriminalistischen Fall-, Täter- und Opferdaten. Ausgewertet werden zum Beispiel der Tatortbefund, Umgebungsfotos, Bilder des Leichnams und der beigebrachten Verletzungen, der Obduktionsbericht, Zeugenaussagen, aber auch objektive Daten zur Opferpersönlichkeit. Nur so lässt sich die konkrete Bedeutung einzelner Indizien und Verhaltensweisen erschließen. Dabei erfolgt eine Gliederung in einzelne Handlungsabschnitte der Tat. Grob gesagt: Opferauswahl, Täter-Opfer-Interaktion, Tötungsakt, Nachtatverhalten. Als Leitfaden dienen folgende Grundannahmen: Das Verhalten des Täters ist sinnhaft, entscheidungsgeleitet, ereignet sich sequentiell, die getroffenen Entscheidungen sind nachvollziehbar. Sodann erfolgt eine Interpretation der einzelnen Handlungssegmente, es werden Hypothesen zum motivischen Hintergrund der Tat gebildet, geknüpft an die Einschätzung der Täterpersönlichkeit.

Fallanalytik ist Teamarbeit – auch wenn sie national wie international nicht immer so praktiziert wird. Der heldengleiche lonesome rider, das sich mit der direkt »aus der Hölle« emporsteigenden »Killer-Bestie« messende und sie zur Strecke bringende kriminalpsychologische Superhirn ist nicht mehr als ein medial verklärtes Abziehbild kriminalistischer Realität. Fallanalysen sollten idealerweise kollektiv durchgeführt werden. Der Grund ist simpel, aber einleuchtend: Das Gruppenwissen ist stets umfassender als das des Einzelnen, eine Gemeinschaftsanalyse garantiert die bestmögliche Informationsausbeute.

Fallanalysen produzieren und provozieren Fragen. Zunächst sind sie allgemeiner Natur: Wie hat sich der Täter dem Opfer genähert? Wie hat er es überwältigt? Wie wurde das Opfer kontrolliert – mit einer Waffe bedroht oder gefesselt? Hat sich das Opfer gewehrt? Wenn ja, wann und wie? Kannten sich Täter und Opfer? Falls ja, woher? Lassen sich *Personifizierungs*aspekte feststellen? Warum wurde das Opfer getötet? Planmäßig, im Affekt oder weil der Täter situativ gebunden – zum Beispiel bei nicht erwartetem, heftigem Widerstand –, glaubte, so handeln zu müssen? Ist das Opfer am Fundort getötet worden? Wurden Beweismittel beseitigt oder wurde dies versucht? Wurde der Leichnam versteckt? Ist der Tatort nachträglich verändert worden, um die Ermittlungen in eine andere Richtung zu lenken? Besteht Wiederholungsgefahr? Oder lässt sich aus der Vorgehensweise des Täters schlussfolgern, dass er bereits getötet haben dürfte?

Im Einzelfall sind *diese* Bereiche generell zu hinterfragen, es ergeben sich jedoch bei jeder Tathergangsanalyse *immer* neue Aspekte, die herauszufiltern und zu bewerten sind. Ein Beispiel: Im Landkreis Cloppenburg verschwand am 16. März 1998 die 11-jährige Martina Bauer. Letztmals wurde sie kurz vor 19 Uhr gesehen, als sie in Ramslow das Schwimmbad verließ. Es wurden umfangreiche Suchmaßnahmen eingeleitet. Das Ergebnis: Zwei Tage später fand man den Rucksack des Mädchens im Küstenkanal bei Sedelsberg, am 20. März schließlich ihren Leichnam – im Wäldchen »Haßberg« bei Lorup. Einen Tag später stieß man auf die Tatwaffe an der Landstraße 63 Richtung Gehlenberg. Es war ein Springmesser, Massenprodukt aus Fernost.

Die Leiche war vollständig bekleidet, nur mit einigen Zweigen oberflächlich abgedeckt. Martina musste mehrfach sexuell missbraucht worden sein, anschließend hatte sie der Mörder erdrosselt. Zusätzlich wies der Oberkörper multiple Stichverletzungen auf.

Die Sonderkommission »Nelly« – benannt nach dem Kosenamen des Mädchens – vermutete Tatzusammenhänge mit zwei ähnlichen Ereignissen. Am 17. Januar 1996 war in Neuscharrel (Landkreis Cloppenburg) eine 9-Jährige von ihrem Fahrrad gerissen, in einem Wagen entführt und sexuell missbraucht worden. Und seit dem 11. Juni 1996 wurde Uschi Golonka (13) aus Jeddeloh, einer kleinen Gemeinde im Landkreis Oldenburg, vermisst. Sie war allein mit ihrer Ponykutsche unterwegs gewesen. Die Vermutung der Ermittler: »gewaltsamer Tod«.

Fallanalytiker des Bundeskriminalamts wurden hinzugezogen. Der Mörder hatte Spuren hinterlassen, aus denen deutlich wurde, dass er auf Wegen gefahren war, die nur einem Einheimischen bekannt sein konnten. Hypothese: Der Täter »stammt aus der Region«. Ferner ließ sich herauslesen, dass der Unbekannte hektisch geflohen sein musste. Er hatte die Leiche einfach liegen gelassen, das Messer wahllos aus dem Wagen geworfen. Hypothese: Der Täter wollte sich »auf direktem Weg« in Sicherheit bringen – vermutlich

»nach Hause«. Den Rucksack hatte er erst einige Kilometer später in einen Kanal geworfen. Ein weiteres Indiz für die wahrscheinliche Fluchtrichtung und den möglichen Aufenthaltsort des Mörders.

Nachdem die Tathergangsanalyse abgeschlossen war, wurde das so genannte Opferrisiko beurteilt. Merkwürdig dabei: Das Mädchen war durch unbebautes Gebiet in der Dämmerung mit dem Fahrrad auf einer Nebenstraße Richtung elterliche Wohnung gefahren. Sie hatte sich also über die üblichen Vorsichtsmaßregeln hinweggesetzt. Warum war von Martina gerade diese Route gewählt worden, hätte sie nicht Angst haben müssen? Die Antwort überrascht: nein, hatte sie nicht. Denn: Für sie, wie aber auch die meisten Menschen, die in ländlichen Gebieten wohnen, ist dies nichts Ungewöhnliches. Für sie ist es üblich, normal – und gefahrlos. Die Crux bei der Beurteilung des Risikos, das ein Opfer eingeht, ist, dass es sich bei dieser Einschätzung in erster Linie um ein Produkt unserer eigenen Ängste handelt. Hiervon gilt es sich zu lösen und das Opfer in seinen sozialen Bezügen zu betrachten – unabhängig von eigenen Vorstellungen und Erfahrungen. Das sollte man wissen und beherzigen.

Nach mehrtägigen Beratungen mündete die Tathergangsanalyse in ein Täterprofil. Dazu sei angemerkt: Die Fallanalyse beschreibt den Tathergang, das Profil den Täter. Ein Täterprofil ist also das *Folge*produkt einer Fallanalyse und skizziert Eigenschaften – zum Beispiel physische und mentale Charakteristika, Lebensgewohnheiten, eventuelle Vorstrafen oder Familienstand – eines unbekannten Täters, basierend auf Informationen, die aus dem Tatortkontext geschlussfolgert werden dürfen. Das mentale Phantombild liefert allerdings keine spezifische Identität. Es gibt aufgrund bestimmter (vermuteter) Verhaltens- und/oder Persönlichkeitsmerkmale (lediglich) Hinweise darauf, welche Art von Person das Verbrechen begangen haben *könnte*. Ohne Tatrekonstruktion *erscheint* die Erstellung eines Täterprofils grundsätzlich möglich – daran glauben jedenfalls Amateur-Analytiker, die beispielsweise in Fahndungs-Shows oder sonstwo Profiling-Enten servieren –, es ist aber unseriös und regelmäßig fehlerhaft, kann die Ermittler, sofern sie sich darauf einlassen, in eine kriminalistische Sackgasse führen.

Der unbekannte Mörder, dem mittlerweile durch eine DNA-Vergleichsanalyse auch die Vergewaltigung im Januar 1996 zugeordnet werden konnte, wurde unter anderem so beschrieben: »Der Täter dürfte 18 bis 27 Jahre, höchstens 30 Jahre alt sein und im Umkreis von zehn, bestenfalls 15 Kilometern wohnen. Kein Ersttäter, der sich einschüchtern lässt, aber infantile Persönlichkeitszüge aufweist. Der ausgeprägte Drang des Täters zum Zwecke sexuellen Dominanzerlebens, einen Menschen unmittelbar und ohne jede Rücksichtnahme in seine Gewalt zu bringen, dürfte in seiner Biographie schon früher zum Ausdruck gekommen sein. Er hat ein stark ausgeprägtes Gefühl nach Macht, aber keine pädophilen Neigungen.«

Wie war man darauf gekommen? Der Täter entführte das Mädchen auf offener Straße, blitzartig und brutal, ging dabei ein hohes Entdeckungsrisiko ein. Freiwillig wäre Martina nicht in den Wagen ihres Peinigers eingestiegen, das hatten Befragungen der Eltern und sonstiger Bezugspersonen ergeben. Das Überwältigen des Opfers unter *diesen* Bedingungen ließ Routine und Selbstbewusstsein des Unbekannten vermuten. Also kein junger Täter. Der wahrscheinlichste Aufenthaltsort des Mörders ließ sich über den Leichenfundort und den erkannten Fluchtweg schlussfolgern. Also jemand, der sich auskannte, einer, der im engeren Bereich des Tatorts wohnte. Das Opfer wurde über einen längeren Zeitraum mehrfach vergewaltigt, der Täter offenbarte hierdurch Kaltblütigkeit, Dominanzstreben und Kontrollvermögen – vermutlich nicht seine erste Tat; demnach entweder wegen anderer Sexualdelikte vorbestraft oder auffällig geworden. Das Opfer war ein Kind. War der Täter ein Päderast, ein Kinderschänder? Pädophile verfügen im Regelfall über ausgeprägte kommunikative Fähigkeiten, verstehen es, das Vertrauen ihrer Opfer zu gewinnen, sie zu manipulieren, sie an den späteren Tatort zu manövrieren. Hier war es anders: ein Überfall, eine gewaltsame Entführung. Der Täter rechnete also mit entsprechendem Widerstand, dürfte sich aus diesem Grund ein Opfer ausgewählt haben, das er relativ mühelos überwältigen konnte. Demnach keine sexuell eingefärbte, vielmehr eine pragmatische Entscheidung.

Das Täterprofil war naturgemäß zu unscharf, um den mutmaßlichen Mörder aus einer Vielzahl von Verdächtigen – beispielsweise vorbestrafte Sexualstraftäter mit übereinstimmenden, prognostizierten Merkmalen aus der Region – direkt herausfiltern zu können. Zudem basieren solche Ermittlungshilfen grundsätzlich auf Wahrscheinlichkeitsaussagen und haben keinerlei Beweiswert. Doch die Ermittler verfügten über eine DNA-Vergleichsspur – resultierend aus der Vergewaltigung des 9-jährigen Mädchens im Januar

1996. Und aufgrund des Täterprofils konnte der wahrscheinlichste Wohnort des Mörders eingegrenzt werden. Vier Wochen nach der Tat wurde eine so genannte Speichel-Reihenuntersuchung eingeleitet. Potentiell tatverdächtig: 16 500 Männer in zwölf Städten beziehungsweise Gemeinden. Ein kriminalistischer Kraftakt stand bevor.

Am 29. Mai 1998 war es dann so weit, der »Spurenleger« konnte identifiziert werden. Der mutmaßliche Mörder hatte jetzt einen bürgerlichen Namen: Robert Pfeiffer. Er war verheiratet, selbst dreifacher Familienvater. Und er gestand – auch den Mord an Uschi Golonka vom 11. Juni 1996. Das Täterprofil hatte in den wesentlichen Punkten übereingestimmt. Pfeiffer war 30 Jahre alt, wohnte im Landkreis Cloppenburg, hatte mehrere Vorstrafen – unter anderem wegen Vergewaltigung seiner eigenen Schwester – und war nicht pädophil. Insgesamt waren von den Experten des Bundeskriminalamts 75 Aussagen zum Tathergang gemacht worden, von denen sich 69 als zutreffend herausstellten. Das Täterprofil hatte aus 48 Hypothesen bestanden, von denen 39 richtig waren. Eine enorm hohe Trefferquote.

Obwohl das Profil, das die Fallanalytiker des Bundeskriminalamts erstellt hatten, größtenteils zutraf, belegt dieser Fall auch die Gefahren dieser Methodik. Unter anderem wegen Pfeiffers Herumvagabundierens (neudeutsch: »cruisen«, also scheinbar planlos umherstreifen), weil er ein Billigprodukt als Tatwaffe benutzt hatte und ausschließlich junge Mädchen überfallen worden waren, ging man davon aus, der Täter könne in einer Beziehung keine Verantwortung übernehmen. Das stimmte auch. Nur mit der hieraus abgeleiteten Hypothese, der Täter sei unverheiratet, lag man daneben. Eine Fallanalyse beinhaltet also stets auch falsche Interpretationen und Aussagen. Sie sind unvermeidbar, selbst wenn akribisch recherchiert, logisch gedacht und lebensnah geschlussfolgert wird. Denn die Tathergangsanalyse beinhaltet *auch* Wahrscheinlichkeitsaussagen. Das Täterprofil, das auf diesen falschen Annahmen fußt, vergrößert die Fehler – zwangsläufig. Nicht die Details, sondern das Gesamtbild einer Tat liefert ein profitables Täterbild. Insofern werden tradierte kriminalistische Analyse- und Verfahrensweisen keineswegs ad absurdum geführt: Alle *denkbaren* Hypothesen müssen in Betracht gezogen und überprüft werden. Andernfalls geraten kriminalpsychologische Schnellsch(l)üsse zu kriminalistischen Rohrkrepierern. Und: Täterprofile fangen und überführen keinen Mörder. Das müssen die Kriminalisten tun. Daran lässt sich nicht rütteln, es bleibt dabei.

Kapitel 7

Der schwarze Mann

Irgendwo bei den Briefkästen hatte er seinem Opfer aufgelauert. Am frühen Morgen des 4. Dezember 1999. Ein Dutzend Kriminalbeamte drehten jetzt jeden Grashalm, jedes Laubblatt um – auf dem kaum fünf mal zwölf Meter großen Rasenstück zwischen den zweieinhalbgeschossigen Wohnhäusern. Spurensuche. Vermutlich vergeblich. Der seit Stunden anhaltende Dauerregen hatte alle tatrelevanten Hinweise weggespült: Blut, Fingerspuren, Fußabdrücke. Über dem Leichenfundort kreiste ein Polizeihubschrauber.

Gegen 8 Uhr hatte eine Frau die grauenvolle Entdeckung gemacht, als sie Brötchen holen wollte. Der Notarzt konnte nur noch den Tod des Opfers feststellen: Gertrud Droste, 66 Jahre alt. Zustellerin der *Kehler Zeitung*. Wahrscheinlich hatte die Leiche dort schon mehr als drei Stunden unbemerkt gelegen. Die Freiburger Gerichtsmediziner zählten 16 »mit Sicherheit von einem Messer herrührende« Verletzungen – verteilt über den ganzen Körper. Todesursächlich waren zwei Stiche gewesen: einer ins Herz, der andere in den Hals. Die Tatwaffe konnte nicht gefunden werden. Vermutlich war es ein schmales Messer, mindestens zehn Zentimeter lang, scharfe Klinge. Anhaltspunkte für eine Vergewaltigung lagen nicht vor. Aber der Unterleib des Opfers war entkleidet worden. Und die Kriminalisten hatten eine »wahrscheinlich tatrelevante« DNA-Mikro-Spur sichern können.

Es war nun schon das dritte Tötungsdelikt in Kehl am Rhein (Ortenaukreis), einem idyllisch gelegenen Ort an der deutsch-französischen Grenze. Zwar war Kehl als Grenzstadt nie frei von Kriminalität, doch beschränkten sich diese Straftaten in der Mehrheit auf Diebstähle und Einbrüche. Und jetzt: eine Mordserie. Im Fernsehen oder in Großstädten hatte man davon gehört. Aber hier? Unbegreiflich. Binnen 53 Tagen hatte das »Phantom« – so bezeichneten die Medien jenen Mann, den die Kripo nicht zu fassen bekam – dreimal zugeschlagen. Am 11. Oktober tötete der mysteriöse Unbekannte sein erstes Opfer, eine Altenpflegerin – im Außenbereich ihrer Arbeitsstätte. Der 22-jährigen Vera Goms riss er, nachdem er ihr mit einem Hammer den Schädel zertrümmert hatte, Hose und Slip herunter, legte die Unterhose neben die Schwerverletzte. Die junge Frau erlag einen Tag später ihren erheblichen Gehirnverletzungen. Unmittelbare Tatzeugen gab es nicht. Nur ein Schrei war gegen 3.15 Uhr gehört worden.

Sechs Wochen später, am 23. November, entging Mechthild Bertram, 39, nur knapp dem mutmaßlichen »Slip-Mörder« (*BILD*). Als sie gegen 4.30 Uhr vor dem Haus ihr Fahrrad aufschloss, um zur Arbeit zu fahren, näherte sich der Unbekannte von hinten. Die 39-jährige Supermarktangestellte verspürte einen heftigen Schlag auf den Hinterkopf, konnte aber noch um Hilfe schreien. Der unheimliche Fremde drosch weiter mit einem Gegenstand auf die Frau ein, flüchtete aber, als der Ehemann des Opfers hinzueilte, der die verzweifelten Rufe der Frau gehört hatte. Der Täter verschwand unbehelligt und unerkannt in der Dunkelheit. Das schwer-, aber nicht lebensgefährlich verletzte Opfer konnte den Unbekannten kaum beschreiben: »ein großer schwarzer Mann«. Es war zu dunkel gewesen, der Überfall hatte sich binnen weniger Sekunden abgespielt. Die einzige Spur: ein Schuhsohlenabdruck im nassen Schnee. »Bedingt verwertbar«, konstatierten die Ermittler. Das Opfer hatte mit Glück überlebt. »Ich hab den Überfall körperlich und seelisch überstanden, aber ängstlich ist man schon geworden«, berichtete sie der *Südwest Presse* und wartete wie alle Kehler darauf, dass »der Kerl endlich gefasst wird.« Schließlich der Mord an Gertrud Droste.

In einer Pressekonferenz ließ der zuständige Oberstaatsanwalt für die Zukunft der südbadischen Kleinstadt das Schlimmste befürchten: »Nach allem, was wir wissen, können wir nicht von einer isolierten Tat ausgehen.« Also: ein Serientäter. Eberhard Greiner, Leiter der Sonderkommission (Soko) »Kinzigallee« – benannt nach einem der Tatorte, der Kinzigallee 2a –, unterstellte zudem »sexuelle Motive«. Auf einer Pinnwand vermerkte die mittlerweile 40-köpfige Kommission Erkenntnisse über den Täter als auch mögliche Verbindungen: »Alle Taten verübte der Täter in den frühen Morgenstunden zwischen 3.15 und 5 Uhr nach ähnlichem Muster (Überfall, sofortige erhebliche Gewaltanwendung, Opfer in zwei Fällen im Genitalbereich entkleidet). Die Opfer waren stets Frauen, allerdings verschiedenen Alters, und wurden nicht vergewaltigt. Der Täter ist sehr groß, 30 bis 40 Jahre alt und verfügt über genaue Ortskenntnisse. Die Tatorte liegen in einem etwa einen Quadratkilometer großen Bereich der Innenstadt. Es ist davon auszugehen, dass er seine Opfer über einen längeren Zeitraum ausspionierte.« Die Konsequenz: »Alle drei Fälle dürften von einem Täter verübt worden sein.« Und: »Wir gehen davon aus, dass er wieder zuschlagen wird.«

Eine Stadt in Angst. Die Unbekümmertheit der Kehler war wie weggeblasen. Das Nachrichtenmagazin *FOCUS* berichtete in einer der Dezember-Ausgaben: »Obwohl jede Nacht zwischen null und sieben Uhr 36 Beamte auf Streife gehen, leben die Kehler Bürger in Furcht. ›Ich gehe nur noch mit meinem Hund auf die Straße‹, bangt Stefanie R., ›sonst bleibe ich daheim. Die Frühstücksbrötchen holt jetzt mein Mann.‹ Abends ist die Stadt spätestens um 22 Uhr menschenleer. ›Es wagt sich kaum noch jemand aus dem Haus‹, weiß Kioskfrau Maurer. ›Auch Männer nicht.‹ Denn nachts ist jeder Mann verdächtig. Wer trotzdem frühmorgens oder spätabends raus muss, lässt sich von männlichen Kollegen heimbringen. So halten es auch die Stripperinnen vom Night-Club ›Oase‹. ›Wir haben für die Damen einen Fahrdienst eingerichtet‹, berichtet Geschäftsführer Peter Hertel. Selbst die Tageszeitung kommt seit dem Tod der Zeitungsausträgerin nicht mehr pünktlich. Das Blatt wird nur noch bei Tageslicht ausgeliefert. ›Dafür hat jeder Verständnis‹, so Verkäuferin Maurer.«

Wenn es dunkel war, blieben die Geschäfte weitestgehend leer. In jeder Nische, in jedem Treppenaufgang, an jeder Hausecke konnte der Mörder lauern. In den Medien haben Serienmorde Hochkonjunktur, das wohlige Gruseln über das Hereinbrechen des Animalischen, des Abgründigen, des Bösen in eine wohl geordnete, heile Welt. Man fiebert mit, lässt sich einfangen. Und man darf das schaurige Gemetzel aus der sicheren Distanz miterleben – am Fernsehschirm, im Kino. Aber man zweifelt, glaubt eigentlich nicht, dass es so etwas wirklich gibt, und schon gar nicht hatte man daran in Kehl gedacht. Schließlich war das Undenkbare, das Gespenstische, die nackte Angst Realität geworden. Das todbringende Schicksal konnte jeden ereilen, oder genauer gesagt: jede Frau.

Zwischen 4 und 6 Uhr morgens war die 30 000 Einwohner zählende Industriestadt wie ausgestorben. Der Wind fegte Laub, Plastiktüten und Papierfetzen durch die Straßen. Kehl glich zu dieser Zeit einer Geisterstadt. Nur Einzelne trauten sich aus dem Haus. Männer. Auf den Straßen hingegen war es ungewöhnlich hell. Die Verantwortlichen in Kehl hatten sich dazu entschlossen, nicht dem Stromsparen, sondern der Sicherheit Vorrang einzuräumen. Die Straßenlaternen brannten die ganze Nacht. Man wollte dem Täter so wenig Angriffsfläche wie möglich bieten.

Zahlreiche Beamte in Uniform und Zivil durchkämmten die Innenstadt. Als »verdächtig« galt jeder, der in den frühen Morgenstunden unterwegs war. Nachtsichtgeräte wurden eingesetzt. Gelegentlich kam es sogar vor, dass die Beamten sich gegenseitig kontrollierten – in den unzähligen Hinterhöfen, Nischen und Ecken war es stockduster. Zusätzlich waren private Sicherheitsdienste im Einsatz, unterstützten die Polizei, tauschten Informationen aus. Die Ungewissheit war es, die an den Nerven der Einsatzkräfte nagte, insbesondere aber die Frauen der Stadt nicht zur Ruhe kommen ließ. Da war ein Serienmörder unterwegs, der überall und jederzeit wieder zuschlagen konnte. Viele Frauen trauten sich nachts nur noch bewaffnet auf die Straße – mit einer Dachlatte oder einem Messer. Andere kauften sich Reizgas, Elektroschockgeräte oder Alarmsirenen. Man wollte vorbereitet sein. Auch Kinder und junge Mädchen blieben hiervon nicht unbeeindruckt. Sie marschierten mit Spielzeugpistolen in die Schule. Und Gerüchte machten die Runde: »Eine 17-Jährige ist tot aufgefunden worden. Ermordet.« Viele glaubten etwas gehört oder gesehen zu haben: Schreie oder Männer, die irgendwo »herumlungerten«. War wieder etwas passiert? War es der Gesuchte? Hatte er wieder zugeschlagen? Panik machte sich breit. Die Fahnder der Soko »Kinzigallee« betonten ob dieser Horrorgeschichten monoton: »Diese Gerüchte – ob absichtlich oder fahrlässig in die Welt gesetzt – entbehren jeglicher Grundlage und bringen uns nicht weiter.« Und man begann der rund um die Uhr ermittelnden Polizei zu misstrauen: »Die erwischen den nie!«

Die Bevölkerung beschäftigte sich intensiv mit diesem Fall. Eine Mordserie in Kehl. Das hatte es bisher noch nicht gegeben. Täglich erhielt die Soko Dutzende von Hinweisen. Die Fahnder wiesen die Bürger daraufhin, dass es wichtig sei, die Behörden »unverzüglich zu informieren«. Häufig erfuhren die Kriminalisten zu spät, dass jemand einen »Verdächtigen« beobachtet hatte. Eine halbe Stunde später verliefen entsprechende Überprüfungen ergebnislos. Daher der öffentliche Appell: »Beobachtungen sofort melden!« 50 Personen wurden aufgrund solcher Hinweise überprüft. Aber niemand kam als Verdächtiger in Frage. 50 000 Mark Belohnung waren mittlerweile ausgesetzt worden. Die Hoffnung: Die außergewöhnlich hohe Summe könnte jemanden aus dem persönlichen Umfeld des Täters dazu bewegen, der Kripo den entscheidenden Hinweis zu liefern. Über den Fortgang der Ermittlungen konnten sich die Bürger der Stadt auch im Internet informieren. Die Pressemitteilungen der Kripo waren täglich nachzulesen: auf der Homepage von *Baden Online* unter »Blaulicht«.

Allein nach dem letzten Mord hatte die Kripo mehr als 600 Hinweise bekommen. Auch die Ermittlungsbehörden in Straßburg wurden informiert. Der Grund: Am 25. Juli 1999 war dort eine junge Prostituierte ermordet worden – frühmorgens überfallen, durch »stumpfe Gewalt« getötet. Die Leiche der 29-Jährigen war im Hinterhof eines Anwesens im Stadtteil Neudorf gefunden worden – in Bauchlage und mit entblößtem Unterkörper. Die Obduktion hatte ergeben: »Bruch des oberen Halswirbels, der durch eine gewaltsame Drehung des Kopfes von rechts nach links erfolgte.« Auch in diesem Fall war das Opfer nicht vergewaltigt worden, die Tatorte lagen keine fünf Kilometer voneinander entfernt. Es wurde durch die Soko »Kinzigallee« auch angefragt, ob in der jüngeren Vergangenheit »gewaltsame Überfälle auf Zeitungsausträgerinnen oder ähnlich gelagerte Vorfälle« bekannt geworden seien. »Nein«, hieß es. Zudem: »Ein Zusammenhang mit den Morden in Kehl ist nicht anzunehmen.« Diese Einschätzung war gewagt, es gab unübersehbare Parallelen, die jedoch nicht zur Kenntnis genommen wurden. Schließlich hatte der Bürgermeister von Straßburg auf Anfrage diverser Medienvertreter öffentlich versichert:

»In Straßburg gibt es keinen Serienmörder.« So einfach ist das.

Verärgert waren die Ermittler auch über die Aussagen eines Psychologen, seines Zeichens Professor an der Fachhochschule Villingen-Schwenningen, der in einem Zeitungsinterview behauptet hatte: »Der Täter hat Probleme mit Frauen. Das hätte man schon bei der ersten Tat sehen müssen.« Das fand sogar der ermittelnde Staatsanwalt »nicht in Ordnung«. Zu diesem Zeitpunkt lediglich in eine Richtung zu ermitteln wäre fahrlässig gewesen. Eine Beziehungstat konnte seinerzeit noch nicht ausgeschlossen werden. Aber dies ist ein ständiges Ärgernis: Hobby-Profiler melden sich öffentlich zu Wort, schwadronieren über Motiv, Aussehen oder soziale Herkunft des »Killers«, verbreiten in der Öffentlichkeit *ungesicherte* Theorien, ohne jemals die Ermittlungsakten studiert zu haben. Das ist unseriös, kann sogar die Untersuchungen nachhaltig behindern. Schließlich wird in der Bevölkerung eine enorme Erwartungshaltung aufgebaut: Man sei dem Mörder »dicht auf den Fersen«. Die Festnahme sei nur noch eine Frage der Zeit. Die Folge: Potentielle Opfer wiegen sich in trügerischer Sicherheit, man spielt dem Täter »in die Hände«. Das muss nicht sein, das darf nicht sein.

Um weitere Verbrechen zu verhindern, wurden anlässlich der Vortragsveranstaltung »Sicher in Kehl« der Fachhochschule durch einen Beamten der Kripo Offenburg Verhaltenshinweise gegeben. Schließlich hatten sich zwei Tötungsdelikte in unmittelbarer Nähe der Fachhochschule und eines Studentenwohnheims ereignet. Der Kriminalist gab Sicherheitstipps: Man solle möglichst in Gruppen ab zwei Personen gehen, da dies den Täter verunsichere. Wenn man zwischen 0 und 5 Uhr morgens durch die Stadt gehe, möge man sehr aufmerksam sein und Büsche sowie andere Gelegenheiten zum Verstecken nach Möglichkeit meiden. Beim Weg vom Haus zum Auto oder umgekehrt solle man immer den Schlüssel griffbereit halten, um so die Gefährdungszeit zu verkürzen. Auch wurde auf Vor- und Nachteile von Schutzwaffen hingewiesen: Tränengasspray, Signalgeräte, Elektroschocker, Schreckschusspistolen. Wenn der Täter schon nicht gefasst werden konnte, so sollten potentielle Opfer in die Lage versetzt werden, sich möglichst wirksam zu wehren. Aber auch jedem war klar geworden: Einen absoluten Schutz gab es nicht. Die Angst schwelte weiter.

Und dann tauchte das »Phantom« wieder auf. Urplötzlich. Nur zehn Tage nach dem Mord an Gertrud Droste. In den frühen Morgenstunden des 14. Dezember lauerte der ominöse Unbekannte gegenüber jenem Haus, vor dem das erste Opfer getötet worden war. Er versteckte sich im Hintereingang einer Bäckerei, wartete dort offenbar auf die 20-jährige Verkäuferin. Sie hatte Glück. Ein Brotlieferant entdeckte den Mann: »Ich habe ihn genau gesehen. Als er mich sah, rannte er weg.«

Der Zeuge konnte den mutmaßlichen Mörder beschreiben: »35 bis 40 Jahre alt, 1,80 bis 1,83 Meter groß, sehr schlank, dunkler und sehr breiter Oberlippenbart, trug eine dunkle Wollmütze.« Die Kriminalisten gingen davon aus, »dass der Zeuge den Täter gesehen hat«. Nunmehr verfügte man über ein Phantombild. Der erste erfolgversprechende Ermittlungsansatz. Es herrschte plötzlich »Aufbruchstimmung« in den Reihen der Fahnder. Die Kommission wurde um weitere zehn Beamte aufgestockt, im Zuge der fieberhaften Ermittlungen wurden 1 100 Nachtschwärmer überprüft. Doch das »Phantom« war nicht darunter. Vermutlich. Es lagen aber einige »ernst zu nehmende« Informationen zu Männern vor, denen die Taten »zugetraut« wurden und die »Ähnlichkeiten« mit dem Phantombild aufwiesen. Insgesamt wurden 20 Wohnungen nach Tatwerkzeugen und anderen Beweismitteln durchsucht. Gefunden wurde nichts, und die jeweiligen Wohnungsinhaber konnten nicht zu erschütternde Alibis vorweisen. Wiederum ergab sich »kein Tatverdacht«. Man trat auf der Stelle. Über Weihnachten und zum Jahreswechsel 2000 wurde die Kommission »auf halbe Kraft heruntergefahren«. Die Begründung lieferte der Pressesprecher der Polizei: »Nicht aus Resignation, sondern weil die Frauen und Männer der Soko auch Familie haben.« Verständlich. Bis zu 12 Stunden pro Tag, auch an Wochenenden, hatten sich die Beamten bemüht, neue Ansätze herausgearbeitet, sie geprüft, schließlich verworfen. Das Ergebnis blieb dürfüg.

Dann keimte wieder ein wenig Hoffnung auf. Der Grund war tragisch. Am 1. Januar 2000 fanden Spaziergänger die Leiche eines 16-jährigen Mädchens. Mit Messerstichen übersät, fast nackt. Der Mörder hatte der Schülerin Bluse und Schlaghose mit einem Messer vom Leib geschnitten, ihren Slip aber mit den Händen abgestreift. Tatort: ein abgelegener Feldweg zwischen unbestellten Äckern am Rand der Kreisstraße zwischen Mengen und Schallstadt, wenige Kilometer von Freiburg im Breisgau entfernt. Die Kehler Ermittler und die Kollegen aus Freiburg tauschten ihre Erkenntnisse aus. Zentrale Frage: derselbe Täter? Fehlanzeige.

Es ergaben sich keine Hinweise, dass der Kehler Mörder und der Täter im Bereich Freiburg identisch sein könnten. Bislang waren durch die Soko-Mitarbeiter in Kehl mehr als 5000 Überstunden geleistet worden – aber keine »heiße Spur«.

Und der »schwarze Mann« gierte nach einem neuen Opfer. In einer Pressemitteilung der Polizeidirektion Offenburg vom 12. Februar 2000 mahnten die Ermittlungsbehörden weiterhin zu äußerster Vorsicht: »Wir sind sicher, dass das Phantom wieder in den frühen Morgenstunden in Kehl unterwegs war. Mehrere Beobachtungen in den vergangenen Tagen lassen den Schluss zu.« Unter den Hinweisen erachtete die Kripo einen als »besonders relevant«. In einer Pressekonferenz wurde mitgeteilt: »Ein Zeitungsausträger brachte um 5.15 Uhr zwei Zeitungen zum Wohnblock in der Lammstraße 1. Der Fußweg zur Haustür und zu dem wenige Meter dahinter liegenden Kellerabgang ist seitlich und auch am Ende durch einen Zaun vom benachbarten Parkplatz und einem ›Wildgarten‹ abgetrennt. Die Lammstraße biegt beim Cafe Rapp von der Hauptstraße ab und verläuft Richtung Kahllach. Der Austräger sah nun am beschriebenen Ort am Ende des kleinen Fußwegs innerhalb der Umzäunung einen Mann stehen und grüßte diesen. Aber der Unbekannte, der über 180 Zentimeter groß ist und dunkel gekleidet war, antwortete nicht, sondern drehte sich weg. Als der Zeitungsausträger schon wieder dabei war wegzufahren, drehte er sich nochmals nach dem Fremden um. Doch der war verschwunden. Ob er über den Zaun gesprungen ist oder sich im Kellerabgang verborgen hat, das ist unbekannt.«

Die Örtlichkeit wurde in den folgenden Nächten verstärkt observiert. Der »schwarze Mann« ließ sich jedoch nicht mehr blicken. Die Polizei hängte Plakate aus, mit denen die Bürger auch weiterhin sensibilisiert werden sollten. Darauf stand: »Der Mörder ist gefährlich und wird sich möglicherweise ein neues Opfer suchen. Die Polizeidirektion Offenburg lässt die Kehler Bürger mit ihren Sorgen nicht allein und wird weiterhin nachts mit starken Kräften präsent sein.« Die Beschreibung des Mörders konnte um einige Details erweitert werden: »schwarze Wollmütze, hüftlange Lederjacke oder Blouson mit Knöpfen«. Man war wieder einen kleinen Schritt vorangekommen – mehr aber auch nicht. Im März 2000 bilanzierte Eberhard Greiner, der Soko-Chef, gegenüber der Tageszeitung *DIE WELT*: »Wir haben so gut wie keine Beweismittel. Die Lage ist schlecht.« Ähnlich äußerte sich der Landespolizeipräsident im Rahmen einer Podiumsdiskussion der *Mittelbadischen Presse*: »Es kann eventuell noch Monate dauern, bis es gelingt, das ›Phantom‹ festzunehmen.« Im gleichen Atemzug zollte er den Kehler Bürgern Respekt: »Es ist beeindruckend, wie die Stadt mit dieser Situation umgeht.« Was die grundsätzliche Gefahrensituation in Kehl anbelangte, wollte er bereits Entwarnung geben: »In Kehl zu leben, ist so sicher wie im gesamten Land Baden-Württemberg.« Die unmittelbar betroffenen Frauen der Stadt waren da sicher anderer Meinung – solange der Mörder nicht gefasst war. Und die Ermittler quälten Selbstzweifel: Haben wir alles geprüft? Haben wir nichts übersehen? Gibt es nicht doch noch einen Ansatz? Nicht zuletzt plagte die Fahnder eine große, allgegenwärtige Sorge: dass der »Mordrausch« weitergeht.

Ein erfolgversprechender Ermittlungsstrang war bis dahin noch nicht »vollständig abgearbeitet« worden: die DNA-Mikro-Spur – eine Hautschuppe, gesichert am Körper von Gertrud Droste; sie war Anfang Dezember 1999 erstochen worden. Auf der Suche nach dem mutmaßlichen Serienmörder hatte die Soko bislang mehr als 2 600 Spuren erfasst, darunter auch die Namen von etwa 400 Männern, deren Speichelproben schon mit der DNA-Spur abgeglichen worden waren. Das Ermittlungsergebnis war eindeutig: »Bisher leider kein Treffer«, hieß es auf Anfrage verschiedener Medien. Nun wurde eine genanalytische Reihenuntersuchung in Erwägung gezogen. Demnach sollten »bestimmte Bevölkerungsteile« in Kehl eine Speichelprobe abgeben, um diese mit der »Fremd-DNA« im Fall Gertrud Droste vergleichen zu können – der so genannte Genetische Fingerabdruck sollte die Ermittlungen entscheidend voranbringen. Die Crux dabei: Würde man den »Spurenleger« identifizieren, so wäre viel erreicht, nur der Mörder noch längst nicht überführt. Denn die gefundene Hautschuppe musste nicht notwendigerweise von jenem Mann stammen, der Gertrud Droste getötet hatte. Deshalb wurde der Selektionsfilter weit gefasst, »alle männlichen Einwohner ab 17 Jahren« galten als »überprüfungsrelevant«.

Die Ermittler gingen davon aus, dass es sich um einen »Einzeltäter mit guten Ortskenntnissen« handeln musste. Also jemand, der irgendwo in Kehl wohnte oder sich dort längere Zeit aufgehalten hatte. Alle den Auswahlkriterien entsprechende Personen *lückenlos* zu überprüfen, wäre allerdings nicht durchführbar gewesen. Der Soko-Leiter erklärte der *Mittelbadischen Presse* hierzu: »Denn es könnte ja auch jemand von außerhalb sein, der sich öfter in Kehl aufhält, ohne hier zu wohnen. Und diese bestimmt nicht kleine Personengruppe ist nur schwer quantifizierbar und lokalisierbar und somit schlecht zu überprüfen. Es ist leider nicht so, dass man alle in ein Sieb schmeißt und der Täter hängen bleibt. Wirklich lückenlos Speichelproben zu nehmen bedeutet nicht nur, das Einwohnermeldebuch in die Hand zu nehmen und die Männer einzubestellen.«

Problematisch erschien ebenfalls die Eingrenzung des Suchbereichs. Wo sollte mit der Überprüfung begonnen werden? Konkret gefragt: In welchen Stadtteilen Kehls war die Wahrscheinlichkeit besonders hoch, den Verdächtigen zu identifizieren? Es wurde diskutiert, gemutmaßt. Schließlich wandten sich die Fahnder an das Institut für »angewandte Ermittlungspsychologie« der Universität Liverpool. Dort verfügte man über ein Computersystem, das in der Lage sein sollte, bei Serienverbrechen den Suchbereich signifikant einzugrenzen. Ziel von DRAGNET ist es, die Ermittlungsaktivitäten zu fokussieren und Prioritäten unter geographischen Aspekten vorzuschlagen. Der Nutzen: Fahndungsmaßnahmen oder die Überprüfung von Verdächtigen können zunächst auf jene Regionen konzentriert und begrenzt werden, die als besonders erfolgversprechend ausgewiesen sind. Es wurde deshalb angefragt, ob eine so genannte geographische Fallanalyse auch für die Morde in Kehl durchgeführt werden könne.

Die Grundannahme des »Geo-Profilings« ist: Wohnort und Tatorte stehen bei der Verübung von Seriendelikten in einem nicht-zufälligen Verhältnis, das räumliche Verhalten des Täters lässt Rückschlüsse auf Wohnort oder Lebensmittelpunkt zu. Obwohl insbesondere bei seriellen Sexualmorden Opfer und Täter in der Mehrzahl der Fälle sich zufällig begegnen, werden durch die späteren Mörder zuvor räumlich-strategische Fragestellungen überdacht: Welches Gebiet, welcher Ort erscheint geeignet, um die Tat(en) möglichst unbehelligt ausführen zu können? Wo ist die Wahrscheinlichkeit am größten, auf ein Opfer zu treffen? Welche Flucht-möglichkeiten sind vorhanden? Wie hoch ist das Risiko, durch Zeugen beobachtet und später identifiziert zu werden? Wo lässt sich der Leichnam am besten verstecken?

Aus diesen Fragestellungen werden durch die Täter häufig *unterschiedliche*, aber jeweils stereotype Verhaltensmuster abgeleitet. Ein Beispiel: Die erste Tat wird in großer Entfernung zur eigenen Wohnung begangen, um das Identifizierungsrisiko möglichst gering zu halten. Der Täter bleibt unbehelligt, wird selbstsicherer, verkürzt bewusst oder unbewusst bei seiner nächsten Tat die Entfernung zwischen Wohn- und Tatort. Diese Strategie wird dann in der Regel beibehalten. Eben diese in ausreichender Anzahl empirisch belegten Verhaltensmuster können durch DRAGNET identifiziert und genutzt werden, um anhand der Tatorte beziehungsweise Leichenfundorte einen Inferenzschluss auf den wahrscheinlich(st)en Aufenthaltsort des Täters ziehen zu können. DRAGNET verwendet ausschließlich eine zweidimensionale Darstellung, die über eine sämtliche Tatorte umfassende Landkarte gelegt wird. Mit welcher Wahrscheinlichkeit der Gesuchte sich in einem bestimmten Bereich aufhält, wird durch verschiedenfarbige Bänder visualisiert.

Dass dieses Computerprogramm nunmehr auch in Deutschland Anwendung finden kann, ist auf eine Anfrage von Professor David Canter, dem Leiter des Instituts für »Investigative Psychology« der Universität Liverpool, zurückzuführen. Er hatte von meinen Forschungsarbeiten erfahren und bat mich um Unterstützung. Der Grund: In Großbritannien verfügte man nicht über ausreichendes Fallmaterial, um das ursprünglich für Serienvergewaltiger und -einbrecher angelegte System auch auf Serienmörder anwenden zu können. Zwei seiner Mitarbeiter sollten mit mir dieses Projekt erarbeiten: der deutsche Diplom-Psychologe Andreas Mokros und sein kanadischer Kollege Brent Snook. Als ich an der Universität in Liverpool im Februar 2000 einen Vortrag hielt, lernte ich auch Brent Snook kennen, einen groß gewachsenen, etwas kantig wirkenden, überaus sympathischen und – wie Andreas Mokros auch – fachlich hochkompetenten Wissenschaftler.

Im Zuge dieser Forschungsarbeit war es meine Aufgabe, die Taten von insgesamt 60 Serienmördern, die in Deutschland verurteilt worden waren und aus sexuellen Motiven oder aus Habgier getötet hatten, nach bestimmten Kriterien aufzuarbeiten. Wir entwickelten spezifische so genannte Items, also Untersuchungsmerkmale, die bestimmte Verhaltensmuster der Probanden abbilden sollten.

Ich konzipierte entsprechende Erhebungsbögen, die unter anderem folgende Kriterien berücksichtigten: Alter, Familienstand, Berufstätigkeit, Motivation, Tatzeitraum, Wohnort(e) und Arbeitsplatz des Täters, Tatorte, Leichenfundorte, Örtlichkeiten des ersten Opfer-Täter-Kontakts, Distanzen zwischen Wohnort des Täters und Leichenfundorten, während der Taten benutzte Fortbewegungsmittel des Täters und Spezifikation der Leichenfundorte (zum Beispiel: Waldgebiet, Wohnung des Opfers oder Landstraße). Sodann wurden einzelne Kriterien – Wohnort, Arbeitsplatz, Tat- und/oder Leichenfundorte, Begegnungsstätten zwischen Opfer und Täter verschiedenfarbig kartographisch erfasst und vermessen. Nach Abschluss meiner Untersuchungen schickte ich die Erhebungsbögen und das Kartenmaterial zur weiteren Auswertung nach Liverpool.

Dort wurden die geographischen Daten computertechnisch erfasst und repetitive Verhaltensmuster herausgearbeitet – zunächst an 40 Probanden. Aus ermittlungstaktischen Gründen sollen die tatsächlich existenten und signifikanten Verhaltensschemata hier nicht weiter erläutert werden.

Im Anschluss an diesen Arbeitsschritt wurden die übrigen Kriterien in die Untersuchung integriert, um herauszufinden, ob bestimmte Tätertypen gleichartige Vorgehensweisen erkennen ließen. Abschließend wurden weitere 20 Fälle herangezogen, um die Validität des Systems zu überprüfen. Das Ergebnis war zufrieden stellend: In 12 Fällen gelang es DRAGNET, gespeist mit den erforderlichen Falldaten, den *wahrscheinlichsten* Aufenthaltsort vollkommen zutreffend zu lokalisieren.

Mittlerweile liegt das Ergebnis einer weiteren empirischen Studie vor. Durch die Arbeitsgruppe um Professor David Ganter wurde DRAGNET anhand 70 nordamerikanischer Serienmörder getestet (*Journal of Quantitative Criminology* 2000). Im Ergebnis konnte gezeigt werden, dass 51 Prozent der Täter in den ersten fünf Prozent des definierten Suchbereichs zu finden waren, 87 Prozent innerhalb der ersten 25 Prozent und alle Täter im durch das System vorgeschlagenen Suchbereich. DRAGNET dürfte demnach in der

Lage sein, das mutmaßliche Schlupfloch eines Serienmörders mit einer erstaunlichen Genauigkeit räumlich einzugrenzen.

Die Wissenschaftler an der Universität Liverpool benötigten zwei Wochen, um den Ermittlern in Kehl das geographische Profil des »schwarzen Manns« vorlegen zu können. Der wahrscheinlichste Aufenthaltsort des Täters: bestimmte Teile des Kernstadtbereichs. Erstmals sollte diese Methodik in Deutschland angewendet werden. Das Konzept sah vor, alle männlichen Personen, die im »tatrelevanten Stadtbereich« wohnten, zu überprüfen. Kriminalbeamte schwärmten aus, sammelten Speichelproben männlicher Einwohner ab 17 Jahren. Nur »Greise« wurden ausgeklammert. Doch die Bemühungen der »Q-Tip-Trupps« blieben zunächst fruchtlos. Das Institut für Rechtsmedizin der Universität Freiburg konnte »keinen Volltreffer« vermelden. Wieder nichts.

Am 15. Mai 2000 erschütterte ein neuer Mord die Region. Tatort war nicht Kehl, sondern Straßburg. Ursula Mannteufel, eine deutsche Lehrerin, fuhr mit ihrem Mountainbike von ihrer Wohnung im Stadtzentrum von Straßburg nach La Wantzenau. Dort wollte sie sich mit ihrem Lebensgefährten treffen. Der wartete vergeblich. Am folgenden Tag wurde der Leichnam der 45-Jährigen im Wantzenauer Forst von einem Jagdaufseher gefunden. Die Tote lag in Bauchlage, der Unterkörper war teilweise entkleidet. Spuren, die auf eine Vergewaltigung hätten hindeuten können, waren nicht festzustellen. Todesursächlich waren nach den Feststellungen der französischen Ermittlungsbehörden »drei tiefe Halsschnitte, die teilweise bis zur Wirbelsäule reichten«.

Hatte der »schwarze Mann« wieder gemordet? Diese Frage beschäftigte naturgemäß die Ermittler in Kehl. Es stand zu vermuten: Dem mutmaßlichen Serienmörder waren die verstärkten Fahndungsaktivitäten der Kehler Polizei nicht verborgen geblieben. Möglicherweise hatte er sich ein neues »Jagdrevier« ausgesucht eben die bewaldete Region rings um Straßburg. Eine binationale Sonderkommission wäre wünschenswert gewesen. Doch die französischen Behörden zeigten sich reserviert. Ein zunächst anberaumtes Treffen von Ermittlern aus Kehl und der »Police juridique« wurde abgeblasen. Die Deutschen hätten »vorschnell Informationen an die Medien herausgegeben«, hieß es. Der zuständige französische Staatsanwalt fügte hinzu: »Mehr als die gewohnte Zusammenarbeit ist zurzeit nicht möglich. «Auch einen anzunehmenden Zusammenhang mit den Morden in Kehl stellte er in Abrede: »Es sprechen genauso viele Indizien dafür wie dagegen, dass die Ermordete ein Opfer des Täters ist, der für die Morde in Kehl verantwortlich ist. Dafür spricht, dass auch eines der beiden Kehler Opfer mit Messerstichen getötet wurde. Dagegen spricht, dass die dortigen Morde und der Überfall auf eine 39-jährige Frau in den frühen Morgenstunden geschahen. Die Frau in Straßburg wurde aber gegen 20.30 Uhr umgebracht. Außerdem hat sich der Kehler Frauenmörder bisher stets ein Stadtgebiet ausgesucht. Der Mord in Straßburg geschah an einem abgelegenen Ort.« Die deutschen Kriminalisten durften nicht einmal den Tatort aufsuchen, um vor Ort Ermittlungsansätze zu gewinnen.

Vermutlich war es aber weniger eine störrische Verweigerungshaltung der französischen Ermittler, die einen schnelleren Informationsaustausch verhinderten. Vielmehr dürften es die unterschiedlichen Strafprozessordnungen beider Länder gewesen sein. Während in Deutschland die Polizei eigenständig ermitteln kann, dürfen die französischen Kriminalisten nur auf Anweisung der Staatsanwaltschaft oder des Untersuchungsrichters tätig werden. Dabei müssen strenge Förmlichkeiten eingehalten werden. Die Gefahr: Bei Schnellschüssen der französischen Kripo ohne entsprechende Erlaubnis dürfte die Straßburger Staatsanwaltschaft deren Ermittlungsergebnisse in einem Strafprozess nicht verwenden.

Über die immensen Schwierigkeiten und Fallstricke bei der Fahndung nach dem »Phantom« berichteten die Ermittlungsführer aus Kehl auch in einem Leserbrief, der im Juli 2000 in der Fachzeitschrift *Kriminalistik* abgedruckt wurde: »(...) Leider haben wir unsere Fälle noch nicht aufklären können. Es handelt sich um folgende Taten: 1. Montag, den 11.10.99, Stadtgebiet Kehl, 2. Dienstag, den 23.11.1999, Versuch; Stadtgebiet Kehl, 3. Samstag, den 4.12.1999, Stadtgebiet Kehl, 4. Montag, den 15.5.2000, am Rhein bei La Wantzenau/Frankreich, 5. Sonntag, den 25.7.1999, in Straßburg-Neudorf, 6. Dienstag, den 7.2.2000, Fundtag Frauentorso bei Schirmeck/Frankreich. Die Fälle 1 bis 3 wurden mit an Sicherheit grenzender Wahrscheinlichkeit vom selben Täter verübt und werden von der ›Soko Kinzigallee‹ bearbeitet. Die Fälle 4 und 5 könnten aufgrund des modus operandi und der Auffindesituation der Opfer demselben Täter zugeordnet werden. Der Fall 6 ist sehr wahrscheinlich nicht der Serie zuzuordnen.

Man mag darüber lamentieren, dass diese Fälle von vier

verschiedenen Polizeidienststellen bearbeitet werden, man mag bedauern, dass drei Labors mit der Spurensuche und Auswertung beschäftigt sind, man mag auch den Kopf darüber schütteln, dass es noch keine engere Zusammenarbeit mit den französischen Behörden gibt – darüber aber zu vergessen, welche Probleme wir mit den polizeilichen Informationssystemen und mit dem Datenaustausch in Deutschland haben und welche zusätzliche Arbeit einer Soko entstehen, wäre kurzsichtig. (...) Auch wir haben in mühsamer Kleinarbeit ›Grabbeldateien‹ angelegt, sind schier verzweifelt am Zustand der Haftdatei, haben uns gefragt, ob es denn keine Datenpflege gibt, wenn eine Person in einer Datei gefunden wurde und der Anlass der Ausschreibung oder des Eintrages längst erledigt war. (...) Schon vor vielen Jahren, als auch die Polizei die moderne Datenverarbeitung einführte und sich schon bald zeigte, dass jedes unserer Bundesländer meinte, den Stein der Weisen gefunden zu haben, wurden die zu erwartenden Mängel deutlich. Damals erklärte ein ›Polizeipolitiker‹, dass die Entwicklung sicher nicht optimal verlaufe, aber das sei eben der Preis, den man für den Föderalismus bezahlen müsse. Dieser Preis war schon damals zu hoch, heute ist er unverantwortlich hoch ...«

Mittlerweile war auch eine Fallanalyse durchgeführt worden – von Spezialisten des Landeskriminalamts Baden-Württemberg und des Bundeskriminalamts. Die Experten hatten schließlich auch ein Täterprofil erstellt. Demnach sollte es sich um einen Menschen handeln, der »sich in seinem sozialen Umfeld so bewegt, als käme er für die Morde überhaupt nicht in Frage«. Anzunehmen sei, dass es sich um einen »sehr großen Mann« handelt, einen »Einzelgänger«. Das mutmaßliche Alter des Mörders wurde »um zehn Jahre nach unten« korrigiert. Und er sollte »in Kehl wohnen« oder sich »dort längere Zeit aufgehalten haben«. Das war dürftig, allerdings ließen sich im Rahmen der Fallanalyse keine weiteren Hypothesen ableiten, die man guten Gewissens hätte vertreten können.

Monate vergingen. Die Soko blieb trotz aller Bemühungen erfolglos. Schließlich reduzierte man den Kräfteeinsatz. Aus der Sonderkommission wurde eine Ermittlungsgruppe. Dennoch mahnte man die Bürger »zur Vorsicht«. Das Geschehen in der Kleinstadt normalisierte sich allmählich. Es schien so, als hätten die Bürger den Unbekannten schon vergessen, auf dessen Konto mehrere Frauenmorde gingen.

Dann aber war sie wieder da, die Angst vor dem »schwarzen Mann«. Gegen 20.15 Uhr versuchte am 10. Dezember 2000 ein Unbekannter eine Frau vom Fahrrad zu reißen – am Waldrand von Kehl. Die Verkäuferin hatte Glück: Beim Zugreifen rutschte der Täter auf dem nassen Boden aus, die 37-Jährige konnte fliehen und die Polizei alarmieren. Sofort wurde der Tatort abgesperrt, Hubschrauber flogen den Wald mit einer Wärmebildkamera ab. Doch der Unbekannte war entkommen. 60 Polizei- und Grenzschutzbeamte durchsuchten wenig später mit fünf Hunden das Gelände. Ohne Erfolg. Wieder hatte der mutmaßliche Serienmörder in der Dunkelheit gelauert, wieder hatte er schwarze Kleidung getragen, wieder hatte er zur Tarnung eine schwarze Wollmütze tief ins Gesicht gezogen. Die Kriminalisten in Kehl waren sicher: »Vor dem Hintergrund der Mordserie müssen wir befürchten, dass das Phantom wieder zugeschlagen hat.« Die Ermittlungsgruppe – bis dato aus sieben Beamten bestehend – wurde postwendend aufgestockt. Nun waren wieder 20 Kriminalisten im Einsatz. Auch die nächtlichen Streifen wurden verstärkt. Verwertbare Spuren konnten am grasbewachsenen Tatort nicht gesichert werden. Wieder stand man mit leeren Händen da, obwohl mehr als 6000 Spuren »abgearbeitet« worden waren. Und die Fahndung hatte bisher rund sieben Millionen Mark verschlungen.

Dennoch wollte man sich nicht geschlagen geben. So stand auf einem Fahndungsplakat der Kripo: »Der Kehler Mörder ist kein Phantom!« Das wirkte wie eine trotzige Botschaft, wie eine Kampfansage: Ein Phantom lässt sich nicht ergreifen, aber hinter diesem das Gewissen quälenden, Selbstzweifel suggerierenden Trugbild musste ein Mensch stecken; den würde man erwischen – eines Tages.

Nicht nur einmal glaubte man den Gesuchten endlich gefasst zu haben. So quartierte sich ein angeblicher Mönch bei einem gutgläubigen Priester ein und erzählte »seltsame Geschichten«. Doch als man seiner habhaft wurde, entpuppte er sich als gewöhnlicher Hochstapler. Dann besuchte jemand einen Kehler Nachtclub. Das Merkwürdige an dem Mann: ein stechender Blick, aggressives Verhalten. Er machte den Frauen Angst. Als er wiederkam, waren Beamte der Soko zur Stelle. Alles schien auf den Gesuchten zu passen, nur der Verdächtige passte nicht. Er konnte wasserdichte Alibis vorweisen. Für die Ermittler war es eine emotionale Achterbahnfahrt. Hoffnungen keimten auf, erwiesen sich jedoch stets als »falscher Alarm«.

Im März 2001, eineinhalb Jahre nach dem ersten Mord,

hatten die Ermittler inzwischen 8 500 »Spurensätze« in ihren Computern erfasst. 3 200 Speichelproben waren untersucht worden. Bei ihren nächtlichen Überprüfungen hatte die Polizei nahezu 8 000 Männer kontrolliert. Nicht zuletzt die Kehler Bürger hatten eine Vielzahl von Hinweisen geliefert. Etwa 2 800 »Ermittlungsansätzen« war nachgegangen worden. Spuren, die ins Nichts führten.

Und schließlich galt es noch, den Besitzer eines roten Rollers zu ermitteln. Als am 10. Dezember 2000 die 37-jährige Frau dem »Phantom« hatte entkommen können, waren im Zuge der Ermittlungen mehrere Zeugen ausfindig gemacht worden. Die hatten im näheren Umfeld des Tatortes »einen Verdächtigen mit einem roten Roller« gesehen. Den »schwarzen Mann«? Nicht auszuschließen. Also mussten beim Kraftfahrtbundesamt die Halter aller Roller in Kehl erhoben werden. Und das waren nicht weniger als etwa 3 400. Von diesen wurden 2 700 überprüft. Das Ergebnis: null. Die »Rollerspur« war »kalt«.

Dann wurde bekannt, dass es in letzter Zeit gehäuft zu Diebstählen von Damenunterwäsche gekommen war. Der Täter hatte Wäscheständer geplündert. Und in verschiedenen Gärten waren gebrauchte Dessous gefunden worden. Woher die stammten und wer der Wäschefetischist war, konnte nicht ermittelt werden. Ob diese Dinge überhaupt etwas mit der Mordserie zu tun hatten, war schwer zu beurteilen. Fakt aber blieb: Auch hier kam man keinen Schritt weiter. Resignierend fasste der Soko-Leiter der Presse gegenüber das Ergebnis der Ermittlungen zusammen: »Wir haben nichts.« Ein Offenbarungseid.

Was die tüchtigen Fahnder in Kehl indes nicht wussten:

Das mutmaßliche »Phantom« saß bereits in Untersuchungshaft – seit dem 21. Januar 2001. Ausgangspunkt war eine Verfolgungsjagd, die sich zwei Franzosen mit ihren Wagen in Straßburg geliefert hatten. Auf dem Gelände eines Baumarktes war es schließlich zu einer dramatischen Auseinandersetzung gekommen. Derjenige, der den Streit angezettelt hatte, rammte seinem Widersacher einen japanischen Kurzsäbel in die Lebergegend. Zeugen hatten das Geschehen beobachtet, kurze Zeit später konnte der Täter gefasst werden.

Es war Bertrand Petit, ein 28-jähriger Ex-Soldat, wohnhaft in Straßburg. Erst im Januar 1999 war er als Angehöriger der französischen Armee nach Straßburg gekommen und in einer Kaserne in Illkirch-Graffenstaden stationiert gewesen. Zuvor hatte er sich in Montbeliard, Grenoble und Paris aufgehalten.

Die französischen Ermittler vermuteten, Petit dürfte nicht nur den Mord an der 45-jährigen Lehrerin in La Wantzenau begangen haben. Nur hatte man keine Beweise. Die Beamten der »Police juridique« ließen jedoch nicht locker – und hatten Erfolg. Am 19. Juni gestand Petit, die Lehrerin am 15. Mai 2000 erstochen zu haben. Die deutschen Ermittlungsbehörden wurden umgehend informiert. Freude und Erleichterung machten sich breit: »Wir haben ihn!« Doch plötzlich kamen erhebliche Zweifel auf: Petits DNA-Test stimmte nicht mit der bei Gertrud Droste gefundenen Hautschuppe überein; jener Zeitungsausträgerin, die am 4. Dezember 1999 in Kehl erstochen worden war. Wieder standen die Ermittler mit leeren Händen da. Am 21. Juni gelang es den französischen Kriminalisten jedoch, Petit zwei weitere Geständnisse zu entlocken. Er gab zu, am 23. November 1999 die 39-jährige Putzfrau in Kehl »in Tötungsabsicht« angegriffen und auch Gertrud Droste ermordet zu haben. Zu seinem Motiv schwieg er.

Der »schwarze Mann« war endlich gefasst, das »Phantom« hatte nun ein Gesicht, sein Körper Konturen: negroider Typ, 1,79 Meter groß, athletischer Körperbau, krauses Haar, buschige Augenbrauen, zeitweise Oberlippenbart, auffällig wulstige Lippen.

Am 25. Juni meldeten die Staatsanwaltschaft und die Polizeidirektion Offenburg in einer gemeinsamen Presseerklärung Vollzug: »Die Kehler Mordserie scheint aufgeklärt. Der 28 Jahre alte ehemalige Soldat Bertrand Petit aus Guadeloupe hat zugegeben, Gertrud Droste erstochen zu haben. Er gibt auch zu, auf Mechthild Bertram eingeschlagen zu haben. Zum Mordfall Vera Goms liegen noch keine Erkenntnisse vor. Zuvor hatte er schon gestanden, in La Wantzenau (bei Straßburg) am 15. Mai 2000 eine 45 Jahre alte Deutsche umgebracht zu haben. Der Täter sitzt in Straßburg in Haft. Als Franzose wird er nicht nach Deutschland ausgeliefert. Im Rahmen von Rechtshilfeersuchen wird deshalb die Staatsanwaltschaft Offenburg die Fälle zur weiteren Verfolgung an die französische Justiz abgeben. Dort werden dann auch die in Deutschland begangenen Taten verfolgt. (...) Dass die Mordserie jetzt aufgeklärt werden konnte, ist in erster Linie ein Erfolg der SRPJ Straßburg, die auch dann nicht locker ließ, als dem Verdächtigen zunächst nichts nachgewiesen werden konnte. Doch wurden Indizien zusammengetragen, die einen Teil der Aussagen des Verdächtigen als unwahr beweisen. Mit ihrem Ermittlungsdruck brachten sie den Mann jetzt zu einem Geständnis.«

Zu der Vielzahl von »verdächtigen Beobachtungen«, die Kehler Bürger gemacht und der Polizei gemeldet hatten, wurde ergänzend mitgeteilt: »Die Hintergründe für die verdächtigen Beobachtungen, die der Kripo immer wieder gemeldet wurden, konnten bislang nur teilweise aufgeklärt werden. So ist man beispielsweise auf Spanner gestoßen oder auch auf einen jungen Mann, der unbedingt ein Auge auf das Fenster seiner Verehrten werfen wollte. Und auch auf einen gestressten Familienvater, der nach einem familiären Streit mit der Flasche im Gebüsch sitzt und dadurch vorbeikommende Frauen erschreckt.«

Die deutschen Ermittler waren davon ausgegangen, dass »der Täter in Kehl wohnt«. Obwohl diese Hypothese sich als Trugschluss erwies, war sie gerechtfertigt. Denn: Aufgrund der nicht zufällig ausgewählten Tatorte, die zudem einem Ortsunkundigen sicher zu riskant erschienen wären, musste davon ausgegangen werden, dass sich der Mörder im Stadtkern auskannte. Und diese Annahme war vollkommen zutreffend. Petit war verheiratet mit einer Kellnerin, die in einem Nachtclub arbeitete – in der Kehler Innenstadt. Der Besitzer der Bar hatte ausgerechnet Petit damit beauftragt, seine Angestellten nach der Arbeit im Auto nach Hause zu fahren – zur Sicherheit, wegen des Mörders ... Keiner war auf die Idee gekommen, dass der »zurückhaltende« und »höfliche« Franzose die Damen, die er begleitete, vor sich selbst in Sicherheit bringen sollte. Auch seine Ehefrau zeigte sich nach seinen Geständnissen »fassungslos«. Sie hatte »nichts geahnt«.

Nach Informationen elsässischer Medien soll Petit ein »kampfsportbegeisterter Waffennarr« gewesen sein. Dazu passte: Er war wiederholt wegen Gewalttätigkeiten aufgefallen, hatte unter anderem eine Frau mit einem Messer angegriffen. Petit war jedoch laut Gutachten »nicht gefährlich«, man hatte ihn mit einer Bewährungsstrafe davonkommen lassen. Und im Zuge der Ermittlungen ergaben sich Hinweise auf häufige Gewalttaten gegen Freundinnen und Lebenspartner, die jedoch nicht angezeigt worden waren.

Nur der Hartnäckigkeit der französischen Ermittler und ihrer vernehmungstaktischen Meisterleistung war es zu verdanken, dass der Albtraum ein Ende fand und das »Phantom von Kehl« demaskiert werden konnte. Die High-Tech-Welt der Kriminaltechnik hatte sich als wirkungslos erwiesen: elektronische Fingerspurenvergleiche, Fahndungsdateien, Gen-Datenbanken. Der Name des Mörders war dort nicht erfasst. Auch die geographische Fallanalyse hatte sich als unzutreffend herausgestellt. Der Grund: Es waren lediglich die Tatorte in Kehl berücksichtigt worden, da die Morde in Straßburg und Umgebung »in keinem sicheren Zusammenhang« gesehen worden waren oder sich zum Zeitpunkt der Profilerstellung noch nicht ereignet hatten. Die Analyse *musste* also fehlgehen. Dennoch, so resümierten die Ermittler, habe sich diese Methode als »hilfreich« erwiesen.

Und der mutmaßliche Täter – ein Urteil dürfte erst im Jahre 2003 zu erwarten sein – überschritt häufig die deutsch-französische Grenze, mal als Gelegenheitsarbeiter oder Wachmann, mal als von einem inneren Drang getriebener Mörder. Zwei Welten eines »Phantoms«. Dabei war er sogar eines Nachts in Kehl einer der »Nachtschwärmerpatrouillen« in die Arme gelaufen. Seitdem hatte er zu einem exklusiven Zirkel von 30 Personen gezählt, dem »eingegrenzten Kreis von Verdächtigen«. So war er ins Visier der Ermittler geraten. Doch Petit ließ sich nicht mehr blicken; das konnte er auch nicht. Im Januar 2001 hatte man ihn bereits festgenommen.

Im Oktober 2001 teilte die Staatsanwaltschaft in Straßburg mit: »Wir haben den starken Verdacht, dass er auch mit dem Mord an einer 29-jährigen Französin zu tun hat.« Es lägen »schwerwiegende Indizien« vor. Aus »ermittlungstaktischen Gründen« wurden keine Einzelheiten mitgeteilt. Die Frau war am 25. Juli 1999 in einem Hinterhof im Straßburger Viertel Neudorf mit gebrochenem Genick aufgefunden worden. Den Mord an der 22-jährigen Altenpflegerin Vera Gorms, erschlagen am 11. Oktober 1999 in Kehl, gestand er ebenfalls nicht. Petit räumte aber ein, »nicht ausschließen zu können, der Täter gewesen zu sein«. Ihm fehle die »Erinnerung«. Die Kehler Kriminalisten gehen jedoch derzeit davon aus: »Nach Sachlage ist er auch Täter in diesen Fällen.«

Erleichtert resümierte der Soko-Leiter Eberhard Greiner der *Mittelbadischen Presse* gegenüber: »So ein Fall kommt so schnell nicht wieder.« In Kehl mit großer Wahrscheinlichkeit nicht, anderswo aber bestimmt.

Kapitel 8

Stumme Tatzeugen

Er hatte es probiert. Mehrfach. Und doch hatte er es nicht fertig gebracht, war vor dem finalen Schritt von seiner Angst ausgebremst worden. Er hatte sie ausradieren wollen – diese dunklen Gedanken. Vergebens. Anfangs hatten sie ihn nur alle zwei oder drei Monate gedrängt, ihn bedrängt. Das war schlimm, aber auszuhalten gewesen. In der letzten Zeit waren die Abstände jedoch immer kürzer geworden. Nun war sie allgegenwärtig, die Erinnerung, die ihn heimsuchte, die ihn nicht mehr loslassen wollte. Seine Situation erschien ihm aussichtslos, sein Gemütszustand war erbärmlich: diese lähmenden Depressionen und Albträume. Er war fertig, schlief kaum, hatte keine ruhige Minute mehr, fühlte sich ausgelaugt und ständig verfolgt – von seiner Vergangenheit. Und den »Bullen«. Sechsmal hatte er eher halbherzig versucht, sich das Leben zu nehmen. Es waren stumme Hilfeschreie gewesen, die niemand hatte hören oder gar verstehen wollen.

Er hatte sich schließlich anders entschieden, wollte endlich »reinen Tisch« machen, sein Schweigen brechen, sein

Gewissen erleichtern. Er griff zum Telefonhörer, wählte die Nummer eines Rechtsanwalts. Mit dürren Worten erklärte er wenig später: »Ich habe 1987 eine Prostituierte umgebracht und will mich der Polizei stellen.« Unverzüglich unterrichtete der Rechtsanwalt die Staatsanwaltschaft, die wiederum die zuständige Mordkommission informierte. Am 2. Mai 1991 erschienen gegen 11 Uhr zwei Kriminalbeamte im Haus »Blumenthal«, einer Übergangseinrichtung für Suchtkranke im Bremer Norden. Er ließ sich dort widerstandslos festnehmen. Zu Beginn seiner Vernehmung eröffnete er den verdutzten Ermittlern: »Ich bin hier bei der Kriminalpolizei, weil ich mich als Täter in drei Mordsachen an Prostituierten bezeichnet habe.« Ein unspektakuläres Ende einer spektakulären Mordserie. Zwei Tage später ließ *BILD* den vermeintlichen Urvater aller modernen Serienmörder auferstehen: »Jack the Ripper in Bremen gefasst.«

Noch am selben Tag schilderte er im Dienstzimmer 343 b des Bremer Polizeipräsidiums zwei Kriminalisten die Verbrechen.

Fall 1: Marina Schlösser, Tatzeit: 21. Dezember 1987, Tatort: Bremen, Schillerstraße 15: »Die Telefonprostituierte habe ich getötet, damit sie mich anschließend nicht wiedererkennen konnte. Nach der Tat habe ich einen großen Beutel mit etwa 2 200 Mark gestohlen. Ich war finanziell so in Druck, dass ich unbedingt Geld besorgen musste. Da ich aus meinem Vorleben bereits Kontakte zu Prostituierten hatte, schien mir, dort an Geld heranzukommen, am einfachsten. Ich holte mir die ›Morgenpost‹, suchte mir eine Prostituierte mit einer 32er Telefonnummer, einer Innenstadtnummer, heraus und rief dort von meiner Wohnung aus an. (...) Unter der angerufenen Nummer meldete sich eine Frau, die mir sagte, dass sie in der Schillerstraße 15 wohnen würde.

Ich bin dann mit meinem Auto von Bremen-Nord in die Innenstadt gefahren. Den Wagen stellte ich im Bereich zwischen McDonald's im Breitenweg und der Hillmann-Passage ab. (...) Ich bin von vornherein mit der festen Absicht losgefahren, die Frau zu bestehlen. Ich hatte auch von zu Hause ein beidseitig geschliffenes Fahrtenmesser, Klingenlänge 15 cm, mitgenommen. Das Messer hatte ich in der Scheide in der linken Innenjackentasche. (...) Ich habe das Messer in der Absicht mitgenommen, die Prostituierte damit zu töten. Ich hatte bereits zuvor in meiner Wohnung mit dem Messer geübt, zuzustechen. Ich stach immer wieder ..., ich meine, ein- oder zweimal mit dem Messer in die Tür vom Flur zum Schlafzimmer. (...) Mein Entschluss stand fest, ich wollte so weiterleben wie bisher. Auf keinen Fall wollte ich Bremen nach der Tat verlassen.

Das Auto hatte ich bewusst weiter abseits abgestellt. Ich wollte nicht, dass das Auto im Tatortnahbereich auffällt. Das Haus konnte ich problemlos finden. (...) Ich fuhr mit dem Fahrstuhl nach oben. (...) Als ich aus dem Fahrstuhl ausstieg, sah ich mich zunächst um, ob auch ein Treppenhaus vorhanden war. Ich wollte schon vorweg einen schnellen Fluchtweg haben, denn bei dem Herunterfahren mit dem Fahrstuhl sollte nichts mehr schief gehen. Ich wollte nach Möglichkeit auch nicht mehr gesehen werden, denn dieses hätte bei der Benutzung des Fahrstuhls durchaus passieren können. (...)

Es mag kurz vor oder nach 17 Uhr gewesen sein, als ich

oben vor der Wohnungstür stand. (...) Ich machte mich an der Wohnungstür bemerkbar. (...) Jedenfalls öffnete mir die Frau die Wohnungstür und bat mich herein. (...) Die Frau führte mich in ihr Wohnzimmer. (...) Die Frau gefiel mir sehr gut, sie war so richtig mein Typ. Ich hatte noch immer das Messer in der Scheide in der linken Jackeninnentasche. Da ich dieses nun irgendwie wieder herausnehmen wollte, fragte ich sie, ob ich mal ihre Toilette benutzen könnte. (...) Nach Verlassen des Toilettenraumes ging ich noch einfach in die Küche der Wohnung. Ich wollte mich vergewissern, ob sich außer uns beiden noch jemand anderes in der Wohnung aufhalten konnte. Dann ging ich in das Wohnzimmer zurück. Sie bot mir etwas zu trinken an.

Ich habe zum Tatablauf noch in Erinnerung, dass die Frau aus irgendeinem Grund das Zimmer wieder verlassen hat. Als sie zurückkam, stand ich auf und tat so, als ob ich ihr das Glas zurückgeben wollte. (...) Ich jedenfalls hatte mein Messer in die rechte Hand genommen und unvermittelt der Frau irgendwo von vorne einmal in den Körper gestochen. Den Stich hatte ich noch nicht richtig tüchtig geführt. (...) Die Frau schrie jedenfalls los. Sie schrie richtig laut und gellend. Sie wich zurück an irgendeine Wand. Ich stach weiter von vorn auf sie ein. Wie oft ich gestochen habe, weiß ich nicht mehr. Die Frau hat sich aber tüchtig gewehrt. Sie versuchte mich mit ihren Armen abzuwehren, so dass ich gar nicht richtig an ihren Körper herankam. Ich weiß noch, dass die Frau schließlich auf die rechte Körperseite zum Liegen kam. Ich habe ihr in dieser Lage auch noch Stiche in den Rücken versetzt. Zum Schluss habe ich ihr mit dem Messer noch mehrere Stiche in die Kehle versetzt. Dabei habe ich allerdings nicht hingesehen, denn ich wollte ihr Gesicht nicht ansehen. (...) Ich habe durch das Stechen absolut sicher sein wollen, dass die Frau auch tot ist. Sie hatte immer wieder geröchelt, und ich dachte, dass sie noch lebte. (...) Ich hatte auch gehofft, dass ich nicht so oft stechen müsste und dass es mit einem Stich erledigt wäre. An die Frau habe ich dabei gar nicht gedacht. (...)

Mir fällt noch ein, dass ich bei der Toten noch den BH durchgeschnitten habe. Dieses hatte ich noch vor der Durchsuchung der Wohnung getan. Ich wollte damit irgendein Zeichen setzen. Ich hatte dieses getan, weil ich mal in einem Film gesehen hatte, dass der Täter Zeichen gesetzt hatte.«

Fall 2: Beate Haddenbrock, Tatzeit: 12. Januar 1988, Tatort: Bremen, Rembertiring 19: »Vorweg kann ich sagen, dass ich dieses Tötungsdelikt unter den gleichen Voraussetzungen begangen habe. Ich wollte wiederum an Geld kommen. Ich hatte mich wieder für eine Prostituierte entschieden, die ich aus der ›Morgenpost‹ herausgesucht hatte. (...) Ich bin wieder mit meinem Auto in die Innenstadt gefahren. Der Wagen hat irgendwo im Bereich der Gaststätte McDonald's Breitenweg gestanden. (...) Diesmal hatte ich ein Fleischermesser aus meinem Haushalt mitgenommen. Es war ein Küchenmesser mit einer einseitig geschliffenen ca. 15 cm langen Klinge. Auch mit dem Messer hatte ich vorher zu Hause Versuche gemacht. Ich habe damit mehrmals in ein Graubrot gestochen. Dann habe ich noch versucht, es mit einem Abziehstein schärfer zu machen. Nachher war es ganz schön scharf. Ich trug es diesmal auch in der Innentasche meiner Lederjacke. Weil es so scharf geworden war, hatte ich es mit einer Pappe umwickelt. (...)

Die Frau sagte mir gleich, dass sie schon Feierabend hatte, bat mich aber trotzdem noch in die Wohnung. Sie meinte noch, dass sie noch ein klein wenig Zeit hätte. (...) Die Frau gefiel mir nicht so gut wie mein erstes Opfer. Sie war nicht so mein Typ gewesen. Mir gefielen ihre Haare nicht. (...) Ich bat die Frau um etwas zu trinken. Sie sagte mir, dass sie nichts mehr hat. Die Frau fing nun langsam an davon zu reden, dass ich schon mein Geld herausholen sollte. Ich hatte ja nichts, und ich wollte ja erst bei ihr welches holen.

Ich weiß nicht, wie es gekommen ist. Jedenfalls kam die Frau dann entweder aus dem Flur in das Wohnzimmer ..., ich bin mir jetzt nicht sicher, dass sie vom Flur der Wohnung in das Wohnzimmer kam. Ich zog das in die Pappe eingewickelte Messer aus meiner Jackeninnentasche und hielt es in der rechten Hand. Durch die Verpackung mit der Pappe konnte die Frau nicht sehen, dass sich darin ein Messer befand. Beim Zustechen habe ich das Messer nicht aus dieser Hülle genommen. Ich habe praktisch so zugestoßen. Auch zu Hause hatte ich so geübt. Als ich in das Graubrot stach, hatte ich das Messer auch so verpackt. Beim Zustechen rutschte die Pappe nach hinten. So habe ich der ahnungslosen Frau das Messer in den Oberkörper gestoßen.

Die Frau schrie laut. Jetzt ging alles rasant schnell. Sie wehrte sich enorm. Wir kamen beide zu Fall, ich lag auf einmal auf der Frau. Die Frau hat mir irgendwie das Messer aus der Hand entreißen können.

Mir ist noch bewusst, dass sie es plötzlich in ihrer Hand hatte. Ich wollte unbedingt das Messer wiederhaben. Ich griff einfach danach. Dabei habe ich mich an der scharfen

Klinge verletzt. Jedenfalls habe ich an den Fingern meiner rechten Hand geblutet. Ich habe die Frau dann gewürgt und auch meine Finger in ihren Mund gesteckt. Sie sollte zu schreien aufhören. Ich weiß nicht mehr, wie oft ich mit dem Messer auf die Frau eingestochen habe. Mit Sicherheit weiß ich noch, dass ich das Messer an den Hals der Frau gesetzt habe und immer nur geschnitten habe.

Als die Frau tot war, sie rührte sich nicht mehr, schob ich ihren Pullover hoch und zog ihr die lange Hose und den Slip herunter. Dann nahm ich den Telefonhörer und schob ihn ihr in die Vagina. Das ging leicht. Auch damit wollte ich etwas ausdrücken. Ich hatte ähnliche Gedanken wie im ersten Fall. Ich habe jetzt den Satz im Kopf: Das hast du nun davon. (...)

Im Wohnzimmer habe ich einen Nachtschrank durchsucht. (...) Im Flur hatte ich noch eine Klappe geöffnet. Dahinter war ein Sicherungskasten. Ich bin mir sicher, dass ich in der Küche auch einen Beutel durchsuchte, den ich dort vorfand. Ich nahm aus dem Beutel alles heraus, worin ich Geld vermutete.«

Fall 3: Susanne Bender, Tatzeit: 13. Januar 1989, Tatort: Bremen, Bockhorner Weg 50: »Ich kann wieder sagen, dass ich auch diese Frau unter gleicher Motivation getötet und bestohlen habe. Zu diesem Zeitpunkt hatte ich allerdings keinen Führerschein mehr. Er war mir nach einer Fahrt mit 2,1 Promille abgenommen worden. Auch in diesem Fall hatte ich mir vor dem Anruf Mut angetrunken. (...) Ich glaube, dass ich die Telefonnummer wieder aus der ›Morgenpost‹ hatte. (...)

Ich betrat das Haus. Die Frau öffnete mir. Sie hatte einen

Body als Bekleidung an. Die Frau ließ mich in das Wohnzimmer, und ich setzte mich in einen Sessel. (…) In diesem Fall hatte ich das Tatmesser nicht mitgebracht. Ich hatte aber wieder den Vorsatz, die Frau zu töten und dann zu bestehlen. Im Wohnzimmer haben wir beide uns zunächst unterhalten. Sie war sehr nett, und sie gefiel mir auch gut. Auch hier suchte ich wieder die Toilette auf, weil ich pinkeln musste. Ich setzte mich zu ihr. Wir unterhielten uns darüber, dass ich ziemlich nervös sei und dass ich längere Zeit keine Frau mehr hatte. Ich sagte ihr, dass ich erneut auf die Toilette müsse, weil ich so nervös sei. Auf dem Rückweg nahm ich ein Buddelschiff mit in das Wohnzimmer, welches zuvor in dem Flur auf einem Unterschrank gestanden hatte. Ich habe es bestaunt und fragte sie, woher sie es hätte. Ich hatte die Flasche mit in das Wohnzimmer genommen, um ihr diese über den Kopf zu hauen. Mein Gespräch hierüber war nur ein Vorwand.

Unvermittelt holte ich mit der Flasche aus und habe ihr vorne das Buddelschiff auf den Kopf geschlagen. Ich hatte es in meiner rechten Hand gehalten. Mein Schlag war so stark, dass die Flasche sofort zersplitterte. Auch die Frau wehrte sich. Sie schrie laut. Ich bin nun mit meinen Händen an ihren Hals gegangen und würgte sie kräftig. Sie konnte sich losreißen und schlug mit einem Schuh auf mich ein. Damit traf sie mich am Kopf. Dann würgte ich sie erneut, bis sie völlig leblos war. Während des Würgens habe ich ihren Kopf mehrmals sehr hart auf den Boden geschlagen. Da ich mir noch nicht ganz sicher war, dass sie auch wirklich ganz tot war, suchte ich in ihrem Küchenschrank nach einem Messer. Mit einem in der Küchenschublade vorgefundenen Messer stach ich in die Herzgegend. Wie oft das war, weiß ich nicht mehr. Dann steckte ich ihr das Messer in die Vagina und ließ es dort stecken. Als das schon alles war, habe ich mit einem vorgefundenen Hammer, er lag ebenfalls in der Küchenschublade, ihr mehrfach in das Gesicht geschlagen. Ich versuchte auch, ihr die Kehle mit dem Messer durchzuschneiden. Das war aber nicht scharf genug. Das war, bevor ich ihr das Messer in die Vagina steckte. (...)

In diesem Fall habe ich alles mitgenommen, was nach Geld aussah. Ich sortierte allerdings etwas vor. Ich erbeutete 350 Mark. Das Geld lag irgendwo in einer Papiertasche. Auch nahm ich ein kleines Fotoalbum mit, weil ich dachte, dort könnte auch Geld darin versteckt sein. Autopapiere, Autoschlüssel und Wohnungsschlüssel sowie mehrere Etuis nahm ich ebenfalls mit.«

Was er den Kripo-Beamten verschwieg und erst im Rahmen der psychiatrischen Untersuchung zugab: Er hatte sich bemüht, mit dem Leichnam in verschiedenen Positionen zu verkehren. Es war jedoch nicht dazu gekommen, weil er keine Erektion bekommen hatte. Schließlich war von ihm noch versucht worden, an den Brustwarzen des Opfers herumzuschneiden.

Wie bereits in Kapitel 6 kurz dargestellt, wird im Rahmen der Sexualmörder-Typologie des FBI zwischen einem *planenden*, dem »organized«, und einem *nicht planenden*, dem »disorganized« Täter differenziert. Aufgrund bestimmter, charakteristischer Verhaltensweisen vor, während und nach der Tat sollen sich kategorische Persönlichkeits- und Verhaltensmerkmale ableiten lassen. Grundlage für diese Prognosen waren Untersuchungen an 36 Sexualmördern (darunter 25 Serientäter), die 118 Tötungsdelikte begangen hatten. Typisiert werden konnten 24 organisierte und 12 nicht organisierte Täter. Die Arbeitsgruppe um Robert K. Ressler beschrieb unter anderem in ihrem Werk *Sexual Homicide – Patterns and Motives* zunächst die wesentlichen »Crime Scene Differences«:

planender Täter	**nicht planender Täter**
• plant seine Tat	• spontane Tatbegehung
• bevorzugt bestimmten Opfertyp	• Opfer wird willkürlich ausgewählt
• keine Täter-Opfer-Beziehung	• Opfer oder Tatort bekannt
• beherrscht Opfer, führt Gespräch mit Opfer	• kaum oder keine Konversation
• Tatort lässt Planung erkennen	• Tatort ungeordnet oder verwüstet
• fordert von Opfer Unterwerfung	• Opfer wird spontaner Gewalt ausgesetzt
• Fesselung des Opfers	• Fesselung des Opfers selten
• aggressive Handlungen vor Tötung	• sexueller Missbrauch nach Tötungsakt
• versteckt oder vergräbt Leiche	• Leiche wird offen dargestellt
• vernichtet Beweismittel	• Beweismittel am Tatort
• Leichenfundort nicht Tatort	• Leichenfundort gleich Tatort

Um diese Mörder-Dichotomie anwenden zu können, muss zunächst das Motiv des Täters klassifiziert werden. Schließlich soll die Zweiteilung lediglich für sexuell motivierte Tötungsdelikte anwendbar sein.

In den beschriebenen Fällen hätte man zunächst von einer Bereicherungsabsicht ausgehen dürfen. Die Wohnungen wurden jeweils durchsucht, Bargeld fehlte. Also Raubmorde?

Allerdings ließ *er* in sämtlichen Fällen Handlungssequenzen erkennen, die in diesem Kontext nicht widerspruchsfrei eingeordnet werden konnten. Bei seiner ersten Tat wurde der BH nach der Tötung des Opfers zerschnitten. Dies wäre für die unterstellte Bereicherungsabsicht und die eigentliche Tötungshandlung nicht erforderlich gewesen. Eine sexuelle Komponente war unübersehbar. Im zweiten Fall wurde dem Opfer ein Telefonhörer in die Vagina eingeführt und dort belassen – zweifellos lag ein sexuell motivierter Hintergrund vor, der vermutlich symbolischer Natur war. Bei dem dritten Mord traten diese Aspekte noch deutlicher hervor: ein nacktes Opfer mit zerschnittener Kleidung; in degradierender Weise mit gespreizten Beinen und freiem Blick auf die Geschlechtsteile zurückgelassen; ein im Dammbereich steckendes Messer; eine im Vaginalbereich festgestellte zweite Stichverletzung; ein offensichtlich benutzter Dildo.

Insofern erscheint die seinerzeit durch die Bremer Mordkommission unterstellte Motivation »Sexualmord« nachvollziehbar. Die Beraubung der Opfer wurde nicht als Hauptmotiv erachtet, sondern sollte lediglich eine »Nebenhandlung« darstellen – ein im Übrigen nicht untypisches Nachtatverhalten.

Die Kriminalisten aus Bremen griffen nicht auf die »organized-disorganized« Dichotomie zurück. Sie war zu diesem Zeitpunkt in den Fachkreisen der deutschen Kriminalpolizei nahezu unbekannt. Dennoch erscheint dieser Fall geeignet, um die Validität dieser Methode zunächst exemplarisch zu überprüfen.

Dabei gilt es in einem ersten Arbeitsschritt zu klären: Handelt es sich um einen planenden oder nicht planenden Täter? Aufgrund der Tatortbefunde hätte davon ausgegangen werden müssen, dass es sich um einen nicht planenden Täter handeln dürfte. In allen Fällen war eine besondere Tatplanung (zunächst) nicht nachvollziehbar, Fund- und Tatort waren identisch, die Wohnungen wurden in einem »chaotischen« Zustand hinterlassen, die Opfer sahen sich eher plötzlicher, spontaner Gewalt ausgesetzt, sie wurden nicht gefesselt, sexuelle Handlungen fanden erst nach dem Tötungsakt statt, die Leichen verblieben in der Wohnung, und der Täter ließ Beweismittel und Waffen an den Tatorten zurück (Fall 1: Fingerspur, Fall 2: Blutspur, Fall 3: Messer). Für die Annahme, dass man es mit einem planenden Täter zu tun haben könnte, sprechen lediglich zwei Aspekte: Telefonprostituierte als bevorzugte Opfer, Mitnahme der Tatwaffe in den beiden ersten Fällen. Demnach wäre nahezu zweifelsfrei von einem *nicht* planenden Täter auszugehen gewesen.

Doch das Gegenteil war der Fall: *Er* suchte sich gezielt Prostituierte aus, die in ausreichender Entfernung von seiner Wohnung ihrem Geschäft nachgingen. Er übte das Zustechen mit dem Messer vor jeder seiner Taten, stellte seinen Wagen nicht in unmittelbarer Nähe der Tatorte ab, inspizierte die Wohnhäuser der Opfer, sicherte sich durch entsprechende Beobachtungen ab und beschloss, nach den Taten über die Treppenabgänge zu flüchten, um schnellstmöglich und unbeobachtet davonzukommen. Darüber hinaus brachte er in zwei Fällen die Tatwaffen mit, versteckte sie in seiner Lederjacke und manipulierte die Opfer, indem er vorspiegelte, ein gewöhnlicher Kunde zu sein. Zweifellos handelte es sich bei *ihm* um jemanden, der seine Morde akribisch vorbereitet und planmäßig durchgeführt hatte. Nur ließen die Tatortbefunde diese Vorbereitungshandlungen nicht erkennen. Aufgrund der jeweils eskalierenden Täter-Opfer-Interaktion und des hieraus resultierenden überstürzt beziehungsweise unüberlegt anmutenden Nachtatverhaltens wurde der Eindruck erweckt, die Taten seien spontan und nicht planmäßig begangen worden. In dieses Trugbild passten die den Opfern beigebrachten postmortalen Verletzungen, die möglicherweise zunächst gar nicht beabsichtigt gewesen waren. Denn: »Es sollte mit einem Stich erledigt sein.«

In diesem Zusammenhang erscheinen zwei generelle Aspekte beachtenswert: Der Tatortbefund spiegelt nicht in jedem Fall das anhand bestimmter Tathandlungssequenzen unterstellte Planungs(un)vermögen des Täters wider. Und die retrospektive Betrachtung und Bewertung eines Tötungsdelikts wird häufig beeinflusst oder verfälscht durch situativ bedingte Faktoren (zum Beispiel: heftige Gegenwehr des Opfers, Störung des Tatablaufs durch Dritte), die vom Täter weder kalkuliert oder beabsichtigt sind noch gesteuert werden können und sich einer analytischen Deutung entziehen. Insofern erscheint eine schematische Typisierung unter *ausschließlicher* Berücksichtigung der auf planende und nicht planende Täter hinweisenden Kriterien höchst fragwürdig.

Die Arbeitsgruppe Ressler ging indes einen Schritt weiter und behauptete, aufgrund der beschriebenen Tatort-Charakteristika auf kategorische »Profile Characteristics« schließen zu können. Gemeint ist hiermit: Planenden und nicht planenden Mördern werden unterschiedliche Persönlichkeits- und Verhaltensmerkmale zugeordnet. Dies sollen sein:

planender Täter	**nicht planender Täter**
• gebildet, hoher IQ	• ungebildet, durchschnittlicher IQ
• sozial kompetent, angepasst	• sozialer Außenseiter
• qualifizierter Beruf	• selten qualifizierte Ausbildung
• pflegt sexuelle Kontakte	• sexuelle Probleme
• Einzelkind oder ältestes Kind	• jüngeres Kind in einer Familie
• Vater in fester beruflicher Stellung	• wechselnde Arbeitsverhältnisse
• inkonsequente Erziehung	• ausgesprochen strenge Eltern
• Gefühlskontrolle während der Tat	• Unsicherheit während der Tat
• während der Tat alkoholisiert	• seltener Alkoholkonsum
• Stress als tatauslösender Faktor	• ist Stressoren seltener ausgesetzt

• lebt in einer Beziehung	• lebt allein
• fährt häufig mit Wagen zum Tatort	• lebt in der Nähe des Tatortes
• verfolgt Medienberichte über die Tat	• kaum Interesse an Berichten
• wechselt häufig Arbeitsplatz oder Wohnsitz nach den Taten	• verändert selten seinen Lebensstil

Wer war jener Mann, der drei Prostituierte förmlich niedermetzelte? Was hatte ihn zu seinen grausamen Taten bewogen? Und treffen die durch das FBI formulierten »Profile Characteristics« tatsächlich zu?

Martin Wimmer wuchs mit seinen drei älteren Geschwistern im Hause seiner Eltern auf. Seinen Vater schilderte er als »fleißigen, weichen und gutmütigen« Mann, eher »ruhig und passiv«, der auf verschiedenen Bremer Werften als Schiffbauer den Lebensunterhalt für die Familie verdiente. Auch in der Erziehung war sein Vater »eher zurückhaltend und weich«. Ein besonderes emotionales Verhältnis verband ihn mit seinem Vater indes nicht, er sei »nur teilweise Vorbild« gewesen. Die Mutter hingegen war die innerfamiliäre Respektsperson: »Sie hatte das Sagen, Vater steckte ein.« Seine Mutter verbreitete eine autoritäre Atmosphäre und reagierte auf Konflikte mit unnachgiebiger Strenge, er empfand sie durchweg als »bedrohlich«.

Wimmer fühlte sich den Geschwistern gegenüber benachteiligt, da er in vielen Dingen »sehr kurz gehalten wurde«. In der Schule erwies er sich als durchschnittlicher Schüler, zu Lehrern und Mitschülern hatte er weder ein gutes noch ein schlechtes Verhältnis – er fand keinen Zugang, war einfach nur anwesend, lief mit. Zeit seines Lebens empfand er sich als »ängstlich, verschlossen, gehemmt« und charakterisierte sich so: »Depressiv, unzufrieden und bedrückt.« Freunde hatte er nicht. Für ihn schien einfach kein Platz zu sein auf dieser Welt, zudem war sein Bedürfnis nach zwischenmenschlichen Kontakten ungewöhnlich schwach ausgeprägt. Er lebte lieber allein und zurückgezogen, war weder mitteilsam noch unternehmungslustig. Am liebsten fuhr er mit seinem Auto oder Motorrad stundenlang »einfach nur so rum«.

Dennoch: Er sehnte sich auch »in gewissem Maße« nach partnerschaftlicher Geborgenheit, zwischenmenschlicher Zuwendung und sozialer Anerkennung. Um seine chronische Kontaktschwäche zu überwinden, begann er zu trinken. Schon mit 15. Im Umgang mit Bekannten oder Arbeitskollegen wirkte Wimmer stets überaus schüchtern, verlegen, angespannt und gehemmt. Schließlich glaubte er, »missachtet« zu werden und »unbeliebt« zu sein. Nur wenn er einen über den Durst trank, konnte er diese Gefühle mildern. Er ließ sich benebeln. Trotzdem brachte er kaum einen Satz heraus. Es war wie immer: Er war einfach nur anwesend. Wegen seiner extremen Schweigsamkeit wurde er von seinen Zechbrüdern regelmäßig aufgezogen: Der »Talkmaster« fand einfach keine Worte. Er blieb stumm.

Obwohl von kräftiger Statur und beachtlicher Größe, fehlte es ihm an sozialem Durchsetzungsvermögen. Er zögerte und zauderte, war kaum in der Lage, Entscheidungen zu treffen, war starken Stimmungsschwankungen unterworfen und wich Konflikten nach Möglichkeit aus. Er fühlte sich »einfach nicht stark genug«, Problemen offen zu begegnen und angemessen zu reagieren: »Ich muss mich selbst als Einzelgänger bezeichnen. Ich bin sehr kontaktarm und gehe von mir selbst auf keinen Menschen zu. Ich fühle mich sehr schnell von anderen Menschen ungerecht behandelt. Wenn ich mich beispielsweise von jemandem vernachlässigt fühle, wende ich mich ganz schnell von ihm ab und kapsele mich ein. Ich war im Grunde immer nur ein Mitläufer.« Sein Leben: ein emotionaler Kerker; er war unfähig, die seelischen Schranken zu überwinden.

Trotz überdurchschnittlicher Intelligenz (IQ von 120) schaffte er auf der Hauptschule nur einen mittelprächtigen Abschluss. Es folgte eine Lehre als Industrietischler, die er erfolgreich abschloss. Beim »Bremer Vulkan« fand er eine feste Anstellung. Im November 1986 lernte er, damals 23, Christa kennen – und lieben. Sie war fünf Jahre jünger als er. Schon nach einem Monat zogen sie zusammen.

Er, der mit niemandem so recht konnte, dessen verkümmertes Sexualleben sich bis dahin im Wesentlichen auf Selbstbefriedigung beschränkt hatte, lebte in der Beziehung zu Christa zunächst sichtlich auf. Allerdings klammerte er sich geradezu an seine Freundin. Schon bald gab es Probleme. Sie war eine lebenslustige, kontaktfreudige und extrovertierte Frau, diktierte den Ablauf der Beziehung, während er das tat, was er immer getan hatte: sich fügen, artig mitlaufen. In ihrem großen Freundes- und Bekanntenkreis wurde er lediglich geduldet. Der gemeinsame, eher spärliche Verdienst wurde allzu freigebig aufgebraucht: Gespeist wurde in teuren Lokalen, ein neues Auto musste her, schicke Klamotten für Christa sowieso. Schnell wurde das

Geld knapp und Wimmer geriet beruflich ins Bummeln. Die recht eintönige Maloche hatte er satt, zudem fühlte er sich in seinem Beruf »missachtet und zurückgesetzt«. Sein Vorgesetzter zog ihn von seinem eigentlichen Job, der Inneneinrichtung von Schiffen ab, und betraute ihn mit »minderwertigen« Tätigkeiten. Eine »Strafaktion«. Wimmer begehrte jedoch nicht auf, ließ sich alles gefallen, ertränkte seinen Kummer in reichlich Schnaps. Er begann krankzufeiern, war mehr zu Hause als auf der Werft. Die Quittung: Kündigung im August 1987.

Nun bekam er es mit der Angst zu tun. Er befürchtete, dass Christa sich von einem »Versager wie ihm« trennen würde. Auch die ständigen Saufgelage waren ein permanenter Streitpunkt. Dabei war sie alles, was ihm noch geblieben war, sein einziger Trost, seine letzte Hoffnung. Um die Beziehung nicht noch zusätzlich zu belasten, verschwieg er die Kündigung und täuschte vor, weiterhin auf der Werft zu arbeiten. Seine finanzielle Lage spitzte sich zu, als das Arbeitslosengeld gestrichen wurde. Die eingereichten Unterlagen waren nicht vollständig gewesen. Er hakte nicht nach, machte stattdessen weiter Schulden. Er ließ sich treiben: »Ich war einfach zu träge, hatte zu nichts Lust. Außerdem hatte ich Angst, dass der Sachbearbeiter beim Arbeitsamt schimpfen würde.« Dafür überzog er in der Folgezeit sein Konto erheblich. Er wollte Christa auch weiterhin den gewohnten Lebensstil bieten und nicht als Versager dastehen.

Schließlich der finanzielle Kollaps. Die Sparkasse forderte das Geld zurück, seine Eltern wollten ihn nicht weiter unterstützen. Das Arbeitsamt mied er, traute sich dort nicht mehr hin. Er war »abgebrannt«, mittellos. Und Christa hatte von seiner Arbeitslosigkeit erfahren. Er musste sich heftige Vorwürfe gefallen lassen. Wimmer stand unter erheblichem Druck – seelisch und finanziell. Er wollte Erfolge vorweisen. Dafür brauchte er Geld. Er dachte nach, grübelte, suchte nach Auswegen und schmiedete Pläne. Wenig später tötete er sein erstes Opfer.

In der Folgezeit kriselte es in der Beziehung mehr und mehr. Man lebte sich auseinander. Christa kritisierte immer wieder seine Ungepflegtheit und Lethargie, zumal er sich in keiner Weise ernsthaft um Arbeit bemühte. Er begnügte sich mit den 1 100 Mark Arbeitslosengeld, das ihm mittlerweile bewilligt worden war. Im August 1988 war Schluss. Christa hatte genug. Man trennte sich, er zog aus. Und er war wütend: »Die ließ mich mit den Katzen und den Schulden einfach zurück.« Nach der Trennung ließ Wimmer sich regelmäßig volllaufen: »So viel wie nur reinging.« Einen Monat später bedrohte er seine Ex-Freundin im Suff in einer Kneipe: »Ich schneide dir den Hals ab!« Dabei fuchtelte er mit einem Küchenmesser herum, auf dessen Scheide eingeritzt stand: »Hurentöter«. Sie rief die Polizei, die ihn kurz darauf noch in seinem Wagen festnahm. Wegen der Trunkenheitsfahrt wurde sein Führerschein kassiert. Niemand aber hatte die tiefere Bedeutung der Gravur auf seinem Messer richtig deuten können. Es erschien nebensächlich. Schließlich ermordete er zwei weitere Prostituierte.

Aufschlussreich erscheint ebenfalls die sexuelle Entwicklung und Erlebniswelt dieses Mannes. Als 12-Jähriger begann er sich selbst zu befriedigen, täglich, manchmal auch mehrmals am Tag. Bis zu seinem 18. Lebensjahr hatte Wimmer keine feste Freundin, zu mehr als gelegentlichem »Befummeln« war es nicht gekommen. Mit einer Prostituierten erlebte er den ersten Geschlechtsverkehr. »Echte Befriedigung« empfand er nicht. Dabei blieb es. Ernüchtert resümierte er, dass er »mit Selbstbefriedigung besser und billiger davonkam«. Auch mit seiner Freundin klappte es erst nach anfänglichen Schwierigkeiten. Zunächst war es »schön und harmonisch«, später aber musste er sich »nach ihren Wünschen richten«. Er fühlte sich sexuell »ausgebeutet und ausgenutzt«. Gelegentlich hatte er auch sexuelle Kontakte mit männlichen Arbeitskollegen oder Kneipenbekanntschaften. Um seine Abwechslungswünsche zu befriedigen, besorgte er sich ersatzweise Pornohefte und -filme. Sein cineastisches Vorbild: »Rambo«.

Außerordentlich breit gefächert und vielgesichtig war das Spektrum seiner sexuellen Fantasien. Schon als Kind stellte er sich vor, »mit seiner Mutter und auch seiner Schwester zu verkehren«. Während seiner Beziehung zu Christa kamen Vorstellungen hinzu, »sich fesseln zu lassen« oder »einen Besenstiel in den After älterer Frauen zu stecken«. Die anfangs lediglich latente sado-masochistische Tendenz verstärkte sich schließlich zusehends. So fing er die Katze eines Nachbarn ein, ertränkte das Tier, weidete es aus, steckte seine Hände in die Eingeweide und onanierte in den abgeschnittenen Katzenkopf. In dieser Zeit fantasierte Wimmer auch, »eine Schwangere zu töten und ihr den Bauch aufzuschlitzen«.

Einem Sexualmediziner erklärte er: »Heute bin ich mir nicht mehr so sicher, ob ich tatsächlich nur aus Habgier getötet habe. Ich hatte auch viele sadistische Fantasien im

Kopf, die ich auch erproben und ausleben wollte.« Schon bei der ersten Tat entwickelte er die Vorstellung, das Opfer zu quälen, ihm die Brustwarzen abzuschneiden: »Ich habe es aber nicht getan. Nach der Tat habe ich mich aber darüber geärgert und mir vorgenommen, es beim nächsten Mal nachzuholen.« Er konnte sich auch daran erinnern, dass das gedankliche Nacherleben der Morde seine sexuelle Erregung enorm gesteigert hatte: »Ich habe dann das Foto von der letzten Frau angeschaut und sie in Gedanken immer wieder umgebracht.«

Ich hatte ihm einen Brief geschrieben, um einen Besuchstermin gebeten. Am 18. Oktober 2001 war die Antwort eingetroffen: *Herr Harbort! (...) Mit welcher Gewissheit nehmen Sie sich das Recht heraus, in Ihrer Studie: »Die morbide Vorstellungs- und Erlebniswelt sadistischer Serienmörder« Visionen von mir zu veröffentlichen bzw. veröffentlichen zu wollen, die ich so wie Sie sie mir unterstellen, nie erzählt bzw. nie gehabt habe! (Seite 2 u. 3 der Studie). Dort unterstellen Sie mir, ich hätte mich an solchen, das menschliche Vorstellungsvermögen übersteigenden Visionen (»einer Schwangeren den Bauch aufzuschlitzen«, Anm. d. A.) berauscht, was so nicht stimmt. Diese, von Ihnen dargestellte Vision, ist total verfälscht wiedergegeben und kann somit aus meiner Sicht nur Ihrem Vorstellungsvermögen entsprungen sein! Aus reiner Freundlichkeit gebe ich Ihnen deshalb hiermit bekannt, dass ich einer Unterredung mit Ihnen unter diesen Voraussetzungen nicht zustimme!*

In einem Fachaufsatz hatte ich die Bandbreite, Abgründigkeit und Pervertiertheit sadistischer Fantasien illustriert – auch am Fall Martin Wimmer. Die genannten abnormen

Vorstellungen waren in einem »forensisch-sexualmedizinischen Fachgutachten« vom 6. Dezember 1991 genauso festgehalten worden. Dass Wimmer sich nun hiervon distanzierte, bestätigte meine allzu oft gemachte Erfahrung: Hinterher, meist Jahre später, setzen sich bei vielen Tätern mentale und seelische Verdrängungsmechanismen durch, die das charakteropathische Selbstbild glatt bügeln, erträglich machen sollen. Darum geht es – nur darum.

Die *stummen Tatzeugen*, also die den Opfern zugefügten Verletzungen und sonstigen Spuren (zum Beispiel: das Zerschneiden des Büstenhalters), hatten symbolischen und impulshaften Charakter. Das Hineinstecken des Telefonhörers wie auch der Messerstich in die Scheide könnten Ausdruck einer über viele Jahre angestauten Wut gewesen sein, einer generellen und tiefen Verachtung für das weibliche Geschlecht, das er begehrte, jedoch nicht erreichen konnte – auch in seiner Beziehung nicht. Schließlich war er nur »ausgenutzt« worden. Er wollte seine Opfer demnach nicht nur töten, sondern auch demütigen und bestrafen. Zusätzlich drängten sadistisch eingefärbte Gewalt- und Tötungsfantasien auf ihre Realisierung.

Folgt man der FBI-Typologie, so wäre von einem nicht planenden Täter auszugehen gewesen. Bezugnehmend auf die in diesem Fall prognostizierten »Profile Characteristics« hätten sich bei Wimmer folgende Kriterien als zutreffend erwiesen: sozialer Außenseiter, fehlende qualifizierte Berufsausbildung, sexuelle Probleme, jüngeres Kind in der Familie, ausgesprochen strenge Eltern (dies darf zumindest für seine Mutter gelten), verändert selten seinen Lebensstil. Als falsch erwiesen hätte sich, dass Wimmer durchschnittlich intelligent sei, während der Taten Unsicherheiten gezeigt habe, kaum Stressoren ausgesetzt gewesen sei, in der Nähe der Tatorte gelebt, den Arbeitsplatz häufiger gewechselt und allein gelebt habe und die Taten nüchtern oder unter dem Einfluss geringer Alkoholmengen begangen worden seien. Die Mehrzahl der zu erwartenden Persönlichkeits- und Verhaltensmerkmale hätten sich demnach als unzutreffend erwiesen.

Tatsächlich aber war dieser Mann der Kategorie des planenden Täters zuzuordnen. Wäre man dieser Hypothese gefolgt, hätten lediglich sieben von 14 prognostizierten Merkmalen gepasst. Man mag das Blatt wenden wie man will, das Ergebnis bleibt ausgesprochen dürftig.

Nun darf berechtigterweise eingewendet werden, dass in dem vorgestellten Fall die Motivlage nicht eindeutig zu verifizieren war, obwohl die sexuellen Komponenten doch überwiegen. Um die Validität des FBI-Modells zu überprüfen, habe ich das Tatverhalten *zweifelsfrei* sexuell motivierter deutscher Serienmörder untersucht. Es waren 22 Täter. 14 konnten als planende Mörder typisiert werden. Das Ergebnis meiner Replikationsstudie war hingegen niederschmetternd: Die Übereinstimmung der charakteristischen Persönlichkeitsmerkmale, die aufgrund der vorherigen Klassifizierung anhand der Tatortbefunde zu erwarten gewesen wäre, betrug im Durchschnitt jedoch bei allen Probanden lediglich 44,1 Prozent. Die Streubreite lag bei 20,8 bis 66,7 Prozent Profilübereinstimmung.

Zudem herrscht in der Fachwelt mittlerweile weitestgehend Einigkeit darüber, dass das dichotome Konstrukt des planenden beziehungsweise nicht planenden Täters eine unzulässige, die Ermittlungen möglicherweise sogar in eine falsche Richtung führende und simplifizierende Methode darstellt. Zu einem ähnlichen Ergebnis gelangte die Arbeitsgruppe um Professor David Ganter, die ihre Forschungsarbeit im Rahmen der »Sixth International Investigative Psychology Conference« an der Universität zu Liverpool im Januar 2001 vorstellte. Untersucht worden waren 107 nordamerikanische Serienmörder. Man teilte unter anderem mit, dass sich hinter dem Konzept des nicht planenden Sexualmörders eventuell drei unterschiedliche Tätertypen verbergen.

Aufschlussreich erscheint in diesem Kontext auch die Studie von Dr. Peer Briken und Mitarbeitern, durchgeführt an der Universitätsklinik für Psychiatrie und Psychotherapie zu Hamburg. Untersucht wurden anhand von Gutachten 20 Einfach- und 10 Mehrfachtäter. In ihrer Publikation *Sexualdelikte mit Todesfolge* (*Fortschritte der Neurologie und Psychiatrie*, 1999) heißt es zu »Organisierte versus desorganisierte Täter«: »Da die ›Planung der Tat‹ einem unserer Nebenkriterien für die Einordnung in die sadistische Gruppe entspricht, ist zu erwarten, dass ›Sadismus‹ und ›organisierte Täter‹ starke Übereinstimmungen zeigen. In der von uns untersuchten Population stellt sich dies folgendermaßen dar: Für die untersuchte Stichprobe zeigte sich, dass der größte Teil der Einfachtäter (E = 85%) dem desorganisierten Typus, während 50 % der Mehrfachtäter dem organisierten Typus zuzuordnen waren. In der Gruppe der sadistisch Devianten wurde der organisierte Tätertypus in 75 % erhoben, in der nicht-sadistischen Gruppe hingegen war der Anteil der desorganisierten Täter mit einer Häufigkeit von 86,4 % überwiegend. Keineswegs kann also die Organisiertheit der Tat allein Kriterium für einen zugrunde liegenden Sadismus sein.«

Auch seitens des FBI schien man ins Grübeln gekommen zu sein. Schon im Jahre 1992 (nachzulesen im *Crime Classification Manual*) kreierte man den Begriff des »Mixed Sexual Homicide« – eine Zwischenkategorie. Mitgeteilt wurden Gründe, warum an einem Tatort sowohl Spuren geplanter als auch nicht geplanter Tatsequenzen zu finden seien: kein Einzeltäter, Eskalation der Tat (zum Beispiel bei heftiger Gegenwehr des Opfers), Alkohol- oder Drogenkonsum, externe Belastungen (Stressoren) oder situative Einflüsse (zum Beispiel Störungen des geplanten Tatablaufs durch Dritte).

Auch wurde darauf hingewiesen, dass ein zunächst planender Mörder aufgrund gravierend sich verschlechternder Lebensumstände sein Verhaltensmuster ändern könne und demzufolge bei weiteren Taten überwiegend Spuren zu finden seien, die auf ein geringes Maß an Planung hindeuten würden. Gleichwohl wurde an der ursprünglich vertretenen Auffassung unverdrossen festgehalten.

Dennoch: Die bislang vorgelegten Forschungsergebnisse belegen zweifelsfrei, dass die FBI-Typologie keine Grundlage sein kann, sein darf, um von dem Tatortbefund unbesehen und schematisch auf eine bunte Mischung von Tätermerkmalen schließen zu können. Es wäre doch zu simpel: Jemand, der unkontrolliert handelt, verfügt zwangsläufig über unterdurchschnittliche, bestenfalls durchschnittliche intellektuelle Fähigkeiten. Oder: Jemand, der seine Tat akribisch plant, ist ein Einzelkind. Die durch das FBI postulierten Zusammenhänge werden hierdurch nicht entbehrlich, aber sie bedürfen einer eingehenden Betrachtung und Analyse, die es am jeweiligen Tatbild zu überprüfen gilt. Tatrelevante Handlungen lassen sich eben nicht in einem Schema X abbilden, sie haben auch bei gleichartiger Ausprägung nicht selten eine divergierende Historie und Ursache, lassen sich nicht unbesehen schablonenhaft manifestieren. Und: Die verlockende Vorstellung, Kriminalisten eine Checkliste in die Hand zu geben, bestimmte Merkmale herauszufiltern, hiermit einen Computer zu füttern, der schließlich das reale (oder: ideale) Täterprofil ausspuckt, bleibt kriminalistische Science-Fiction.

Kapitel 9

Nur noch die eine ...

Nachdem ich mit dem behandelnden Arzt gesprochen hatte, wurde ich von seiner Mitarbeiterin zum »Aufnahmezimmer 97« begleitet. Dieser Raum war vollständig in Weiß gehalten. Darin: ein Tisch, zwei Stühle. Links an der Wand standen drei weitere Sitzgelegenheiten. Mehr gab es dort nicht. Die Atmosphäre, die dieses Zimmer verströmte, erinnerte mich an zahlreiche Zahnarztbesuche. Alles erschien mir steril, klinisch. Ich nahm Platz, öffnete meinen Koffer und legte Papier und Kugelschreiber auf den Tisch. Durch das große Fenster rechts neben mir konnte ich den Wachmann sehen, der zuvor meinen Personalausweis einbehalten und mir einen roten Besucherausweis ausgehändigt hatte. Unsere Blicke begegneten sich. Wir lächelten.

Nach etwa fünf Minuten wurde er mir »zugeführt«; jener Mann, der mehrere Frauen ermordet hatte. Er trug einen Plastikkorb vor sich her. Darin befanden sich eine Kaffeekanne, zwei Tassen und einige Unterlagen. Dem Pfleger, der ihn begleitete, versicherte er: »Keine Angst, ich tue dem Mann nichts.« Scherzhaft erwiderte ich: »Keine Angst, ich tue Ihnen auch nichts.« Dann begrüßten wir uns. Er setzte sich, ich versuchte mir einen ersten Eindruck zu verschaffen. Sein äußeres Erscheinungsbild: etwa 1,70 Meter groß, schwarzes kurzgeschnittenes Haar, kleine Knopfaugen, eine kräftige Nase, schmale Lippen, ein kantiges Gesicht. Er trug eine blaue Strickjacke, ein kariertes Hemd, Jeans. Der schmächtig wirkende 45-Jährige sah müde aus.

Bevor wir unser Gespräch begannen, schob er mir wortlos einen weißen Zettel herüber. Darauf stand: *Hiermit erkläre ich, Stephan Harbort (...), dass sämtliche mir von Herrn (...) im Verlauf unseres Gespräches am 16.11.2001 zuteil gewordenen Informationen absolut vertraulich behandelt werden und Dritten nicht zugänglich gemacht werden. Dies gilt auch für alle Informationen aus möglichen Nachfolgegesprächen, aus Telefonaten oder ggf. aus dem Schriftverkehr. Ich erkläre mich damit einverstanden, dass die mir bekannt gemachten Daten nur im Rahmen meiner wissenschaftlichen Arbeit und auch ausdrücklich nur ohne Namensnennung des (...) von mir genutzt werden dürfen.*

Ich war erstaunt, unterschrieb die »Schweigepflichtserklärung«, jedoch ohne zu zögern. Weil es sich so gehört, werde ich seinen Namen nicht nennen und auch keine Details preisgeben, die Rückschlüsse auf seine Person oder die von ihm verübten Verbrechen zulassen. Seine Persönlichkeitsrechte müssen respektiert werden, seine Intimsphäre soll unangetastet bleiben. Gleichwohl erscheinen seine Aussagen und Selbstbekenntnisse mitteilenswert. Sie sind aufschlussreich, vermitteln einen vertiefenden Einblick in die Vorstellungs- und Erlebniswelt eines multiplen Sexualmörders.

Nachdem wir über seine momentane Situation gesprochen hatten, die er als »menschenunwürdig« bezeichnete, bat ich ihn, sich selbst zu beschreiben, zu charakterisieren. Seine Einschätzung: »Ich bin ein netter Mensch. Meine Eltern und Freunde schätzen mich auch als Mörder. Ich kann sehr charmant sein, die Leute mögen mich. Außerdem bin ich sehr intelligent.« Ich provozierte ihn: »Sie sind also ein cleverer Bursche?« Er blieb gelassen: »Das weiß ich. Andere haben mir das gesagt. Ich weiß, was ich kann. Ich kann, was ich will. Das stimmt.« Obwohl im Rahmen der psychologischen Untersuchungen lediglich »eine Intelligenz im durchschnittlichen Bereich« (IQ von 102) festgestellt worden war, wollte ich ihm nicht widersprechen. Noch nicht. Es wäre zu früh gewesen. Ich wollte eine Kontroverse zunächst vermeiden, seine Bereitschaft, sich zu offenbaren, nicht torpedieren. Denn eines war schnell deutlich geworden: Er wollte etwas loswerden, sich freisprechen.

Nun wollte ich wissen, wie es war, wie und aus welchem Grund er seine Opfer ausgewählt und was er dabei empfunden hatte. Er dachte nach, begann schließlich einen längeren Monolog: »Da war so ein Drang, den ich nicht erklären kann. Ich bin dann einfach losgefahren. Zuerst bin ich an ihr vorbeigefahren (gemeint ist das Opfer seiner ersten Tat). Dann habe ich gedacht: Die musst du dir noch mal angucken. Ich muss sie ansprechen. Ich muss sie töten. Aber ich habe mich auch dagegen gewehrt, bekam so eine Art Erstickungsanfall. Dummerweise ist sie wenig später genau in die Straße eingebogen, wo ich stand. Dann bin ich ausgeschaltet worden. Ich habe sie angesprochen und war sehr höflich, habe gesagt: ›Würdest du bitte in mein Auto einsteigen?‹ Ich war schweinenett. Allerdings hatte ich schon das Messer in der Hand. Als sie im Auto saß, wusste ich, dass sie sterben würde. Ich habe gegen das Böse gekämpft, aber versagt. Das ist wie Sterben. Als ich sie getötet habe, hatte ich das Gefühl, ich klebe an der Decke und schaue nur zu; wie ein Nahtod-Erlebnis. Ich war unfähig einzugreifen. Dann habe ich eine Beziehung zu der Leiche aufgebaut. Sie hat mir Leid getan. Mir war plötzlich klar: Das muss ich gewesen sein. Ich habe ihre Hände gefaltet, ihr den Blazer zurechtgezogen. Wie ein ferngesteuerter Roboter. Ich hatte starke Ängste, dass sie wieder vor meiner Tür steht. Am nächsten Tag war die Sache aber weg. Ich habe mit meiner Großmutter über diese Tat diskutiert, sie gefragt: Was war das nur für ein Arschloch?«

Auch nachdem man ihn festgenommen hatte, war von ihm zunächst alles abgestritten worden: »Mit der Mordsache habe ich nichts zu tun. Ich hoffe aber, dass der Mörder gefasst wird und habe daher vollstes Verständnis für die Maßnahmen der Polizei.« Allerdings waren die Ermittler davon ausgegangen, den Täter gefasst zu haben. In einem Vermerk heißt es: »Herr (...) sah die Parallelitäten ein und zeigte immer Verständnis für die polizeilichen Maßnahmen. Eine Tatbeteiligung leugnete er, wobei er aber immer wieder nachdenklich wurde und den Eindruck vermittelte, als würde er jeden Moment die Taten gestehen.«

Zug um Zug hatte er sich dem Unsäglichen genähert: »Ich habe in der Nacht ein Rollenspiel geführt. Hierbei habe ich mich in die Lage der Kriminalpolizei versetzt. Ich kam zu dem Schluss, dass die Polizei denken muss, dass ich der Täter, der (...) und (...) getötet hat, sein muss. Ich selbst glaube nicht an Zufälle. Ich bin der Meinung, dass alles seinen Ursprung hat. Ich habe Angst davor, dass ich der Täter sein könnte. Insbesondere aufgrund meiner Vorgeschichte, wo ich einen Aussetzer hatte und dem Mädchen (...) Gewalt angetan habe. (...) Mit mir wird noch mal der Mordfall (...) durchgegangen. Ich bin immer noch der Meinung, dass ich nach der Arbeit in die Innenstadt gefahren bin und dort in den Geschäften nach einer Espresso-Maschine und einer Waage gesehen habe. Danach bin ich nach Hause gefahren. Ich bin immer noch der Meinung, dass ich (...) nicht mitgenommen habe und dass sie auch nicht in unserer Gartenlaube war. Sollte sich jedoch herausstellen, dass ich tatsächlich mit der Sache etwas zu tun habe, so bin ich froh, dass ich von der Straße genommen werde.«

Schließlich war von ihm eingeräumt worden, eines der Opfer mitgenommen zu haben: »Am (...) bin ich kurz vor (...) mit meinem Pkw (...) über die Brücke gefahren. Es ist richtig, dass ich normalerweise einen anderen Weg benutze. An diesem Tag bin ich aber nicht dort langgefahren, weil es schon später war und um diese Uhrzeit dort nicht mehr ganz so viel los ist. (...) stand als einzige Tramperin auf der Brücke. (...) Sie setzte sich dann in mein Fahrzeug und legte ihre Tasche auf den Schoß.« Wenig später das erste Geständnis: »Ich weiß immer noch keine näheren Einzelheiten. Mir ist aber klar, dass ich (...) umgebracht habe. Ich weiß auch noch, dass ich sie abgelegt habe.«

Mir erklärte er hierzu: »Ich wusste nicht, dass ich der Täter war. Das habe ich irgendwie abgespalten. Es war bei der Vernehmung damals wie ein Nebelgefühl. Als wenn ich weggetragen werde, als wenn ich meinen Körper verlasse.

Ich war unschuldig und dachte, das wäre ein Riesenirrtum. Später bei der Gerichtsverhandlung habe ich erst begriffen, dass ich es gewesen sein musste. Ich habe mich erst zweifelsfrei erinnert, als durch den Richter der Weg beschrieben wurde, den ich damals genommen habe. Da wusste ich es und habe auch später ein Geständnis abgelegt.«

Das Gericht war zumindest seiner Erklärung gefolgt, sich des Tötungsdrangs erst dann bewusst geworden zu sein, als er sein späteres Opfer erblickte: »Die Kammer ist dem Angeklagten ferner in seiner dahingehenden Darstellung gefolgt, daß der Drang, (...) zu töten, erst bei ihrem Anblick in ihm wach geworden ist, und daß er sie, wie von ihm selbst eingeräumt, mit einem Gegenstand, bei dem es sich wahrscheinlich um ein Messer gehandelt hat, gezwungen hat, in sein Auto einzusteigen. Die für den danach folgenden weiteren Tatverlauf von Seiten des Angeklagten abgegebene Schilderung hält die Kammer jedoch für eine mit der Wahrheit nicht übereinstimmende Beschönigung des weiteren Geschehens.«

Ich war ebenfalls zu der Einschätzung gelangt, dass seine Tatschilderungen einen gleich lautenden Tenor hatten: Alles sollte »irgendwie harmonisch abgelaufen« sein. Eines seiner Opfer sollte sogar im Zuge des *erzwungenen* Geschlechtsverkehrs »zum Orgasmus« gekommen sein. Aus seiner Sicht sind derartige, zweifelsfrei höchst unglaubwürdige Behauptungen nur allzu verständlich. Dass er Frauen vergewaltigt, gefoltert und getötet hatte, war unbestreitbar. Das wusste er. Das konnte er nicht leugnen. Nur: Er musste einen Weg finden, um mit dieser ungeheuren Schuld umzugehen, sie zu verarbeiten. Und dies gelingt vielen Serienmördern, wenn das Tatgeschehen verfremdet und mit der eigenen Charakterisierung, dem vermeintlichen Selbstbild, *dann* übereinstimmt. Er war eben ein »netter Kerl«. *So* jemand kann, darf, will keine derart grausamen Verbrechen verübt haben. Dieser Gedanke ist unerträglich, will nicht konsequent zu Ende gedacht werden. Insofern dürfte er sich in jenen motivationalen Bereichen seelische Freiräume geschaffen haben, um das »Böse«, das von ihm Besitz ergriffen und gegen das er sich nicht konsequent genug gewehrt hatte beziehungsweise hatte wehren können, zu verharmlosen. Also eine Art Psychohygiene, die jedoch eine notwendige und hilfreiche Auseinandersetzung mit der eigenen Abnormität unmöglich macht.

Dazu passt: Er wollte dem Leichnam unter anderem »die Hände gefaltet« haben. Zweifellos wollte er etwas wiedergutmachen – jedoch nicht damals, sondern heute. Gegen seine Schilderung spricht indes: Das Opfer war nicht in einer derartigen Position aufgefunden worden. So hatte auch das Gericht zutreffend moniert: »Für unglaubhaft hält die Kammer aber die Behauptung des Angeklagten, der Leiche (...) noch die Hände über dem Bauch gefaltet und den Blazer zugeknöpft zu haben. Die Möglichkeit, daß andere Personen Veränderungen an der Leiche oder ihrer Bekleidung vorgenommen haben könnten, schließt die Kammer aus.«

Auch die Umstände und Empfindungen bei seinem zweiten Mord schilderte er mir: »Ich wusste: Wenn die da hinten abbiegt, stirbt die. Ich empfand einen Zwang, dieses Menschen habhaft werden zu müssen. Als sie im Wagen saß, habe ich sie im Geiste angeschrien: Mädchen, verlass diesen Wagen, du stirbst sonst. Immer wieder habe ich sie angeschrien: Ich will nicht, dass du stirbst. Dann hatte ich eine Diskussion im Kopf. Da waren zwei Kinder, die waren böse, und da war ein Erwachsener, der war die Autorität. Ich war bloß Zuschauer. Die Kinder wollten die Frau töten. Und ich wusste, dass ich bereits getötet hatte. Die haben eine richtige Diskussion geführt. Die Kinder haben gebettelt: ›Wir wollen töten.‹ Aber die Autorität hat gesagt: ›Nein, ihr werdet geschnappt.‹ Die Kinder haben regelrecht gefleht: ›Nur noch die eine.‹

Er entführte sein Opfer, zwang es in eine Gartenlaube, die seinen Eltern gehörte. Dort quälte er die Frau, bevor er sie tötete. Seine Erinnerung daran: »Ich wollte sie nicht quälen, habe die Brustwarze dann zurückgedrückt. Das ging aber nicht. Ich hatte das mit den Schmerzen nicht auf dem Schirm.«

Den meisten »sexuell« motivierten Serienmördern geht es nicht darum, Geschlechtsverkehr mit einem Mädchen, einem Jungen oder einer Frau zu haben oder sie auf andere Weise zu missbrauchen. Sie treibt in erster Linie das unstillbare Bedürfnis, einen Menschen zu beherrschen, über ihn zu verfügen, ihn zu kontrollieren. Sexuelle Handlungen werden lediglich instrumentalisiert, um dem Opfer die eigene Dominanz zu demonstrieren. Die Intimsphäre wird bewusst durchbrochen, aufgehoben, atomisiert. Das Opfer soll, muss begreifen, fühlen und erdulden, ihm vollkommen ausgeliefert zu sein – auf Gedeih und Verderb. Dieser Gedanke, dieses ekstatische Erleben elektrisiert, wird ausgekostet und mündet in die Vernichtung des Opfers; der finale Akt, die Bestätigung eigener Omnipotenz.

War es hier ähnlich? Ich fragte ihn danach. »Ich kann

mir nicht vorstellen«, erklärte er, »dass Machtgefühle dabei eine Rolle gespielt haben. Ich habe eine sehr starke Persönlichkeit, habe mich nie unterlegen gefühlt.« Das klang plausibel. Auch seine Biographie enthielt keine Hinweise darauf, dass er gehänselt oder ausgegrenzt worden war. Vielmehr hatte er Freunde gehabt, diese Beziehungen auch gepflegt. Er galt tatsächlich als »netter Kerl«.

Er hatte mehrere Frauen umgebracht. Zunächst erklärte er mir in diesem Zusammenhang: »Ich kam mit Frauen immer besser klar und habe mich lieber mit Frauen unterhalten. Ich bin sehr empfindsam und brauche viel Fürsorge; schauen, wie es dem anderen geht. Das findet man bei Männern selten.« Allerdings war das Verhältnis zu jenen Frauen, die sein Leben mitbestimmt und auch geprägt hatten, nicht unbelastet gewesen. Seine Freundin charakterisierte er so: »Sie hatte Haare auf den Zähnen. Es gab Phasen, wo ich Hass geschoben habe. Auch vor der zweiten Tat. Die hilflose Situation.«

Ähnlich hatte er es den ihn vernehmenden Kriminalisten geschildert, die vorhandenen Probleme dabei jedoch bagatellisiert: »Es ist richtig, dass ich mit (...) des öfteren Streit hatte. So hat sie mich zwei- bis dreimal auch vor die Tür gesetzt. Dieses hat aber jeweils höchstens eine Minute gedauert. Dann hat sie mich wieder hineingelassen, und wir haben über unsere Probleme gesprochen. Niemals ist (...) ausgezogen. Die Gründe für unsere Streitigkeiten waren allgemeiner Art. Ich weiß hierzu nichts Näheres mehr. Auf keinen Fall spielten sexuelle Gründe eine Rolle. (...) Einmal ist es zu einem Zwischenfall gekommen, und zwar hatten wir uns gestritten. Sie sagte so zu mir, ich solle ihr doch eine runterhauen. Ich habe ihr dann auch eine Backpfeife gegeben. Dieses war aber kein Schlagen im eigentlichen Sinne. Wir haben uns dann auch wieder vertragen.«

Auch die Mutter-Sohn-Beziehung sei keineswegs ungetrübt gewesen. Mit starrem Blick und versteinerter Miene erklärte er mir: »Meine Mutter war beziehungsgestört, emotional nicht losgelöst. Ich hatte aber auch eine zu große Erwartungshaltung, wollte der Schmusebär sein. Aber ich habe dem Bild meiner Mutter nicht entsprochen. Sie hat mich nicht in den Arm genommen. Meine Mutter war immer reserviert. Bedingungslose Wärme und Zuneigung konnte sie mir nicht geben. Da fehlte etwas, als wenn ich sie emotional nicht erreichen konnte, auch wenn ich sie in den Arm genommen habe.« Dann fügte er hinzu: »Ich musste als Kind sehr zurückstehen, war in psychologischer Behandlung. Ich habe daran keine gute Erinnerung.«

Schließlich räumte er ein: »Irgendetwas an Frauen muss ich hassen.« Was genau, vermochte er nicht zu sagen. Vor seinen Taten sollte es jeweils einen Auslöser gegeben haben: »Auseinandersetzungen oder Misslichkeiten; ein Streit mit meiner Freundin. Um mich aggressiv werden zu lassen, reichte es schon aus, wenn ich ständig lauten Lärm von einer Baustelle hörte. Aggressionen lösen etwas in mir aus. Die Scheidung meiner Eltern war für mich wie ein Weltzusammenbruch. Ich bin ausgezogen, da bin ich abgeglitscht.« Gleichwohl waren die Richter zu einer abweichenden Einschätzung gelangt. Demnach sollten nicht nur »Aggressionen« und der »Tötungsdrang« ausschlaggebend für seine Verbrechen gewesen sein: »Nicht gefolgt ist die Kammer dem durch Prof. (...) wiedergegebenen Bericht insoweit, als der Angeklagte als Ausgangspunkt für seine Suche nach Frauen als Opfern ausschließlich einen Drang zum Töten der Frauen angegeben hat. Die Kammer geht vielmehr davon aus, daß der Angeklagte in allen Fällen neben dem von ihm geschilderten Tötungsdrang auch die Absicht gehabt hat, die betreffenden Frauen vor der beabsichtigten Tötung sexuell zu missbrauchen.«

Die Begründung: »Hierfür sprechen ganz besonders die Umstände derjenigen Fälle, in denen es zu Tathandlungen des Angeklagten gekommen ist. In allen diesen vier Fällen handelte es sich bei den Opfern um junge Frauen (...), und in allen diesen Fällen ist es alsbald nach dem Zusammentreffen der jeweiligen Frau mit dem Angeklagten zum Geschlechtsverkehr gekommen. Auch in den übrigen Fällen, in denen es zu Tathandlungen nicht oder nur ansatzweise gekommen ist, handelte es sich bei den von dem Angeklagten verfolgten Personen jeweils um junge Frauen. Soweit sein Drang bereits im Stadium des Ausschauhaltens nach einem Opfer nachgelassen hat, war sein Verlangen nach seinen Angaben ebenfalls auf eine Frau gerichtet. In keinem Fall ist es einmal zu Attacken des Angeklagten gegenüber einem fremden Mann oder einem seiner männlichen Bekannten, Freunde oder Kollegen gekommen. Es ist deshalb von dem Gesamtbild aller Vorfälle her auszuschließen, daß hier ganz isoliert ein Tötungsdrang vorliegt und eine sexuelle Komponente als Ausgangspunkt keine Rolle spielte.«

Sein dritter Mord: »Da war wieder dieser Impuls. Ich konnte das nur dämpfen. Der Strohhalm war, aufzugeben. Dann hat jemand anders die Kontrolle übernommen. Mir wurde knallheiß, dann bin ich ausgeschaltet worden. Es lief sehr friedfertig und höflich ab. Wieder habe ich gefragt: ›Würdest du bitte in das Auto einsteigen?‹ Sie wollte mitgenommen werden und hat munter drauflos geplappert. Mir war klar: Die stirbt. Ich habe gebrüllt – im Kopf. Sie hat nichts gemerkt. Dann war es zu spät, ich hatte keine Kontrolle mehr. Dann muss sie wohl in meinen Augen gelesen haben, was los ist. Die Frau musste leiden, weil sie sich gewehrt hat. Ich habe Hass gefahren gegen die weibliche Symbolik.«

Er berichtete auch von Drangzuständen, die er bereits vor seinem ersten Mord empfunden haben wollte. Zum Beispiel: »Während einer Busfahrt nach Spanien habe ich mich verliebt. Das Mädchen habe ich in einer Diskothek wiedergetroffen. Da hat sie dann mit einem Spanier rumgeknutscht. Sie hat mich verletzt, wie ein dummes Schwein dargestellt. Ich war schon fast zu Hause, plötzlich hatte ich den Drang zu töten. Nicht das Mädchen, sondern irgendeine andere Frau. Ich bin zwei oder drei Stunden so herumgefahren. Dann war es vorbei.«

Ich zweifelte. Zuvor hatte ich mich zum wiederholten Mal mit den Verfahrensakten befasst, sie eingehend studiert. Ich wollte vorbereitet sein, um zwischen gerichtlicherseits angenommener Authentizität und der Version meines Gesprächspartners unterscheiden zu können. Hier trat diese Divergenz besonders deutlich hervor. Die Richter hatten die Vorkommnisse in Spanien wesentlich drastischer dargestellt und bewertet: »(…) Danach verspürte der Angeklagte erstmals im Sommer (…) den Drang, eine Frau umzubringen. Und zwar lernte er, als er sich zusammen mit dem Zeugen

(...) in Spanien aufhielt, in einer Diskothek eine junge Frau kennen, die er als gutaussehend empfand. Er unterhielt sich mit dieser Frau. Später verließ sie grußlos die Diskothek. Als ihm auffiel, daß diese die Diskothek verlassen hatte, verspürte er den Drang, auf die Straße zu laufen und nach ihr zu sehen. Er tat dies auch, sah die junge Frau noch und verspürte das Bedürfnis, ihr hinterherzulaufen, was er ebenfalls auch tat. Er fiel sodann mitten auf der Straße über die Frau in der Weise her, daß er den Arm um ihren Hals legte, um sie zu erwürgen. Durch die Gegenwehr der Frau fielen dabei beide zu Boden, und die Frau konnte weglaufen. Danach hatte der Angeklagte plötzlich das Gefühl, wieder wach zu sein und wieder er selbst zu sein.«

Nicht nur diese eklatante Diskrepanz macht deutlich, dass generell zwischen der prozessualen Wahrheit, die nicht selten ebenfalls lediglich eine Annäherung an die Realität abzubilden vermag, und der teilweise viele Jahre später erfolgenden Aussage und Einschätzung des Täters sauber zu differenzieren ist. Wenn ehemalige FBI-Agenten behaupten, es habe ausgereicht, »ein wenig zu schauspielern«, um das *tatsächliche* Geschehen und seine Gründe zu erfahren, so zeugen diese Aussagen von Selbstüberschätzung und lassen befürchten, dass die tiefer liegende Problematik der Wahrheitsfindung entweder (zu) gering geschätzt oder schlichtweg nicht beachtet wurde. Insofern sind Forschungsergebnisse, die ausschließlich auf Täter-Interviews basieren und nicht erkennen lassen, welche Aspekte aus welchem Grund als valide unterstellt werden, kritisch zu bewerten. Sie als »Wahrheit« zu verkaufen, ist nicht nur fahrlässig, sondern kommt einem Etikettenschwindel gleich.

Ähnliches beklagte auch er: »Ich habe vor einigen Jahren meine Biographie geschrieben. Mittlerweile sind mir einige Punkte aufgefallen, die so nicht stimmen können, die geschönt sind. Aber wenn ich zu tief gehe, laufe ich Gefahr zusammenzubrechen.«

Auch zwischen seinen Morden hatte er in unregelmäßigen Abständen den Drang verspürt, töten zu wollen: »Ich bin spätabends oder mitten in der Nacht losgefahren. Manchmal habe ich auch einen Spaziergang gemacht. Ich habe nach Opfern gesucht, es ist aber nichts passiert.« Denn: »Es kam zu keiner Begegnung.« Zwischenzeitlich hatte er auch einen 13-jährigen Jungen in seinem Wagen mitgenommen. Der Grund: »Ich wollte ihn töten, weil er wie ein Mädchen aussah. Dann habe ich gemerkt, dass es ein Junge war. Ich habe ihn laufen lassen.«

Ich fragte ihn, nach welchen Kriterien er seine Opfer ausgesucht hatte. Die Antwort war knapp und spiegelte sein eigenes Unverständnis wider: »Es war nur die Weiblichkeit. Sie mussten nicht hübsch oder sonst was sein. Nur die erste Frau sah nett aus, die anderen nicht. Ich kann mir das nicht erklären.«

Wenig später versuchte er, seine Einschätzung zu präzisieren: »Die Opfer mussten feminin aussehen. Attraktiv. Ästhetisch. Ich wollte etwas Schönes zerstören.«

Im Regelfall sind Serienmörder nicht in der Lage, die Ursachen für ihre Untaten zu benennen. Sie können ihre Taten bestenfalls beschreiben. Hier war es ähnlich: »Das waren Gefühle, die auf mich einstürzten. Wie ein Nebel. Das war unangenehm. Ich möchte begreifen, was da mit mir passiert ist. Aber ich verstehe es nicht.«

Während des Gesprächs gewann ich mehr und mehr den Eindruck, dass er sich tatsächlich ansatzweise bemühte, einen dunklen Tunnel auszuleuchten. Er versuchte es mit einem Streichholz. Unmöglich. Er war und blieb sich selbst ein Rätsel. Oder er wollte es so, negierte seine eigene Abnormität. Und er empfand seinen Freiheitsentzug nicht als Strafe, vielmehr sah er hierin eine »Notwendigkeit«. Mit einem Hauch von Resignation, der sich in seinen Augen widerspiegelte, beklagte er: »Warum musste gerade ich eine Krankheit bekommen, bei der andere geschädigt wurden?« Es vergingen einige Minuten. Wir schwiegen.

Seine Opfer waren teilweise regelrechten Torturen ausgesetzt gewesen, überwältigt von Schmerz und Qual. Seine Taten trugen zweifelsohne auch sadistische Züge. Grundsätzlich gilt für Sadisten: Der vorzeitige Tod erscheint in den Augen des Täters als Kunstfehler. Das Opfer soll, wenigstens für eine gewisse Zeit, am Leben bleiben, sich vor Schmerzen winden, um Gnade flehen. Auch wenn die Tortur zwangsläufig den Tod zur Folge hat, haben soll, so ist die Folter doch keine Methode, um zu töten. Sie soll einen anderen Zweck erfüllen: das Sterben verlängern. Derlei Absichten und Empfindungen wies er weit von sich: »Nein, so war das nicht.«

Nach Auffassung des erkennenden Gerichts sind Zweifel an seiner retrospektiven Einschätzung erlaubt. Nicht nur Hergang und Motivation der im Folgenden beschriebenen Tat wurden anders beurteilt: »(...) Der Angeklagte führte nunmehr den Geschlechtsverkehr mit (...) bis zum Samenerguß durch. Dabei ging er in grober Weise vor und knetete insbesondere ihre Brüste so, daß er ihr große

Schmerzen bereitete. Nachdem der Angeklagte sich an (...) befriedigt hatte, wollte er seinen Tötungswunsch, der von Anfang an vorhanden war und auch während des vorangegangenen Geschlechtsverkehrs weiter bestanden hatte, in die Tat umsetzen. Er wollte sie nicht nur töten, sondern vor dem eigentlichen Tötungsvorgang noch besonders quälen. (...) Bei vorhandener Unrechtseinsicht war auch in diesem Fall die Fähigkeit des Angeklagten, sein Handeln entsprechend dieser Einsicht zu steuern, nicht vollständig ausgeschlossen, sondern lediglich erheblich vermindert. Dem Angeklagten standen während des gesamten Tatzeitraumes, von dem Entschluß, sich ein Opfer zu suchen, bis zur endgültigen Tötung der (...), Reste seiner Fähigkeit, sein Handeln entsprechend seiner Unrechtseinsicht auch zu steuern, zur Verfügung. So verließ er jetzt den Raum, um eine Distanz zwischen sich und sein Opfer zu legen und in dieser Situation der Distanz zu entscheiden, ob er sein Vorhaben, (...) zu quälen und zu töten, weiter ausführen oder davon ablassen sollte. Er entschloß sich sodann, sein Vorhaben weiterzuführen.«*

Generell wird multiplen Sexualmördern unterstellt, dass sie »nicht aufhören können« oder »nicht aufhören wollen«. Ich bat ihn, darüber nachzudenken. Ohne zu zögern entgegnete er: »Ich hätte sicher keine Frau mehr umgebracht.« »Warum?«, wollte ich wissen, »warum sind Sie da so sicher?« Wieder brachte er »die Kinder« ins Spiel, die »töten wollten«. Seine Erklärung: »Sie waren damit einverstanden, es sollte das letzte Mal sein. Und die Autorität hatte gesagt: ›Ihr werdet geschnappt.‹«

So einfach sollte es gewesen sein. Die Kinder, sie hatten

entschieden. Nicht er wollte gemordet haben, sie waren es, sie sollten die Frauen umgebracht haben. Ich unternahm den Versuch, mehr über diese mordlüsternen Minderjährigen zu erfahren. Seine Antwort war nebulös: »Ich kann die Kinder nicht beschreiben, aber ich weiß, dass es Kinder sind; so zehn oder elf Jahre alt. Das habe ich im Gefühl.«

Die Kinder symbolisierten das »Böse« in ihm. Durch diese künstlichen Figuren gelang es ihm, die eigene Verantwortung und Schuld zu verlagern, sich als fremdbestimmt zu sehen. Er wollte nur ein undoloses Werkzeug gewesen sein, das sich nicht hatte ausreichend wehren können. Und er glaubte daran, die Ermordung der Frauen damals vollständig verdrängt zu haben. So hatte der Vorsitzende Richter ihm vorgeworfen: »Sie hätten sich Hilfe holen müssen!« Seine Antwort: »Das konnte ich doch gar nicht. Ich war das nicht. Ich habe geglaubt, dass ich das nicht gewesen sein kann.« Auch mir erklärte er auf die Frage, wie er als Bruder oder Vater der Opfer auf die Verbrechen reagiert hätte: »Emotional hätte ich den umgelegt.« Folglich war er gezwungen gewesen, das Unerklärliche, das Unbegreifliche, das Ungeheuerliche zu isolieren, zu verdrängen, abzuspalten. Erlebniswelten, Vorstellungen und Bedürfnisse, die sich nicht vertrugen, die sich belauerten, sich bekämpften, aber doch untrennbar miteinander verbunden waren: der »nette Kerl« und die »Bestie«.

Die erheblich gestörte Mutter-Kind-Beziehung dürfte wesentlich dazu beigetragen haben, dass es bei ihm schon in jungen Jahren zu einer Reifungsretardierung kam. Unmittelbare Folge war ein lediglich fragmentarisch ausgebildetes Selbstwertempfinden. Weitestgehend orientierungslos war er nicht fähig, zwischen sich selbst und mütterlichen Objekten zu differenzieren. In seinen Opfern glaubte er diese letztlich verhasste »weibliche Symbolik« zu erkennen. Er wollte zurückschlagen, sich befreien. Ein vermutlich mehr unbewusster Prozess, den er kaum steuern oder kontrollieren konnte. Sein sadistisch eingefärbtes Morden war eruptiv, er glaubte, sich auf diese Weise von den mütterlichen Objekten trennen, sie auslöschen zu können. Dies konnte naturgemäß nicht gelingen, weil die Grundproblematik – das gestörte Mutter-Sohn-Verhältnis im Besonderen und die generell konfliktträchtige, zwiespältige, von Verlassenheitsängsten dominierte Beziehung zu Frauen im Allgemeinen – lediglich gemildert, jedoch nicht aufgelöst werden konnte. Aus diesem Grund war er immer wieder losgezogen, von schwelenden, größtenteils geschluckten, aber nicht verdauten »Aggressionen angetrieben«. Auch wenn er etwas anderes behauptet: Er hätte weitergemacht, er hätte aus seiner Sicht weiter morden müssen.

Nach drei Stunden neigte sich unser Gespräch dem Ende entgegen. Die Besuchszeit war abgelaufen. Ich fragte ihn nach seiner Perspektive. Er versicherte mir: »Mit meiner Rolle als Mörder gehe ich verantwortungsbewusst um. Ich möchte begreifen, was mich hierher geführt hat. Irgendwann komme ich raus. Das weiß ich.« Und er beklagte sich: »Früher bin ich als Kind schon auffällig geworden. Da ist mir nicht geholfen worden. Heute passiert dasselbe. Das muss irgendwann mal akzeptiert werden. Ich will das nicht wegdrücken.« Er begann zu weinen. Fünf Minuten verstrichen, er schluchzte still vor sich hin. Ich wusste nicht, warum er dies tat, und ich fragte auch nicht danach. Ich hätte ihm sagen können: »Beginnen Sie damit, sich selbst zu akzeptieren. Bekennen Sie sich zu dem, wer Sie sind, was Sie sind. Beginnen Sie damit, Ihre Vergangenheit aufzuarbeiten. Schonungslos. Auch wenn es wehtut; oder gerade dann, wenn es schmerzt. Dort liegen Ihre Probleme, dort müssen Sie ansetzen. Andernfalls wird sich der Nebel nicht auflösen.«

Ich tat es nicht, sondern schwieg. Man kann es ihm nicht einreden. Zu dieser Erkenntnis muss er selbst gelangen.

Kapitel 10

»Ich bin der Teufel«

Die Vorstellung war aus. Nun stand er auf der Straße. Es war dunkel. Die Bilder in seinem Kopf überschlugen sich. Dann zog er los. Später sollte er sagen: »Wenn in einem Film geküsst wurde, dann habe ich in meiner Fantasie auch geküsst. Wenn ich eine Frau nackt sah, dann wurde ich ganz nervös. Ich stellte mir vor, diese Frau zu besitzen. Oder eine andere, irgendeine; sie schnappen und nicht lange fackeln.«

Gegen 12 Uhr fanden Mitarbeiter der Autobahnmeisterei an der Ausfahrt Karlsruhe-Durlach die Leiche einer Frau: Oberbekleidung und Unterwäsche aufgeschlitzt, zurückgeschlagen, die Beine gespreizt, das Gesicht blutverschmiert. Es war der 26. Februar 1959. Eine Mordkommission der Kripo Karlsruhe begann zu ermitteln. Als Todesursache wurde eine »tiefe Durchschneidung der Kehle« angenommen. Der Obduktionsbefund bestätigte diese Annahme. Das Motiv war eindeutig: »Lustmord«. Nicht sicher war man sich hingegen, ob der Missbrauch vor oder nach der Tötung stattgefunden hatte. »Unbekannte Frau von unbekanntem Täter bestialisch ermordet«, schrieben die *Badischen Nachrichten.*

Erst einige Tage später konnte das Opfer identifiziert werden. Es war Gabriela Kaschner, 49, ledig, alleinstehend. Sie hatte als Kontoristin bei der Gablonzer Schmuckwarenfabrik in Karlsruhe gearbeitet und im Stadtteil Durlach gewohnt. Offenbar war sie auf dem Heimweg angegriffen worden.

Die Fahnder standen zunächst vor einem Rätsel. Wie war die Leiche an den Fundort gebracht worden? Hatte der Täter sie aus einem Auto über die kleine Böschung auf die Wiese geworfen? Oder war die Frau erst an Ort und Stelle ermordet worden? Mehrere Beamte besichtigten den Tatort ein weiteres Mal – und wurden fündig. Längs der Durlacher Allee entdeckte man einen frischen Holzdurchbruch an einer Hecke, von dem eine Schleifspur bis zur Fundstelle führte. Auch wurde ganz in der Nähe ein Fahrrad gefunden: Marke »Wanderer«, Nummer 621129, schwarzer Rahmen mit blauweißen Streifen, schwarze Schutzbleche, aufwärts gebogene Lenkstange, gewölbte Klingel mit der Aufschrift »Falter«, rotbrauner Tourensattel »Weinheim«, Dynamo »Miele«, Scheinwerfer »Pertrix«; die Satteldecke auf der linken Seite aufgerissen, mit einer Schnur am Rahmen befestigt; die Feder des Gepäckträgers etwas nach oben gebogen.

Handelte es sich um das Fahrrad des Mörders? Hatte er es einfach liegen gelassen, weil er gestört worden war oder sich beobachtet gefühlt hatte? Diese wie auch andere Tatversionen wurden in Erwägung gezogen. Doch das Ergebnis blieb unbefriedigend. Der Besitzer des Fahrrades konnte nicht ermittelt werden, der Täter auch nicht.

Am 22. Oktober 1960 legte das Schwurgericht des Landgerichts Freiburg im Breisgau sich auf diesen Tathergang fest: »(...) Von der vergeblichen Suche müde geworden, begab er sich schließlich auf den Heimweg nach Karlsruhe-Durlach, wo er im Fremdenheim ›Knaus‹ wohnte. Er folgte der Durlacher Allee (Bundesstraße 10), als er etwa gegen Mitternacht in Höhe des Schlachthofes auf dem südlichen Bürgersteig die 49-jährige ledige Arbeiterin Gabriela Kaschner allein vor sich hergehen sah. Sogleich entschloß er sich, diese Frau zu überfallen, zu töten und dann geschlechtlich zu mißbrauchen. Durch die lange vergebliche Suche nach einer Frau war seine Gier und seine Entschlossenheit gesteigert. Es machte ihm deshalb nichts aus, daß die vor ihm gehende Frau schon älter zu sein schien. Er folgte ihr über die Autobahnbrücke, auf der die Durlacher Allee die Autobahn Heidelberg–Baden-Baden überquert. Am östlichen Ende der Autobahnbrücke liegt zwischen der Durlacher Allee, der Zufahrtsstraße zur Autobahn und der Autobahn selbst ein dreieckiges grasbewachsenes Feld, das ihm für sein Vorhaben geeignet zu sein schien.

Er sprang die völlig ahnungslose Frau von hinten an, schlang ihr seinen linken Arm fest um den Hals und würgte sie unter Zuhilfenahme der rechten Hand. Ohne den Würgegriff zu lockern, ließ er sich mit ihr nach rechts über eine etwa einen Meter hohe Hecke auf die grasbewachsene Böschung fallen und etwa 4 m weit die Böschung hinunterrollen. Fräulein Kaschner war durch die Wirkung des Griffes bewußtlos oder zumindest benommen. Nunmehr zog der Angeklagte sein Rasiermesser aus der Jackentasche und schnitt der neben ihm liegenden Frau die Kehle durch. Es entstand eine 8 cm lange und weit klaffende Wunde, aus der das Blut spritzte. Fräulein Kaschner war sofort tot. Er wickelte ihr einen Schal um den Hals, weil ihn das herausquellende Blut störte, und zerrte sie an den Händen oder Füßen in die Mitte des erwähnten dreieckigen Feldes. Er bezweckte damit, von allen Seiten möglichst wenig gesehen zu werden und im toten Winkel der Scheinwerferlichter vorbeifahrender Autos zu sein.

Dann schlug er den Mantel der Toten zurück und schnitt ihr mit dem Rasiermesser die Kleider auf, so daß sie nackt vor ihm lag. Er entblößte seinen eigenen Oberkörper, um durch die körperliche Berührung den Geschlechtsreiz zu erhöhen. Das blutverschmierte Gesicht deckte er zu. Er versuchte zunächst, seinen Geschlechtsteil von vorn in die Scheide der Frau einzuführen, was ihm jedoch nicht gelang. Daraufhin drehte er die Leiche um und führte den Geschlechtsverkehr von hinten bis zum Samenerguß durch. Sodann reinigte er seinen Geschlechtsteil mit einem Damenstrumpf, den er für seine erwähnten onanistischen Praktiken mit sich führte, und zog sich an. Beim Weggehen vom Tatort nahm er eine Dose Büchsenmilch, die aus der Tasche der Toten herausgefallen war, an sich, öffnete sie mit dem Tatmesser und trank sie aus. Alsdann begab er sich zum Schlafen in seine Pension.«*

Einen Monat nach dem Mord an Gabriela Kaschner machte Ernst Wolbring sich auf den Weg – von ernsthafter Sorge getrieben. Spät in der Nacht erreichte er den Landespolizeiposten Hornberg (Schwarzwald). Dem diensthabenden Beamten berichtete er sichtlich erregt: »Meine Tochter Katrin ist von ihrer Arbeit noch nicht nach Hause gekommen. Sie treibt sich bestimmt nicht irgendwo herum, ohne dass wir etwas davon wüssten; schon gar nicht mitten in der Nacht. Ich befürchte Schlimmes.«

Wenige Stunden später wurde noch in der Morgendämmerung des Gründonnerstag eine Suchaktion gestartet. Gegen 9 Uhr fand man die Leiche der 18-Jährigen – am Nordausgang von Wolfach im Flussbett der Gutach. Der Tatort lag unmittelbar an der stark befahrenen Bundesstraße 33.

Beim Eintreffen der Freiburger Mordkommission war die an dieser Stelle gestaute Gutach bereits abgelassen worden. Der Leichnam lag auf einer Sand- und Steinbank mit dem Rücken auf dem Flussbett, die Kleider über den Kopf gezogen, die noch vorhandene Unterwäsche teilweise aufgeschlitzt und aufgerissen. Es fehlten jedoch ein grauschwarzkarierter Mohairrock, ein grauschwarzkarierter Unterrock, die Schuhe. Der Mörder musste die Kleidung mitgenommen haben.

Die Fundstelle wurde abgesucht. An einem nahe gelegenen Weg fand man Blutspuren, Haarbüschel und Teile eines zerrissenen Halskettchens. Auch waren Fußspuren zu erkennen, die von der Straße zum Gehweg führten. An einem am Hang zur Gutach stehenden Strauch hingen kleine Gehirnteilchen. Auf der gegenüberliegenden zweieinhalb Meter hohen Böschung und vor einer hölzernen Bauhütte stießen die Ermittler auf Kampf- und Blutspuren, ein blutdurchtränkter Schlüpfer lag auf einem Steinhaufen. Hier musste das Opfer getötet worden sein.

Als »ungewöhnlich« stuften die Ermittler den Tatort ein. Denn: Gegen 21.45 Uhr waren am Tattag in der Nähe des Leichenfundortes Schreie und Hilferufe gehört worden. Der

Täter war ein hohes Entdeckungsrisiko eingegangen, hätte zudem jederzeit durch vorbeifahrende Zeugen beobachtet werden können. Die Schlussfolgerung: Es musste sich um einen »Psychopathen« handeln.

Ein Zeuge konnte ermittelt werden, der berichtete, dass er einen Mann gesehen habe, der in der näheren Umgebung des Tatorts eine kurze Wegstrecke vor dem Opfer hergegangen sei. Die Beschreibung des Unbekannten: 23 bis 25 Jahre alt; zirka 1,68 bis 1,70 Meter groß; untersetzt; langes blondes, zurückgekämmtes, ungepflegtes Haar; glattrasiert; bleiches Gesicht; dunkelbraune »James-Dean-Jacke«; lange dunkle Hose. Der Mörder? Ungewiss. Allerdings musste dieser Mann etwas gesehen oder gehört haben; also ein »wichtiger Zeuge«.

Umfangreiche Ermittlungen wurden durchgeführt. Im Visier der Fahnder: Landstreicher, im engeren beziehungsweise weiteren Bereich des Tatortes eingesetzte in- und ausländische Bauarbeiter, »Psychopathen« aus Hornberg und Umgebung. Nach diesen Suchkriterien wurde auch die Einwohnermeldekartei ausgewertet.

Wenig später konnte in Erfahrung gebracht werden, dass zur Tatzeit im Bereich des Leichenfundortes ein Kleinfahrzeug gesehen worden war. Schnell hatte man den Eigentümer zur Hand, einen verheirateten Omnibusfahrer. Zeugen sagten aus: »Der ist sehr oft mit fremden Frauen unterwegs gewesen.« Und: »Mit seinen ehelichen Pflichten hat er es nicht so genau genommen.« Als »verdächtig« galt der 32-Jährige, nachdem seine Frau der Kripo berichtet hatte, ihr Mann sei in jener Nacht erst nach Mitternacht nach Hause gekommen – mit blutbefleckter Jacke. Es wurde

Haftbefehl erlassen. Indizien hatte man genug, nur keine Beweise. Die Jacke des Verdächtigen war gereinigt, eine Blutgruppenvergleichsuntersuchung somit unmöglich geworden. Und er stritt die Tat vehement ab: »Das war ich nicht!« Schließlich mussten die Fahnder den Mann gehen lassen.

Die Freiburger Richter beurteilten diesen Fall eineinhalb Jahre später so: »(...) Am Abend des 25. März 1959 verließ er gegen 21.30 Uhr seinen Arbeitsplatz, um spazieren zu gehen. Es herrschte regnerisches Nieselwetter. In Hornberg hatte er noch keine Mädchenbekanntschaft gemacht und seit der Ermordung Gabriela Kaschners in Karlsruhe am 26.2.1959 sich nicht mehr geschlechtlich an einer Frau befriedigt. Auf der Hauptstraße sah er in einiger Entfernung die 18-jährige, ihm nicht bekannte Friseuse Katrin Wolbring. Er interessierte sich sofort für sie und hatte den Wunsch, sie geschlechtlich zu gebrauchen.

Wegen der kurz bevorstehenden Osterfeiertage war im Friseurgeschäft Reisinger ungewöhnlich viel Arbeit angefallen, so daß Katrin Wolbring an jenem 25. März 1959, dem Mittwoch vor Ostern, erst spät fertig geworden war. Sie hatte sich dann noch schnell selbst frisieren lassen, bevor sie kurz nach 21.30 Uhr das Geschäft verließ, um nach Hause in ihre elterliche Wohnung in der Hans-Thoma-Straße, die in einer außerhalb der geschlossenen Ortschaft Hornberg liegenden Häusergruppe liegt, zu gehen. Der Angeklagte folgte dem Mädchen durch die Hauptstraße und die Bundesstraße 33 in südlicher Richtung. Er beabsichtigte, es an einer geeigneten Stelle zu überfallen und geschlechtlich zu mißbrauchen. (...)

In Höhe eines Geräteschuppens holte der Angeklagte Katrin Wolbring ein, packte sie während des Überholens plötzlich und für sie völlig unerwartet mit dem linken Arm fest um den Hals, riß sie mit Hilfe der rechten Hand an sich und würgte sie, um sie am Schreien zu hindern. Er schob sie, ohne den Würgegriff zu lockern, über die Straße vor sich her und den grasbewachsenen Zufahrtsweg zum Schuppen hinauf. Er wollte sie hinter den Schuppen zerren, kam jedoch vor dem Tor des Schuppens zwischen einigen großen umherliegenden Steinen mit dem Mädchen zu Fall. Es entspann sich nun ein längerer Kampf, wobei der Angeklagte versuchte, Katrin Wolbring bis zur Bewußtlosigkeit zu würgen. (...)

Das Mädchen wehrte sich verzweifelt und mit letzter Kraft. Sie rang mit dem Angeklagten und stemmte ihre Füße gegen die Tür des Schuppens. An der Mittellatte der Tür entstand dadurch ein Abdruck ihres linken unbeschuhten Fußes, der noch lange Zeit später deutlich zu sehen war. Ihren Schuh hatte sie schon auf dem Weg zum Schuppen verloren. Während des Kampfes beobachtete der Angeklagte unausgesetzt den Verkehr auf der Straße und hielt, flach auf dem Boden liegend, inne, wenn Fahrzeuge oder Fußgänger vorbeikamen. Als er erkennen mußte, daß er allein durch Würgen den Widerstand des Mädchens nicht werde brechen können, packte er mit beiden Händen einen großen Stein und schlug mit aller Kraft auf ihren Kopf ein, um sie auf diese Weise zu töten. Durch einen auf den Hinterkopf treffenden Schlag kam es zu einem Schädelbasisbruch und zur Verletzung des Gehirns, was wiederum eine Luftembolie zur Folge hatte.

Der Angeklagte deckte nun das blutüberströmte Gesicht des bewußtlos gewordenen Mädchens mit ihrem Mantel zu, riß ihre Kleider auf, streifte seinen Pullover hoch, um durch die Berührung der nackten Körper seine Geschlechtslust zu erhöhen, und vollzog an dem nackt vor ihm liegenden, noch unberührten Mädchen den Geschlechtsverkehr bis zum Samenerguß. Während des Verkehrs lebte das Mädchen noch.

Nachdem der Angeklagte sich befriedigt hatte, ordnete er seine Kleider, wobei er, wie zuvor, stets die nahe gelegene Straße beobachtete. Gleichzeitig stellte er einen Fuß auf den Hals des Mädchens und verlagerte das Gewicht auf dieses Bein, um auf diese Weise das verräterische Röcheln der Sterbenden zu unterbinden (er befürchtete, es könne auf der Straße von jemandem gehört werden) und den Eintritt des Todes zu beschleunigen. Nachdem das Röcheln aufgehört hatte und Katrin Wolbring tot war, schleifte er die Leiche die Böschung hinunter auf die Straße und warf sie über einen Zaun hinweg in die 8 m tiefer vorbeifließende Gutach. Er ging dann wieder zum Tatort zurück und holte die dort liegen gebliebenen Kleidungsstücke des Mädchens und einige große blutige Steine, die er ebenfalls in die Gutach warf. Er wollte dadurch die Aufklärung des Mordes erschweren. Sodann ging er wieder in das Hotel ›Bären‹ zurück und legte sich ins Bett. Nach seinen Angaben war es die einzige Tat, die ihn innerlich beunruhigte und in der Tatnacht seinen Schlaf störte.«*

Am 1. Juni 1959 teilte das Landeskriminalamt Baden-Württemberg der Kripo in Freiburg mit, dass im Ferien-Sonderzug D 966 von Hamburg nach Albenga/Italien eine gewisse Doris Köster vermisst werde. Die 21-jährige kaufmännische Angestellte war in ihrem Wohnort Heidelberg zugestiegen, hatte sich einen lang gehegten Traum erfüllen wollen: Urlaub an der ligurischen Mittelmeerküste. Der »Verdacht eines Verbrechens« verdichtete sich, als ermittelt wurde, dass der Zug am 1. Juni gegen 2 Uhr auf freier Strecke in der Nähe von Freiburg gehalten hatte – etwa 500 Meter südlich des Bahnhofs Schallstadt. Durch einen Unbekannten war die Notbremse gezogen worden. Suchtrupps der Bahnpolizei und der Kripo Freiburg wurden losgeschickt, man fand jedoch nichts.

Vier Tage später erhielten die Fahnder in Freiburg einen Anruf. Ein Beamter der Bahnpolizei hatte schlechte Nachrichten: »Wir haben eine weibliche Leiche gefunden; ungefähr 100 Meter nördlich der Haltestelle Ebringen, unterhalb der dortigen Böschung in einem Graben. Wir haben das Gelände abgesperrt und erwarten Sie.«

Die Ermittler fanden den Leichnam in einem etwa 50 Zentimeter tiefen und 30 Zentimeter breiten Wassergraben unweit des Bahndamms zwischen der Böschung und einem Feldweg; nach vorne geneigt, auf den Knien liegend, Rücken und Gesäß entblößt. Gras und ein weißer Perlonunterrock bedeckten den Rest des toten Körpers. Die Leiche wurde freigelegt. Teile der Unterwäsche waren zerrissen worden, das dunkle Wollkleid hatte der Täter nach unten aufgeschlitzt. An dem sonst nackten Körper stellten die Kriminalisten neben komplizierten Knochenbrüchen am linken Ober- und Unterschenkel oberhalb des Brustbeins einen tiefen Messerstich im Hals fest, der bis zur Wirbelsäule reichte. Beim Absuchen des Fundorts stieß man auf eine Schleifspur, die von der Mitte des Bahnkörpers bis zum Opfer führte. Zwischen Graben und Leiche lag eine kleine weiße Damenhandtasche, leer; daneben zwei schwarze Damenpumps. Der Ablageort befand sich etwa zwei Kilometer nördlich von der Stelle, an dem der Zug zum Halten gebracht worden war. Man vermutete, dass es sich bei der Toten um die Vermisste handeln dürfte. Wenig später folgte die Bestätigung: Hans Köster identifizierte seine Tochter.

Noch am selben Tag wurde obduziert. Die Gerichtsmediziner stellten »vitale und postmortale« Verletzungen fest und gingen davon aus, dass das Opfer »bereits im Zug« getötet und danach sexuell missbraucht worden sei.

Die Fahnder traten zunächst auf der Stelle. Über den Täter wusste man nichts, potentielle Zeugen hielten sich in Italien auf. Man wandte sich an die Presse, Lautsprecherwagen fuhren durch Freiburg und Umgebung. Die Bevölkerung sollte mithelfen. Schließlich ein erster Hinweis: Zeugen hatten beobachtet, wie ein Mann aus dem noch fahrenden Zug ausgestiegen und über die Bahnböschung verschwunden war. Eine Beschreibung des mutmaßlichen Mörders gab es indes nicht. Es war zu dunkel gewesen.

Doris Köster hatte im Wagen 405 gesessen. Dort musste sie ihrem Peiniger begegnet sein. Dort musste ein Kampf stattgefunden haben. Dort würden Spuren zu finden sein. Hoffnung keimte auf, die schon bald seifenblasengleich zerplatzen sollte. Der Wagen hatte in der Zwischenzeit drei weitere Umläufe absolviert, war mehrfach gereinigt worden. Wieder nichts.

Über das Bundeskriminalamt wurde Interpol Rom eingeschaltet. Zeugenvernehmungen sollten vorbereitet werden. Zwei Beamte der Freiburger Mordkommission machten sich auf den Weg. Zunächst vernahmen sie zwei Mitreisende aus der Pfalz. Sie hatten gesehen, wie der mutmaßliche Täter die Böschung hochgelaufen war. Ihre Beschreibung des Mannes war dürftig: 25 bis 28 Jahre alt, zirka 1,75 Meter groß, welliges Haar, dunkler Anzug. Auch wurden die beiden Freundinnen des Opfers befragt. Sie gaben an, zunächst mit Doris in einem Abteil gesessen zu haben. Auf Anweisung des Schaffners hätten sie dann aber das Abteil verlassen müssen, weil andere Reisende für ihre Plätze zu erwarten gewesen seien. Diese und andere Aussagen blieben schemenhaft, unkonkret, brachten die Ermittler nicht weiter. Enttäuscht kehrten sie zurück.

Schließlich wurden der Reiseführer und die eingesetzten Zugbegleiter nach Freiburg beordert, dort vernommen. Der Reiseleiter gab zu Protokoll: »Mir ist ein Mann aufgefallen. Der saß in meinem Dienstabteil. Als ich ihn fragte, was er dort zu suchen habe, sagte er, die Gegend betrachten zu wollen.« Der Schaffner des Wagens 405 berichtete, er sei von einem Mann in ähnlicher Weise angesprochen worden: »Er bat mich um die Zuweisung eines leeren Abteils, um sich die Gegend anschauen zu können. Als Begründung gab er an, nicht schlafen zu können und die anderen Mitreisenden nicht stören zu wollen.« Die von den Zeugen abgegebene Beschreibung des ominösen Unbekannten stimmte größtenteils mit den Angaben der Ferienreisenden aus der Pfalz überein. Also mussten sie dem vermeintlichen Mörder begegnet sein. Das Dumme dabei: Er war nicht kontrolliert worden, man hatte ihn einfach gehen lassen. Die Ermittlungen wurden weitergeführt; zunächst ohne zählbaren Erfolg.

In der vom 3. bis zum 22. Oktober 1960 durchgeführten Hauptverhandlung kam Licht ins Dunkel. Nach Auffassung des Freiburger Schwurgerichts hatte die Tat sich so zugetragen: »(...) Im Laufe des 31.5.1959 hielt er sich in Frankfurt/Main auf und besuchte mehrere Kinoveranstaltungen, durch die seine geschlechtliche Fantasie angeregt wurde. Nach Beendigung der letzten Veranstaltung begab er sich zum Hauptbahnhof, wo er sich die Abfahrtszeiten für Sonderzüge anschaute. Da er für die Nacht kein Obdach hatte und schon mehrmals Schwarzfahrten unternommen hatte, überlegte er sich, mit einer Bahnsteigkarte in einen Feriensonderzug zu gelangen und die Nacht über darin mitzufahren. Er wußte aus seiner Tätigkeit als Zugpage bei dem Reiseunternehmen Scharnow-Hummel, daß die Sonderzüge gewöhnlich etwa um 10 Uhr abends Frankfurt passieren. Um 22.10 Uhr verließ der Alpen-See-Express mit der Zug-Nr. 952 den Hauptbahnhof mit dem Reiseziel Rosenheim. Der Angeklagte löste sich eine Bahnsteigkarte und stieg in diesen Zug ein.

Noch bevor er sich zu dieser Schwarzfahrt entschlossen hatte, hatte er in Frankfurt den Gedanken erwogen, eine Frau aus einem fahrenden Zug zu werfen, dann den Zug durch Ziehen der Notbremse zum Stehen zu bringen und danach das Opfer aufzusuchen und sich an ihm geschlechtlich zu befriedigen. Im Alpen-Express lief er mehrmals durch alle Wagen und schaute sich nach einem Mädchen um. Da der Zug stark besetzt war und er zudem befürchtete, aufgefallen zu sein, stieg er um 23.25 Uhr in Heidelberg wieder aus. Er wartete dort auf den Scharnow-Hummel-Express, Zug-Nr. D 966, der an die italienische Riviera fuhr und etwa eine halbe Stunde später in Heidelberg eintraf.

Zusammen mit etwa 30 Personen stieg er in diesen Zug ein. Er wählte zunächst den letzten Wagen, für den – was er aus seiner früheren Tätigkeit bei Scharnow-Hummel wußte – keine Platzkarten ausgegeben waren, und begab sich im Laufe der Fahrt nach vorne auf der Suche nach einem Mädchen. Im Wagen 405 fiel ihm die 21-jährige Doris Köster auf, die sich alleine in einem noch beleuchteten Liegeabteil befand, aber offenbar am Einschlafen war. (...)

Der Angeklagte ging zunächst in das Abteil von Frau Köster und schaltete das Licht aus, so, als ob er der Zugpage sei. Danach setzte er sich zunächst in ein anderes Zugabteil. Er war auf seiner Wanderung durch den Zug mehreren Zugpagen begegnet, wurde jedoch, da er selbstsicher auftrat, nicht kontrolliert. Als der Zug um 2.20 Uhr den Bahnhof von Freiburg verließ, huschte der Angeklagte wieder in das Abteil der Doris Köster und legte sich dort auf einer Liege nieder. Gleich darauf stand das Mädchen auf, um auf die Toilette zu gehen. Der Angeklagte folgte ihr.

Er befürchtete zunächst, man habe dem Mädchen ein Abteil für sich alleine zugesagt und sie wolle sich nun beim Zugpagen darüber beschweren, daß der Angeklagte in ihrem Abteil Platz genommen habe. Als er jedoch die vordere Toilette des Wagens abgeschlossen fand und sich sein Verdacht als unbegründet erwies, entschloß er sich, seinen vorher erwogenen Plan zu verwirklichen und das Mädchen aus dem Zug zu werfen. Um sein Vorhaben zu erleichtern, schraubte er eine der beiden Glühbirnen heraus, die die Plattform erleuchteten, und lockerte die zweite, so daß auch sie verlöschte. Dann öffnete er die neben der Toilette in Fahrtrichtung links (östlich) gelegene Wagentür, die durch den Fahrtwind an den Wagen angelehnt blieb, und stellte sich an die gegenüberliegende Wagentür, um den Gang beobachten zu können. Als Fräulein Köster nichts ahnend aus dem Abort herauskam und in den dunklen Gang hinaustrat, ging er auf sie zu, als ob er selbst auf die Toilette wolle, versetzte ihr dann aber plötzlich mit beiden Händen einen wuchtigen Stoß gegen die Brust, so daß sie gegen die nur angelehnte Wagentür fiel. Diese öffnete sich und Doris Köster fiel mit einem lauten Schrei hinaus. Der Zug befand sich in diesem Augenblick 7,4 km von Freiburg entfernt in der Nähe des Bahnhofes Ebringen und fuhr mit einer Geschwindigkeit von ca. 100 km/h.

Das Mädchen prallte zunächst gegen die Außenwand des Wagens, schlug dann zwischen den Gleisen auf Schotter auf, wurde dreimal durch die Luft gewirbelt und blieb nach etwa 47 m schwerverletzt liegen. Der 6. Halswirbel war gebrochen und das Rückenmark gequetscht. Ferner waren der linke Oberschenkel und der rechte Ellenbogen gebrochen, das rechte Fußgelenk war auseinandergerissen und das Steißbein zertrümmert. Der ganze Körper war mit ausgedehnten, zum Teil tieferen Verletzungen der Haut und mit Blutunterlaufungen bedeckt.

Der Angeklagte eilte in den übernächsten Wagen in Richtung Zugende und zog dort die Notbremse. Als der Zug kurz nach dem Bahnhof Schallstadt zum Stehen gekommen war, verließ ihn der Angeklagte und ging auf dem Bahndamm zurück, um das Mädchen, von dem er annahm, daß sie tot sei oder im Sterben liege, zu suchen. Beim Verlassen des Zuges wurde er zwar von Reisenden gesehen, man hielt ihn jedoch für einen blinden Passagier und schenkte der Sache keine größere Beachtung. Nach einem kurzen Aufenthalt fuhr der Zug weiter. Das Verschwinden der Doris Köster wurde erst am Morgen entdeckt.

Nach etwa einer halben Stunde fand der Angeklagte das Mädchen bewußtlos, aber noch heftig stöhnend zwischen den Gleisen liegend. Er zog sein feststehendes Messer (Hirschfänger) aus der Tasche und stieß es ihr in Tötungsabsicht in den Hals. Sie erlitt dadurch eine Luftembolie, an der sie unmittelbar darauf gestorben ist. Er schleifte sie sodann den Bahndamm hinunter und legte sie auf einen parallel zur Bahnlinie am Fuß der Böschung entlang führenden grasbewachsenen Feldweg. Dort (möglicherweise auch schon auf dem Bahndamm) schnitt er ihr die Kleider auf und rollte ihre Nylonstrümpfe herunter, so daß sie nackt vor ihm lag. Er selbst entkleidete sich so weit, daß sein Oberkörper entblößt war, und vollzog den Geschlechtsverkehr an der Toten bis zum Samenerguß. Danach legte er die Leiche in einen am Bahndamm entlang führenden Wassergraben und deckte sie mit Gras zu, um ein Auffinden zu erschweren. Es dämmerte schon, als er den Tatort wieder verließ. Zuvor nahm er noch einige der Doris Köster gehörende Gegenstände, einen Kamm, eine Uhr und einen kleinen Geldbetrag, an sich.«*

Es war eine furchtbare Nacht für die Eltern Leuze, als sie Stunde für Stunde auf ihre Tochter warteten. Vergeblich. Rita, gerade 16 geworden, war sonst immer pünktlich gewesen. Sie arbeitete als kaufmännischer Lehrling in einem Möbelgeschäft in Baden-Baden, fuhr jeden Tag über Rastatt nach Ötigheim und von dort nach Hause zu ihren Eltern. Anfangs hoffte ihr Vater noch, sie sei vielleicht von Kolleginnen überredet worden, mit ins Kino zu gehen. Aber Gerda Leuze widersprach: »Das tut Rita nicht. Wenn ihr nur nichts passiert ist. Man liest ja jeden Tag von Straßenunfällen in der Zeitung.« Den Gedanken, die Befürchtung, Rita könnte einem Verbrechen zum Opfer gefallen sein, schoben ihre Eltern geflissentlich beiseite; eine grauenhafte Vision, an die sie sich nicht heranwagen wollten. Als Rita in den Morgenstunden des 9. Juni 1959 immer noch nicht heimgekehrt war, wurde es den Eltern zu viel. Sie schickten ihren Sohn Klaus nach Rastatt. Bei der Kripo sollte er eine Vermisstenanzeige erstatten.

Unverzüglich wurde eine Fahndung eingeleitet. Es konnte schnell ermittelt werden, dass Rita am Vorabend im Bahnhof Rastatt letztmals gesehen worden war. Das Mädchen musste demnach dort ausgestiegen sein. Vermutlich hatte sie den restlichen Heimweg zu Fuß zurücklegen wollen. Unter Einsatz von Fährtenhunden wurde das gesamte Waldgebiet zwischen Rastatt und Ötigheim durchkämmt. Die Suchaktion hatte Erfolg. Gegen 17.10 Uhr fand man Ritas Leiche. Zwei Beamte der Kripo Rastatt überbrachten die Todesnachricht. Es traf die Familie wie ein Keulenschlag. Nichts würde mehr so sein wie bisher. Gerda Leuze erlitt einen Nervenzusammenbruch, Vater und Bruder kümmerten sich um sie, riefen den Hausarzt. An die Kriminalisten richteten sie wenig später bohrende Fragen: »Warum Rita?« »Wer hat uns das angetan?« Dann der flammende Appell: »Schnappen Sie diesen Unmenschen!«

Rita wurde im hohen Waldgras eines Mischgehölzes gefunden: mit gespreizten Beinen, auf dem Rücken liegend, die Kleidung vollständig von oben nach unten aufgeschnitten, an beiden Seiten des Körpers zurückgeschlagen. Am Hals der Leiche waren deutliche Würgemerkmale zu sehen, der Kehlkopf zeigte eine eher oberflächliche kleine Schnitt- oder Stichverletzung. Unterleib und Unterwäsche waren blutbesudelt, die Schamhaare mit Sperma befleckt. 24 Meter von der Leiche entfernt fand man Schulhefte, Klassenbücher und die braune Aktenmappe des Mädchens. Es fehlten die Geldbörse und ein Damenknirps. Als Tatzeit wurde 18.30 bis 19.30 Uhr angenommen.

Ein Zeuge meldete sich und berichtete, einen Mann zu dieser Zeit im näheren Bereich des Tatorts gesehen zu haben. Er konnte den mutmaßlichen Täter jedoch nur vage beschreiben: 25 bis 30 Jahre alt, etwa 1,70 Meter groß, dunkles Haar, schlank.

Bis dahin waren – abgesehen von dem Fall in Karlsruhe – binnen kurzer Zeit drei Sexualmorde im Großraum Südbaden begangen worden. Von demselben Täter? Die Ermittler suchten nach Übereinstimmungen – und fanden sie: das Würgen und Stechen, das Aufschlitzen der Kleidung, das vollständige Entblößen der Leichen, die Vergewaltigungen beziehungsweise der sexuelle Missbrauch, das Alter der Opfer. Aber es gab auch beachtenswerte Abweichungen. Die Opfer waren erwürgt, erschlagen und aus dem Zug geworfen worden, die Tatorte lagen bis zu 100 Kilometer auseinander. Und es gab Beschreibungen des beziehungsweise der Täter, die teilweise erheblich voneinander abwichen. Dennoch: Man verständigte sich auf einen Serientäter, »rücksichtslos, primitiv, sadistisch«, möglicherweise auch

»fetischistisch veranlagt«. Zahlreiche Verdächtige wurden kassiert, die einer der Täterbeschreibungen ähnelten und durch »Notzuchtsdelikte« aufgefallen waren. Doch alle mussten sie wieder freigelassen werden. Nach wie vor lastete ein erheblicher Druck auf den Ermittlern, die Bevölkerung Südbadens verlangte nach schneller Aufklärung dieser »beunruhigenden Triebverbrechen«.

18 Monate später erkannte das Schwurgericht in Freiburg auf diesen Tathergang: »(...) Am Nachmittag des 5. Juni 1959 legte er sich, nach vergeblicher Verfolgung einer anderen Frau, im Walde zwischen Ötigheim und Rastatt in der Nähe eines vielbegangenen Waldweges, des sogenannten Tellweges, auf die Lauer in der Absicht, eine Frau zu überfallen. Die erwartete günstige Gelegenheit bot sich ihm jedoch lange nicht, da die Mädchen und Frauen immer in Gruppen vorbeikamen. Der Anblick dieser Frauen steigerte seine geschlechtliche Erregung so sehr, daß er sich schließlich selbst befriedigte.

Nachdem er stundenlang gewartet hatte und schon im Begriff war, sein Vorhaben aufzugeben, kam gegen 18.30 Uhr aus Richtung Rastatt die 16-jährige Rita Leuze aus Ötigheim allein zu Fuß des Weges. (...) Der Angeklagte ging zunächst ein Stück weit in ihrer Wegrichtung, trat dann auf den Weg hinaus und ging dem Mädchen entgegen, als ob er von Ötigheim käme. Als er in gleicher Höhe mit ihr war, trat er plötzlich auf sie zu, faßte sie, für sie völlig unerwartet, mit dem linken Arm fest um den Hals, zog den Arm unter Zuhilfenahme seiner rechten Hand kräftig an sich und würgte das Mädchen, damit sie nicht schreien konnte. Er zerrte sie dann, ohne den Würgegriff zu lockern, in den

Wald, zeigte ihr seinen Dolch und forderte sie auf, sich ›ficken‹ zu lassen. Als das Mädchen sich weiter wehrte, schleppte sie der Angeklagte weiter in den Wald hinein. Nach etwa 50 m gelang es ihr, sich zu befreien.

Sie ließ ihre Aktentasche fallen, die sie noch immer in der rechten Hand gehalten hatte, und flüchtete auf den Weg zu. Nun kannte er kein Erbarmen mehr. Trotz flehentlicher Bitten des Mädchens, sie in Ruhe zu lassen, würgte er sie mit aller Kraft, bis sie keinen Widerstand mehr leistete und Arme und Beine schlapp hängen ließ. Schon in diesem Zeitpunkt rechnete er mit dem Tod des Mädchens als möglicher Folge seines Würgens. Er knöpfte sodann der Bewußtlosen das vorne durchgehend zugeknöpfte Sommerkleid auf, schnitt ihr mit seinem Dolch den Unterrock, das Hemd, den Büstenhalter, den Strumpfhalter und den Schlüpfer auf und zog ihr die Strümpfe bis an die Knie herunter. Nachdem er sich selbst teilweise entblößt hatte, um durch die Berührung der nackten Körper den Geschlechtsreiz zu erhöhen, vollzog er an dem bis dahin noch unberührten Mädchen den Geschlechtsverkehr.

Während dieses Geschehens kam Rita Leuze wieder zu sich. Sie öffnete die Augen und sah den Angeklagten groß an, ohne etwas zu sagen. Als dieser das bemerkte, drückte er ihr sofort mit beiden Händen, nun in direkter Tötungsabsicht, nochmals den Hals zu, ohne hierbei den Geschlechtsverkehr zu unterbrechen, bis sich ihr Gesicht blau verfärbte und sie starb. Nachdem er sich bis zum Samenerguß befriedigt hatte, versetzte er ihr mit dem Hirschfänger einen leichten Stich in den Hals, um sich zu vergewissern, daß sie auch wirklich tot sei. Es kam jedoch kein Blut mehr.

Hätte das Mädchen noch gelebt, dann hätte er, so wie er angibt, an ihr später nochmals den Geschlechtsverkehr vorgenommen.

Der Angeklagte, der während der gesamten Tatausführung in Richtung Tellweg nach Gefahr Ausschau hielt, kleidete sich wieder an und suchte nach der Aktentasche des Mädchens, in der er Geld vermutete. Der Gedanke, die Tasche nach etwas Brauchbarem zu durchsuchen, kam ihm erst jetzt. Er leerte sie aus und nahm einen fast leeren Geldbeutel, eine Tüte Bonbons, einen Damenschirm und das Buch ›Die unsichtbare Flagge‹ mit. Er ging dann wieder zum Tellweg zurück, nahm das gestohlene Fahrrad, fuhr ein Stück in Richtung Rastatt und legte sich unweit des Tatortes im Wald nieder, um sich auszuruhen. Nach Einbruch der Dunkelheit fuhr er in Richtung Baden-Baden weiter.«*

Am 19. Juni 1959 erhielt der Landespolizeiposten Hornberg einen Anruf. Gegen 10.30 Uhr teilte der Schneidermeister Friedhelm Koller mit: »Einer meiner Kunden, mir bekannt unter dem Namen Wolfgang Krähling, hat vor einigen Monaten einen Anzug, eine Hose und eine Jacke bei mir bestellt und heute morgen abgeholt. Nach dem Bezahlen zog er die neuen Sachen gleich an, ließ die alten Klamotten aber in meinem Geschäft zurück. Er sagte, er wolle sie später abholen. Meine Gehilfin wurde neugierig, weil das Paket so schwer war. Sie hat es abgetastet, die Verpackung schließlich aufgerissen. Zum Vorschein kam ein am Lauf verändertes Kleinkalibergewehr. Ich habe von dem Einbruch in das Waffengeschäft in Baden-Baden in der Zeitung gelesen und halte es für meine Pflicht, Ihnen dies mitzuteilen. Herr Krähling hält sich wohl noch in der Stadt auf.«

Unverzüglich machte sich ein Beamter auf den Weg. Er sollte das Paket sicherstellen und den Kunden ausfindig machen. Polizeiobermeister Bernhard Schmidt, der einen prächtigen Kugelbauch vor sich hertrug, ließ sich den Kunden nochmals genau beschreiben. Als der Ordnungshüter auf der Hauptstraße in Hornberg wenig später nach dem Gesuchten Ausschau hielt, verließ dieser – Kommissar Zufall wollte es so – einen Friseurladen. Schmidt stellte den Mann: »Herr Krähling, kommen Sie mit auf die Dienststelle. Es geht um Ihr Gewehr. Wir müssen uns mal darüber unterhalten.« Krähling sagte nichts, lächelte nur und folgte dem Beamten – bis zur nächsten Straßenkreuzung. Dort flüchtete er. Schmidt lief hinterher: »Stehenbleiben, Sie sind festgenommen!« Krähling begann zu spurten; Schmidt auch, so gut es ging. Aber Krähling war schneller, der Abstand wurde größer.

Nun hatte Kommissar Zufall wieder seine Hände im Spiel. Kurt Blocher, Polizeimeister in Hornberg, machte gerade seine Pause, schlürfte eine Tasse Tee und schaute aus seinem Bürofenster. Plötzlich sah er Krähling Richtung Bahnhof laufen; etwa 200 Meter dahinter sein Kollege. Kurz entschlossen hastete Blocher zu seinem Motorrad und raste zum Bahnhof. Zu dieser Zeit war Gerhard Nölle, 45-jähriger Schausteller, damit beschäftigt, seine Bude für den kommenden Sonntag auszustatten. Aufmerksam wurde er, als ein junger Bursche heranstürmte und versuchte, das Dach der benachbarten Baracke zu erklimmen. Sekunden später sah er den Polizisten heranbrausen, von seinem Motorrad springen und auf die Baracke zustürzen. Gerhard Nölle ahnte, was sich vor seinen Augen abspielte: eine Verfolgungsjagd. Mit zwei Schritten war er bei der Baracke, griff beherzt zu, zerrte den Flüchtenden zu Boden. Der wehrte sich heftig, begann zu schlagen, zu treten. Schließlich war Polizist Blocher rechtzeitig zur Stelle, verpasste dem nun Verdächtigen einen kräftigen Hieb ins Genick. Der taumelte. Dann klickten die Handschellen.

Der Postenführer in Hornberg meldete diesen Vorfall seiner vorgesetzten Behörde in Freiburg. Denn Wolfgang Krähling hatte gestanden; nicht den Einbruch in Baden-Baden, aber einen Raubüberfall auf einen Schalterbeamten des Bahnhofs in Karlsruhe-Durlach, einen Tag zuvor. Reumütig hatte der 22-jährige Hilfsarbeiter erklärt: »Jawohl, das mit dem Kassierer bin ich gewesen.« Der Leiter der Kriminalhauptstelle in Freiburg erfuhr hiervon, als er sich auf einer Dienstreise in Baden-Baden befand. Horst Klose, Kriminalhauptkommissar, erschien wenige Stunden später in Hornberg. Auf den 49-Jährigen machte Krähling äußerlich einen durchaus gepflegten, ja sogar einen guten Eindruck. Aus dem Protokoll: »(…)

Scheinbares Alter:	25 Jahre
Größe:	179 cm ohne Schuhe – 183 cm mit Schuhen
Gestalt:	schlank, muskulös
Kopfform:	oval, hohe Form
Gesichtsform:	länglich, hager, hervorstehende Backenknochen, eingefallene Wangen
Gesichtsfarbe:	blaß, leicht gebräunt
Haare:	mittelblond, glatt nach hinten gekämmt, ohne Scheitel, lang
Bart:	glattrasiert

Augen:	blaugrau
Augenbrauen:	dunkelblond, zusammengewachsen, dicht, schmal
Stirn:	zurückweichend, hoch
Kinn:	zurückweichend, breit mit Grübchen
Spricht:	Schrift- und Plattdeutsch.«

Krähling ließ keinerlei Anzeichen von Hektik erkennen. Bereitwillig, ruhig und gelassen wiederholte er Horst Klose gegenüber seine Aussage. Trotzdem wurden einige Tage später auf Veranlassung der Freiburger Mordkommission die in dem Paket gefundenen alten Kleider auf Spuren untersucht. Mit Erfolg: Man fand eingetrocknete Blutspuren an der Innenseite eines Ärmels und verschiedene Haare an der Innenseite seiner Hose. Und: Krähling war in Hornberg in jenem Friseursalon gewesen, in dem Katrin Wolbring gearbeitet hatte. Die 18-jährige war drei Monate zuvor ermordet worden. Zufall? Niemand wusste darauf eine Antwort. Dennoch musste in Betracht gezogen werden, dass Krähling auch mit den ungeklärten Frauenmorden in Verbindung gebracht werden könnte. Bisher hatte man eine Reihe von Verdächtigen gehabt. Aber keiner war so »gut« gewesen.

Zunächst wurde Krähling zu seinen Aufenthaltsorten in den vergangenen sechs Monaten befragt. Seine Angaben glichen einer Offenbarung. Die Beamten der Mordkommission konnten feststellen, dass der Verdächtige sich überall dort herumgetrieben hatte, wo in der jüngeren Vergangenheit im Bereich Nord- und Südbaden Morde, Sexualverbrechen und Raubüberfälle verübt worden waren. Das war mehr, als man zu hoffen gewagt hatte. Und es kam noch besser: Gisela Peters, sie war in der Nacht des 30. Mai 1959 in ihrer Wohnung in Singen überfallen und gewürgt worden, tippte auf ein ihr vorgelegtes Foto: »Der war's. Ganz bestimmt!« Die 18-jährige Abiturientin hatte Krähling zweifelsfrei identifiziert. Der mutmaßliche Serienräuber, -vergewaltiger und -mörder wurde nach Absprache mit der Staatsanwaltschaft Offenburg nach Freiburg überführt, dort in der Untersuchungshaftanstalt untergebracht. Erste Vernehmungen durch Heinrich Droste, den Leiter der Freiburger Mordkommission, brachten keine neuen Erkenntnisse. Allerdings war deutlich geworden, dass Krähling lediglich durch zweifelsfreie Beweise ein Geständnis zu entlocken sein würde. Man hatte es offenbar mit einem intelligenten Burschen zu tun, der sich hinter der Fassade des bescheidenen, kleinen Ganoven verschanzte.

Heinrich Droste kam eine Idee. Krähling sollte Zeugen gegenübergestellt werden, die ihn im Ferien-Sonderzug D 966 gesehen hatten. Es bestand berechtigte Hoffnung, dass sie ihn als jenen Mann würden identifizieren können, der Doris Köster aus dem Zug gestoßen und anschließend umgebracht hatte. Ausgewählt wurden der Reiseleiter und der Schaffner des Wagens 405. Die Gegenüberstellung erfolgte auf der Polizeiwache des Freiburger Bahnhofs. Krähling war ahnungslos. Die Zeugen musterten vier Männer, darunter der Verdächtige. Das Ergebnis war niederschmetternd: Keinem der beiden kam einer der Männer »irgendwie bekannt« vor. Aber Krähling zeigte erstmals Zeichen von innerer Anspannung und Nervosität, wogte mit dem Oberkörper hin und her, vergrub seine Hände in den Hosentaschen. Ähnliche Reaktionen zeigte er, als ihm noch am selben Tag Kopf- und Schamhaare entnommen wurden. Er war sichtlich beeindruckt, er schien sich vor etwas zu fürchten, er wirkte niedergeschlagen.

Mit den Mordfällen hatte man ihn bislang noch nicht konfrontiert. Dies erschien angesichts der dürftigen Beweislage auch nicht ratsam. Er würde alles abstreiten. Aus diesem Grund sollte zunächst ein Vertrauensverhältnis aufgebaut werden. Georg Brüderle, 54, ein erfahrener Kriminalist, wurde damit beauftragt, die Vernehmung fortzuführen. Er, der bereits seit 22 Jahren der Mordkommission angehörte, ließ Krähling zunächst über Kindheit, Jugend und Elternhaus erzählen. Ruhig, höflich und aufgeschlossen plauderte Krähling drauflos. Er berichtete von einer freudlosen und »liebeleeren« Kindheit. Seine Mutter habe sich um ihn und Hilde, seine Schwester, »so gut wie gar nicht« gekümmert. Auch habe er seinen Vater, Soldat bei der Wehrmacht, »kaum« gesehen, nur zweimal während eines Fronturlaubs. Die Ehe wäre »denkbar schlecht« gewesen und bald nach dem Krieg geschieden worden. Mit seiner zwei Jahre jüngeren Schwester zu den Großeltern »abgeschoben«, habe er dort mit ihr in einem Bett schlafen müssen. Die Folge: »Ich habe sie befummelt. Mir war dabei nicht bewusst, dass ich etwas Unrechtes tue.« Die Konsequenz: »Hilde kam ins Heim.«

Dann erzählte er von seiner Flucht aus der sowjetisch besetzten Zone in die Bundesrepublik. 1953 war das. »Da war keine Liebe«, erklärte er, »ich fühlte mich innerlich verlassen. Außerdem war mir der Boden zu heiß geworden. Ich hatte einige Diebstähle begangen, wollte auch zu meiner Mutter in die Schweiz. Sie hatte wieder geheiratet.« Für die »Verfehlungen« machte er seine »elende Jugend« verantwortlich. »Keine richtige Erziehung, kein Elternhaus, keine Elternliebe«, das habe ihn »auf die schiefe Bahn« gebracht. Schließlich gestand er eine Reihe von Raubüberfällen und versuchten Vergewaltigungen, die nur wenige Monate zurücklagen. Gleichwohl gewann nicht nur Georg Brüderle den Eindruck, als wollte Krähling sich durch das Einräumen dieser Taten »aus der Schusslinie« bringen, das Bild des geständigen und reumütigen Gelegenheitsganoven aufrechterhalten. Denn den Mordversuch in Singen hatte er verschwiegen. Er wusste nämlich nicht, was sein Gegenüber wusste: dass er bereits überführt war.

Immer noch erschien es zu früh, ihn mit den Morden zu belasten. Georg Brüderle bezog sich zunächst auf den Zeitraum vom 15. November 1958 bis 28. Februar 1959. In den Nachtstunden des 17. November war an einem Bahndamm in Karlsruhe-Durlach eine 36-Jährige bis zur Bewusstlosigkeit gewürgt und vergewaltigt worden. Krähling leugnete: »Damit habe ich nichts zu tun!« Brüderle ließ nicht locker. Eine halbe Stunde später war es so weit, Krähling gestand. Ohne jede erkennbare Erregung schilderte er, wie er sein Opfer überfiel, von der Straße fortzerrte, sich mit der Frau die Böschung des Bahndamms hinunterrollen ließ, das Opfer bis zur Bewusstlosigkeit würgte. Anschließend habe er der Frau die Kleider auseinander gerissen, sie missbraucht. »Warum?«, wollte Brüderle wissen. »Ich habe mir an diesem Abend im Kino einen Film angesehen«, erklärte er, »danach war ich so erregt, dass ich nicht mehr gewusst habe, was ich tat.«

Brüderle witterte Morgenluft. Jetzt! Der Zeitpunkt war

günstig. Der Mordversuch in Singen. Würde er auch diese Tat einräumen? Zunächst dasselbe Spiel: »Nein!« Er stritt alles ab. Brüderle gab nicht nach, las aus dem Vernehmungsprotokoll der Gisela Peters vor, die ihn als Täter identifiziert hatte. Wieder kein Wirkungstreffer. Krähling blieb stumm.

Pause. Zeit zum Verschnaufen. Brüderle zog währenddessen eine alte Zeitung aus den Akten hervor und faltete sie so auseinander, dass Krähling die fettgedruckte Schlagzeile lesen konnte: »Mutmaßlicher Sexualmörder gefasst!« Brüderle provozierte: »Du liest doch sicher auch Zeitungen, oder?« – »Ich weiß, was Sie wollen«, entgegnete Krähling und lächelte gequält, »aber da sind Sie bei mir auf der falschen Spur!«

So ging es weiter:

Brüderle: »Nun, wenn du es weißt, rührt sich da nicht wenigstens dein Gewissen?«

Krähling: »Nein! Warum? Ich habe mit den Morden nichts zu tun!«

Brüderle: »Du hast jetzt bereitwillig eine Menge verschiedener Straftaten eingestanden. Ist das wirklich alles oder hast du noch mehr auf dem Kerbholz? Es kommt nun auf eine mehr oder weniger nicht an!«

Krähling: »Es könnte sein, dass ich noch einige Notzuchtsversuche begangen habe, an die ich mich momentan nicht erinnern kann.«

Brüderle wechselte das Thema, fragte ihn nach den Vorkommnissen in Hamburg. Das war 1957 gewesen. »Du hast ja schon allerlei Streiche aus dieser Zeit eingestanden und auch von einer Gefängnisstrafe erzählt. Vielleicht fällt dir noch etwas aus den Sommermonaten ein?«

Krähling stutzte einen Moment, fixierte sein Gegenüber. Dann: »Im Sommer 1957? Ja, da war ich als Wagenpage von Juni bis Ende August bei der Reisegesellschaft Scharnow-Hummel, aber da habe ich nichts verbrochen, obgleich von anderen Angestellten oft Wein und Schoko aus Italien und der Schweiz geschmuggelt wurden.«

Brüderle: »Warum hast du den sicher nicht schlechten Posten bei dieser Firma wieder aufgegeben?«

Krähling: »Man hat mich entlassen, weil ich Decken für die Nachtfahrten den Passagieren ohne Quittung ausgeliefert habe.«

Wieder ein Indiz. Krähling kannte also den Betrieb und die Abläufe in Ferien-Sonderzügen. Hatte er sich dieses Insiderwissen bei dem Mord an Doris Köster im Juni 1959 bei Ebringen zunutze gemacht?

Brüderle setzte nach: »Sieh mal, Wolfgang, das ist schon ganz interessant. Nun wollen wir uns aber einmal über den Winter 1958/59 unterhalten; ich meine die Zeit nach dem Notzuchtsverbrechen an Birgit Groll, das du ja auch zuerst geleugnet hast, bis ich deinem Gedächtnis etwas nachgeholfen habe. Du hast doch bis Ende 1959 in Karlsruhe gearbeitet. Karlsruhe-Durlach, die Nacht vom 26. zum 27. Februar 1959 an dem so genannten Dreieck! Erinnerst du dich? Die ermordete und vergewaltigte Frau?«

Krähling starrte auf den Boden, schüttelte den Kopf: »Damit habe ich nichts zu tun!«

Brüderle: »Wolfgang, die Umstände sprechen klar gegen dich! Auf die Dauer hilft dir kein Leugnen, es verschlimmert nur deine Lage. Im Falle des Notzuchtsverbrechens an dem Mädchen in Singen hat dir alles Abstreiten auch nichts genützt! Sei vernünftig! Du warst ja bis jetzt aufgeschlossen!«

Krähling: »Morde gehen mich nichts an, weder in Karlsruhe noch sonstwo. Ich habe Ihnen alles gesagt, mehr weiß ich nicht!«

Brüderle: »Mehr weißt du nicht? Ist dein Gedächtnis wirklich auf einmal geschwunden? Wie war es denn in Hornberg am 25. März 1959, am 1. Juni 1959 am Bahndamm in Ebringen und am 5. Juni 1959 in Ötigheim?«

Krähling: »Das geht mich alles nichts an; davon weiß ich nichts!«

Brüderle: »Woher kommen die Blutflecke an deinem Anzug?«

Krähling lächelte mokant: »Da habe ich mich irgendwo bei einem Überfall auf ein Mädchen verletzt! Notzuchtsversuche habe ich ja bereits genügend gestanden! Was wollen Sie eigentlich?«

Brüderle wurde energischer, appellierte: »Ich will die volle Wahrheit, und zwar aus deinem Mund! Bisher hast du mich nicht angelogen und hast offen mir deine Verbrechen gestanden. Das war gut, denn so konnte ich dir glauben! In wenigen Stunden erhalte ich die untrüglichen Beweise, dass du, nur du allein für die vier Morde als Täter in Betracht kommst! Nicht nur durch Zeugen und abstreitbare Indizien, sondern durch dich selbst. Willst du dann vor mir, der dir während der Vernehmung mit Verständnis gegenübergetreten ist, als erbärmlicher dummer Lügner stehen und in meinen Augen gemein und niedrig erscheinen? Dann, das sei versichert, wirst du bei mir jede Spur menschlichen Mitgefühls verloren haben!«

Minutenlang blieb es still. Krähling starrte mit aufgerissenen Augen ins Leere. Ließ er seine Bluttaten vor seinem geistigen Auge Revue passieren? Hatte er das Gefühl, erstmals in seinem Leben so etwas wie Mitgefühl erhaschen zu können? Wollte er Brüderle nicht enttäuschen? Hatte er diesen Mann als eine Art väterlichen Freund akzeptiert?

Dann brach es aus ihm heraus: »Vor Ihnen sitzt kein Mensch, sondern der Teufel! Ich bin der Teufel! Ja, ja! Ich war es! Bitte geben Sie mir Papier und Bleistift und lassen Sie mich in meine Zelle! Ich werde alles, alles genau aufschreiben!«

Krähling sah sich als »Teufel«. Jenes Tier, das aus dem Abgrund steigt und viele Gesichter hat. Mal als verführerische Schlange, mal als roter Drache mit sieben Köpfen und zehn Hörnern. Anderswo erscheint er als schwefelstinkender Ziegenbock oder schlicht als schwarzes Ungetüm mit spitzen Ohren und Hinkefuß. Er ist kein Mensch. Er ist auch nicht existent. Das wissen wir. Aber er schleicht sich in unser Bewusstsein. Der Antichrist ist das Produkt von Projektionen, Illusionen, Visionen, Fantasien und Ängsten zahlloser Menschengenerationen.

Wir glauben dennoch an die Vernunft. Und wir bemühen uns, vernünftig zu sein. Das gelingt: meistens, manchmal oder kaum. Jeder nicht ohne weiteres erklärbare Vorgang, jede geheimnisumwitterte Begebenheit verbirgt einen natürlichen, realen, nachvollziehbaren Kern. Wir wissen heute, warum Tomaten zunächst grün, später rot sind; wie Wirbelstürme entstehen, wie Krebs, Börsencrashs, Kinder; warum der eine blonde, der andere schwarze Haare hat;

dass wir alle sterben müssen. Die Verantwortlichen kennen wir: die Natur, der Mensch. Aber das Wesen, die Psyche, die Seele des Menschen bleibt schemenhaft, wir können sie nicht (an)fassen, nicht sezieren, nur unzureichend erklären. Vieles bleibt uns (noch) verborgen. Forscher versuchen das Gehirn zu vermessen, das Genom zu entschlüsseln. Der Zellkern lässt vieles erkennen, einiges erklären. Nur manche Fragen bleiben rätselhaft, quälen uns: Was macht Menschen zu Mördern? Wie kommt das Böse, das Abgründige, das Grauenhafte in die Welt?

Die Antwort ist: der Satan. Er ist der stets verfügbare Sündenbock. Er ist heimtückisch, verschlagen, besitzergreifend. Und wer den Teufel ruft, sich mit ihm einlässt, der wird von dunklen Mächten heimgesucht. Wo nichts mehr erklärt, wo Verbrechen wider die Menschlichkeit nur unzureichend analysiert, wo Motive nicht zweifelsfrei gedeutet werden können, bedienen wir uns seiner. Der Beelzebub ist schlecht, böse, bringt das Unheil über die Menschen. Er lässt uns leiden. Die bösen Menschen kommen dorthin, wo sie hingehören – in die Hölle. Luzifer wartet dort auf sie.

Und jenes Ungetüm ist es, das uns zu dem macht, was wir nicht sein wollen. Sein Name ist Programm: Diabolos, der »Durcheinanderbringer«. Der Teufel *soll* der innere Dämon sein, der uns beherrscht, der uns Dinge tun lässt, die wir eigentlich nicht tun können, nicht tun sollen, nicht tun dürfen. Nicht wenige Menschen glauben: Der Teufel ist in uns. Das tatsächlich Diabolische an der Figur des Zähne bleckenden Höllenfürsten ist, dass sie unser Bewusstsein verklärt, betäubt, benebelt und Gewalt in all ihren Erscheinungsformen zum Werk einer höheren, nicht beeinflussbaren Macht (v)erklärt.

66 Messerstiche und Hammerschläge töteten Burkhard Horn im Juli 2001. Die Mörder des 33-Jährigen waren seine Arbeitskollegen, das Ehepaar Linda (23) und Phillip Rettig (26), bekennende und praktizierende Satanisten. Vor dem Bochumer Landgericht bestritten sie jegliche Verantwortung, »der Teufel selbst« sei es gewesen, er habe sich ihrer »bemächtigt«. Phillip Rettig bei seinem Schlusswort: »Wir sind keine Mörder. Auch bei einem Unfall wird nicht das Auto, sondern der Fahrer angeklagt.«

Ähnlich argumentierte auch Wolfgang Krähling. Warum er insbesondere skrupellos vergewaltigt und gemordet hatte, wusste er nicht. Oder er wollte es nicht preisgeben. Schämte er sich? Die Erklärung, er sei durch »Kinofilme oder Pornohefte geschlechtlich erregt« worden, ist unzureichend. Sie beschreibt lediglich einen Zustand, nicht aber ihre Ursache. Krähling war sich selbst ein Rätsel. Aber er wusste, was er getan hatte. Der Vernehmungsbeamte attestierte ihm sogar ein »ausgezeichnetes Erinnerungsvermögen«. Also erklärte es sich flugs zum »Teufel«. Er hatte jetzt ein Alibi, wollte lediglich ausführendes Organ gewesen sein, brauchte keine Verantwortung zu übernehmen. Das Zerrbild seiner selbst: fremdbestimmt, ferngesteuert, willenlos. So einfach ist das.

Ausführlich schilderte er an den folgenden Tagen sämtliche ihm vorgeworfenen Morde und sonstige Verbrechen; auch jene, die man ihm gar nicht angelastet hatte, unter anderem 12 unvollendete Morde. Warum er seine Opfer getötet oder dies versucht hatte, vermochte er indes nicht zu erklären: »Über das Motiv zu meinen Taten bin ich mir selbst nicht im Klaren. Zweifellos hat mein starker Geschlechtstrieb eine entscheidende Rolle gespielt. In allen Fällen hatte ich nicht von vornherein die Absicht, die Frauen zu töten, sondern dieser Entschluss kam mit Ausnahme des Falles Wolbring erst dann über mich, als ich damit begonnen hatte, Gewalt zur Erzwingung des Geschlechtsverkehrs anzuwenden.«

Die für den Prozess bestellten Gutachter charakterisierten Krähling als »kontaktarm« und »egozentrisch versponnen«, jedoch »korrekt und höflich«, von »angenehmen Umgangsformen«; eine freundliche »Bestie«. Sie bezeichneten seine Lebensart und -einstellung aber auch als »hochgradig infantil, selbstunsicher und zunehmend drang- und triebhaft fordernd«. Seine Selbstunsicherheit sei schließlich »in Aggressivität umgeschlagen«. Alkohol, Tanzveranstaltungen oder sonstige Vergnügungen habe er gemieden. Nur ins Kino sei er gerne gegangen, wobei er sich insbesondere mit dem Kriminalkommissar im Film identifiziert habe. Vermutlich ließ er sich deshalb nach langem Zureden ein Geständnis entlocken. Der Kommissar, sein Vorbild, eine Autorität; jemand, dem man sich irgendwann beugen musste, dem man vertrauen konnte, der entweder eh alles wusste oder es herausfinden würde – wie im Film.

»Nicht die Gewalt selbst«, so urteilte das Gericht, habe ihn zu seinen Taten gedrängt; vielmehr sei sie pragmatischer Natur gewesen. Das Ziel: »Die Opfer sollten wehrlos gemacht werden.« Diese zweckhafte Vorgehensweise, seine immer wieder durchschimmernde Fähigkeit zur Selbstkritik und seine detailgetreue, an Verbissenheit und Pedanterie grenzende Exaktheit in seinen Tatschilderungen wurden für ihn zum prozessualen Bumerang: Ihm wurde »volle Schuldfähigkeit« bescheinigt. Die Begründung: »Seine psychopathischen Züge haben den Angeklagten in seinem Wesen auch nicht derart verändert, daß seinen Handlungen eine Art Zwangsläufigkeit zugekommen wäre. Er hätte durchaus auch anders handeln können. Neben einer durchschnittlichen Urteils- und Kritikfähigkeit ist seine intellektuelle moralische Urteilsfähigkeit nicht gestört. (...) Als Ergebnis ist festzustellen: Selbst wenn man zu Gunsten des Angeklagten annimmt, seine psychopathische Charakterstruktur, soweit sie sich überhaupt in kriminellen Handlungen erschöpft, habe seine Einsichtsfähigkeit oder sein Hemmungsvermögen oder beides beeinflußt, so führte das aus den dargelegten Gründen auf alle Fälle nicht zu einer erheblichen Verminderung der Zurechnungsfähigkeit zur jeweiligen Tatzeit.«*

Es ist müßig, darüber zu diskutieren, ob Krähling zu den Tatzeiten voll oder vermindert schuldfähig war. Mehr als vier Jahrzehnte sind mittlerweile vergangen, forensische Psychologie und Psychiatrie haben sich entwickelt, insbesondere Sexualdelikte werden nun wesentlich differenzierter bewertet. Aus heutiger Sicht wäre zweifellos anders zu urteilen gewesen. Zwei weitere Aspekte erscheinen wesentlicher. Wie konnte Krähling sich zu »einem der gefährlichsten Sexualverbrecher der Kriminalgeschichte« entwickeln? So hatte ihn das Gericht eingestuft. Und warum wurde gerade *er* es?

Die erheblich gestörte Mutter-Kind-Beziehung – in der wissenschaftlichen Literatur immer wieder als ein wesentlicher Faktor diskutiert und unterstellt – könnte dazu beigetragen haben. Krähling erinnerte sich mit unverkennbarem Unbehagen: »Dass meine Mutter jemals mit mir zärtlich gewesen ist, daran kann ich mich nicht erinnern. Ich hatte den Eindruck, als wenn sie immer etwas gegen mich gehabt habe.« Die summarische Charakterisierung durch seine Mutter stützt diese Einschätzung: »Insgesamt möchte ich über die Kindheit von Wolfgang sagen, dass er nicht helle, sondern eher dumm war, aber doch listig und etwas heimtückisch. Außerdem war er sehr scheinheilig.« Gleichwohl glaubte sie, ihre Kinder nicht vernachlässigt zu haben, vielmehr »eine gute Mutter« gewesen zu sein: »Ich selbst habe meine Kinder gut und streng erzogen. Wenn ich sie geschlagen habe, dann hatten sie es verdient. Meistens habe ich Ohrfeigen ausgeteilt.«

Unbestritten ist, dass Trennungen von der Mutter in der frühen Kindheit, aber auch seelische und emotionale Enttäuschungen zu Entwicklungsstörungen führen können. Gemüt und intellektuelle Potenz verkümmern. Hier war es so. »Ich hatte sozusagen keinen Menschen«, so resümierte er, »der mir beratend zur Seite gestanden hätte. Ein Elternhaus hatte ich nicht. Meine Großeltern waren zwar sehr gut zu mir, aber sie haben mich nicht verstanden.« Die Folge: Er blieb mehrfach sitzen, er musste die Schule frühzeitig verlassen, er begann zu stehlen. Trotz eines überdurchschnittlichen Intelligenzquotienten von 111 kam er auf keinen grünen Zweig. Er war nicht gefördert worden, man hatte ihn »allein gelassen«.

Das Ergebnis war ein so genanntes Deprivationssyndrom. Krähling wurden bedürfnisbefriedigende Objekte und Reize entzogen oder vorenthalten, er war sozial vollkommen isoliert. Er hatte »keinen Freund«. Er hatte Angst, wieder ausgegrenzt zu werden. Er hatte kein Verhaltensmuster kennen gelernt, an dem er sich hätte orientieren können. Seine sexuellen Bedürfnisse musste er ebenfalls unterdrücken, er war zu »schüchtern«. Insofern könnte man aus der gestörten »Mutter-Kind-Dyade« – sie ist in der Regel die erste Objektbeziehung eines Menschen – diesen verheerenden Entwicklungsverlauf herleiten.

Tatsache ist ferner, dass Serienmörder in 89 Prozent der Fälle von einer »angstvollen«, »schrecklichen« oder »höllischen« Kindheit berichten. Aber: Straftäter, die stehlen, betrügen, rauben, vergewaltigen, haben häufig Gleiches oder Ähnliches durchgemacht. Nur: Sie töten nicht. Und es gibt weitaus mehr Menschen, die unter denselben Bedingungen aufgewachsen sind, aber nicht delinquent werden. Die insbesondere durch ehemalige FBI-Agenten vertretene Auffassung, multiple Sexualmörder hätten aufgrund »einer gestörten Mutter-Kind-Beziehung, einer emotionalen und/oder sozialen Vereinsamung Tötungsfantasien entwickelt«, wird der Komplexität dieses Gewaltphänomens nicht gerecht. Sie ist zu oberflächlich, zu simpel, und es bleibt nebulös, warum Menschen, die ein ähnliches Schicksal durchleiden müssen, sich vollkommen unterschiedlich entwickeln.

Diese unbestreitbare Diskrepanz hat mich dazu bewogen, Merkmale solcher Täter zu vergleichen, die einmal oder in Serie getötet haben. Ich orientierte mich dabei an einer Forschungsarbeit, vorgelegt durch die Sozialwissenschaftler Irmgard Rode und Siegfried Scheid (*Sozialprognose bei Tötungsdelikten – Eine empirische Studie*, 1986).

Grundlage dieser sozialpsychologischen Analyse bildeten die Urteile sämtlicher Tötungsdelikte der Bundesrepublik Deutschland aus den Jahren 1969 und 1981. Insgesamt waren es 750. Da eine enorm hohe Anzahl von Tätern und Taten untersucht worden waren, entschied ich, die dort untersuchten Merkmale in meiner eigenen Probandenpopulation (61 Serienmörder) nachzuvollziehen. Würden sich signifikante Unterschiede ergeben? Ich gelangte zu folgendem Ergebnis:

Merkmal	**Mörder allg. %**	**Serientäter %**
männlich	90	89
ledig/geschieden	65	74
Arbeiter/Handwerker	52	34
arbeitslos	26	39
ungünstige Erziehung	70	89
Vorstrafen	51	**79**
vermindert schuldfähig	54	51
Persönlichkeitsstörung	18	**89**
Hirnanomalien	10	33
Tat(en) im Affekt	53	**2**
Konflikttat(en)	15	3
Motiv Habgier	11	**36**
sexuelles Motiv	3	**41**
Opfer weiblich	47	66
Opfer männlich	53	34
keine Täter-Opfer-Beziehung	21	**80**
Alkohol-/Drogeneinfluss	49	28
Suizidversuch	9	27
Alter zur Tatzeit	31,5 J.	27,6 J.

Die festgestellten Merkmalshäufigkeiten belegen, dass Serientäter sich in einigen wesentlichen Parametern (in der Tabelle durch Fettdruck hervorgehoben) von gewöhnlichen Mördern und Totschlägern gravierend unterscheiden. Charakteropathisches Profil, Motive, Tatdynamik, kriminelle Vorbelastung und Täter-Opfer-Beziehung divergieren signifikant. Doch wer glaubt, aus dem Umstand, dass bei 89 Prozent der Serientäter (Übrige: lediglich 18 Prozent) Persönlichkeitsstörungen im Sinne klinischer Diagnostik gutachterlich und gerichtlich angenommen wurden, generalisierende Schlussfolgerungen ziehen zu können, der irrt. Die am häufigsten festgestellte Anomalie war die »dissoziale Persönlichkeitsstörung«. Nach der »Internationalen Klassifikation psychischer Störungen« (ICD 10) der Weltgesundheitsorganisation – es handelt sich hierbei um klinisch-diagnostische Leitlinien – liegt in solchen Fällen »eine große Diskrepanz zwischen dem Verhalten und den geltenden sozialen Normen« vor. Charakteristisch sind unter anderem: herzloses Unbeteiligtsein gegenüber den Gefühlen anderer; deutliche und andauernde Verantwortungslosigkeit und Missachtung sozialer Normen, Regeln und Verpflichtungen; Unvermögen zur Beibehaltung längerfristiger Beziehungen, aber keine Schwierigkeiten, Beziehungen einzugehen; sehr geringe Frustrationstoleranz und niedrige Schwelle für aggressives, auch gewalttätiges Verhalten. Gleichwohl wurde diese Persönlichkeits- und Verhaltensstörung lediglich bei 28,8 Prozent der Täter diagnostiziert. Auf Platz zwei der Rangfolge fanden sich in nahezu jedem vierten Fall so genannte kombinierte Persönlichkeitsdefekte. Diese Kategorie ist vorgesehen für Anomalien, »die häufig zu Beeinträchtigungen führen, aber nicht die spezifischen Symptombilder der sonstigen beschriebenen Störungen aufweisen«.

Die Untersuchungsergebnisse erlauben zwei Schlussfolgerungen. Die Ursache für serielles Morden lässt sich aufgrund der Vielschichtigkeit und Komplexität kriminovalenter Dispositionen aus kriminologischer Sicht ausnahmslos multifaktoriell und unter psychopathologischen Kriterien vorwiegend im Sinne einer »Komorbidität« – hierunter wird das Zusammentreffen oder Zusammenbestehen verschiedener Störungen verstanden – herleiten. Auch wenn man Subtypen des Serienmörders bildet, ergeben sich häufig keine Übereinstimmungen, die verallgemeinernde Aussagen rechtfertigen. Es existiert vielmehr ein facettenreiches Bild, das nahe legt: Den Prägnanztyp des »Serienmörders« gibt es nicht. Dass es bis heute nicht überzeugend gelungen ist, im Rahmen der Gegenüberstellung von Einfach- und Serientätern die erhoffte Trennschärfe abzubilden, ist hingegen erklärbar. Häufig hängt es von äußeren Faktoren ab, wie und wann ein Mörder überführt wird. Das heißt: Unter den Einfach-Mördern befindet sich zweifelsfrei stets eine unbestimmte Anzahl potentieller Serientäter. Es entsteht zunehmend der Eindruck, dass die lediglich an der Anzahl der Opfer orientierte Unterteilung nicht die Relevanz beanspruchen darf, die ihr bisher attestiert worden ist. So einfach geht es nicht. Sinnvoll erscheint vielmehr eine Differenzierung nach Persönlichkeitsstörung oder sexueller Devianz. Allerdings wird der empirische Nachweis für diese Hypothese erst noch zu erbringen sein.

Auch der Fall Krähling bleibt in Teilbereichen unverständlich. Die brüchige, emotional schwer belastete Beziehung zu seiner Mutter, seine soziale Frigidität, sein Unvermögen, sich Frauen gegenüber verständlich zu machen, sich ihnen normal zu nähern, das sukzessive Abgleiten in die Kriminalität; all dies mag mit ausschlaggebend gewesen sein. »Mein Problem war«, erklärte er einem Psychologen, »dass die nonverbale Kommunikation nicht geklappt hat.« Aber auch hier werden lediglich Symptome beschrieben, ohne deren Ursache erhellen zu können.

Seinem Ankläger, dem Oberstaatsanwalt, gelang dies auch nicht. Aber er forderte das höchste Strafmaß, das nach dem Zweiten Weltkrieg gegen einen Menschen in der Bundesrepublik beantragt worden war – achtmal lebenslänglich und 156 Jahre Zuchthaus nach der Addition der Einzelstrafen sowie Sicherungsverwahrung und Aberkennung der bürgerlichen Ehrenrechte auf Lebenszeit. Der Oberstaatsanwalt damals wörtlich: »In Bruchsal werden sich neun Türen hinter Krähling schließen, durch die er nie mehr herauskommen soll. Sie werden in die Hölle führen.« Die »Bestie«, der »Teufel«, sollte, da es die Todesstrafe nicht mehr gab, lebendig begraben werden.

Das Urteil sah folgende Strafe vor: »Der Angeklagte Wolfgang Krähling ist als gefährlicher Gewohnheitsverbrecher schuldig des Mordes in vier Fällen, davon in zwei Fällen in Tateinheit mit einem Verbrechen der Notzucht mit Todesfolge verübt, des versuchten Mordes in zwölf Fällen, davon in acht Fällen in Tateinheit mit versuchter, in einem Falle mit vollendeter Notzucht und in einem weiteren Fall mit schwerem Raub verübt, der versuchten Notzucht, der Unzucht mit einem Kinde unter 14 Jahren und der gefährlichen Körperverletzung in je einem Falle, des schweren Raubes in zwei Fällen, der schweren räuberischen Erpressung in zwei Fällen und des schweren Diebstahls im Rückfall in fünf Fällen. Der Angeklagte wird zu lebenslangem Zuchthaus und zum Verlust der bürgerlichen Ehrenrechte auf Lebenszeit verurteilt.«

Er ist wieder herausgekommen aus seiner sechs Quadratmeter messenden Gruft; allerdings nur zweimal – für wenige Stunden und unter strenger Aufsicht. »Ausführung« nennt man das. 42 Jahre hat er durchgehalten. Der heute 65-Jährige, seit Jahren krebskrank, hat die Hoffnung noch nicht aufgegeben. Er will raus – obwohl er nicht therapiert worden ist. Soll er?

Kapitel 11

Natural Born Killer

Jahre zuvor hatte er es aufgeschrieben: *Töten ist eine böse Eigenschaft, die nur zur Arterhaltung oder zur Beseitigung minderwertigen Lebens angewandt werden sollte, wie in der Natur. Das Höherwertige zu töten ist eine Eigenschaft des Minderwertigen, das aus Neid, Hass und Geltungssucht handelt.* Und: *Verräter verfallen der Feme.*

15. März 1996: der Tag der »Abrechnung«, der »Rache«. Es war zu vorgerückter Stunde, als er seinen grünen Fiat Punto vor dem Haus der Familie Weitzel abstellte. In Dorsten-Rhade, einer betulichen Gemeinde im Ruhrgebiet. Er schaltete das Warnblinklicht ein. Das war Teil seines Plans. Er wollte ihn »abschießen«, die »Ratte«, den »Verräter«. Dann stieg er aus. Unter seiner Jacke versteckt: eine »Pump Action Shotgun«, der Lauf um 30 Zentimeter verkürzt. Mit diesem Monstrum von einer Waffe werden üblicherweise Wildschweine erlegt. Die ungeheure Durchschlagskraft garantieren so genannte Sauposten, mehrere 9-Millimeter-Bleirundkugeln, die mit einer Patrone verfeuert werden.

Er schellte. Helga Weitzel öffnete, sie konnte jedoch

nicht genau ausmachen, wer ihr da zurief: »Da ist was mit dem Sierra passiert!« Die Frau weckte ihre Tochter Karin und deren Freund. Michael Brandt gehörte der Sierra. Schlaftrunken schleppte er sich in den Hausflur, trat vor die Tür. Sekunden später krachten zwei Schüsse, abgefeuert aus nächster Nähe. Mit zerfetztem Oberkörper brach der 26-Jährige zusammen. Michael Brandt starb um 23.57 Uhr, er verblutete. Sein Mörder flüchtete und verschwand in der Dunkelheit.

Familie Weitzel war schockiert, Abgründe taten sich auf. Ein Albtraum. Der Freund der Familie förmlich hingerichtet, das viele Blut, aber keine Erklärung. Dafür bohrende Fragen der Kripobeamten: »Frau Weitzel, haben Sie den Mann nicht vielleicht doch erkannt? Haben Sie sich das Kennzeichen des Wagens gemerkt?« Kopfschütteln. »Wirklich nicht? Überlegen Sie!«, wurde energisch nach gehakt. Sie begann sich zu wehren: »Wenn ich es Ihnen doch sage!« Für die Kriminalisten war klar, dass es sich um eine »Beziehungstat« handeln musste. Die erste Vermutung: Es könnte auch Karins Bruder gewesen sein, Klaus. Das Motiv: Eifersucht? Auch ihm wurden quälende Fragen gestellt, zudem das Zimmer der Tochter nach Blutspritzern abgesucht. Nichts, keine Spur.

Um 4.30 Uhr wurde die Familie des Opfers in Bottrop aus dem Schlaf gerissen. Es schellte. Zwei Kriminalbeamte standen vor der Tür. Georg, Michaels ältester Bruder, öffnete. Die Todesnachricht traf ihn wie ein Keulenschlag. Er ging in das Schlafzimmer seiner wach gewordenen Eltern. Kein Wort, der Schock saß zu tief. Es war ihm anzusehen. Seine Mutter fragte nur: »Ist Michael erschossen worden?« Georg nickte. Karl-Heinz Brandt nahm seine Frau schützend in den Arm. Dann der Zusammenbruch. Schreie. Tränen.

Magdalena Brandt mobilisierte ihre letzten Kräfte, als sie eine Viertelstunde später den geduldigen Kriminalisten wutentbrannt entgegenschleuderte: »Ich weiß, wer ihn umgebracht hat. Der Blocher war's. Ich kenne seine Stimme. Der hat hier dauernd angerufen: Der Michael kommt heute nicht nach Hause. Der ist tot, den haben wir platt gemacht. Ich habe Michael immer wieder gesagt: Geh zur Polizei. Aber ihr habt ja nichts unternommen. Und jetzt hat er ihn umgebracht!«

Bei dem mutmaßlichen Mörder sollte es sich um Manfred Blocher handeln, einen 27-jährigen Rechtsextremisten aus Gladbeck. Für die Kripo war dieser Mann kein unbeschriebenes Blatt, sein Vorstrafenregister war beachtlich: Volksverhetzung, Aufstachelung zum Rassenhass, Nötigung, Körperverletzung, Störung der Totenruhe, Sachbeschädigung, öffentliche Aufforderung zu Straftaten, Verbreiten pornographischer Schriften, Urkundenfälschung, Betrug. Ferner hatte er mehrfach Kripobeamte, Staatsanwälte und Richter, aber auch Aussteiger aus der rechten Szene bedroht, ihnen unter anderem Briefbombenattrappen ins Haus geschickt. Und Gewehrkugeln, begleitet von seiner schriftlichen Ankündigung: »Die nächste bekommst du in den Kopf!« Die Mutter seiner ehemaligen Verlobten war von ihm ein Jahr lang mit Telefonanrufen traktiert worden: »Du dicke Sau, ich bring dich um, die ganze Familie müsste man ausrotten. Man sollte euch alle durchficken.« Auch Mitarbeiter des Arbeitsamtes in Gladbeck hatte er nicht verschont. Zitat: »Man sollte langsame Beamte als Volksverräter an die Wand stellen und erschießen.«

Schon als Teenager war Blocher ins Visier der Verfassungsschützer geraten. Zehn Jahre hatte man ihn »unter Kontrolle« gehabt, dann war er abgetaucht. Schwerwiegende Gewalttaten hatte der Verdächtige bis dato allerdings nicht verübt. So weit bekannt. Und jetzt: ein kaltblütiger Mord?

Schnell gelang es der zuständigen Kripo Recklinghausen, das Schlupfloch des eingefleischten Neonazis ausfindig zu machen. Der »glaubwürdige« Hinweis war aus dem familiären Umfeld des Verdächtigen gekommen. Ins Zentrum der Ermittlungen geriet nunmehr eine verträumte Häusersiedlung, idyllisch am Waldrand unweit des sauerländischen Kleinstädtchens Altena gelegen. Dort sollte er sich verstecken: in der Wohnung seiner Freundin Beate Winkler. Die 22-jährige Altenpflegerin galt als fleißig und bieder. Niemand wäre auf die Idee gekommen, dass sie einem mutmaßlichen Mörder Unterschlupf gewährte. Ihre Eltern nicht, die einen Steinwurf entfernt wohnten, ihre Freunde auch nicht. Die pummelige junge Frau mit den langen schwarzen Haaren lebte in geordneten Verhältnissen, hatte sich bislang nichts zu Schulden kommen lassen. Niemand zweifelte ernsthaft daran.

Die Fahnder postierten sich im Wald, observierten das Haus. Eine Nacht lang. Der »Zugriff« sollte erst erfolgen, wenn Beate Winkler zur Arbeit gefahren war. Sie sollte nicht gefährdet werden. 32 Stunden nach der Ermordung von Michael Brandt war es so weit, das Spezialeinsatzkommando stürmte die Wohnung. Blocher zeigte sich überrascht und konsterniert, er leistete keine Gegenwehr. In seinem Unterschlupf fand man unter anderem die Tatwaffe. Noch auf der Fahrt ins Polizeipräsidium Recklinghausen gestand er: »Ja, ich habe den Michael erschossen. Weitere Angaben werde ich aber erst auf der Wache machen.«

Zunächst wurde der 100-Kilo-Mann nach seinem Motiv gefragt. Die Antwort: »Ich wollte ihn ursprünglich nicht umbringen. Ich wollte ihn, wie früher schon mal, nur bedrohen. Ich wollte ihm die Kanone eigentlich nur vor den Kopf halten. Ich wollte, dass er seine Aussage aus dem Jahr 1994 wieder zurücknimmt. Da hatte er mich angezeigt, weil ich angeblich von ihm einen Steckbrief veröffentlicht haben soll.« Tatsächlich hatte Blocher 1993 öffentlich Steckbriefe des Opfers an Straßenbäume geklebt und den damals 24-Jährigen als »Faschist« gebrandmarkt, ihn des »Kameradenverrats« bezichtigt und dazu aufgefordert, »ihm Verstand einzubläuen«. Als wenig später im Sumpf der ewig Gestrigen »schwarze Listen« in Mode kamen, auf denen Adressen und Persönlichkeitsprofile bestimmter »Volksschädlinge« und »Gegner« vermerkt waren, fügte Blocher den Namen seines verhassten Antipoden hinzu. Seine Begründung: »Der Brandt gibt sich als Skinhead aus, ist aber in Wirklichkeit ein Polizeispitzel. (...) Verrat ist eines der widerwärtigsten Verbrechen, die ein Mensch begehen kann. (...) Wir empfehlen, diese Subjekte zu ächten und zu meiden! Weitere Anregungen sparen wir uns, da wir kein Ermittlungsverfahren wegen der ›Aufforderung zu Straftaten‹ auf uns lenken wollen.«

Der Tathergang sollte sich so abgespielt haben: »Irgendwann kam der Michael die Treppe herunter. Ich weiß gar nicht, ob ich im Treppenhaus gewartet hatte. Er stand irgendwo oben über mir. Ich sah an seinem Gesichtsausdruck, dass er mich erkannte. Er griff sofort mit seiner rechten Hand in seine Tasche, ich weiß nicht, ob es die Hosen- oder Jackentasche war. Ich glaubte instinktiv, der würde eine Pistole herausholen und mich erschießen. Ich habe mein Gewehr durchgeladen und geschossen. Ich habe nur in seine Richtung gefeuert. Ich weiß nicht, wo ich ihn getroffen habe. Ich habe weggeguckt.«

Es sollte also »Notwehr« gewesen sein. Eine fadenscheinige Begründung. Der Haken dabei: Michael Brandt besaß überhaupt keine Waffe. Belastender war allerdings ein rosafarbener Zettel, den Blocher kurz nach der Tat an seine Freundin geschrieben hatte und der in ihrer Wohnung gefunden worden war. Darauf stand: *Liebe Bea, jetzt muss einfach alles gut werden. Ich bin zwar ein wenig unbefriedigt, weil es nicht so ablief, wie ich wollte, aber immerhin ist das Ergebnis doch zufriedenstellend, oder??? Es wird jetzt alles gut werden! Ich danke Dir, dass Du mir geholfen hattest und mich so sehr unterstützt hattest. Dir gehört mein Herz, auch wenn ich manchmal ein Arschloch bin. Mir gehen halt oft die Nerven durch. Tut mir Leid! Ich liebe Dich, Dein Blöd-Knubbel. P. S.: Nach dem Lesen verbrennen.*

Mittlerweile war auch seine Freundin festgenommen worden. Der Vorwurf: »Strafvereitelung«. Die Ermittler vermuteten, dass sie von dem Mord erfahren hatte – und ihren Freund »decken« wollte oder ihn sogar unterstützt haben könnte. Beate Winkler stritt alles ab: »Ich habe erst von den Polizeibeamten gesagt bekommen, dass Manfred jemanden erschossen haben soll. Mehr weiß ich nicht.«

Dann überstürzten sich die Ereignisse. Das Bundesamt für Verfassungsschutz wies daraufhin, dass Blocher »ein weiteres Tötungsdelikt in Bergisch Gladbach begangen haben könnte«. Am 3. Februar 1996 war die 23-jährige Inga Richter in ihrer Wohnung vergewaltigt, anschließend mit unzähligen Messerstichen förmlich niedergemetzelt worden. Wenig später eine weitere Hiobsbotschaft. Die Kripo Dortmund berichtete den Kollegen in Recklinghausen: »In der Vermisstensache Bettina Göres konnte ermittelt werden, dass Manfred Blocher einer der letzten Begleiter der Frau gewesen ist. Von einem Kapitalverbrechen ist mit an Sicherheit grenzender Wahrscheinlichkeit auszugehen.« Die 27-jährige Dortmunderin war letztmals am 16. Juli 1995 lebend gesehen worden. Unverzüglich wurde die »EK (Ermittlungskommission) 3/96« eingerichtet, die nunmehr »landesweit die Ermittlungen im Zusammenhang mit dem Beschuldigten Blocher federführend vornehmen bzw. koordinieren« sollte.

Während Blocher unverdrossen und äußerlich unbeeindruckt weiterhin eine vermeintliche Notwehrsituation für sich reklamierte, zeigte seine Freundin weit weniger Widerstandsvermögen. Sie war dem seelischen Druck, der bleischwer auf ihr lastete, nicht mehr gewachsen. Zwei Tage nach ihrer Festnahme wurde sie durch Beamte der Kripo Recklinghausen nach Altena gefahren. Ihre Wohnung sollte »abschließend« durchsucht werden. Sichtlich nervös fragte sie zu Beginn der Fahrt: »Was soll denn jetzt mit mir weiter passieren?« – »Nichts«, hieß es, »vorausgesetzt, wir finden keine weiteren Sie belastenden Beweismittel.« Die Beamten vermuteten jedoch, dass die schüchtern wirkende junge

Frau mehr wissen musste, als sie bisher zugegeben hatte. Bis hierhin war von ihr lediglich eingeräumt worden, über »Rachepläne« ihres Freundes »informiert« gewesen zu sein. Die habe sie jedoch »nicht ernst genommen«. Das sollte »alles gewesen sein«. Basta.

Nach etwa einer halben Stunde begann einer der Ermittler bohrende Fragen zu stellen: »Kennen Sie eine Frau Göres?« – »Ja«, antwortete Beate Winkler kaum hörbar, »ich habe sie einmal gesehen«. »Wer ist das?«, wurde nachgehakt. »Ich weiß nicht, der Manfred kennt die.« – »Kennt der Manfred vielleicht auch eine Inga Richter?«, setzte der Beamte nach. Urplötzlich knickte Beate Winkler ein und schrie es heraus: »Ich weiß, was ihr hören wollt. Dass der Manfred die Göres umgebracht hat.« Sie begann zu weinen, nuschelte dann mit tränenerstickter Stimme: »Ja, hat er, und ich musste dabei zusehen. Er hat mich gezwungen. Ich war dabei. Er hat sie in den Wald geführt, einen Strick um den Hals gelegt und zugezogen. Ich musste auch an einer Seite ziehen. Dann hat er einen Klappspaten genommen und ihr auf den Kopf geplästert, bis sie tot war. Dann hat er sie in das Loch geschmissen.«

»Und was ist mit der Inga?«, wollte der Beamte wissen. Die Antwort kam postwendend und war unmissverständlich: »Ja, die hat er auch umgebracht.« – »Mit dem Klappspaten?« – »Nein, die hat er erstochen.« Nach einer kurzen Pause fügte sie ungefragt hinzu: »Ich soll Ihnen jetzt wohl noch sagen, wo die Göres liegt.« Der Beamte nickte. »Die liegt nicht weit von meiner Wohnung im Wald, in der Nähe der Fischteiche.« Das stimmte. Wenig später konnte der Leichnam geborgen werden.

Ohne danach gefragt zu werden, erklärte auch Blocher wenige Tage später die beiden Frauen zu seinen Opfern. Anfangs fabulierte er, »von Odin geleitet« worden zu sein. Später räumte er ein: »Das mit Odin war nur eine Schutzbehauptung.« Und dann wurde es abenteuerlich. Blocher brüstete sich damit, »in Duisburg einen Neger platt gemacht« zu haben; ebenso »einen Penner in einem Camp in Altena«. Auch sollte ein Punker »beseitigt« worden sein. Wieder in Altena. Und: »In Düsseldorf habe ich einen Mann von der Rheinbrücke geschmissen.« Schließlich sollte es noch einen »Privatfriedhof« geben.

Es wurden »Ausfahrten« unternommen, Blocher sollte die ungläubigen Ermittler zu den Tatorten führen. Er genoss es. Er machte sich einen Spaß daraus, »die Bullen zu verarschen«. Die sich überschlagenden Geständnisse Blochers zeichneten jedoch auch das Bild eines skrupellosen Mannes, der politisch verblendet, sexuell pervertiert, emotional enthemmt und moralisch verwahrlost war. Er sah sich als »Herr und Gebieter«, der seine »Gefährten« in von grenzenloser Willkür und Selbstüberschätzung getragene Verbrechen verwickelt haben wollte: »Damit sie mich nicht wegen anderer Sachen an die Bullen verraten konnten. Ich wollte sie in der Hand haben.« Da wurde der Blick frei für einen von unbändigem Hass getriebenen Rächer, der im Zenit seines Tötungsverlangens einen ehemaligen Freund kaltblütig umgebracht hatte. Seine perfide Strategie, seine bedenkenlose Rechtfertigung: »Gleiches mit Gleichem vergelten.«

»Serienkiller« werden nicht geboren, auch Manfred Blocher nicht. Seine Mutter war nicht verheiratet, als sie ihn 1968 zur Welt brachte. Er war das »ungewollte« Produkt einer Urlaubsbekanntschaft. Sein leiblicher Vater starb wenig später bei einem Verkehrsunfall, Manfred blieb ein Einzelkind. 1972 heiratete seine Mutter. Die Ehe ging nach nur zwei Jahren in die Brüche. Seine Mutter war bemüht, wollte Manfred »ordentlich erziehen«. Nur die Zeit fehlte, sie arbeitete in einer Bank, musste Geld verdienen. Schon im Kindergarten wurde er auffällig, er war äußerst schüchtern, zurückhaltend, verschlossen, nicht kontaktfähig. Manfred verkümmerte emotional, der Junge pendelte zwischen der »hinterhältigen« Oma, der »lieblosen« Mutter und der Straße. In der Schule klappte es auch nicht, er blieb zweimal sitzen, schließlich musste er die Realschule verlassen. Schon damals trug er Barett und uniformähnliche Kleidung. Ein Lehrer charakterisierte ihn mit den Worten: »So was Kaputtes habe ich noch nicht gesehen.« 1985 machte er seinen Hauptschulabschluss.

Er wollte sich anlehnen, suchte Halt, Zuspruch. Was er daheim vermisste, fand er anderswo. Zunächst in einem Schuppen an der Bohnekampstraße in Gladbeck. Dort trafen sich Jugendliche, die nichts zu gewinnen, aber auch nichts zu verlieren hatten. Orientierungslose Burschen, frustriert, gewaltbereit. Ihren Groll ertränkten sie in reichlich Alkohol. Kampftrinken. Imponiergehabe und Männlichkeitsgetue. Schließlich konstituierten sie sich als »Bomber«. Ihr Erkennungszeichen: olivgrüne Bomberjacken mit dem Aufnäher »Ich bin stolz, ein Deutscher zu sein«. Mini-Nazis. Blocher wurde ihr Anführer. Da war er 17. Sein Ziel: »Ein neues Drittes Reich gründen. Erst in Gladbeck, später in Deutschland die Macht ergreifen.« Dann zogen sie los, schmierten Hakenkreuze und schmissen auch einem Türken das Fenster ein, warfen eine mit Nägeln und Feuerwerkskörpern gefüllte Flasche hinterher. Blocher wurde geschnappt, er landete vor dem Jugendrichter, bekam ein Jahr und neun Monate, ausgesetzt zur Bewährung. Die Nazi-Gang war zerschlagen, seine Gesinnungsgenossen hatten genug.

Blocher aber ließ sich weiter begierig inspirieren, blenden, er tauchte vollständig ein in die verquaste Halbwelt der braun behemdeten Spinner und Fantasten. Er fixierte sich mehr und mehr auf die vermeintliche Kameradschaft und Geborgenheit bei den Rechtsextremen. Blocher dämmerte und vegetierte in einer Fantasiewelt, eingefangen von der fixen und düsteren Seite der rechtsradikalen Vision, die Menschenverachtung proklamierte und propagierte. Rudolf Heß, »ungebrochen 46 Jahre lang inhaftiert, bevor er im Kerker ermordet wurde«, imponierte ihm besonders: ein »leuchtendes Vorbild«. Zu seinen geistigen Übervätern zählte auch ein gewisser Gary Lauck, der im fernen Amerika als Schreibtischtäter, irgendwo im Staat Nebraska, von einem Postfach aus eine NSDAP/AO (AO steht für Auslands- und Aufbauorganisation) dirigierte. Blocher wurde Mitglied der FAP, hauste in einem Keller, ausgestattet mit reichlich Tarnnetzen, einer untauglichen Panzerfaust, vollgestopft mit Propagandamaterial. Um ihn herum scharten sich hin und wieder ein paar zwielichtige Gestalten, auf die er monoton einredete, sie beschwor: »Kommt zur FAP.« Doch kaum jemand wollte ihm folgen, man hielt ihn für einen »Spinner«.

Berufliche Perspektiven gab es nicht: eine Schreinerlehre geschmissen, dann arbeitslos, schließlich wieder Schreinergehilfe – für drei Monate. Das war Mitte 1987. Danach blieb er arbeitslos, mit Gelegenheitsjobs verdiente er das Nötigste. Bei der Bundeswehr wurde er ausgemustert.

1991 stand Blocher wieder vor Gericht. Er war angezeigt worden; von seiner damaligen Freundin. Die hatte er wiederholt verprügelt, sie gezwungen, den Inhalt von zwei Pralinenschachteln zu schlucken und eine Mixtur aus Schnaps und Milch zu trinken. Auch war ihr gedroht worden: »Halt bloß die Schnauze, sonst stirbst du!« Sie aber hatte geplaudert, bei der Kripo. Verhandelt wurde ebenfalls eine Auseinandersetzung zwischen dem Angeklagten und seinem späteren Mordopfer Michael Brandt. Der junge Mann hatte sich für kurze Zeit von dem Nazi-Gefasel Blochers einlullen lassen, war dann jedoch ausgestiegen. Wenig später hatte Blocher den Abtrünnigen zwangsweise bekehren wollen. Eine gemeinsame Bekannte, die zufällig Zeugin geworden war, beschrieb vor Gericht ein unheimliches Szenario: »Das war im Keller vom Manfred. Ich bin da einfach so reingeplatzt. Der Michael saß gefesselt auf einem Stuhl. Der Manfred hielt ihm eine abgesägte Schrotflinte in den Mund. Mir rief er zu: ›Verpiss dich, du Schlampe!‹ Ich bin dann abgehauen.« Michael Brandt war schließlich auf Drängen seiner Freundin zur Polizei gegangen und hatte seinen Peiniger angezeigt.

Zum Prozess erschien Blocher in Braunhemd, schwarzer Hose und Stahlkappenschuhen. Da gebärdete sich ein Clown, der ernst genommen werden wollte. Er hob den Arm zum Hitler-Gruß und tönte: »Ich bin ein Kriegsgefangener nach der Genfer Konvention.« Den Vorfall mit Michael Brandt räumte er bereitwillig ein. »Warum sollte ich lügen? Wahrheit ist eine deutsche Tugend«, giftete er. Seine Ex-Freundin wollte er hingegen nicht malträtiert haben. »Das ist mit meiner Ehre als Nationalsozialist nicht vereinbar.« Diesmal kam er nicht mit einer Bewährungsstrafe davon: 14 Monate Knast.

Er nannte es »Gesinnungshaft«. Er sah sich als »gefallener Wolf des Widerstandes«. Schließlich gelang ihm das, wonach er lechzte: von sich reden machen, beachtet werden. Die »Hilfsorganisation für nationale politische Gefangene und deren Angehörige« (HNG), nach der Verbotswelle rechtsextremistischer Verbindungen und Parteien *das* Refugium für deutsche Neonazis, kürte ihn zum »Gefangenen des Monats«. Er wähnte sich als »Held«, der heraustrat aus der Anonymität der Mitläufer. Es kam noch besser. Die *HNG-Nachrichten* verbreiteten seine skurrile Nazi-Knast-Philosophie. Das Ziel für jeden »Kämpfer«: »Ich werde die Fahne niemals verraten! Ich werde mich durch die Haft niemals brechen lassen! Ich werde mich nicht umerziehen lassen! Ich werde mich weltanschaulich weiterbilden! Ich werde stark bleiben!« Auch gab er vielmeinende Verhaltenshinweise: »höflicher, aber bestimmter Umgang mit den Wärtern«; »Mitgefangene meiden«. Denn: »Es sind keine Idealisten, sowie wir. Es sind Asoziale, Verbrecher oder Ausländer, oft alles zusammen, die lügen, betrügen und stehlen. Die meisten haben Ausschläge über Darmwürmer bis hin zu Aids.« Seinen Namen schrieb er in Runen, knüpfte über die *HNG-Nachrichten* zahlreiche Kontakte und kritzelte unzählige »Rundschreiben«. »Ich glaube nicht an das Kreuz, sondern an das Hakenkreuz«, schrieb er. Und weiter: »Der Anfang ist sehr schwer, doch wir werden es schon schaffen, und immer mehr Kameraden werden sich zusammenraffen: Die Koppel geschlossen, die Fäuste geballt, die Haare gescheitelt, Zusammenhalt ist unsere Stärke, ist unsere Macht, ist unsere Kraft. Toitschland erwache!«

Im September 1993 ließ man ihn vorzeitig raus, obwohl »angesichts der verfestigten Einstellung keine Änderung zu erwarten« sei. Man hielt den Serienmörder in spe für einen »sehr ruhigen und zurückhaltenden jungen Mann«. Fortan startete Blocher einen morbiden Zermürbungsfeldzug gegen alle, die ihn »verraten« hatten. Ganz oben auf seiner »Todesliste«: Michael Brandt.

Bevor das Verhängnis seinen Lauf nehmen konnte, verstrickte Blocher sich in zwei diffuse Liebesgeschichten. Noch während seiner Haftzeit hatte er Kontakt zu zwei jungen Frauen bekommen. Die eine, Tracy Altman, damals 21, hatte aus dem fernen US-Bundesstaat North-Carolina unzählige Computerbriefe an inhaftierte »Kameraden« geschrieben. Blocher war einer der Adressaten gewesen, und er hatte geantwortet; mit Bild, das ihn vor einer imposanten Berglandschaft in Nazi-Kluft und Siegerpose zeigte. Die andere war Beate Winkler aus Altena. Eine Kontaktanzeige hatte beide zusammengeführt. Anfang November 1993 traf man sich erstmals, in Altena. Wenig später wurden sie ein ungleiches Paar: der hünenhafte Kerl mit »Weltblick« und das kleine Mädchen vom Lande. Er zog zu ihr. Blocher war ihr erster und einziger Freund. »Ihn störte es nicht, dass ich korpulent bin«, bekannte sie später. Gleichzeitig bemühte Blocher sich aber auch um Tracy. Er lernte Englisch. Sie telefonierten, sie schrieben sich. Er schickte Musikkassetten. Sie war »beeindruckt«.

Beate Winkler war eifersüchtig. Sie hatte im Sommer 1994 einen dieser Briefe gefunden. Blocher wehrte scheinheilig ab: »Eine rein kameradschaftliche Beziehung, mehr nicht.« Drei Monate später kam TracyAltman nach Deutschland. Blocher holte sie in Frankfurt am Main ab – mit dem Wagen seiner Freundin Beate. Die wollte sich dies nicht gefallen lassen, sie weinte, flehte: »Du bist doch mein Schatz, mein Leben!« Dann packte er seine Klamotten und verschwand. In Gladbeck fand er Unterschlupf, in dem Apartment seiner Mutter. Wenig später stand Beate Winkler vor der Tür, lauerte ihrer Nebenbuhlerin auf, besprühte sie mit Tränengas. Das nutzte genauso wenig wie das Rotfärben der Haare. Tracy Altman hatte auch solche. Die sollte später über ihre unliebsame Kontrahentin geringschätzig urteilen: »Die Beate war so dumm. Manfred benutzte das fette Schwein, nahm Geld von ihr, brachte es nach Haus und kaufte Zigaretten für mich.«

Schon zwei Monate später, am 17. November 1994, wurde geheiratet. Standesgemäß. Unter seiner Lederjacke trug er ein braunes SA-Hemd, und das Paar wurde großzügig bedacht – mit reichlich Orden aus dem Dritten Reich. Für Tracy Altman gab es alsbald ein böses Erwachen. »Blind« war sie diese Bindung eingegangen. Sie hatte auch auf die »Bewegung« gesetzt, »die wir gemeinsam hatten«. Davon war nun keine Rede mehr. Stattdessen lernte sie den januskköpfigen Charakter ihres frisch Angetrauten kennen: »Er hatte zwei extreme Seiten. Er konnte der wundervollste, süßeste Mann sein und sich abrupt in ein Monster verwandeln.« Er randalierte in der Wohnung, bedrohte und schlug sie, dann gab er sich versöhnlich, schenkte ihr Blumen. Was ihr völlig fremd war, was sie nicht verstehen konnte, war der »Hass«, den Blocher immer wieder hochwürgte, den er ausstieß. Regelmäßig prophezeite er: »Der Bastard, den Verräter töte ich!«

Wenn es mit der einen nicht klappte, bediente er sich bei der anderen. Silvester 1994 verlobte er sich mit Beate Winkler. Auch die pausbäckige junge Frau war blind – vor Liebe: »Manfred war halt genau mein Typ.« Blocher zog um, nur mit einer Reisetasche, nach Altena; zu seiner Verlobten ins Erdgeschoss. Oben wohnten ihre Eltern. Wenn seine Freundin morgens zur Arbeit fuhr, blieb er zu Hause und bastelte an Kriegsspielzeug herum, klebte Panzer und Flugzeuge zusammen. Oder er blieb den ganzen Tag weg. Beate Winkler wusste nicht, wo er war, was er tat. Auf Nachfrage hieß es nur: »Das geht dich nichts an.« Sie ahnte aber, dass er nach Gladbeck fuhr, zu seiner Frau. Dort gab es immer wieder Zoff, er verprügelte sie. »Du bist psychisch krank, lass dich behandeln«, riet Tracy Altman. Blocher lehnte entrüstet ab. Als sie auch noch als Putzfrau »malochen« gehen sollte, wurde es ihr zu viel. Sie flog wieder heim.

Der Albtraum aber war noch nicht vorbei. Als seine Komm-doch-bitte-zurück-Briefe unbeantwortet blieben, wurde er unangenehm. So schrieb er: *(...) Wenn Du nicht kommen willst, bekommst Du nichts von mir. Oh, wenn Du eine Scheidung von mir willst, bekommst Du eine von mir: den Tod.* Und er schickte ihr ein Geschenk: Likör, versetzt mit diversen Medikamenten. Nun hasste er sie, »die Hure«. US-Neonazis ließ er einen Steckbrief zukommen und versprach »100 000 Dollar in cash«, wenn »dieser Abschaum tot ist«. Und er drohte am Telefon: »Ich komme mit einem falschen Pass. Ich stelle dich. Ich töte dich!«

Tracy Altman konterte mit einem »Rundschreiben«. Die Headline: *Gesucht von der amerikanischen Regierung und der deutschen Regierung.* Weiter hieß es: *Manfred Blocher ist 27 Jahre alt und ist bekannt dafür, Neonazigruppen anzugehören. (...) Jedes Mitglied der NS-Bewegung wird davor gewarnt, Kontakt mit der Person namens Manfred Blocher aufzunehmen, da er sich seinen Mitstreitern gegenüber als gefährlich und instabil erwiesen hat. Er ist jederzeit mit einer Schrotflinte oder Pistole bewaffnet. (...) Er kontaktiert nun seine Frau mit Todesdrohungen. (...) Er hat Drohbriefe geschrieben und verdeutlicht, dass NICHTS, nicht einmal ein Nationalsozialist seine Freiheit stören oder seine Pläne, sie zu ermorden, verhindern könnte. Wenn jemand Informationen hat, die zur Verhaftung oder Aufspürung der bekannten Person hat führen können, bitte senden Sie die Informationen an (...)* Danach herrschte Funkstille, die Streithähne hatten sich nichts mehr zu sagen.

Seinen Frust und seine Wut bekam Beate Winkler zu spüren. Er verdrosch sie, sperrte sie in ihrer Wohnung ein, die man nach einem Zerwürfnis mit Beates Eltern hatte beziehen müssen. Blocher entfernte die Griffe von Türen und Fenstern, legte das Telefon still, nahm ihr die Wohnungsschlüssel ab, ließ die Verängstigte nicht mehr zur Arbeit gehen. Und er drohte: »Wenn du Scheiße baust, bist du tot!« Es war der 15. Juli 1995.

Einen Tag später schmiedete Blocher Pläne, er wollte jemanden umbringen. Der Grund: Wegen der neuerlichen Bedrohung von Michael Brandt, dem »Verräter«, hatte er vor dem Amtsgericht Gladbeck erscheinen sollen. Er war nicht gekommen. Die Folge: Haftbefehl. Das wusste er. Nun befürchtete er, auch von seiner Verlobten verpfiffen zu werden. Auch sie hatte er geschlagen und bedroht. Wiederholt war er von ehemaligen Freunden und Bekannten »vor Gericht gezerrt« worden; eine ihn prägende Erfahrung. Alles wollte er auf sich nehmen, nur das nicht, Knast. Sie mussten *gemeinsam* etwas tun, das sie nicht würde preisgeben dürfen. Er wollte sie »in der Hand haben, kontrollieren«, Beate Winkler durch ein verbrecherisches Menschenopfer an sich binden – lebenslänglich.

»Du kommst jetzt mit, du musst mir helfen.« Blocher gab das Signal zum Aufbruch. Beate Winkler wusste nicht, worum es ging, was er vorhatte. Sie fuhren in ihrem Ford Fiesta nach Hagen, zum Hauptbahnhof. Dort rief Blocher Bettina Göres an. Er hatte die 27-Jährige durch Bernd Küppers, einen Knastkumpan, kennen gelernt. »Der Küppers macht Ärger, ich brauche deine Hilfe«, log er. Gegen 16.30 Uhr traf man sich, in Dortmund-Aplerbeck an einer Kreuzung. Bettina Göres war arglos, Beate Winkler nicht mehr. Blocher hatte ihr auf der Fahrt nach Dortmund eröffnet: »Die muss weg.« In der späteren Vernehmung durch die Kripo versuchte Beate Winkler ihr Verhalten zu erklären: »Ich stand unter Druck. Er hatte mir am Samstag vorher eins in die Fresse geschlagen. Es war fürchterlich. Ich hatte ein Veilchen, und er hatte mir Haare ausgezogen. Manfred wollte mich immer in der Hand haben. Er wollte mich auch anstiften, irgendwo ein Asylantenheim anzustecken.«

Man fuhr mit Bettina zurück nach Altena, in die Wohnung. Dort sollte »geredet« werden. Zunächst unterhielt man sich tatsächlich eine Weile. Plötzlich aber sprang Blocher auf, zückte Handschellen und fesselte das völlig verdutzte Opfer an den Füßen. Beate Winkler blieb nicht untätig, sie hielt der Frau die Hände fest, damit sie sich »nicht wehren« konnte. Blocher griff nach einem Klebeband, umwickelte damit die Handgelenke der Frau. »Was soll der Scheiß?« Bettina Göres verstand nicht. »Halt deine Schnauze!«, fuhr Blocher sie an und knebelte die Hilflose mit einigen Klebestreifen. Beate Winkler durchsuchte die Handtasche des Opfers, entnahm den Personalausweis und eine EC-Karte und zerschnitt alles. Dann ging sie ins Bad.

Wann Blocher den Entschluss gefasst hatte, sein Opfer zu vergewaltigen, konnte nicht zweifelsfrei ermittelt werden. Später gab er zu Protokoll: »Ich bekam von Odin eine neue Order. Ich sollte sie vergewaltigen, damit mein Samen in ihr sein sollte. Ich zog sie aus. Aber es klappte bei mir nicht. Obwohl die Order da war, ich konnte nicht. Beate war während dieser Zeit in der Badewanne gewesen.«

Anschließend verklebte er der Frau mit Isolierband die Augen und verschnürte sie mit einem roten Seil zu einem »Paket«. Beate Winkler kam aus dem Bad. Sie sah irritiert das nackte Häufchen Elend auf der Couch: »Was soll das?« Er schlug ihr ins Gesicht. »Ich bring dich um, wenn du nicht gehorchst!«, fauchte er. Sie schleppten das Opfer zum Wagen. Mittlerweile war es dunkel geworden. Bettina Göres wurde in den Kofferraum gelegt, wenig später war man im nahe gelegenen Wald. Blocher grub mit einem Klappspaten ein Loch in den Waldboden. Bettina Göres wurde anschließend aus dem Kofferraum gezerrt. Blocher schlang ihr ein Springseil um den Hals und brüllte Beate Winkler an: »Los, pack zu!« Sie gehorchte, an beiden Enden wurde kräftig gezogen. Bettina Göres sackte schließlich ohnmächtig zusammen, sie röchelte. Blocher zog nochmals zu. Das Opfer gab immer noch schwache Lebenszeichen von sich. Dann griff er nach dem Klappspaten und schlug Bettina Göres so lange auf den Kopf, bis sie tot war. Sie verscharrten den Leichnam und verschwanden.

Blocher hatte es geschafft, seine Verlobte zur Mittäterin gemacht. Und seine Strategie ging auf: Beate Winkler hielt still. Die fortwährenden Schläge und Bedrohungen lähmten ihren Widerstandswillen, sie blieb völlig gehemmt, bewegungsstarr. Die existentielle Angst, eventuell selbst »platt gemacht« zu werden, hatte eine ausgeprägte psychomotorische Hemmung zur Folge. Blocher war die Schlange, sie das Karnickel.

Knapp sieben Monate später bahnte sich die nächste Bluttat an. Blocher war auf der Suche nach jemandem, den er hierfür einspannen konnte. Seine Wahl fiel auf Thomas Blumberg, 24. Der linientreue Nazi-Fanatiker aus Oberhausen war die ideale Besetzung für die ihm zugedachte Nebenrolle; ein gemächlicher, zaudernder, weichlicher, leicht zu bestimmender junger Mann, der ohne eigenen Standpunkt durchs Leben stolperte – ein Mitläufer.

Am 2. Februar 1996, spätabends, bekam er überraschend Besuch. Blocher stand vor der Tür. Man hockte sich zusammen, trank Bier und faselte über den »Endsieg«. Zu vorgerückter Stunde schlug Blocher vor, am nächsten Tag gemeinsam »Kameraden zu besuchen«. Blumberg, ebenfalls arbeitslos, willigte ein.

Nach einer kurzen Nacht fuhren sie gegen 8.30 Uhr los,

in Richtung Bergisch Gladbach. Blocher hatte einen Rucksack dabei. Darin: seine »Pump-Gun«, Handschellen, Klebeband, Kondome. Noch auf der Fahrt machte er Blumberg unmissverständlich klar, dass kein »Kameradenbesuch« anstand: »Das ist eine verdammte linke Hure, die stirbt.« Gemeint war Inga Richter, die Blocher einige Monate zuvor am Hauptbahnhof in Hagen angesprochen hatte. Die 23-Jährige war ihm wegen ihrer Kleidung und eines Gegen-rechte-Gewalt-Buttons aufgefallen. Zwischen beiden war es zu einer lebhaften Diskussion gekommen, Blocher hatte sich als Gleichgesinnter ausgegeben. Die äußerst kontaktfreudige und aufgeschlossene junge Frau hatte ihm nach diesem halbstündigen Gespräch sogar ihre Adresse gegeben. Dies sollte ihr nun zum Verhängnis werden.

Um 9.36 Uhr fanden sie die Gottfried-Keller-Straße und parkten etwa 200 Meter entfernt von Inga Richters Wohnung. Wenig später klingelte es an der Haustür. Auf Nachfrage erklärte Blocher: »Hier ist derjenige, den du mal am Hagener Bahnhof kennen gelernt hast.« Inga Richter öffnete, ließ die beiden herein. Das arglose Mädchen servierte Milch, der Kaffee war ihr ausgegangen. Man kam ins Gespräch, quatschte über ihre Wohnung, ihren Job, ihre Haustiere. Blumberg musste mal. Als er von der Toilette zurückkam, sah er Blocher vor Inga Richter stehen, die Schrotflinte auf ihren Kopf gerichtet. Er schrie: »Du bist eine Schlampe, eine Hure!« Dann schmiss er Blumberg Gummihandschuhe vor die Füße. »Zieh die an«, befahl er. Blumberg gehorchte.

»Was habe ich euch getan? Was soll das?« Die zierliche junge Frau, zu ernsthafter Gegenwehr nicht in der Lage, war wie erstarrt. Blocher zischte zurück: »Das wirst du gleich sehen!« Er ließ sich von Blumberg Handschellen und Klebeband geben, fesselte und knebelte sein Opfer. Er zerrte sie ins Schlafzimmer und schmiss die Hilflose auf eine Matratze: »Mach die Beine breit, du Miststück!« Dann fiel er über sie her, es wurde still. Blumberg, Sohn aus gutem Hause, der Vater Schulleiter, die Mutter Angestellte bei der Staatsanwaltschaft, ließ es geschehen. Als Blocher sich ausgetobt hatte, höhnte er zu seinem Komplizen hinüber: »Willst du auch mal?« Blumberg wandte sich kopfschüttelnd ab.

Blocher ging ins Wohnzimmer, er suchte etwas. Als Inga Richter ihn mit einem Schnürsenkel in den Händen zurückkehren sah, ahnte sie, was nun folgen sollte. Sie schlug mit dem Kopf heftig hin und her. Todesangst. Es half nichts, Blocher drosselte die Frau minutenlang, bis ihr Körper zusammensackte. Aber sie röchelte noch. »Komm her, halt fest«, forderte er Blumberg auf. Der weigerte sich: »Das können wir nicht machen. Das geht nicht.« Blocher wurde wütend. »Halt die Schnauze, komm endlich her!« Blumberg griff schließlich doch nach dem Schnürsenkel. Sekunden später schlug Blocher wuchtig zu; mit einer Gipsfigur, auf den Kopf des Opfers. Die Frau sollte sterben, unbedingt, so schnell wie möglich. Wieder kein Erfolg, die Figur zerbrach, Inga Richter lebte noch. Blocher ging in die Küche und kehrte mit einem Messer zurück. Dann stach er zu, immer wieder. Die Gerichtsmediziner sollten später 91 Stich- und Schnittverletzungen zählen. Nachdem sie die Wohnung gereinigt und Fingerspuren beseitigt hatten, rückten sie ab. Im Auto fragte Blumberg entgeistert: »Was sollte das überhaupt?« Blocher schützte vor: »Linke haben kein Recht zu leben.«

Während der Tat war jedoch kein Wort über Politik gesprochen worden. Später nannte Blocher als Motiv zunächst Inga Richters Emblem »Nazis raus«, das sie bei ihrer ersten Begegnung in Hagen getragen hatte. Später wollte er davon nichts mehr wissen. Darum ging es ihm auch gar nicht. Es war vielmehr ein schlichter Sexualmord: erst vergewaltigen, dann töten. Inga Richter musste sterben, weil Blocher befürchtete, sie könnte ihn ans Messer liefern. Deshalb hatte er »wie ein Wahnsinniger« auf sein Opfer eingestochen.

Als Blocher nur anderthalb Monate später sich sein letztes Opfer nahm und Michael Brandt unzählige Schrotkugeln in den Oberkörper jagte, verfolgte er wiederum ein anderes Ziel: Er wollte »den Verräter zur Strecke bringen«. Da wütete jemand, blind vor Zorn und Hass. Blocher schwang sich zum Scharfrichter auf, zum »Herrscher über Leben und Tod«. Dabei hatte Michael Brandt nur auf seine Rechte als Staatsbürger gepocht, der nicht bedroht werden, der nicht in ständiger Angst leben wollte – vergebens.

Drei Menschenleben hatte Blocher skrupellos und selbstsüchtig ausgelöscht, dabei aber *unterschiedliche* Bedürfnisse hemmungslos ausgelebt: Kontrollverlangen, Sexgier, Rachsucht. Ungewöhnlich für einen Serienmörder. Noch ungewöhnlicher waren seine Begründungen; »Odin hat mich geleitet.« Später war nur noch von einer »dämonischen Kraft« die Rede. Das war vorgeschoben, Teil seiner plumpen Rechtfertigungsstrategie. Nur so viel darf mit Sicherheit unterstellt werden: Als alles um ihn herum äußerlich zusammenbrach, eine erneute Haftstrafe drohte, seine Ehe nicht mehr zu kitten war, da musste sich auch seine bis dato wirksame Tötungshemmung aufgelöst haben. Aus leeren Drohungen wurden handfeste Verbrechen. Ein langwieriger Prozess hatte sich vollzogen, dessen Ursachen und Bedingungsfaktoren möglicherweise nicht einmal Blocher selbst (er)kannte oder erklären wollte.

Auch nach den psychologisch-psychiatrischen Untersuchungen blieb die abstruse Vorstellungs- und Erlebniswelt dieses Mannes weitestgehend rätselhaft. Er hatte wie üblich viel geredet, aber wenig gesagt. So hieß es in einem Gutachten: »Insgesamt ist festzuhalten, dass die Beurteilung der Schuldfähigkeit des Herrn Blocher zu den Tatzeitpunkten unbefriedigend bleibt, da aufgrund der spärlichen konkreten Angaben des Herrn Blocher sowie der verschiedenen Aussagen auf zu wenig Detailkenntnisse zurückgegriffen werden kann.« Eine zweite Expertise bestätigte diese Einschätzung: »Die Beantwortung der Frage, in welchem Ausmaß Herr Blocher in seinen Steuerungsmöglichkeiten evtl. eingeschränkt war, ist bislang insofern problematisch, als von Herrn Blocher selbst nur wenige und insgesamt sehr unterschiedliche bzw. widersprüchliche Angaben zu den Tatabläufen und deren subjektiven Hintergründen zu erhalten waren.« Einer der Gerichtsgutachter erklärte später: »Jedenfalls war Herr Blocher offensichtlich darum bemüht, niemanden – und erst recht nicht einen Psychiater – an sich heranzukommen zu lassen, und es entstand während unserer gesamten Gespräche nie auch nur ansatzweise das Gefühl eines tatsächlichen zwischenmenschlichen Kontaktes.« Auch der sexuelle Hintergrund seiner beiden ersten Taten sollte diskutiert werden. Seine Erklärung: Schweigen.

Lediglich eine »schizoide Persönlichkeitsstörung« wurde diagnostiziert. Das bedeutet: Er war emotional flach und distanziert; antriebsschwach; ein kritikunfähiger Einzelgänger, der sich von abstrusen Fantasien und Vorstellungen benebeln und leiten ließ und den gesellschaftliche Regeln »einen Scheißdreck« interessierten.

In seinem Versteck in Altena fanden die Ermittler auch mehrere Videokassetten. Auf einer waren mehrere Sequenzen des 1994 in den deutschen Kinos gezeigten »Kunst- und Kultfilms« *Natural Born Killers* zusammengeschnitten worden. »Ja, das ist ein grandioses Machwerk«, erklärte Blocher den neugierigen Ermittlern, »der beste Film, den Oliver Stone je gedreht hat.«

Erinnern wir uns: Mallory wird als Mädchen immer wieder von ihrem Vater missbraucht. Zusammen mit ihrer großen Liebe Mickey ertränkt sie ihren Peiniger. Das Duo-Infernale mordet weiter, überzieht die Vereinigten Staaten mit einer hässlichen Blutspur. An den Schauplätzen ihrer äußerst kaltblütig und scheinbar wahllos begangenen Verbrechen lassen sie schließlich jeweils einen Überlebenden zurück, damit der von den »M & M Murders« berichten kann. Der Medienapparat lässt sich willig ankurbeln, einspannen: Jeder (weitere) Mord wird zum Ereignis. Das ganze Land sieht zu, hört zu, liest mit, fiebert mit. Ein profitables Jahrhundert-Spektakel wird inszeniert. Schlussendlich sind es nach 119 qualvollen Minuten 52 Bluttaten, die bestaunt werden können.

Was nach dem Willen des Regisseurs als »Satire auf ein verrückt gewordenes Land« gedacht war, wurde hier und dort als geistiger Steilpass für reale Verbrechen missverstanden und missbraucht. Nicht nur in den USA, auch in Deutschland.

Ende 1996 zogen sie los, Kerstin Volland, Markus Heide und Heiko Bertram, alle gerade mal 19. Die junge Frau erklärte später vor dem Krefelder Jugendgericht: »Ich war fasziniert von Geschichten über Serienmörder und Amokläufer. *Natural Born Killers* war unser Film. Das war das, was ich immer gedacht habe. Wir haben uns total damit identifiziert. Wir wollten ein paar Leute umbringen und uns dann selbst töten.« Ihre Mutter sollte das erste Opfer werden, die aber hatte Glück, sie war nicht zu Hause. Es traf schließlich nach »einem spontanen Entschluss« den Koch Martin Pönsgen, 27, einen gemeinsamen Bekannten. In seiner Wohnung wurde er umgebracht. Doch die Illusion der drei jungen Menschen, die sich mit Drogen und Gewaltfilmen volldröhnten, die »alle Menschen hassten«, zerplatzte wie eine Seifenblase. Nach der Tat sah alles ganz anders aus. Kerstin Volland bekannte später unter Tränen vor Gericht: »Im Film sind immer alle sofort tot. Das war ein scheißgrausamer Mord. Ich weiß nicht, ob Sie das verstehen. Das ist echt schwer, sich das selber einzugestehen, dass wir wegen nichts einen Menschen umgebracht haben.«

Dieses »Nichts« beeindruckte auch Manfred Blocher nachhaltig. »Sehr oft« habe er ihn gesehen, diesen Film, in dem »die Leute gekillt werden«, ereiferte er sich vor der Kripo. Und auf seine »Pump-Gun«, Mickey benutzte auch so eine, angesprochen: »Ist eine gute Frage. Ja, die Idee ist mir dabei gekommen.« Vor jedem Mord wollte er sich das Szenensammelsurium aus *Natural Born Killers* »reingezogen« haben. Er favorisierte keine bestimmten Sequenzen, er sah

»alles mal so durch«. Brachte er sich *so* in Stimmung? Ließ er sich bereitwillig verführen? Missbrauchte er die fiktive Figur des Mickey als ideologisches Leitbild für seine realen Gemetzel? Waren Blochers Morde nicht mehr als ein schlichter *Copy Kill*? Ist das alles so einfach zu erklären?

Die Kontroverse um die Darstellung von Gewalt in Wort und Bild und ihren (un)mittelbaren Einfluss auf Leser und Zuschauer ist nicht neu. Brandaktuell ist und heiß diskutiert wird dieses vermeintliche Phänomen aber immer dann, wenn sich wieder mal jemand hinstellt und behauptet: »Ich habe den Film X gesehen, und dann habe ich mir gedacht: Das musst du auch mal machen.« Oder: »Ich habe das Buch Y gelesen, und dann habe ich mir gedacht: Das musst du auch mal machen.« Das kennen wir. Sogar erzseriöse Fernsehformate werden dann verdächtigt, »Nachahmungstäter zu animieren«. *Aktenzeichen XY ... ungelöst* zum Beispiel. So ereiferte sich der österreichische Medienpsychologe Peter Vitouch in einem dpa-Gespräch noch im September 2000: »Es ist vor allem gefährlich, weil Fälle mit positivem Ausgang für den Täter gezeigt werden.« Und weiter streitlustig: »Die Sendung hängt sich das soziale Mäntelchen um, Positives zu zeigen, weil Verbrecher gejagt werden.«

Tatsache hingegen ist, dass Film, Funk, Fernsehen und Presse unser tägliches Dasein beeinflussen, prägen, bestimmen. Tendenz steigend. Es wird alles geboten: Aufgesetztes und Inszeniertes, Ernsthaftes und Belangloses, Wichtiges und Unwichtiges. Die öffentliche ist durch die veröffentlichte Meinung ersetzt worden. Bundeskanzler oder solche, die es werden wollen, müssen zunächst ihre Fernsehtauglichkeit unter Beweis stellen; der oftmals polemisch und populistisch geführte TV-Polittalk wird zum festen Bestandteil der Wählermeinung. Bundestags-Debatten werden nur noch beiläufig zur Kenntnis genommen. Die Unterhaltungsmaschine rollt und rollt, die Maßeinheit für Qualität heißt jetzt Quote. Overkill Entertainment. Werbespots, die mediale Form der Gehirnwäsche, wo man hinsieht und hinhört. Wir leben in einer Mediengesellschaft, die internetlike globale Formen angenommen hat; ihre Formate und Produkte erreichen uns überall, selbst in den dunklen Nischen unseres sozialen Gefüges. Es gibt keinen Schwachsinn, keine Perversion, keine noch so hirnverbrannte Marotte, die nicht extensiv bunte Seiten und Bildschirme bevölkert. Und diese fortwährende, scheinbar ausweglose, schleichende, unser Bewusstsein vernebelnde und vergiftende Banalisierung und Trivialisierung macht die Hirne kaputt.

Auch multiple Mörder lassen sich gelegentlich inspirieren: von einschlägigen Kino- oder Fernsehfilmen, bizarren Gewaltvideos (siehe Kapitel 4, 8, 10), gedruckten True-Crime-Plagiaten oder Horrorgeschichten, Zeitungsberichten über reale Verbrechen, aber auch von wissenschaftlichen Fachaufsätzen, in denen Details der untersuchten Verbrechen geschildert werden. So erging es auch Max Hoßfeld, jenem Mann, der von 1956 bis 1982 in den Wäldern der Umgebung Münchens vier Opfer »abknallte«. Hoßfeld, schon in jungen Jahren von Waffen aller Art »fasziniert«, hatte sich von einer bestimmten, vergleichsweise harmlosen Szene des Wildwest-Films *Panik am roten Fluß* – ein Jugendlicher erschoss im Zuge einer Auseinandersetzung seinen Widersacher, einen Cowboy, der ihn zuvor misshandelt hatte – »faszinieren« lassen. Fortan spielte er dieses Szenario nach: nackt, vor einem Spiegel, sein Gewehr im Anschlag. Später imitierte er diese Onaniefantasien, schoss seinen Opfern zunächst in den Oberkörper, anschließend in den Kopf. Es sollte »so ablaufen« wie »im Film«, sonst hätte »es nichts gebracht«. Provokant gefragt: Machen Medien Mörder?

Unzählige wissenschaftliche Untersuchungen kamen bisher überwiegend zu dem Ergebnis, dass der Konsum von Gewaltdarstellungen »sehr wahrscheinlich« die Gewaltbereitschaft vornehmlich bei Kids und Teenagern, aber auch bei Erwachsenen steigern *kann*, jedenfalls »kurzfristig«. Aber nicht per se, vielmehr sind es eine Fülle von äußeren wie inneren Faktoren, die neben dem Medium als mitursächlich anzusehen sind: Alter, Geschlecht, Wahrnehmungshäufigkeit, private wie berufliche Konflikte, Wertesysteme, Aggressionsneigung, Persönlichkeitsstörungen. Ein (medialer) Reiz bedingt also nicht notwendigerweise auch eine Reaktion. Es besteht also weniger die direkte Gefahr von Nachahmungstaten, vielmehr verändern aggressive Modelle Werte, Normen und Einstellungen der Gewalt, sie entsensibilisieren gegenüber Gewalttätigkeiten, der Gewaltakt wird als Problemlösungsmittel suggeriert. Denn: Das jeder Gewaltausübung, ob nun geschönt oder verherrlicht dargestellt, vorauseilende und nachfolgende Trauma und Leid der Opfer und ihrer Hinterbliebenen wird allzu häufig schlichtweg unterschlagen.

Die Lehrmeinung der Medienpsychologie konstatiert darüber hinaus zutreffend, dass eine Imitation grundsätzlich nur dort zu erwarten sei, wo das Feld bereitet ist. Es droht also immer dann und ganz überwiegend nur dann Gefahr, wenn Menschen, insbesondere solche, die schon in der Familie oder der Schule leidvolle Gewalterfahrungen haben erdulden müssen, mit entsprechenden pathologischen Neigungen oder Vorstellungen nicht nur kokettieren, sondern von Gewalt- und/oder Tötungsfantasien bereits beherrscht werden. In *diesen* Fällen können gewaltbesetzte Medienprodukte entweder die Tötungshemmung aushebeln oder aber die Vorstellung wachrufen, ein oder mehrere Opfer auf die dargestellte Weise zu töten. Der letzte Kick ist dann gelegentlich die Nachahmung bestimmter Verhaltensweisen. Aber: Menschen wie beispielsweise Max Hoßfeld hätten auch ohne mediale Einflüsse gemordet; wenn nicht *so*, dann eben auf andere Weise. Einfach nur zu behaupten, der hat das gesehen, gelesen oder gehört und es *deswegen* gemacht, ist also zu kurz gegriffen.

Ähnliches gilt für Manfred Blocher. Auch er hatte sich einfangen, inspirieren lassen – von Mickey und Mallory und insbesondere seinem faschistischen, von tiefer Verachtung dominierten Welt- und Menschenbild. Dies war seine ihn mental und moralisch beflügelnde Ideologie, an die er glaubte, der er vertraute. Trotzdem, er war kein williger »Rächer« und »Vollstrecker« eines plumpen Nazi-Kodexes, er war kein *Natural Born Killer*, er bleibt der pathologische Einzeltäter. Denn: Die seine hässlichen Morde bedingende Grundproblematik, seine emotionale Zerrissenheit, die Perspektivlosigkeit, das Gefühl der eigenen Minderwertigkeit und Missachtung lassen sich hierdurch nicht erklären oder herleiten. Vielmehr versuchte er diese gravierenden und später maßlos ausufernden Persönlichkeitsdefekte zu kaschieren, er suchte nach einem Grund, nach einem äußeren

Anlass, um seine vermeintliche familiäre und soziale Ausgrenzung positiv zu rechtfertigen; indem er sich als Neonazi (ver)kleidete, braune Parolen hinausposaunte, »Feinde« und »Verräter« oder Andersdenkende verhöhnte und bedrohte. Nicht er selbst war es, der abgelehnt, der verfolgt, der verurteilt wurde, es war die Figur des Besessenen, des Verblendeten, des Unbelehrbaren, des Gewalttätigen, des Unberechenbaren, die er verkörperte, es war das inakzeptable Rollenspiel, das er sich zugedacht hatte, das er vorlebte, das ihn schließlich an den Rand der Gesellschaft beförderte. Er hatte sich in eine Sackgassensituation manövriert, aus der er sich förmlich herausmorden wollte. Wenn man ihn schon nicht mochte, dann sollte man ihn zumindest fürchten, verachten, verteufeln, hassen. Der Mensch Manfred Blocher blieb zumindest äußerlich weitestgehend konturenlos, also verbarg er Hilflosigkeit und Hilfsbedürftigkeit hinter einer hässlichen Maske. Dort wähnte er sich unverwundbar, unerreichbar, unbezwingbar – ein folgenschwerer Irrglaube.

Gleichwohl lassen sich Entwicklung, Persönlichkeit und Motive dieses Mannes, insbesondere aber die tiefer liegenden Ursachen für seine verabscheuungswürdigen, mitunter sexuell eingefärbten Verbrechen nur unzureichend erhellen. Alles bleibt Stückwerk. Manfred Blocher hätte dabei helfen, er hätte sich offenbaren können. Er tat es nicht, er blieb sich treu, er hatte die Tür zu seiner kranken Seele vernagelt. Insofern ereilte ihn das, was zu erwarten, was notwendig war: die höchste mögliche Strafe, die verhängt werden konnte. Das Urteil des Essener Landgerichts, verkündet am 18. März 1997: »Der Angeklagte Blocher wird wegen Mordes in drei

Fällen, Vergewaltigung und versuchter Vergewaltigung zu lebenslanger Gesamtfreiheitsstrafe verurteilt. Die besondere Schwere der Schuld wird festgestellt. Seine Unterbringung in einem psychiatrischen Krankenhaus wird angeordnet. Die Strafe ist vor der Unterbringung in einem psychiatrischen Krankenhaus, diese vor der Sicherungsverwahrung zu vollstrecken.« Beate Winkler erhielt wegen Mordes sechs Jahre Freiheitsstrafe, Thomas Blumberg wurde für fünf Jahre hinter Gitter geschickt – wegen Beihilfe zum Totschlag und Beihilfe zur Vergewaltigung.

Blocher, in einer dunklen Trainingsjacke, die Kapuze über den Kopf gezogen, eine Schreibunterlage schützend vor das Gesicht haltend, den Mittelfinger der rechten Hand in die Höhe reckend, kommentierte das Urteil kurz und bündig: »Hiermit haben die Juden ihren Willen bekommen.« Dennoch fand der Vorsitzende Richter bemerkenswerte, angemessene und mitfühlende Worte: »Die Kammer muss mit großem Bedauern konstatieren, dass sie die höchstmögliche Strafe gegen Herrn Blocher verhängt hat. Sein Verhalten in der Hauptverhandlung war dafür nicht ursächlich. Es war geprägt von Hass auf sein letztes Opfer, der sich auf fast archaische Weise auf dessen Familie ausdehnte. Es war geprägt von völligem Unvermögen, sich in Leiden und Trauer anderer Menschen hineinzuversetzen. (...) Er ist ein in der Seele schwer gestörter Mensch. Das macht es uns erträglicher. Auch wenn er Schreckliches getan hat, er gehört zu uns allen, er ist ein Mensch in seiner unverlierbaren Würde und seinem unverlierbaren Anspruch auf Achtung. Dieses humane Menschenbild kennt er nicht. Er versteht es noch nicht. Aber vielleicht versteht er es eines Tages.« Und mit Blick in die Zukunft resümierte der Vorsitzende: »Die Therapiemöglichkeiten sind heute nicht so, dass sie auch nur annähernd Erfolg versprächen. Das liegt auch an der persönlichen Entwicklung und Haltung des Angeklagten. Es kann aber sein, dass er sich eines Tages zu einem Menschen entwickelt, der therapierbar ist. Diese Möglichkeit darf ihm nicht versagt werden.«

Kapitel 12

Freund oder Feind?

Gewalt schlägt tiefe Wunden – seelische, körperliche. Gewalt ist instrumentell, allgegenwärtig, überwältigend, unabwendbar, sie durchdringt jede Faser unseres Körpers, unseres Bewusstseins. Sie impliziert Reaktionen und Reflexionen, die den Gepeinigten unvermittelt in ein Horror-Szenario schleudern: Angst, Hilflosigkeit, Schmerz, Verzweiflung, Ausweglosigkeit, Verlassenheit. Abgründe tun sich auf. Aber Gewalt wirkt bereits vor ihrer Umsetzung, sie droht, sie ist spürbar, sie ist fühlbar, sie ist erlebbar. Es gibt keine Sicherheit, keinen Schutz, kein Entrinnen, keine Zukunft. Das Opfer wird überwältigt, entrechtet, degradiert und beherrscht. Gefühle der Kontrolle, der Selbstbestimmung werden atomisiert, sie existieren nicht mehr. Angst, Panik und Schmerz verselbstständigen sich, sie entmachten das Opfer. Es ist die Furcht vor der Allmacht des anderen, seiner Willkür, seiner Zügellosigkeit, seiner Perversion, die er selbstverliebt und selbstsüchtig auskostet. Der Peiniger, der Täter ist am Ziel, er verfügt, er befiehlt, er dominiert, er verletzt, er tötet. Wer sich Tötungsmacht verschafft, darüber verfügt, sie instrumentalisiert, glaubt sich unangreifbar, unverletzbar, unantastbar. Das Opfer wird zum Statisten einer mörderischen Inszenierung, es wird mundtot gemacht, es verstummt, es wird ausgelöscht.

Die auf unterschiedliche Weise determinierte Vorstellungs- und Erlebniswelt des Serienmörders kennt kein Erbarmen, sie ist vielfach auf das Töten fixiert, sie ist eine Quelle wiederkehrender eruptiver Bedrohung. Die erste Tat erfordert noch ein unterschiedlich ausgeprägtes Maß an emotionaler Überwindung, der Rest wird, bleibt oder verkommt zur Routine. Lediglich fragmentarisch ausgebildete Gefühle wie Angst, Skrupel oder Reue verflüchtigen sich, sie verdampfen im Schmelztiegel barbarischer Visionen und Obsessionen. Äußere oder innere Widerstände sind nicht mehr spürbar, nicht mehr erlebbar. Ein Domino-Effekt bahnt sich an, der Mörder muss sich nur noch selbst imitieren. Mitmenschen werden in eine Schablone gepresst, sie werden entrechtet und typisiert – in Opfer und Nichtopfer. Wollte man todbringende Gewaltformen aus der Welt befördern, man müsste Fantasie, Kreativität und Erfindungsgabe aller Menschen negieren, auslöschen. Denn diese Talente werden auch missbraucht, sie verheißen und ermöglichen Grenzüberschreitungen, Tabubrüche, sie inspirieren, sie weisen dem Mörder den Weg.

Das Opfer gehört aber ebenso wie der Täter zum Ursachenkomplex. Im ersten Stadium der Ermittlungen ist es von eminenter Bedeutung zu erfahren, welchem Persönlichkeitsprofil das Opfer entspricht, welche Umgangsformen es pflegte, aus welchem Grund es sich am Begegnungs- oder Tatort aufgehalten hat oder ob möglicherweise eine Beziehung zwischen ihm und dem Täter bestanden haben könnte. Zunächst aber gilt es zu fragen: Warum wurde *dieses* Opfer ausgewählt, und welche Möglichkeiten hat der Täter ausgeschöpft, um sich des Opfers bemächtigen zu können? Das äußere Erscheinungsbild, die körperliche Konstitution, das Alter, die Berufstätigkeit, die persönliche Ausstrahlung und vieles mehr beeinflussen den Täter sehr häufig in seiner Entscheidung, einen bestimmten Opfertyp zu favorisieren. Das strategische Vorgehen eines multiplen Mörders ist demnach eine regelmäßig wiederkehrende, unverwischbare Spur, die ihn als Serientäter kennzeichnet.

Da die Täter aber grundsätzlich gezwungen sind, ihre eigenen Bedürfnisse, Fähigkeiten und Fertigkeiten zu berücksichtigen, und sie darauf abzielen, das Entdeckungsrisiko zu minimieren, gleichzeitig aber auch einen sicheren Tatererfolg anstreben, besteht vielfach eine spezifische Wechselwirkung zwischen bestimmten Opferdispositionen und der Selektion durch die Täter; insbesondere dann, wenn sich die einmal eingeschlagene mörderische Marschroute als erfolgreich erwiesen hat.

Zweifellos, es gibt auch sie; jene Menschenjäger, die regelmäßig losziehen, bestimmte Regionen durchstreifen und bei sich bietender Gelegenheit *wahllos* über ihre Opfer herfallen. Gerhard Kaltenbach zum Beispiel. Mit der Festnahme des verheirateten Maschinenschlossers aus dem Siegerland konnte die Münsteraner Kripo im November 2001 jahrelange, äußerst mühselige Ermittlungen erfolgreich abschließen. Zwei Frauen waren ihm zum Opfer gefallen, eine 22-jährige Studentin aus Münster im Januar 1998 und gut dreieinhalb Jahre später eine 24-Jährige aus Vreden im Kreis

Borken. Bei den Verbrechen war Kaltenbach zunächst ziellos auf der Suche nach einem Opfer umhergeirrt. »Es war ganz egal, wer es sein würde«, erklärte der 33-Jährige, der sich selbst als »Monster« bezeichnete, »nur die Gelegenheit musste passen.« Wie »ein Panther« sei er über die Frauen »hergefallen«. Anschließend hatte er sie sexuell missbraucht, dann qualvoll erwürgt und erdrosselt.

Als »impulsive Aktionen« schilderte auch der Gelegenheitsarbeiter Gerhard Bold seine zahlreichen Verbrechen, darunter fünf Tötungsdelikte, begangen zwischen 1971 und 1988. Eines seiner Opfer erschlug er in einem Zug. Seine Selbsteinschätzung: »Das ist mir von allen Taten die unerklärlichste. Ich fuhr in dem gleichen Abteil weiter, starrte vor mich hin und konnte nicht glauben, dass ich es gewesen bin. Das ist so ein Gefühl, als wenn ich daneben stehe und zuschaue. Ich glaube, als ich das erste Mal jemanden umgebracht habe, ist in mir etwas kaputtgegangen.« Er hatte auch die übrigen Frauen zufällig getroffen, war dann wie blindwütig über sie hergefallen. Achselzuckend, ohne tatsächlich zu verstehen, versuchte er sein Motiv zu deuten: »Ich kann mir das alles nicht erklären. Ich habe geahnt, dass es bei mir zu einer Explosion kommen würde. Den Frauen gegenüber bin ich immer brutaler geworden. Wenn die mich nicht geschnappt hätten, wäre das immer so weitergegangen, es wäre eine Lawine geworden. Irgendwas haben die Taten mit meiner Sexualität zu tun, auch wenn ich dabei keine Erektion oder einen Orgasmus hatte. Es ist so eine komische Erregung, vielleicht ein sexuelles Verlangen. Nach der Tötung bin ich jedes Mal wie erleichtert gewesen, das ist so eine Art Befriedigung, wenn auch keine sexuelle.

Vorher wurde die Unruhe in mir immer größer, da wusste ich, es passiert wieder etwas. Das war so eine Art Vernichtungsdrang.«

Gleichwohl lassen Serienmörder sich bei der Auswahl ihrer Opfer überwiegend von pragmatischen Überlegungen inspirieren. Denn das sofortige, blitzartige und *planlose* Attackieren birgt unkalkulierbare Risiken und Gefahren: Das Tatgeschehen kann bei heftiger Gegenwehr eskalieren, Schreie des Opfers könnten gehört werden, ein ungestörter Tatverlauf bleibt ungewiss, unliebsame Zeugen könnten aufmerksam werden, der Begegnungsort erscheint zur Durchführung der Tat ungeeignet, es gibt kaum erfolgversprechende Fluchtmöglichkeiten. Die Opfer werden daher in 77 Prozent der Fälle nicht sofort angegriffen und überwältigt. Vielmehr wird das Terrain in der Mehrzahl der Fälle zunächst beobachtet, sondiert, potentielle Opfer werden taxiert, belauert, verfolgt und ausgespäht. Erst wenn der angehende Mörder ausreichende Kenntnisse und Erfahrungen erlangt hat, die auch aus vorheriger Delinquenz ableitbar sind, ein profitables Opferprofil herausgearbeitet worden ist, beginnt die konkrete Tatplanung. Sie umfasst bestimmte Vorgaben, von denen im Regelfall nicht abgewichen wird: Tatzeit, Tatort, Tatmittel, Tatablauf. Und das vielfach *beliebig* oder *zufällig* ausgewählte Opfer soll lediglich bestimmten Kriterien entsprechen: beispielsweise Kinder, junge Mädchen, Frauen, Prostituierte, Anhalterinnen oder ältere Menschen, die sich arglos und nicht selten (zu)sorglos oder vertrauensselig in einer unverfänglich und gefahrlos erscheinenden Situation umschmeicheln, überreden, einladen oder auf andere Art beeinflussen und an den späteren Tatort dirigieren lassen. Allerdings sind dem Einfallsreichtum, der Verschlagenheit, der Skrupellosigkeit der Täter keine Grenzen gesetzt, die Spielarten der Opfer-Manipulation sind vielschichtig und vielgesichtig. Die deutsche Kriminalgeschichte zeugt davon.

40 Zigaretten und ein viertel bis halbes Pfund Bohnenkaffee gönnte sie sich täglich. »Wenn kein Geld mehr da war, fasste ich den Entschluss, eine neue Tat zu begehen«, erklärte Ingrid Sobotta. Die zweimal geschiedene ungelernte Gelegenheitsarbeiterin saß im April 1949 auf der unbequemen Anklagebank des Kölner Schwurgerichts. Mit ihren heimtückischen Verbrechen stand die 37-Jährige bis dahin einzig da. Sie hatte sich darauf eingespielt: Giftmord. Fünf Menschen hatte sie umgebracht, weitere zehn Mordversuche wurden ihr vorgeworfen. Mit 27 war sie bereits von einer Berliner Strafkammer wegen »Rückfalldiebstahls« zu drei Jahren Gefängnis verurteilt worden. Wenn sie auf ihren Drei-Zonen-Beutezügen als eine von langer Reise Erschöpfte (»13 Stunden habe ich auf dem Trittbrett gestanden!«) Mitleid erweckend ihre Opfer umgarnte, gelang es ihr regelmäßig, sich das Vertrauen der überwiegend älteren Damen zu erschleichen. Einer ihrer Ehemänner bestätigte im Prozess: »Sie hatte etwas Bestrickendes, dem sich niemand entziehen konnte.«

Ihre perfide, skrupellose Vorgehensweise beschrieb und würdigte das Gericht in seiner 257 Seiten umfassenden Urteilsbegründung am 7. Juli 1949: »Die Angeklagte hat in allen Fällen heimtückisch gehandelt. Sie hat die Arglosigkeit und das Vertrauen der Opfer ausgenutzt, um sie zu der Einnahme der todbringenden Lösung zu veranlassen. Die Angeklagte ist bewußt in dieser Weise vorgegangen; ihr gesamter Plan war darauf aufgebaut und das Gelingen von der erfolgreichen Täuschung abhängig. Nach diesem Gesichtspunkt hat sie sich zunächst ihre Opfer ausgesucht. Die Erfahrung hatte ihr gezeigt, daß ältere, alleinstehende Frauen, die in einfachen Verhältnissen lebten, ihr bei weitem das geringste Mißtrauen entgegenbrachten; an solche Frauen trachtete sie deshalb heranzukommen. Sobald diese Personen sich in ein Gespräch eingelassen hatten, versuchte die Angeklagte mit allen Mitteln ihrer außerordentlichen Verstellungskunst, deren Vertrauen zu gewinnen. Zu diesem Zweck machte sie sich in verschlagener Weise alle erkennbaren Regungen und Neigungen ihrer Opfer zunutze. Sie versprach den langentbehrten Kaffee, wo sie eine Schwäche hierfür voraussetzen konnte, erweckte Mitleid durch unwahre Erzählungen über die angeblichen Strapazen ihrer Reise, heuchelte Mitgefühl mit dem Schicksal ihr gänzlich unbekannter Personen, und anderes mehr.

Auf diese Weise erschlich sie sich das Vertrauen ihrer Opfer umso leichter, als sie sich selbst stets als den großzügigen, hilfsbereiten Teil hinstellte und ihrerseits keinerlei Gegenleistungen, von einer gelegentlichen Mahlzeit oder einem Nachtquartier abgesehen, beanspruchte. Hatte die Angeklagte dann schließlich das Zutrauen der betreffenden Personen im allgemeinen auf diese Weise gewonnen, so lenkte sie das Gespräch geschickt auf das Gebiet der Krankheiten und schließlich die Medikamente, deren Einnahme durch die Opfer der alleinige Zweck ihres Vorgehens war. Auch hierbei suchte sie das besondere Vertrauen der Betroffenen in hinterhältiger Weise zu gewinnen, indem sie teils angab, sie sei selbst Krankenschwester gewesen, teils die Tabletten als schwer oder gar nicht erhältlich hinstellte und immer solche in Wirklichkeit überhaupt nicht erzielbaren Heilwirkungen verhieß, die dem jeweiligen Opfer je nach der körperlichen Verfassung am wünschenswertesten erscheinen mußten. Endlich täuschte die Angeklagte die betreffenden Personen noch insoweit über die wirkliche Zusammensetzung der Lösung, als sie nicht eine oder zwei, sondern unbemerkt zehn Tabletten anrührte und überdies flüssiges Morphium hinzufügte. Wenn die Opfer die Lösung nicht oder nicht ganz austrinken wollten, redete die Angeklagte ihnen zu oder versetzte das Gemisch mit Zucker.«* Nur eine Frau hatte sich standhaft geweigert. Die war geisteskrank.

Die ausgeprägten manipulativen Fähigkeiten und die verbrecherische Flexibilität des Gift-Vamps offenbart ihre wohl heimtückischste Tat, verübt am 28. Januar 1948 in Frankfurt am Main, Burgstraße 91. Dort wohnte Gisela Lichtenfeld. Sobotta hatte sich als »Bekannte einer Nachbarin« ausgegeben, sie habe ihr Lebensmittel aus Holland mitgebracht, ihre Bekannte jedoch nicht angetroffen. Sie sei »von der langen Reise müde«, ob sie sich »nicht ein wenig in ihrer Wohnung ausruhen« könne, heuchelte sie. Gisela Lichtenfeld willigte ein. Man kam ins Gespräch, und die Gastgeberin klagte über ihre akuten »Magenbeschwerden«. Sobotta wurde hellhörig. »Da habe ich was für Sie, Natron, das hilft.« Rasch mixte sie ihren Todestrank, bestehend aus einem Schlafmittel (zehn Noctaltabletten) und 0,15 Gramm Morphium. Die 41-Jährige trank, wenig später wurde ihr

»schwummrig«. Hastig erzählte Sobotta ihr, sie könne Handschriften deuten. Sie schob der Frau ein Blatt Papier aus ihrem Notizblock hin. Folgender Text sollte geschrieben werden: »Ich habe das Leben satt, lasst es Euch gutgehen. Mir geht es gut. Gisela Lichtenfeld.« – »Aber das kann ich doch nicht schreiben«, wendete die zweifache Mutter ein. »Nur eine Schriftprobe. Schreiben Sie!« Gisela Lichtenfeld nahm ihre letzte Kraft zusammen – und schrieb. Dann wurde sie bewusstlos. Sobotta schleifte die Frau zum Bett, legte den »Abschiedsbrief« daneben und plünderte die Wohnung. Abends fand der Ehemann das Opfer im Todeskampf. In letzter Minute wurde die Frau gerettet und gab den später entscheidenden Hinweis auf die vielfache Mörderin.

In den Nachkriegsjahren wurden in der näheren Umgebung Berlins vier Frauenleichen gefunden: am 17. März 1948 im Waldgelände bei Königs-Wusterhausen, am 11. Juni 1948 im »Schmachtenhagener Forst«, am 13. Juli 1948 im Wald bei Nauen, schließlich am 11. August 1949 in einem Waldgebiet bei Seegelitz. Der geschiedene Arbeiter Gustav Kohlhammer konnte zwei Monate nach seinem letzten Mord überführt werden. Die Masche des 36-Jährigen: Er suchte sich gezielt allein reisende Frauen aus, gab sich überaus charmant, lockte seine Opfer unter dem Vorwand, »gemeinsam hamstern« zu wollen, an die späteren Tatorte, vergewaltigte und erdrosselte die arglosen Frauen, um anschließend deren Wohnungen aufzusuchen und diese »auszuräumen«.

Auch Bernhard Reuter gelang es, seine Opfer zu umgarnen, sie in trügerischer Sicherheit zu wiegen, sie in eine tödliche

Falle zu locken. Der gelernte Bergmann aus Essen schlug sich mit Gelegenheitsarbeiten, meist als Hilfsarbeiter auf Bauernhöfen, durchs Leben. Eine feste Bleibe hatte er nicht, er ließ sich treiben, mit seinem Fahrrad fuhr er zunächst kreuz und quer durch das Ruhrgebiet. Schließlich verschlug es ihn in den süddeutschen Raum. Am 1. November 1952 durchströmte ihn wieder »dieses Verlangen«. Den ganzen Tag schon hatte der 32-Jährige nach einem Opfer Ausschau gehalten, vergeblich.

Kurz nach Mitternacht witterte er seine Chance. Am Bahnhof in Neulussheim, einer kleinen Gemeinde 25 Kilometer südlich von Mannheim gelegen, begegnete ihm eine junge Frau. Es war Margarete Kleinert, sie hatte mit ihrem Verlobten eine Tanzveranstaltung besucht, ihn anschließend zum Bahnhof gebracht. Reuter sprach die 18-Jährige an: »Darf ich Sie ein Stück des Weges begleiten? Es ist doch schon dunkel, ich bringe Sie sicher nach Hause.« Margarete Kleinert zögerte, wehrte schließlich höflich ab: »Vielen Dank, ich kann aber auch gut alleine heimgehen.« Reuter ließ nicht locker, erwiderte scheinheilig: »Sehe ich so aus, als wenn ich Ihnen etwas antun könnte?« Die junge Frau musterte den Fremden. Der gut aussehende, höfliche, ordentlich gekleidete Mann wirkte tatsächlich vertrauenerweckend, ganz und gar nicht bedrohlich. Sie entschied: »Nein, so sehen Sie nicht aus.« Und sie war mit seiner Begleitung einverstanden.

Wenige Minuten später packte er das Mädchen, zerrte es hinter ein Transformatorhaus; es wurde geschlagen, getreten, gekratzt, geschrien, Margarete kämpfte um das nackte Überleben. Als ihr die Kräfte schwanden, würgte er sie bis zur

Bewusstlosigkeit, missbrauchte und tötete sie. Später gab er sich wortkarg: »Ich kann nur sagen, und das ist die erschütternde Wahrheit, dass sich das Mädel verzweifelt gewehrt hat.« Ein ähnlich grausames Schicksal hatte bereits zwei weitere Opfer ereilt, am 16. September 1952 in Oberhausen, gut zwei Monate später in Düsseldorf. Und stets hatte der selbst ernannte »Würger« seine hässlichen Morde gleich lautend angebahnt: »Darf ich Sie ein Stück des Weges begleiten? Es ist doch schon dunkel, ich bringe Sie sicher nach Hause.«

Am 7. November 1981 wurde die Haushaltsschülerin Birgit Schüssler unweit der Bundesstraße 75, an der Peripherie von Bremen, gefunden. Sie lag erstochen in einem Wassergraben. Acht Tage zuvor war sie gegen 2 Uhr letztmals in Bremen lebend gesehen worden, in der Diskothek »Why Not«. Einem Bekannten hatte sie noch gesagt: »Ich muss in die Wohnung meiner Eltern, irgendjemand wird mich schon mitnehmen.« Am 9. Februar 1982 verließ die Sparkassenangestellte Marie Gross ihre Arbeitsstelle in Bremen. Sie fuhr mit dem Bus vom Hauptbahnhof nach Lilienthal, wollte von dort nach Hause wie immer per Autostopp. Anderthalb Monate später wurde ihr Leichnam aus einem Wassergraben bei Worpswede-Hüttenbusch geborgen. Der Mörder hatte ihr 36 Messerstiche beigebracht.

Die mysteriösen Frauenmorde blieben ungeklärt, weitere gleichartige Verbrechen folgten. Am 20. Dezember 1983 machte ein Waldarbeiter in der Feldmark Tarmstedt, gelegen im Kreis Rotenburg/Wümme, eine grausame Entdeckung. Der vollkommen skelettierte Leichnam war flach verscharrt worden. Bei der Toten handelte es sich um Vera Clages, von

Beruf Kürschnerin, vermisst seit Mai 1982. Weiter konnte ermittelt werden, dass die junge Frau in Osterholz-Scharmbeck einen Freund besucht hatte und per Anhalter in die elterliche Wohnung nach Bremen zurückfahren wollte. Dort verlor sich ihre Spur. Auch Cornelia Bergner wollte von Bremen nach Hamburg trampen. Die Studentin hatte sich dort mit einem befreundeten Fernfahrer verabredet, der sie nach Schweden mitnehmen wollte. Cornelia Bergner kam in Hamburg nicht an. Am 27. Dezember 1983 fand man ihren Leichnam in einem Graben bei Heidenau im Kreis Harburg. Sie war erdrosselt worden, an ihren Händen konnten zahlreiche Schnittverletzungen festgestellt werden.

Zweieinhalb Monate später erschien eine junge Frau bei der Kripo in Bremen. Sie gab an, Anfang November 1983 von einem jungen Mann in dessen Wagen gezerrt, mit einem Messer bedroht und sexuell missbraucht worden zu sein. Dann habe er sie gehen lassen. Als derselbe Mann zwei Monate später zufällig in seinem Wagen an ihr vorbeifuhr, notierte sie sich das Kennzeichen. Der Wagen gehörte Carsten Block, gelernter Kfz-Mechaniker aus Bremen. Seit knapp zwei Jahren diente er als Zeitsoldat bei der Bundeswehr. Am 9. März 1984 wurde der 23-Jährige festgenommen. Zunächst stritt er alles ab. Dann gestand er den Mord an Vera Clages, die übrigen Taten leugnete er nicht, er wollte sie aber auch nicht zugeben. »Ich habe noch nicht genügend Vertrauen«, erklärte er den Kripo-Beamten. Drei Monate ließ er sich Zeit, dann folgte ein Teilgeständnis, zwei Tage später bekannte er sich. Er schrieb: »Ich gebe die Taten zu, was und wie es passiert ist, kann ich aber nicht sagen.«

Der Fingernägel kauende, emotional eingeengte, sexuell verklemmte und infantile Einzelgänger, der »lieber für sich allein sein wollte«, hatte sich bei der Opferauswahl immer gleichartig entschieden: Es mussten junge Frauen sein, die mitgenommen werden wollten. Im psychiatrischen Gutachten heißt es hierzu: »Ausführlicher wird von ihm jedoch der Drang, Mädchen mitzunehmen, geschildert. Dieser Ablauf mit beginnender Unruhe, daß er das machen müsse, diese Einengung, als ob ein Gedanke etwas blockiere, diese Zwanghaftigkeit, ein Muß, sie mitzunehmen. (...) Er sei vorbeigefahren, habe das Gefühl gehabt, wieder hinfahren zu müssen, habe eventuell noch daran vorbeifahren können, dann sei die Unruhe da, als ob etwas passieren könne, dann der Drang. Während des Fahrens im Auto seien ihm Zeitabstände nicht erinnerlich. Alles liefe immer gleich ab – wie vorprogrammiert und fest gespeichert.«*

Block war demnach auf bestimmte Opferdispositionen fixiert, die ihn jedoch nicht einengten, sondern ihm ausreichend Spielraum boten. Es mussten lediglich »junge Frauen in meinem Alter« sein, die er »an Bord holen« konnte. Nicht das äußere Erscheinungsbild oder andere spezifische Merkmale waren entscheidend, allein das Alter der Opfer war maßgebend – sie wurden mit 18, 19, 20 und 21 Jahren jäh aus dem Leben gerissen – und die Möglichkeit, sie unauffällig und gewaltlos in seinen Wagen locken zu können.

Mitte der achtziger Jahre plagten Roman Switalla ernsthafte Sorgen: kein Job, kaum Bares, hohe Schulden. Und seine Frau murrte: »Sieh zu, dass du zu Arbeit kommst.« Als der

22-Jährige wieder mal ziellos durch die Berliner Innenstadt schlenderte und darüber grübelte, wie möglichst schnell und möglichst leicht an möglichst viel Geld zu kommen sei, hatte er eine Idee. »Eine Frau bis zu ihrer Wohnung verfolgen, sie dort überwältigen, berauben und umbringen«, erklärte er später vor der Kripo. Wen es treffen sollte, hatte er kühl kalkuliert: »Erstens, eine junge Frau, die hat sowieso nichts gespart; zweitens, eine junge Frau hat Kinder und Familie und einen Mann, und drittens, erschien mir die Sache viel leichter, eine ältere Frau zu überfallen.« So hielt er gezielt Ausschau nach älteren Damen, die »nach Geld aussahen«. Binnen achtzehn Tagen ermordete der »Klingelmörder« im Frühjahr 1984 drei Rentnerinnen, 74, 83 und 87 Jahre alt, denen er in ihre Wohnungen gefolgt war. Die betagten Damen waren ihm zufällig begegnet, »reine Glückssache«, und entsprachen seinem Opferprofil: »Es sollte eine einfache Sache sein, also eine schwächere Frau.« Und er hätte weiter gemordet: »Ja, wenn ich nicht festgenommen worden wäre.«

Armin Konrad war ein hilfsbereiter Mensch. Als Berufskraftfahrer, beschäftigt bei einer Hamburger Spedition, hielt er stets dann an, wenn Menschen in Not geraten waren und sich nicht zu helfen wussten. Er wechselte Reifen, flickte notdürftig Keilriemen, half mit einem Kanister Benzin aus. Irgendwann musste er jedoch zu der Überzeugung gelangt sein, es ginge auch anders.

Am 1. November 1999 blieb Gudrun Kessler mit ihrem Wagen liegen, auf der Autobahn 24, in Höhe der Ausfahrt Talkau. Gegen 23 Uhr rauschte Konrad mit seinem schweren Lastwagen heran, er sah das Warnblinklicht und hielt an. »Kann ich irgendwie helfen?« Die Lehrerin aus Hamburg nickte hocherfreut. Konrad dirigierte die 35-Jährige zunächst zu seinem Lkw: »Setzen Sie sich doch ins Führerhaus, Sie können dort warten, bis ich fertig bin.« Sie stieg ein, er aber auch. Dann schlug er ihr unvermittelt ins Gesicht, in den Magen. Gudrun Kessler war benommen, rang nach Luft. Konrad fesselte die Frau und fuhr zu einem nahe gelegenen Parkplatz an der Bundesstraße 404, unweit der Gemeinde Trittau. Dort verging er sich an seinem Opfer. Anschließend fuhr er zurück, reparierte die Zylinderkopfdichtung notdürftig, so dass Gudrun Kessler nach Hause fahren konnte.

Noch in der Nacht ging sie zur Polizei, schilderte den Vorfall und lieferte eine perfekte Beschreibung jenes Mannes, der sie vergewaltigt hatte. Sein markantes Erscheinungsbild: zirka 1,80 Meter groß, kräftig mit deutlichem Bauchansatz, graubraunes Haar, hinten zu einem Zopf zusammengebunden, Stirnglatze, Vollbart, Tätowierungen an beiden Unterarmen. Schon drei Wochen später konnte Konrad festgenommen werden. Nach anfänglichem Zögern gestand er die Tat – und dann brach es aus ihm heraus: »Ich kann nicht mehr, ich muss das loswerden.«

So beichtete der 43-Jährige auch die Vergewaltigung und Tötung der Berlinerin Angela Kannengiesser in den Abendstunden des 19. Dezember 1994. Das Auto der 29-Jährigen war auf der Autobahn 24 nahe der Raststätte Stolpe mit leerem Tank liegen geblieben. Konrad bot ihr Hilfe an, er verschleppte sie jedoch in ein fünf Kilometer entferntes Waldgebiet, fiel dort über sie her und strangulierte die Frau mit ihrem eigenen Schal.

Immer wieder suchte und fand er seine Opfer auf der Autobahn 24. Hier kannte er sich bestens aus, hier fühlte er sich sicher, das war sein Revier. Am 10. Juli 1998 zwang er eine 26-Jährige per Lichthupe nahe der Raststätte Walsleben zum Anhalten. Angeblich sollte ein von ihrem Wagen hochgeschleuderter Stein seinen Lkw beschädigt haben – eine Finte. Als sich die Frau den angeblichen Schaden ansehen wollte, schlug Konrad sie von hinten nieder, würgte sie, schlug ihren Kopf mehrfach wuchtig auf das Straßenpflaster. Dann brauste er davon. Das Opfer konnte sich trotz schwerer Kopfverletzungen zur Raststätte schleppen, die junge Frau überlebte.

Angelika Bornemann hingegen sollte nicht mit dem Leben davonkommen. Sie traf ihren Mörder am 19. November 1999 in einer Raststätte in der Nähe von Berlin und erzählte ihm von Schwierigkeiten mit ihrem Wagen. Konrad bot seine Hilfe an. Stattdessen verschleppte er die 21-Jährige in ein vier Kilometer entferntes Waldstück, vergewaltigte und tötete sie. Auch in diesem Fall ging der Täter immer nach dem gleichen Muster vor: Eine Autopanne wurde den Opfern zum Verhängnis, eine zufällige zwischenmenschliche Begegnung und ihre Gutgläubigkeit kosteten sie das Leben.

Im November 2001 saß Rolf Eitel auf der Anklagebank des Landgerichts Bremen. Dem 130 Kilogramm schweren Mann stockte beim Sprechen immer wieder die Stimme, er errötete, weinte, wenn er beschrieb, wie er Anfang Juni in Bremerhaven fünf pflegebedürftige Frauen erstickt und beraubt hatte – binnen zehn Tagen. Zudem musste er sich wegen eines Mordversuchs an seinem sechsten Opfer verantworten. Die 83-Jährige hatte überlebt. Sie erzählte vor Gericht, dass sie den Altenpfleger zunächst als »sehr höflichen« Menschen kennen gelernt habe. Bei dem Überfall sei er aber plötzlich »ein ganz anderer Mensch« gewesen. Sie habe dem 32-Jährigen geraten: »Jungchen, nimm das Geld und geh.« Eitel habe aber nicht von ihr abgelassen und ihr Gesicht ins Bett gedrückt. Sie sei dann bewusstlos geworden. Er brach seinem Opfer drei Rippen und das Brustbein. In dem Glauben, die ältere Dame getötet zu haben, durchwühlte er die Wohnung, raubte 3 400 Mark und ging. Noch am Abend desselben Tages fasste ihn die Kripo. Eitel nach seinem Geständnis: »Gut, dass ihr mich erwischt habt. Ich hätte bestimmt weitergemacht.«

»Es ist schändlich und absolut verwerflich, was ich getan habe«, gab er sich scheinbar reumütig. Dem Gericht schilderte er, wie er die über 80 Jahre alten Frauen in ihren Wohnungen besucht, sich mit ihnen noch unterhalten hatte und dann über sie hergefallen war. Der nach Einschätzung des zuständigen Staatsanwalts »nicht unsympathische Teddybär-Typ« über sein erstes Opfer: »Ich habe ihr vorgegaukelt, ihr Hausnotwarngerät sei kaputt.« Zu den Taten habe er stets eine Tennissocke mitgebracht, die er sich über die Hand streifte, um den Opfern den Mund zu verschließen – und sie mit einem Kopfkissen qualvoll zu ersticken. »Die Frauen haben sich vergeblich gewehrt«, berichtete er. Brachiale Gewalt hatte der 1,90-Meter-Hüne seinen Opfern angetan. Ein Rechtsmediziner zu dem Obduktionsbefund eines 85-jährigen Mordopfers: »Derartige Verletzungen sehen wir sonst nur nach schweren Verkehrsunfällen oder Stürzen aus großer Höhe. Die Wirbelsäule der Toten war dreimal klaffend gebrochen. Selbst bei einer Knochenerweichung, unter der das Opfer litt, sind solche Verletzungen nur unter sehr, sehr heftiger Gewalteinwirkung möglich.«

Das Tatmotiv: pure Habgier. Eitel nannte es »Zwangslage«. Der ehemalige stellvertretende Pflegedienstleiter des Arbeiter-Samariter-Bundes in Bremerhaven – ihm war wegen Unterschlagung mehrerer tausend Mark gekündigt worden – hatte hohe Schulden. Mit 70 000 Mark stand er in der Kreide. Er wusste nicht mehr, wo er das Geld hernehmen sollte. Seine Liaison mit einer Prostituierten machte alles nur schlimmer. »Sie hat immer mehr Geld von mir verlangt und mich weiter unter Druck gesetzt«, beklagte er sich. Eitel, von seinem Verteidiger als »naiv und sanftmütig« charakterisiert, bekam es mit der Angst zu tun, er fürchtete Repressalien des Zuhälters – und begann kaltblütig zu morden.

Nicht mehr als 4 880 Mark erbeutete der Serienmörder, in zwei Fällen flüchtete Eitel sogar ohne Beute. Großmannssucht trieb ihn an, er hoffte zudem auf eine »dauerhafte Beziehung« zu seiner vermeintlichen Freundin, der Prostituierten »Sasha«. Die wollte ihn aber nur ausnehmen. Mit dem Blutgeld versuchte er ihr Wohlstand vorzugaukeln. »Ich bin Arzt, verdiene 9 800 Mark netto«, log er.

Als nichts mehr ging, als der finanzielle Kollaps unabwendbar schien, als er fürchtete, seine Freundin zu verlieren, als sein Leben vollends aus den Fugen zu geraten drohte, begann er mörderische Pläne zu schmieden. Es sollte ältere Frauen treffen; nicht irgendwelche, sondern ehemalige Patientinnen, die ihn kannten, die ihm vertrauten, die ihn in ihre Wohnungen lassen würden, die keinen ernsthaften Widerstand würden leisten können. Ein perfider

Plan, der sich mühelos umsetzen ließ, der sich bewährte – bis er einen folgenschweren Fehler beging.

Die beschriebenen divergierenden und beliebig erweiterbaren Täter-Opfer-Konstellationen machen deutlich, dass es unmöglich ist, eine allgemeingültige, schematische Opfertypologie oder ein spezifisches Profil herauszuarbeiten. Belegbar ist dieser Tatbestand auch anhand konkreter Zahlen. Ich habe aus diesem Grund eine viktimologisch (opferbezogen) ausgerichtete Studie durchgeführt. Untersucht wurden 210 Tötungsdelikte, die durch 36 multiple Sexualmörder in der BRD und der DDR im Zeitraum von 1920 bis 2001 verübt worden waren. Folgende Merkmalshäufigkeiten (Items) konnten ermittelt werden:

Opfer-Item	Häufigkeit %
deutsche Staatsangehörigkeit	95,2
weiblich	72,9
Altersstruktur:	
0–13 J.	26,2
14–20 J.	21,4
21–30 J.	24,3
31–40 J.	8,1
41–50 J.	10,0
51–60 J.	8,6
› 60 J.	1,4
Vorbeziehung zum Täter	7,1
wurde sofort überwältigt	47,6

ausgeübter Beruf zur Tatzeit:	
Schüler	28,7
Angestellte	15,2
Hausfrau	11,9
Arbeiter/Handwerker	9,0
Auszubildender	7,6
Prostituierte	7,1
Rentner	3,8
Student	2,9
Selbstständiger	1,0
Beamter	0,5
Berufs-/Arbeitslose	12,3
Angriff erfolgte:	
während eines Freizeitvergnügens	44,3
auf dem Heimweg	31,4
am Arbeitsplatz	11,5
auf Reisen	9,0
auf dem Weg zur Arbeitsstelle	3,8
Tatorte:	
Wald-/Forstgebiet	40,9
auf offener Straße	17,1
eigene Wohnung	9,0
Pkw des Täters	7,1
Wohnung des Täters	5,2
öffentliche Park-/Grünanlage	4,8
Zugabteil	4,3
Schrebergartensiedlung	3,3
Bahnhofsgelände	2,9
leer stehendes Haus/Gebäude	2,9
Universitätsgelände	1,0
Hotel	0,5
Spielhalle	0,5
Parkhaus	0,5

Diese Erkenntnisse beweisen, dass verlässliche Aussagen zu einem erhöhten Opferrisiko in einem nur sehr eingeschränkten Maß vertretbar sind. Besonders gefährdet *erscheinen* demnach: Kinder, Jugendliche und Frauen im Alter von 18 bis 30 Jahren, die sich außerhalb ihrer Wohnung oder Arbeitsstelle an öffentlich zugänglichen Orten aufhalten. Dennoch bleibt ungewiss, ob diese Faktoren *kausal* zur Viktimisierung (Opferauswahl) beigetragen haben. In etwas mehr als der Hälfte der untersuchten Fälle konnte vielmehr nachgewiesen werden, dass individuelle Verhaltensweisen der späteren Opfer (zum Beispiel Unachtsamkeit, Risikobereitschaft, Sorglosigkeit beziehungsweise den Täter animierendes oder provozierendes Verhalten) *mit*ursächlich gewesen waren. Damit kein falscher Eindruck entsteht: Die Täter sollen in keiner Weise in Schutz genommen, rehabilitiert oder entlastet werden. Mörder bleiben Mörder. Da gibt es rein gar nichts zu beschönigen, daran ist nicht zu rütteln. Insbesondere aus kriminalpräventiver Sicht muss jedoch darauf hingewiesen werden, dass nicht nur äußerliche, von den Opfern nicht zu beeinflussende Faktoren (Alter, Geschlecht etc.) den Viktimisierungsprozess befördern, beschleunigen oder gar bedingen können.

Auch muss der Begriff »Gefährdung« sehr behutsam interpretiert werden, da die genannten Dispositionen wenig aussagekräftig bleiben und eine unzulässige Verallgemeinerung eine unbedingt zu vermeidende Stigmatisierung der genannten Personengruppe zur Folge hätte. Sie bekäme ein Opfer-Label aufgedrückt, eine diffuse und übertriebene Verbrechensfurcht dürfte zu sich verändernden Verhaltensweisen führen. Junge Frauen, nunmehr stark verunsichert, würden beispielsweise ihr vormals ausgeprägtes und handlungsbestimmendes Selbstbewusstsein einbüßen, sich wesentlich zurückhaltender und ängstlicher geben. Sie würden sich viktimogener verhalten, sich unnötig in Gefahr bringen. Denn insbesondere sexuell motivierte Serienmörder neigen dazu, sich *solcher* Opfer zu bemächtigen, die eben diese Persönlichkeits- und Charakterstruktur erkennen lassen. Die Täter gehen vielfach zutreffend davon aus, dass hier ein geringe(re)s Maß an emotionalem oder physischem Widerstand zu erwarten ist, die Opfer leichter zu überwältigen und zu kontrollieren sind.

Zugegeben: Die Mehrzahl der multiplen Mörder, und dieser Tatbestand lässt sich bei allen Tätertypen nachweisen, selektiert bewusst oder unbewusst, die Täter stricken eine Masche, die Opfer lassen deshalb häufig *im Einzelfall* gleichartige Merkmale erkennen. Die Bedürfnisse der Täter hingegen, auch wenn man sie nach Motiv, abnormer Sexualpräferenz, Persönlichkeitsdefekt, sozialem Status oder Altersstruktur unterscheidet, lassen sich nur grobkörnig erfassen und verlangen aus der Perspektive des Täters nach einer individuellen Umsetzung. Und: Es gelingt nicht, einen Persönlichkeitsfaktor, eine Verhaltensweise, eine Berufsgruppe oder sonstige Spezifika herauszufiltern, die eine zweifelsfreie Differenzierung zwischen Opfern und Nichtopfern ermöglicht. Obwohl konstatiert werden darf, dass in 82 Prozent der Fälle Kinder, Jugendliche, Frauen und ältere Menschen getötet werden, die zudem bestimmte Auswahlkriterien erfüllen, verbieten sich generalisierende Aussagen. Denn unzählige Menschen, die das der Selektion dienende

Merkmal aufweisen, bleiben unbehelligt, werden trotzdem nicht zu Opfern. Eine idealtypische Zuordnung wäre insbesondere aus präventiver Sicht wünschenswert, sie bleibt aber illusorisch.

Kapitel 13

Acht, Macht, Ohnmacht

Die so genannte Kriminal-, Individual- oder Legalprognose impliziert die Vorhersagbarkeit künftigen Sozialverhaltens auch solcher Häftlinge oder Patienten, die das Leben eines anderen ausgelöscht haben und raus wollen oder raus sollen. Die Kernfrage, die durch Psychologen und Psychiater zu beurteilen, die aber durch Juristen letztinstanzlich zu beantworten und zu entscheiden ist, lautet: Wird er, wird sie es wieder tun?

Bei Gregor Zantop war frühzeitig zu erkennen, dass er es schwer haben würde, sich einzugliedern, sich anzupassen, sich zurechtzufinden. Schon mit 16 stahl er als Postarbeiter 30 Briefe mit Geld. Die Quittung waren 18 Tage Jugendarrest. Wenige Monate später klaute er seinen Eltern das Sparbuch, plünderte das Konto und floh nach Süddeutschland. Als er pleite war, verpfändete er ein geliehenes Fahrrad. Reumütig kehrte er nach Hamburg zurück, seine Eltern nahmen ihn wieder auf. Schließlich unterschlug er ein an seine Mutter gerichtetes »Liebesgabenpaket«, verhökerte den Inhalt auf dem schwarzen Markt und fuhr mit der Bahn bis zur Grenze nach Lörrach. Fortan nannte er sich »Gregor Trunk« und ließ sich eine Landarbeiterstelle in einem nahe gelegenen Dorf vermitteln. Dort, auf einem Schwarzwaldbauernhof, kam es am 5. April 1950 zur Katastrophe.

Den Tathergang und -hintergrund beschrieb und bewertete das Jugendschöffengericht Waldshut in seinem Urteil vom 22. Juni 1951 so: »(...) Herr Z. befand sich damals auf Reisen. Auf dem Arbeitsamt in Lörrach gab er sich als illegaler Ostflüchtling unter falschem Namen aus und wurde zu einem Landwirt als Hilfsarbeiter vermittelt. Diese Stelle trat er am 3.3.1950 an. Am Montag, dem 3. April 1950, wurde Herr Z. auf die Polizei bestellt, da er ohne Papiere war. Z. befürchtete, daß man ihm auf die Spur komme und ihn wegen Unterschlagung eines Fahrrades und eines Paketes festnehmen würde. Im Laufe des 4.4.1950 reifte in ihm der Entschluß, sich durch Flucht zu entziehen. Er wollte ein Fahrrad seines Arbeitsgebers mitnehmen. Am 5.4.1950 morgens fuhr sein Arbeitgeber fort. Z. war mit dem 12-jährigen Hans Gottwald allein, der dort auf dem Hof arbeitete. Kurz nach 8 Uhr morgens spielte Z. mit Gottwald auf dem Heuboden Versteck. Beim Suchen eines Versteckes sah Z. eine schwere Axt liegen. In diesem Augenblick kam ihm der Gedanke, mit dieser Axt dem Hans Gottwald einen Schlag auf den Kopf zu versetzen, um sich seiner Person als Zeuge für den beabsichtigten Fahrraddiebstahl zu entledigen. Z. schlich sich von hinten an den Jungen heran und schlug ihm mit der Axt auf den Kopf. Z. nahm den zusammengebrochenen Jungen und deckte ihn mit Heu zu. Als er sich entfernen wollte, hörte er, daß der Junge noch stöhnte. Daraufhin ging er zurück. Er nahm einen Heurupfer und stach 7-mal in den Körper des Hans Gottwald hinein. Bei dem letzten Stich hatte er derartig zugestochen, daß er den Heurupfer nicht mehr aus dem Körper des Knaben herausbekam. Z. ergriff daraufhin noch einmal die Axt und wollte auf den Knaben einschlagen. Er schlug mindestens einmal zu, hat ihn aber höchstens nur gestreift. Er ging nun in das Wohnhaus zurück und wurde von der Bauersfrau nach Hans Gottwald befragt. Z. gab an, der habe sich die Hose zerrissen und sei nach Hause gefahren. Er entwendete das Fahrrad und fuhr fort.«*

In einem psychiatrischen Gutachten wurde bei Zantop »verminderte Schuldfähigkeit« festgestellt. Die Diagnose: »Wesensveränderung, insbesondere Enthemmung nach traumatischer Hirnschädigung«. Diese Charakteranomalie sollte aus einer im Januar 1949 bei einem Verkehrsunfall erlittenen Gehirnquetschung resultieren. Weiter wurde unterstellt, dass Zantop »echte Reue« empfinde, er sei »kein kalt berechnender, gemütloser oder verstockter Mensch«. Es war die Rede von »hemmungsloser Entgleisung« und »Kurzschlußhandlung«, der »jede normalpsychologische ausreichende Motivierung fehlt«. Das Gericht schickte Zantop für acht Jahre hinter Gitter, nach gut vier Jahren ließ man ihn frei – »auf Bewährung«.

Am 16. Februar 1968 erreichte das Polizeipräsidium Mannheim folgender Brief: *Wenn Sie diese Brief habe, ich wieder bin in Mannheim, ich habe wollen M. Schnock totmachen. Aber er hatt Glük. Ich auch habe in August 64 in Rottweil versucht zu erschiesen eine kl. Junge. Auch hatte er Glük. Eine kleine Junge von Nehe Baden-Baden ich habe mitgenommen und ich wollte mit Gift töten. Immer Kinder habe Glük. In Hokenheim ich habe erschossen Otto Grindel + Gisela Schmitt. Da ich hate Glük. Beide tot. Nie von Polizia erwischt. Ich noch mache fiele Ferbrechen. Polizei fiel dum. Ich will sein grose Mörder.*

Was so, mit verstellter Schrift, die Kripo in die Irre führen sollte, wurde zum Bumerang, zum Schlüssel einer Zelle für den Täter. Als Zantop wenige Tage später einen 7-Jährigen auf einer Baustelle bei Itzehoe erschlug, geschnappt wurde und gestand, entpuppte sich der »Schreckensbrief« als Leitfaden der Ermittlungen, auf den schließlich alle anderen Verbrechen aufgereiht werden konnten. Er selbst hatte den Brief geschrieben, mit der ungeübten linken Hand, und er hatte hierdurch auf eine Mordserie hingewiesen, die durch die Ermittlungsbehörden als solche bis dahin gar nicht erkannt worden war: 1961 tötete Zantop im Staatswald bei Schwetzingen ein im Auto sitzendes Paar durch Schüsse aus Nahdistanz in den Kopf. Sieben Jahre später folgte sein letzter Mord in Itzehoe. Davor und zwischendurch verletzte er Kinder schwer, die nur zufällig überlebten. Andere Kinder attackierte er sexuell.

Schon drei Monate nach seiner vorzeitigen Entlassung am 25. Mai 1956 wurde er rückfällig. Er schlug einen 13-jährigen Jungen hinterrücks mit einem Stein nieder, verletzte das Opfer lebensgefährlich. Es gelang ihm immer wieder, seine Abnormität zu kaschieren, zu verharmlosen, er malte ein frommes Zerrbild seiner selbst, und alle fielen darauf herein, ließen sich täuschen: 1960 wurde ein erstes Verfahren wegen »Unzucht mit einem Kind« aus Mangel an Beweisen eingestellt. 1962 schickte man ihn für zwei Jahre ins Gefängnis, Zantop hatte mehrere Kinder sexuell missbraucht, 1964 bekam er wegen einer gleichen Tat acht Monate.

Noch in der Hauptverhandlung vor dem Mannheimer Schwurgericht im Frühjahr 1972 wollte Zantop nicht wissen, warum er gemordet hatte. Es sei ein »Drang X« gewesen, unbeschreiblich, unwiderstehlich und gedächtnisraubend, nach dessen Abklingen »plötzlich« Leichen vor ihm gelegen hätten: »Als ich wieder zu mir kam, war alles vorbei.« Nur wenn es galt, das Geschehene juristisch einzuordnen, wollte er sich zweifelsfrei erinnern: »Geschlechtliches war nicht mit im Spiel.« Und er pflegte, bewahrte und polierte sein vorzügliches Eigenimage. »Ich glaube«, beteuerte er, »dass mein Charakter gut ist. Ich habe in meinem Leben stets das Gute gewollt, war bestrebt, meine Arbeiten gut und gewissenhaft zu erledigen, und verdiente mein Geld auf ehrliche Art. Von Haus aus empfinde ich zu Kindern eine ehrliche Zuneigung. Eine sexuelle Neigung zu Kindern habe ich nie verspürt.«

Im Alltag sind wir es gewohnt, menschliches Verhalten zu analysieren, zu bewerten und zu prognostizieren. Wir glauben zu wissen – schon hier offenbart sich eine Paradoxie –, wie sich Menschen, die wir gut zu kennen glauben, verhalten werden; ganz allgemein oder in bestimmten Situationen. Wir begründen diese Einschätzungen mit Erfahrungswissen, Intuition oder hoffen einfach darauf, dass es so kommen wird. Häufig geht die Rechnung auf, manchmal irren wir uns. Beziehungen würden nicht funktionieren, das gesamte soziale Gefüge wäre nicht lebensfähig, wenn eine verlässliche Vorhersagbarkeit menschlicher Verhaltensweisen nicht möglich wäre. In der forensischen Psychologie und Psychiatrie ist es nicht anders. Aber die Experten dieser Fachwissenschaften tun sich schwer, kriminelles oder nichtkriminelles Verhalten zweifelsfrei zu prognostizieren. Es passieren Fehler – mit tödlichen Folgen.

Gerhard Meyer war auf der Suche nach seinem Sohn Martin. Der 24-Jährige wohnte noch bei seinen Eltern in Stuttgart und war am 19. März 1971 nicht nach Hause gekommen. Er hatte sich auch nicht gemeldet. Höchst ungewöhnlich. Einer von Martins Freunden gab schließlich einen Hinweis: »Der Martin wollte gestern Abend noch zum Friedhelm.« Gemeint war Friedhelm Werner. Gerhard Meyer stellte den 32-Jährigen noch am selben Tag zur Rede. Der räumte ein: »Ja, stimmt, Martin war gestern noch bei mir. So bis gegen 22.30 Uhr. Dann ist er gegangen. Ich weiß nicht, wo er jetzt ist.« Gemeinsam zog man los, um Martin zu finden. Keine Spur. Schließlich ging Gerhard Meyer zur Kripo, meldete seinen Sohn als vermisst. Werner begleitete ihn und drängte die Beamten, »intensiv zu suchen«. Später tröstete er Martins Mutter: »Verzweifeln Sie nicht, Ihr Sohn kommt bestimmt bald wieder.« Der Gesuchte aber blieb unauffindbar.

Wenige Tage später stießen die Ermittler auf seinen Leichnam – in der Wohnung von Friedhelm Werner. Der gestand. Leugnen war sinnlos geworden. Das Stuttgarter Landgericht verurteilte Werner wegen Mordes zu 14 Jahren Freiheitsstrafe. Er sollte »zur Befriedigung des Geschlechtstriebs« getötet haben. Mit einer mit Sand gefüllten Socke hatte Werner auf den jungen Mann eingedroschen, bis dieser regungslos auf dem Boden liegen geblieben war. Der

Vorsitzende Richter führte in seiner Urteilsbegründung weiter aus: »Um sich ungestört an ihm vergehen zu können, schnürte er mit einem Kabel die Hände des sich noch schwach Wehrenden auf dem Rücken zusammen. Dann fesselte er die Beine des M., zog die Leine über dem Rücken straff an, schlang sie zweimal um den Hals des Opfers und verknotete sie. Er zog die Hose des M. herunter und versuchte, bei ihm zu onanieren, was ihm nicht gelang, da M. inzwischen an Erbrochenem erstickt war. Danach beschloß er, seinem Opfer den Penis abzutrennen. Er versuchte dies zunächst mit einem Tafelmesser, nahm dann eine Schere.«*

Werner unterstellte man eine »alkoholbedingte Verminderung der Steuerungsfähigkeit«, aus Lebenslänglich wurden 14 Jahre Knast. Seine »homosexuellen Neigungen« seien auf »Probleme mit seiner Mutter« zurückzuführen. Auch wurde »eine besondere Anfälligkeit für aggressive Reaktionen« festgestellt. Obwohl ein Sachverständiger darauf hingewiesen hatte, dass eine Therapie »unabdingbar« sei, wurde Werner nicht in eine psychiatrische Klinik eingewiesen. Unverständlich.

Aber der gelernte Bauschlosser avancierte zum »Musterhäftling«. Er arbeitete in der anstaltsinternen Schlosserei »zur vollsten Zufriedenheit«. Werner nutzte überdies jede Möglichkeit, sich weiterzubilden: Haupt- und Realschulabschluss holte er nach, belegte dann Fremdsprachenkurse, absolvierte zudem erfolgreich einen Kurs in Buchhaltung. Erst im April 1977 wurde ihm über den Pfarrer der Justizvollzugsanstalt ein Psychologe vermittelt. Eine Auseinandersetzung oder Aufarbeitung der Tat und ihrer Ursache(n) hatte bislang nicht stattgefunden. Aber auch der Fachmann für die menschliche Psyche und ihre Deformationen beschränkte sich bei der Therapie auf das Wesentliche. Wohlgemerkt auf das aus seiner Sicht Wesentliche: Querelen und Animositäten zwischen Werner und anderen Gefangenen wurden besprochen, Kindheitserlebnisse diskutiert. Nur die Tat selber und Werners Homosexualität blieben außen vor. Therapeut und Pfarrer befürworteten schließlich die vorzeitige Entlassung. »Eine Wiederholungstat ist aufgrund der ersten Strafe völlig ausgeschlossen«, hieß es. Und Werner gab sich reumütig: »Ich habe viel gutzumachen.« Am 10. Dezember 1980, nur acht Jahre nach seinem unsäglichen Verbrechen, wurde der nun 41-Jährige »bedingt« entlassen.

Am 12. Juni 1982 erstattete Ursel Breuer Anzeige bei der Kripo in Freiburg (Breisgau), ihr Sohn Burkhard war seit zwei Tagen spurlos verschwunden. Den 17-Jährigen hatte man zuletzt in Begleitung eines Mannes gesehen: Friedhelm Werner. Der wurde überprüft. Allerdings kannte der Computer diesen Namen nicht, Werner galt als »nicht polizeibekannt«, ein unbescholtener Bürger.

Ein halbes Jahr später fanden Pilzsammler die stark verweste Leiche von Burkhard Breuer. Aus der »Vermisstensache« wurde ein »Todesermittlungsverfahren«, Werner geriet nunmehr ins Visier der Kripo. Seine mörderische Vergangenheit hatte man mittlerweile ausgegraben, nur Beweise lagen nicht vor. Werner stritt alles ab, energisch, erbittert: »Das war ich nicht. Ich bin unschuldig!« Er kam dennoch hinter Gitter: »dringender Tatverdacht«. Untersuchungshaft.

Ab dem 7. März 1984 wurde vor dem Landgericht Freiburg verhandelt. Das Hauptindiz gegen Werner aber blieb im Wesentlichen der Mord in Stuttgart. Eine Blaupause für den Angeklagten? Die Taten ähnelten sich tatsächlich frappierend. Unter anderem war auch in diesem Fall das Opfer »durch massive Gewalteinwirkung gegen den Hals« getötet worden, das Genital hatte der Täter wieder abgetrennt.

Das Gericht hörte deshalb alle relevanten Zeugen und Sachverständigen, die Werner aus dem Stuttgarter Prozess, der Haft und seiner Zeit in Freiburg kannten; so auch jenen Psychologen, der Werner vier Jahre lang einmal wöchentlich »behandelt« und dessen Freilassung er angeregt und verfochten hatte. Heftige Kritik wurde geübt, sie war unüberhörbar. Die *Badische Zeitung* kommentierte zutreffend: »Wiederholt wurde dem Psychologen entgegengehalten, daß er hätte wissen müssen, daß nach Jahren eines ›keimfreien Lebens‹ im Vollzug die Freiheit eine Fülle neuer Konflikte für seinen Klienten bergen könne. (...) Offen blieb die Frage, warum derart gravierende Konflikte in der Persönlichkeit des Angeklagten nicht aufgegriffen wurden, wie die Aussage hinsichtlich der Entlassung in solcher Form zustande kommen konnte und warum der Psychologe nicht auf einer psychotherapeutischen Begleitung des Werner auch in der ersten Zeit der Freiheit bestand.«*

Obwohl die Richter das Fehlen »klassischer Indizien« einräumten, erging ein Schuldspruch. Werner, der auch während der Hauptverhandlung kein Geständnis abgelegt hatte, wurde wegen »Totschlags« zu zehn Jahren Haft verurteilt. Strafmildernd wirkte sich aus, dass »durch einen hochgradigen Affekt die Steuerungsmöglichkeit beeinträchtigt gewesen sein könnte«. Ein plausibles und verifizierbares Motiv konnte nicht herausgearbeitet werden. Das war dünn. Zu dünn. Der Bundesgerichtshof kassierte das Urteil. Es musste neu verhandelt werden, wieder in Freiburg, diesmal vor einer anderen Strafkammer. Am 1. Juli 1985 wurde Werner vom Vorwurf des Totschlags freigesprochen.

Der nun 46-Jährige zog nach Würzburg, fand dort Arbeit – und geriet wieder unter Mordverdacht. Er sollte Ende 1985 den Versandarbeiter Markus Bauer getötet haben. Der Kopf des 28-Jährigen war in Fürth Ende Januar 1986 gefunden worden. Die Kollegen aus Freiburg hatten die Nürnberger Todesermittler auf »eine mögliche Täterschaft« Werners hingewiesen. Am 13. April 1986 wurde er festgenommen. Die ihn vernehmenden Beamten erwiesen sich als Meister ihres Fachs: Es wurde kein Druck ausgeübt, es wurden keine Vorwürfe erhoben, es wurde nicht gebrüllt. Geduld, Fingerspitzengefühl und Einfühlungsvermögen zahlten sich letztlich aus. Werner gestand, Markus Bauer getötet zu haben. Am 31. Dezember 1985. Und: »Ja, das mit dem Burkhard Breuer war ich auch.«

Erstmals war es gelungen, Fragen so behutsam zu formulieren, dass Werner antworten konnte, dass er sich von seiner erheblich gestörten Beziehung zu seiner Mutter (»Ich hatte immer das Gefühl, ungewollt zu sein, abgelehnt zu werden.«) freisprechen, dass er sich zu seiner Homosexualität (»Das war immer etwas Verbotenes, etwas Schmutziges.«) bekennen, dass er über tief greifende Kindheitstraumata – er war mehrfach von Männern missbraucht worden – reflektieren durfte. Das Tragische, das Dramatische, das Bedauernswerte, das Vorwerfbare dabei: Wenigstens 15 Jahre lang war seine Abnormität nicht vollends erkannt, war seine Gefährlichkeit verkannt worden. Zwei Menschen hatten für diese eklatanten Versäumnisse mit ihrem Leben bezahlen müssen.

Die Fehlbeurteilungen und -behandlungen von Gregor Zantop und Friedhelm Werner sind keine bedauerlichen Einzelfälle, keine »Ausrutscher« geblieben. Ich gehe davon aus, dass viele Serienmörder rechtzeitig hätten gestoppt werden können, in einigen Fällen sogar rechtzeitig hätten gestoppt werden müssen. Beispiele hierfür gibt es leider genug.

Max Hoßfeld erschoss als 16-Jähriger in München einen Jungen. 1958 wurde er wegen Mordes verurteilt, ein Jahr später (!) mit einer »ausgezeichneten Beurteilung« entlassen. Am 23. Mai 1959 und am 25. Juni 1960 nahm er sich seine nächsten Opfer, jagte ihnen mehrere Kugeln in den Oberkörper, bevor er sie mit einem Kopfschuss »abknallte«. Vor Gericht bekannte er sich nun erstmals zu seinem Waffenfetischismus, seinem »Zwang zu töten«: »Ich glaube, es genügte bei mir schon das Schießen auf einen Menschen, ich musste aber so lange schießen, bis die geschlechtliche Erregung vorbei war, und diese Erregung dauerte meist so lange, bis ich mehrere Schüsse abgegeben hatte.« 1986 kam der damals 42-Jährige wieder frei, er galt als »geheilt«. Wenige Monate später konnte er sein letztes Opfer »kaltmachen«, einen 15-Jährigen.

Im Sommer 1975 erstach Matthias Bennewitz in einem Waldgelände bei Oldenburg ein 12-jähriges Mädchen. Am 2. Juni 1976 wurde der Bürokaufmann zu acht Jahren Jugendstrafe verurteilt. Seine »bedingte« Haftentlassung erfolgte dreieinhalb Jahre später. 1980 wurde er wieder auffällig, als er einen 13-Jährigen überfiel, ihn in sein Auto zerrte. Im Wald blieb sein Wagen jedoch stecken, der Junge konnte flüchten. Das Gericht wertete diesen – wie sich später herausstellte – versuchten Mord als »Freiheitsberaubung« und »Körperverletzung«. Man schickte ihn für acht Monate hinter Gitter. Eine Therapie? Fehlanzeige. In den Sommermonaten des Jahres 1985 gerieten die sadistischen Neigungen des spindeldürren Brillenträgers vollends außer Kontrolle. Der 28-Jährige erstach in Bonn und Bochum drei »weibliche Objekte«, 16, 18 und 28 Jahre alt.

Am 27. Dezember 1986 erdrosselte der 25-jährige Jugoslawe Milan Nakic in Neustadt/Rübenberge den Ehemann seiner Geliebten. In dessen Wohnung. Mit einer Hundeleine. Das Opfer hatte den gelernten Bäcker bei Intimitäten »gestört«. Nach fünf Jahren wurde Nakic vorzeitig auf freien Fuß gesetzt. Eine Wiederholungsgefahr konnte »ausgeschlossen« werden. Ein verhängnisvoller Irrtum. Vom 18. Oktober 1992 bis zum 31. Januar 1993 tötete Nakic in Hannover vier Menschen; zwei Frauen, zwei Männer. Er missbrauchte seine Opfer sexuell, erdrosselte sie und plünderte die Wohnungen.

»Ich musste unschuldige Mädchen kaputtmachen, weil man mich kaputtgemacht hat.« Das behauptete der mehrfache Kindermörder Paul Fuchs im Mai 2000 vor dem Landgericht in Mönchengladbach. Mit regungsloser Miene folgte der gelernte Schlosser der Verlesung der Anklageschrift. Nüchtern, mit leiser, aber fester Stimme schilderte er später die Taten: den sexuellen Missbrauch an der 12-jährigen Verena aus Tönisvorst am 25. November 1993, die er mit 15 Messerstichen tötete; und den Mordversuch an der sieben Jahre alten Babette am 14. Januar 1994 in einem Waldgebiet bei Niederkrüchten-Brüggen, nahe der niederländischen Grenze. Der 40-Jährige war zuvor aus Frankreich überstellt worden, wo er eine lebenslange Freiheitsstrafe zu verbüßen hat. Fuchs war im Januar 1999 schuldig gesprochen worden des Mordes an einer 8-Jährigen, verübt während eines Urlaubs am 21. August 1994 im Küstendorf Naujac sur mer. Auch in diesem Fall: Der zur Tatzeit 22-Jährige wurde bereits im März 1984 wegen Totschlags, er hatte seine Nachbarin erdrosselt, zu acht Jahren Gefängnis verurteilt. Seine Revision hatte Erfolg. Wegen »verminderter Schuldfähigkeit« wurde das Strafmaß auf fünf Jahre reduziert. Außerdem musste er eine weitere Strafe absitzen – ein Jahr wegen »Freiheitsberaubung und Nötigung«. Im Juni 1991 konnte er das Gefängnis als freier Mann verlassen. Aufgrund einer »negativen Sozialprognose« stellte ihn das Gericht lediglich für drei Jahre unter Führungsaufsicht, die zwei Monate vor seinem ersten Sexualmord an einem Mädchen endete.

Allen Fällen ist eines gemein: Da bahnte sich etwas an, aber man hat es nicht kommen sehen. Der Blick auf die Gefährlichkeit eines Menschen, der bereits getötet hatte, war getrübt oder verstellt. Diese wohl größtenteils vermeidbaren Irrungen und Wirrungen der forensischen Psychologie und Psychiatrie könnten durch ähnlich gelagerte Kasuistiken erweitert werden. Ersparen wir uns dieses Ärgernis. Bezogen auf sämtliche nach dem Zweiten Weltkrieg in der Bundesrepublik abgeurteilten multiplen Sexual- und Raubmörder lässt sich zudem feststellen, dass 75 Prozent der Täter vorbestraft waren. Schlimmer noch: Viele von ihnen hatten bereits mehrjährige Haftstrafen abgesessen (Sexualmörder: 42 Prozent, Raubmörder: 57 Prozent). Die späteren Vielfach-Mörder hatten also nichts dazugelernt, sie waren gar nicht, falsch oder erfolglos behandelt worden. Eine schwere Hypothek, unter der dieser wissenschaftlich ausgerichtete Berufszweig noch heute ächzt – und leidet.

Immer wenn sich atavistisch anmutende Grausamkeiten inmitten eines fortschrittlichen und zivilisierten Landes ereignen, insbesondere wenn Kinder Opfer von Rückfall- oder Serienmördern werden, ist die Empörung groß. Verständlich. Eine brandenburgische Bürgerinitiative brachte es auf den prägnanten Nenner: »Mörder kriegen lebenslang, Opfer – und ich möchte ergänzen: ihre Familien und Freunde – kriegen ewig.« Bei solchen tragischen Ereignissen treten in unschöner Regelmäßigkeit die populistischen Einpeitscher auf den Plan, die sich wiederum auf ein ausgeprägtes, sich durch alle Bevölkerungsschichten ziehendes Maß an Sensationslust, -gier und -geilheit berufen dürfen. Die kontrovers geführte Diskussion wird durch drastische und auswalzende Berichterstattung insbesondere in den Boulevard-Medien (*BILD* forderte: »Keine Milde mehr!«) angeheizt. Hysterisch anmutende Reaktionen sind die Folge: Rufe nach Vergeltung, schärferen Gesetzen oder der Zwangskastration werden laut. Auch an Stammtischen wird mobil gemacht. Hier und dort heißt es dann kurz und bündig: »Rübe ab!«

Volkes Zorn richtet sich allerdings nicht allein gegen die

Täter, sondern auch gegen deren vermeintliche »Helfershelfer«, die »Forensen«; gemeint sind also jene Gerichtsgutachter und Therapeuten, die versagt haben oder denen man blindlings unterstellt, versagt zu haben. Psychiatrische Kliniken werden als »Hotelbetriebe« geoutet, deren Patienten als »lebende Zeitbomben« stigmatisiert, dramatisiert und dehumanisiert. Die zuvor beschriebenen Extremfälle, in denen verurteilte Mörder weitere Untaten verüben konnten, wiegen schwer, aber sie sind nicht die Regel. Und sie sollten nicht instrumentalisiert werden, um einen ganzen Berufsstand in Misskredit zu bringen. Bei aller im Einzelfall berechtigten Kritik darf die Unterschiedlichkeit der Täter, der Taten, der Therapieerfolge und der Sicherheit von Strafvollzugsanstalten und therapeutischen Einrichtungen nicht übersehen werden.

Gleichwohl: Mit der forensischen Psychiatrie steht es nicht zum Besten. Sie gilt als Stiefkind ihres Fachs. Der so genannte Maßregelvollzug – dort sollen psychisch kranke Straftäter mit hohem Gefährdungspotential dem gesetzlichen Auftrag entsprechend »gebessert und gesichert« werden – gilt als »Schlusslicht der Psychiatrie«. So urteilte nicht nur die Psychiatrie-Enquete-Kommission des Deutschen Bundestages. Probleme und Mängel sind unübersehbar und unbestreitbar: Dieser Berufszweig wird wenig studiert und ist bei Praktikern unbeliebt; die Klientel gilt als schwierig und unbequem; es fehlen vielerorts ausreichend qualifizierte und behandlungsbereite Fachkräfte; die kontinuierliche Fortbildung des Personals kommt zu kurz; therapeutische Einrichtungen sind chronisch überbelegt; Gerichtsgutachten unterliegen keinem Gütesiegel; die empirische Prognoseforschung wird sträflich vernachlässigt. Schon diese nicht abschließende Aufzählung struktureller, administrativer, personeller oder motivationaler Schwachstellen macht deutlich, in welchem Dilemma sich der Maßregelvollzug befindet. Er ähnelt einer Dauerbaustelle. Nicht nur in Deutschland.

Aber die Ursachen für prognostische Fehlleistungen liegen tiefer. Der Gesetzgeber fordert »Besserung *und* Sicherung«. Schon aus dieser Konstellation ergibt sich ein facettenreiches Spannungsfeld: das nachvollziehbare und berechtigte Sicherheitsbedürfnis der Bevölkerung hier, dort der amtlich verordnete Rehabilitationsauftrag (an den Therapeuten) und -anspruch (des Patienten). Ein schwer, manchmal überhaupt nicht aufzulösender Interessenkonflikt wird überdeutlich, wenn man die Rollenverteilung näher betrachtet. Eine Besserung kann nur durch Therapie erreicht werden. Zwingende Voraussetzung hierfür ist das Vertrauen des Patienten, das erarbeitet, das gewonnen werden muss. Andernfalls, dies gilt als gesicherte Erkenntnis, bleiben alle Bemühungen fruchtlos. Gleichzeitig bleibt der Patient aber auch ein Gefangener, der beobachtet und kontrolliert wird. Der Therapeut soll also behandeln und bewachen. Wie soll es einem Therapeuten gelingen, Intimus und Inquisitor desselben Menschen zu sein? Das Misstrauen bleibt, es wird wach gehalten, es blockiert – insbesondere den Patienten.

Ich habe diese Erfahrung selbst gemacht. Mehrfach. So besuchte ich beispielsweise vor einigen Jahren Knut Storbeck in der geschlossenen Abteilung der Rheinischen Klinik in Bedburg-Hau. Seit mehr als 15 Jahren war er dort untergebracht, er hatte sechs Menschen getötet, ihre Körper verstümmelt. »Ein hoffnungsloser Fall«, war mir zuvor von den behandelnden Ärzten mitgeteilt worden. Ich sprach mit Storbeck auch über seine Therapie, fragte, warum es nicht voranginge. Seine erste Antwort überzeugte mich nicht sonderlich: »Die haben doch überhaupt keine Ahnung.« Dann schob er nach: »Das ist doch immer der gleiche Scheiß. Wenn ich was ausfresse, kriege ich gleich eins drüber. Denen (er meinte seine Ärzte) kann man doch auch nicht trauen.«

Ein anderes Problem sind die Patienten selbst. Psychisch abnorme Mörder oder Serientäter stammen häufig aus zerrütteten Familienverhältnissen, sind ungebildet, einzelgängerisch veranlagt, sozial entwurzelt. Und sie polarisieren; in gut und schlecht, in gut und böse. Die Übergänge, die wir als psychisch gesunde Menschen wahrnehmen und respektieren, werden nicht erkannt oder negiert. In diese simplen Kategorien wird das Klinikpersonal eingebettet und eingeordnet. Eine Differenzierung unterbleibt. Sicher keine günstigen Startbedingungen für eine erfolgreiche Therapie.

Aber auch die Geduld der Patienten wird mitunter arg strapaziert. Die müssen häufig erfahren, dass vier Psychologen fünf verschiedene Therapieansätze haben können. Verhaltenstherapie, Gestalttherapie, Gesprächstherapie, Psychoanalyse oder einfach Medikamente, dazu noch der gesunde Menschenverstand der Pfleger – es liegt nicht nur an den verkorksten, unsteten Biographien der Insassen, wenn sich keine Besserung einstellen will. Und: Ein psychisch Kranker ist eben kein Krebspatient, bei dem das Röntgenbild eine exakte Diagnose ermöglicht.

Am Ende jeder psychiatrischen Behandlung im Maßregelvollzug steht die Prognose. Ohne sie geht es nicht. Es soll im Vorhinein die damoklesschwertartige Frage beantwortet werden, ob, dies fordert der Gesetzgeber, »zu erwarten ist, dass der Patient keine rechtswidrigen Taten mehr begeht«. Grundsätzlich ist dabei zu beachten, dass Prognosen sozialen oder dissozialen Verhaltens unabhängig von der angewandten Methode schon aufgrund der Situationsgebundenheit und Unterschiedlichkeit menschlicher Reaktionen und Fähigkeiten nicht nur fehlerhaft sein können, sondern fehlerhaft sein müssen. Es erscheint schlechterdings nicht möglich, auch Faktoren zu beurteilen, die der Gutachter nicht kennt, nicht kennen kann. Insbesondere das soziale Umfeld des Patienten bleibt nebulös, die meisten »Langzeitinsassen« müssen sich neu orientieren und einfügen. Denn da draußen wartet niemand auf sie. Gerade dieser eminent wichtige und zudem dynamische Aspekt wird häufig gering geachtet und unterschätzt.

Es erscheint generell fraglich, ob bei der Vorhersage kriminellen Verhaltens – dies gilt insbesondere dann, wenn es lebensbedrohend ist – es überhaupt in absehbarer Zukunft gelingt, zu verlässlichen Aussagen zu kommen. Denn ein solches Extremverhalten ist insgesamt selten. Die Prognose eines solchen Ereignisses ist zwangsläufig unsicher. Es existieren demzufolge nur vereinzelt gesicherte Erfahrungswerte und Prognosekriterien. Kein Psychologe, kein Psychiater ist in der Lage, auch wenn er alle Besonderheiten des Einzelfalls berücksichtigt und geprüft hat, seherische Fähigkeiten zu entwickeln, die ihn unfehlbar machen. Das wissen wir. Aber wir halten uns nicht daran. Stattdessen werden wasserdichte Analysen und Bewertungen erwartet, abgefragt und abverlangt, die hier und dort in dieser Ausprägung, in dieser Ausschließlichkeit gar nicht möglich sind.

Zunächst haben die Gutachter den schwarzen Peter. Der wird weitergereicht. Denn, und dies wird bei oberflächlicher Betrachtung gerne übersehen, der forensische Experte empfiehlt lediglich, nur der Richter entscheidet. Ob der justitielle Daumen gehoben oder gesenkt wird, ob ein Mensch der Freiheit nochmals teilhaftig wird oder für unabsehbare Zeit hinter hohen Mauern verschwindet, hängt in erster Linie von der Sachkunde, der Sorgfalt und dem Verantwortungsbewusstsein des Gutachters ab, der sich ebenfalls in einer misslichen Lage befindet: Er sieht sich der Sozialgemeinschaft, deren Schutz er zu gewährleisten hat, genauso verpflichtet wie dem Patienten, den er teilweise selbst behandelt hat, dessen Persönlichkeitsrechte es zu wahren gilt; ein sozialer Drahtseilakt, eine emotionale Gratwanderung, die nicht immer gelingen kann.

Dennoch muss sich der Richter nicht nur an der gutachterlichen Bewertung orientieren, er muss sich auch darauf verlassen können. Er hat vielfach keine andere Wahl, da er nicht über das notwendige psychologisch-psychiatrische Fach- und Erfahrungswissen verfügt. Wie sollte er auch. Die richterliche Entscheidungskompetenz ist demnach in (zu) vielen Fällen gar nicht existent, der ihnen zugedachten Rolle als Kontroll- und Entscheidungsinstanz können die Gerichte nicht gerecht werden. Macht und Ohnmacht des richterlichen Berufsstandes fristen hier ein unbeanstandetes und kaum beachtetes Schattendasein, sorgen für Verwirrung – und wenn es schief geht für Empörung und lähmendes Entsetzen. So verwundert es kaum, dass Richter immer wieder offen einräumen, bei der Beantwortung prognostischer Fragen ein Gefühl der Unsicherheit, des Unbehagens zu empfinden. Aber sie müssen entscheiden – auf Gedeih und Verderb. Weist ein Gutachten keine gravierenden Mängel auf, steht darin kein himmelschreiender Unsinn, so wird es ausschlaggebend sein. Das war bisher (fast) immer so. Und dabei wird es vorerst bleiben. Offenbar liegt hier ein Systemfehler vor. Diesen zu beheben ist vornehmste Aufgabe des Gesetzgebers. Dem ist dazu bisher nicht viel eingefallen. Nur so viel gilt als sicher: Weder härtere Strafen noch ein facettenreiches Therapieangebot können (Rückfall-)Verbrechen per se verhindern. »Ein Restrisiko bleibt«, beklagen zu Recht unisono all jene, die sich mit psychisch kranken Tätern befassen wollen oder müssen. Aber an der Risikominimierung darf intensiv gearbeitet werden.

Dabei könnte alles ganz einfach sein, glauben nicht wenige unter uns. Vergewaltiger, Kindermörder oder Serientäter gehören eingesperrt – und zwar so lange, »bis sie schwarz werden«. Auch Bundeskanzler Gerhard Schröder outete sich vor kurzer Zeit als »Hardliner«, als er zur Frage einer angemessenen Bestrafung von Päderasten Stellung nehmen sollte: »Wegschließen. Und zwar für immer.« Was für Kinderschänder gelten soll, wäre für Serienmörder ohnehin zu fordern: lebenslänglich – ohne das Recht auf vorzeitige Entlassung oder Begnadigung.

Verbrecher, die ein Tabu gebrochen haben (»Du sollst nicht töten«), die sich aus unserer Sozialgemeinschaft herausgemordet haben, werden öffentlich gebrandmarkt, zur Schau gestellt, durch das mediale Dorf getrieben. Wie die

Gesellschaft mit ihren Tabubrechern umgeht, schrieb der Berliner Psychiater und Gerichtsgutachter Wilfried Rasch (*Forensische Psychiatrie*, 1999), folgt regelmäßigen Zyklen. Nach einer therapieoptimistischen und außenseiterfreundlichen Phase sei jetzt die Strafe dran: »In manchen Epochen überwiegt der Behandlungsgedanke, der Abweichler wird als hilfsbedürftig definiert, in anderen herrscht das Verlangen vor, den Missetäter für das begangene Unrecht büßen zu lassen.«

Die Täter trifft der soziale Bannstrahl, die Acht. Achtgründe waren schon im Mittelalter schwere oder besonders verwerfliche Delikte (»Meintaten«) und führten zu »Recht- und Friedlosigkeit« des Betroffenen. Der Geächtete wurde zum »Feind des Königs und der Volksgemeinschaft« erklärt. Sein »Leib, Hab und Gut« waren jedermann preisgegeben. Er war »vogelfrei«, sollte »bußlos angegriffen und erschlagen« werden. Niemand durfte ihm Unterkunft oder Nahrung geben, es war überhaupt verboten, mit ihm zu verkehren. Die Ehefrau des Geächteten wurde formelhaft zur Witwe erklärt, seine Kinder galten als Waisen. Vermutlich würde diese Verfahrensweise bei einer Meinungsumfrage auch heute beachtliche Zustimmung finden; jedenfalls dann, wenn wieder mal ein »Monster« ausbricht oder eine »Bestie« gefasst wird.

Tatsache hingegen ist, dass wir uns vor diesen Menschen schützen müssen. Denn die Freiheit der Wölfe bedeutet den Tod der Lämmer. Über die Notwendigkeit und Intention von staatlich verhängten Sanktionen schrieb schon der italienische Jurist und Strafrechtslehrer Cesare Beccaria (*Über Verbrechen und Strafen*, 1764): »Der Zweck der Strafen kann somit kein anderer als der sein, den Schuldigen daran zu hindern, seinen Mitbürgern abermals Schaden zuzufügen, und die anderen davon abzuhalten, das Gleiche zu tun. Diejenigen Strafen also und diejenigen Mittel ihres Vollzugs verdienen den Vorzug, die unter Wahrung des rechten Verhältnisses zum jeweiligen Verbrechen den wirksamsten und nachhaltigsten Eindruck in den Seelen der Menschen zurücklassen, für den Leib des Schuldigen hingegen so wenig qualvoll wie möglich sind.«

Das deutsche Strafrecht sieht als schärfste Sanktion die lebenslange Freiheitsstrafe mit anschließender Sicherungsverwahrung vor – den gefürchteten »Hammer mit Rucksack«, wie es im Knastjargon heißt. Rucksack steht für die sich an das »Lebenslänglich« anschließende »Maßregel der Sicherung und Besserung«. Die Sicherungsverwahrung ist also keine Strafe mehr, sie dient alleine dem Schutz der Allgemeinheit: Vor dem oder vor der brauchen wir keine Angst mehr zu haben. Der ist und bleibt weggeschlossen. Im für den Betroffenen schlimmsten Fall *kann* dies bedeuten, dass er bis zu seinem Tode nicht mehr in Freiheit kommt; so auch schon mehrfach geschehen. Das Bundesverfassungsgericht hält dies »im Einzelfall« für rechtlich unbedenklich, »dass die Strafe im Wortsinn ein Leben lang vollstreckt wird«. Gleichwohl hat das höchste deutsche Gericht mehrfach betont: »Zu den Voraussetzungen eines menschenwürdigen Strafvollzugs gehört, dass dem zu lebenslanger Freiheitsstrafe Verurteilten grundsätzlich eine Chance verbleibt, je wieder der Freiheit teilhaftig zu werden; das gilt auch für denjenigen, der mit besonders schwerer Tatschuld beladen ist.«

Schuld und Sühne bleiben auch in solchen Fällen die das Urteil beziehungsweise die zu einem späteren Zeitpunkt erfolgende prognostische Bewertung *mit*bestimmenden Aspekte. Wann also ist es genug? Was ist genug? Und für wen ist es genug? Für den Täter oder die Opfer? Für die Hinterbliebenen der Opfer? Oder für die wutschnaubende, Vergeltung fordernde Öffentlichkeit? Es gibt keinen (Maß-)Stab, den man über jedem Täter brechen, der den Besonderheiten des Einzelfalls stets gerecht werden könnte. Sind 25 Jahre genug? Oder 30, 40, 50? Wie viel muss sich ein Mensch zuschulden kommen lassen, wie viel Leid muss er anderen zugefügt haben, welches Maß an Gefährlichkeit ist erforderlich, bevor man ihn für immer aus der Sozialgemeinschaft ausschließen darf oder ausschließen muss?

Oswald Eckert ist so ein Grenzfall. Er wurde 1955 als drittältestes Kind seiner Eltern in Duisburg geboren. Seine acht Geschwister waren allesamt Mädchen. Die Familie lebte bedrängt in einer Notunterkunft. Erste Hinweise auf Entwicklungsstörungen zeigte der Junge bereits als 6-Jähriger. Bei einem von der Caritas organisierten mehrwöchigen Aufenthalt in einem Kinderheim auf Wangeroog fiel er durch nächtliche Unruhe auf. Die Erzieherinnen waren überfordert, es setzte regelmäßig Ohrfeigen, wenn der Kleine nicht parierte. Die anderen Jungen drangsalierten, quälten und verspotteten ihn – wegen seiner langen Haare. Er war das »Mädchen«. Noch mit 10 nässte er nachts ein und kaute an den Fingernägeln. Oswald offenbarte »erhebliche Lernschwierigkeiten«, er wurde in eine Sonderschule gegeben. Als sein Vater, von Beruf Müller, in der »Brückemühle« Arbeit fand, verzog die Familie 1966 nach Wittlich, einer Kleinstadt nahe Trier. Oswald musste in Duisburg bleiben. Seine Großeltern verwöhnten ihn, steckten ihm regelmäßig Geld zu. Ein halbes Jahr später wurde er nach Wittlich geholt.

1967 fiel er erstmals durch einen Diebstahl auf. In der Schule hatte er lange Finger gemacht. Derartige Vorfälle häuften sich. Immer wieder griff er zu, auch außerhalb der Schule. Seinen Eltern wurde es zu viel. Oswald wurde 1969 im protestantischen Waisenhaus in Pirmasens untergebracht. Er besuchte die Sonderschule »L«. Nach der 9. Klasse wurde er geschasst – ohne Abschluss. »Faul« und »renitent« sei er, aus »schulischer Sicht zu dumm«, hieß es zur Begründung. Nach seiner Entlassung begann er zunächst eine Lehre als Heizungsmonteur, dann als Tankwart. Ihm wurde jeweils nach wenigen Monaten gekündigt. Er hatte die Ausbildungshilfe, die er im Heim abliefern sollte, unterschlagen und Kunden beklaut. Auch im Waisenhaus in Pirmasens fand er sich nicht zurecht. Er lief weg, wurde wieder eingefangen. Oswald galt als »unbelehrbar« und »untragbar«, man steckte ihn in das Jugendheim »Aumühle« in Wixhausen, eine geschlossene Einrichtung. Nachdem er wiederholt entwichen war, kehrte er im September 1971 in den elterlichen Haushalt zurück. Er fand mehrere Anstellungen, die jedoch nur von kurzer Dauer waren. Immer wieder musste ihm gekündigt werden wegen »Arbeitsverweigerung«. Seine Mutter konsultierte einen Psychiater, der die Verhaltensauffälligkeiten des Sohnes als »erblich bedingt« einstufte. Hilfestellungen indes gab es nicht.

Nachdem der nun 16-Jährige im Spätsommer 1972 von zu Hause ausgerissen war, trieb er sich in der Umgebung von Wittlich herum, schlief im Wald oder anderswo, hielt sich mit Diebstählen über Wasser – bis ihn die Kripo kassierte. Ein Diplom-Psychologe diagnostizierte eine »beachtliche Minderbegabung« und charakterisierte den Häftling als »nicht gemütsstumpf oder gefühlskalt, aber haltlos-labil, verwöhnt, etwas psychopathisch, durch mangelhafte Erziehung anstrengungsunlustig, zum Sichtreibenlassen neigend. Ermüdendem und Verpflichtendem ausweichend«. 24 einfache und schwere Diebstähle wurden abgeurteilt, das Jugendschöffengericht Wittlich erkannte eine »bedenkliche Fehlentwicklung«, unterstellte eine »primitive Struktur der Persönlichkeit« und schickte ihn für zweieinhalb Jahre hinter Gitter, »damit der Angeklagte nicht ganz verkommen soll«.

Ein Jahr, neun Monate und 18 Tage verbüßte Eckert, am 30. September 1974 wurde der 18-Jährige »auf Bewährung« entlassen in die Obhut seiner Eltern. In seinem sozialen Umfeld fand er sich nicht zurecht, besser gesagt: Es gab gar keins. Die Eltern verstanden ihn nicht, waren überfordert, Freunde hatte er nicht. Er blieb für sich und begann zu trinken. »Frustsaufen« nannte er es, später wurden Alkoholexzesse zur Gewohnheit. Gut 12 Monate später saß er wieder auf der Anklagebank. Er war bei seinem Arbeitgeber eingestiegen und aufgeflogen. Hierfür setzte es dreieinhalb Jahre. Im November 1976 kam er frei, wieder »bedingt«.

In der Nacht vom 16. auf den 17. April 1977 erschlug Eckert mit einer Eisenstange den 39-jährigen Walter Lebach. Der sollte ihn bei Vermessungsarbeiten in dessen Wohnung »sexuell attackiert« haben. Das Landgericht Trier glaubte Eckert und erkannte auf einen »minder schweren Fall des Totschlags«. Das milde Urteil von vier Jahren Freiheitsstrafe begründete das Gericht so: »Der Angeklagte war ohne eigene Schuld durch eine ihm zugefügte schwere Beleidigung von dem Lebach zum Zorn gereizt und hierdurch auf der Stelle zur Tat hingerissen worden. Der Angeklagte war durch Lebach dadurch beleidigt worden, daß Lebach immer wieder versucht hat, den Angeklagten zur Duldung von homosexuellen Handlungen zu veranlassen.«

Am 16. Juni 1978 floh er aus der Justizvollzugsanstalt Diez, knackte einen Wagen, verursachte einen Verkehrsunfall und wurde wenig später festgenommen. Wieder erging ein Urteil. Diesmal waren es 13 Monate Knast, die er bis Januar 1981 inklusive der Reststrafe absaß.

Kurz nach seiner Entlassung lernte er Christel van Vügt kennen. Bei der 26-Jährigen fand er Unterschlupf. Eckert wurde stabiler – bis die Beziehung nach neun Monaten zerbrach. Er litt darunter, wollte sich damit nicht abfinden. Aber alles Reden half nichts. Eckert verfiel in alte Lebensgewohnheiten, hebelte Bürofenster auf, trat Kellertüren ein, erklomm Balkone, schmiss Oberlichter ein; er raffte zusammen, was er essen, gebrauchen oder versetzen konnte. Diesmal war er bewaffnet, mit einem Repetiergewehr der Marke »Walther«, Kaliber 22. Das Amtsgericht Wittlich verurteilte den »milieugeschädigten Gewohnheitsverbrecher« schließlich zu einer »Gesamtfreiheitsstrafe von drei Jahren«. Für diverse Einbrüche, verübt während eines »Sozialurlaubs«, gab es im August 1985 einen Nachschlag von neun Monaten. Im Mai 1987 kam Eckert wieder frei. Allerdings fehlte ihm nach wie vor eine reale Einstellung zum Leben und zur Bewältigung seiner Probleme. Stattdessen waren stets die anderen schuld. Widerstände brach er mit Gewalt, schließlich war er »kein Kind von Traurigkeit«.

Nach der Haftentlassung kehrte Eckert an die Mosel zurück, wohnte dort kurzfristig bei seiner jüngsten Schwester, bis er in Neumagen ein möbliertes Zimmer bezog. Er fand Arbeit als Schweißer, schmiss den Job aber bald hin, weil er sich »überfordert« fühlte. Dann verschlug es ihn Anfang Oktober 1987 nach Bad Dürkheim. Der nun 31-Jährige wollte dort bei einer Weinlese helfen, ein paar Mark verdienen. Eckert half jedoch nicht nur bei der Ernte, auch verschiedenen Winzern ging er zur Hand, reparierte dies und das. Dadurch wurde er mit Christian Kellermann bekannt. Der Junggeselle, von Beruf Wochenmarkt-Händler und Winzer, galt als »Sonderling« und hauste in einem heruntergekommenen Anwesen in Bad Dürkheim. Eckert war von dem 56-Jährigen beschäftigt worden, er hatte Renovierungsarbeiten an Gebäuden und Inventar zu erledigen. Sein Arbeitgeber stellte ihm sogar eine »Teilhaberschaft« und eine Unterkunft in Aussicht. Aber es kam alles ganz anders.

Ein Jahr später musste das Landgericht Frankenthal über Eckert urteilen – wie schon 1977 wegen »Totschlags«. Bei dem Opfer handelte es sich um Christian Kellermann, erschlagen mit einem Eisenrohr im November 1987. Der Grund: Das Opfer hatte den reichlich beduselten Eckert im Streit geohrfeigt und als »Arschloch« beschimpft. Dann war Eckert »ausgerastet«. In der Hauptverhandlung zeigte er sich von seiner besten Seite, »kooperativ und einsichtig«. Als Erklärung führte er an: »Ich kann es nicht ertragen, geschlagen zu werden. Dann kenne ich nichts, da würde ich sogar meine Mutter angreifen.« Das Gericht stellte bei Eckert eine »geringe Frustrationskontrolle« und eine »geringe soziale Bindungsfähigkeit« fest. Schließlich verurteilte es den Angeklagten zu vier Jahren und sechs Monaten. Zur Begründung des »minder schweren Falls des Totschlags« wurde ausgeführt: »Die damit verwirkte Strafe hat das Gericht dem § 213 StGB (Strafgesetzbuch, Anm. d. A.) entnommen. Zwar lag eine schuldmindernde Provokation des Angeklagten durch den Getöteten nicht vor. Denn der Angeklagte hatte die Ohrfeige durch Kellermann selbst verschuldet, indem er ihn zuvor ohne triftigen Grund beleidigt hatte. Die Vorgeschichte der Tat, die Begleitumstände und vor allem die nicht auszuschließende, sogar eher wahrscheinliche starke Trunkenheit des Angeklagten rechtfertigen jedoch die Annahme eines minder schweren Falls aus sonstigen Gründen.«

Während der Haft versuchte Eckert seine Probleme anzugehen, zu bearbeiten. Seine »erhöhte Aggressionsbereitschaft« wurde zum zentralen Thema der therapeutischen Bemühungen. Von Mai bis August 1990 führte er bei einer »Ehe- und Lebensberatungsstelle« Therapiegespräche, um die »Aggressionsproblematik« zu verinnerlichen, um »Mechanismen der Aggressionsbewältigung« zu erlernen. Tatsächlich stellten sich erste Erfolge ein: Bei Auseinandersetzungen mit anderen Gefangenen oder dem Personal wusste er sich zu zügeln, gab klein bei. Auch arbeitete er »erfolgreich« mit einer ehrenamtlichen Vollzugshelferin zusammen, erlernte zusätzlich autogenes Training. Innerhalb und außerhalb der Anstalt wurde Eckert für Instandsetzungsarbeiten eingeteilt, hier zeigte er sich »geschickt und einsatzfreudig«. Ferner gelang es ihm, für die Zeit nach der Haft einen Arbeitsvertrag abzuschließen. Er sollte für eine Zeitarbeitsfirma als Schlosserhelfer tätig werden. Das alles überzeugte die Strafvollstreckungskammer des Landgerichts Frankenthal, die Eckert am 10. Februar 1991 vorzeitig in die Freiheit entließ.

Nur 41 Tage (!) später tötete Eckert wieder einen Menschen, alle guten Vorsätze waren nur noch Makulatur. Diesmal erwürgte er eine 67-jährige Restaurantbesitzerin, nachdem diese ihn bei einem Einbruch auf frischer Tat ertappt hatte. Den Ermittlern sagte er nur so viel: »Mir ist das scheißegal, ihr könnt mich an die Wand stellen und erschießen, so egal ist mir das. Ich habe nichts mehr zu verlieren. (...) Jeder hat seine Taktik, ihr habt eure und wollt von mir ein Geständnis, und ich habe meine und sage nichts. Ich will die Hauptverhandlung abwarten und diese dann in meinem Sinne gestalten, da habe ich Erfahrung drin.«

Daraus wurde nichts. Die 4. Strafkammer des Landgerichts Trier erkannte am 29. Juli 1992 auf »Mord« und führte zur Motivation aus: »Oswald Eckert hat einen Menschen getötet, um eine Straftat zu verdecken. Er handelte, als er zunächst mit dem Barhocker auf den Kopf der Elisabeth Klapheck schlug und dann den Hals des Opfers umklammerte und mindestens zwei bis drei Minuten lang zudrückte, mit direktem Vorsatz.« Verhängt wurde nicht nur »Lebenslänglich«, das Gericht ging sogar noch einen Schritt weiter: »Eine Würdigung aller dargelegten Umstände ergibt, daß bei dem Angeklagten Oswald Eckert eine besonders schwere Schuld vorliegt, die in Zukunft bei Beurteilung der Dauer der Vollstreckung der verhängten lebenslangen Freiheitsstrafe durch das demnächst zuständige Vollstreckungsgericht zu berücksichtigen sein wird.« Demnach kann über eine Entlassung des Verurteilten frühestens nach 25 Jahren entschieden werden.

Drei Menschen mussten sterben, 16 Jahre Knast musste Eckert absitzen, x-mal musste er abgeurteilt werden, bis man seine psychische Abnormität, seine Skrupellosigkeit, seine »Allgemeingefährlichkeit« (an)erkannt hatte. Die »Akte Eckert« konnte geschlossen werden – vorerst. Denn der begutachtende Psychiater hatte empfohlen: »Unbeschadet der Einschätzung, daß die Persönlichkeitsstörung fixiert erscheint und somit bei der Anordnung einer Maßregel Sicherheitsaspekte vor einer wünschenswerten, aber nur bedingt realisierbaren Besserung Vorrang haben sollten, wird auch weiterhin angeregt, gem. § 9 Strafvollzugsgesetz auf Antrag des Angeklagten eine Sozialtherapie durchzuführen, um in dieser Form die von ihm ausgehende Allgemeingefahr im Laufe der Jahre zu reduzieren.«*

Frühestens im Jahre 2017 wäre es so weit: Eckert, dann 41 Jahre seines verpfuschten und verkorksten Lebens hinter Gittern gewesen, könnte entlassen werden. Voraussetzung wären eine erfolgreiche Therapie und eine positive Sozialprognose; durchaus denkbar, möglich. Aber erscheint es auch vertretbar, einen Menschen, der sich bis dahin nicht in die Sozialgemeinschaft hat integrieren lassen, der seine Therapeuten und Richter immer wieder Lügen gestraft hat, der mehrfach Menschen »kaltgemacht« hat, die ihm »in die Quere gekommen« sind, günstig zu beurteilen? Wird man das Risiko tatsächlich zutreffend einschätzen können? Wäre es in *diesem* Fall, aber auch generell bei Mehrfachmördern, zulässig, lebenslänglich im Sinne einer Generalprävention auch tatsächlich lebenslänglich zu vollstrecken?

Das Bundesverfassungsgericht urteilte hierzu: »Eine Erhöhung der Verbüßungszeit bei Mehrfachtätern ist zulässig.« Einschränkend hieß es aber auch: »Es wäre nicht mit dem Schutze der Menschenwürde vereinbar, wenn der Verurteilte ungeachtet der Entwicklung seiner Persönlichkeit jegliche Hoffnung auf Freiheit aufgeben müsste und damit von vornherein zum Versterben in der Haft verurteilt würde.«

Mit dem Begriff der Menschenwürde ist der allgemeine Eigenwert gemeint, der jedem Menschen kraft seiner Persönlichkeit zukommt. Dementsprechend verbietet es die Würde des Menschen, ihn zum bloßen Objekt staatlichen Handelns zu degradieren oder ihn einer Behandlung auszusetzen, die seine Subjektqualität prinzipiell infrage stellt. Dürften staatliche Exekutivkräfte Schwerstverbrecher *generell* so lange einsperren, bis der Tod eintritt, wäre dies zweifellos menschenunwürdig. Diese stringente, einzelfallunabhängige Verfahrensweise käme einer Exekution auf Raten gleich, einer »blutleeren Hinrichtung«. Die Täter würden entrechtet, dehumanisiert, lebendig begraben – bar jeder Hoffnung. Das darf nicht sein, das geht nicht. Es bleibt dabei: Jede Strafe muss in einem gerechten Verhältnis zur Schwere der Tat und zum Verschulden des Täters stehen.

Ich habe eine Reihe von Serienmördern hierzu befragt. Ich wollte insbesondere erfahren, ob eine tatsächlich lebenslang vollstreckte Freiheitsstrafe für vertretbar gehalten wird und wie dies mit der Menschenwürde vereinbar sei. Thorsten Rupp, er hatte von 1984 bis 1995 in Berlin sieben Menschen ermordet, schrieb mir hierzu aus der Justizvollzugsanstalt Berlin-Tegel: *Ein ganz klares Ja. Manche gehören für immer eingesperrt. Hierzu gehört Einsicht und Ehrlichkeit zu sich selbst. Auch ich, der die Menschenwürde vieler Menschen verletzt hat und das nicht mehr ungeschehen machen kann, muß für mich selbst die Menschenwürde in Anspruch nehmen. Würde ich das nicht tun, würden meine Wege auch weiterhin von Leichen gepflastert sein. Eine lebenslange Freiheitsstrafe muß natürlich auch ihren Zweck erfüllen. Ich finde es aber für ungeheuerlich wichtig, auch den Lebenslänglichen nach einer gewissen Zeit ein menschenwürdiges Dasein zu ermöglichen. Wie die Menschenwürde eines Inhaftierten ausschaut, brauche ich ihnen glaube ich nicht zu schreiben. Da die Sicherheit und Ordnung einen großen Haufen drauf scheißt.* Auch die Frage, welche Haftdauer in seinem Fall angemessen sei, beantwortete Rupp unmissverständlich: *Diese Frage muß natürlich differenziert beantwortet werden. Nicht jeder Mörder handelt aus irgendwelchen Trieben. Für mich werde ich nie eine Zeit beanspruchen und sagen, die Strafe ist erfüllt. Das Recht habe ich einfach verwirkt.* *

Das Meinungsspektrum variierte naturgemäß. So teilte mir beispielsweise der dreifache Frauenmörder Denis Köhler, mein Gesprächspartner aus Kapitel 5 und seit 16 Jahren in Haft, mit: *Ob es vertretbar ist, einen Menschen bis zu seinem Tode in Haft zu halten? Ich glaube nicht, dass es in einem rechtsstaatlichen System eine so drastische »Bestrafung« geben sollte, wobei ich allerdings der Überzeugung bin, dass man mit dem betreffenden Gefangenen arbeiten müsste. In der Praxis ist dies aber nicht der Regelfall. Es fehlt einfach an der Umsetzung der im Strafvollzugsgesetz festge-*

legten »Wiedereingliederungsmaßnahmen«. Die hierfür eingesetzten Kräfte sind a) zu wenig, um das zu realisieren, und b) falls es in wenigen Fällen doch gelingt, ein solches Defizit bei einem Inhaftierten abzuarbeiten, so sind doch die Therapeuten und Sozialarbeiter nach relativ kurzer Zeit gar nicht mehr in der Lage, so auf den betreffenden Menschen einzugehen, dass sich ein Erfolg einstellt. Nach max. zwei Jahren ist dieser helfende Mensch angesichts der vielen Gefangenen so ausgelaugt und so in der Struktur der Anstalt verhaftet, dass eine objektive Betrachtung, wie sie anfangs sicherlich vorhanden war, verschwunden ist. (...) Was ist hier Menschenwürde? Sie wird getreten und ad absurdum geführt. Ich habe völlig den Bezug dazu verloren. Ich resigniere, sehe Würde nur im Fernsehen oder wenn der Hausleiter, Pfarrer, Sozialarbeiter oder Rechtsanwalt sich in der Nähe aufhalten. Hier kann ich ableiten, was Würde ist. Aber sonst ist es schwer, Würde als einen Maßstab zu sehen oder zu demonstrieren. Der Leitsatz »Die Würde des Menschen ist unantastbar« klingt nach der Zeit in Haft für mich wie blanker Hohn. Es muss eine andere Welt sein, aus der diese Formulierung in unseren Gebrauch der Sprache aufgenommen worden ist. Wenn mich heute jemand »würdevoll« behandelt, fühle ich mich den Tränen nah. Ich versuche mein Gegenüber jedoch – soweit ich mich an die Bedeutung erinnere – würdig zu behandeln.

Die Menschenwürde dürfte allerdings auch dann nicht tangiert sein, wenn der Vollzug der Strafe wegen fortdauernder Gefährlichkeit des Gefangenen notwendig erscheint und deswegen eine Begnadigung unterbleibt. Schließlich wird der Sozialgemeinschaft das unverzichtbare Recht zugesprochen, sich gegen einen »gemeingefährlichen Straftäter« zu sichern – durch fortwährende Inhaftierung. Das Sicherheitsbedürfnis, der Schutz aller Bürger überragt und überwiegt. Dabei ist es unerheblich, ob der Freiheitsentzug als Maßregel der Sicherung und Besserung oder als Strafe verhängt und vollzogen wird. Zudem ist die Festlegung einer zeitlichen Obergrenze derzeit nicht möglich, da der Gesetzgeber (noch) auf keine ausreichend empirisch gesicherten Erfahrungswerte in der Rechtsprechungspraxis zurückgreifen kann. So weit ist es noch nicht.

Entgegen landläufiger Meinung (»Die kommen doch sowieso nach 15 Jahren raus«) hat sich der Gesetzgeber hier als geschickter Architekt erwiesen. Den erkennenden Gerichten wurde ein beträchtlicher Beurteilungsspielraum zugebilligt, der es erlaubt, insbesondere im Einzelfall Menschen gerecht zu werden, die sich in schwerster und unerträglicher Weise gegen alles vergangen haben, was die Wertordnung der Verfassung unter ihren Schutz zählt. Lebenslänglich kann lebenslänglich bedeuten. Die gesetzlichen Voraussetzungen für eine ausreichende Sicherung aller Bürger vor nicht zu bessernden Mördern sind also gegeben – sie müssen nur angemessen und konsequent umgesetzt werden. Aber genau hieran hapert es.

Serienmörder bleiben Reizfiguren: Ihre Gräueltaten entsetzen, machen sprachlos, führen uns an die Grenze dessen, was wir verstehen und ertragen können und wollen. Gewiss: Diese Täter müssen konsequent verfolgt und angemessen hart bestraft werden. Vielfach gelingt dies. Damit ist es aber nicht getan, das reicht nicht. Bei all dem verständlichen Groll, den wir diesen »Monstern« entgegenschleudern, darf nicht in Vergessenheit geraten, dass diese Menschen sich ihre Persönlichkeitsstörungen, ihre sexuellen Perversionen, ihre sozialen Stigmata größtenteils nicht selbst zugefügt haben. Diejenigen, die uns reihenweise nach dem Leben trachten, die nicht müde werden, die nicht nachlassen, die sich immer neue Opfer suchen, haben mitten unter uns gelebt. Nur: Sie sind von Kindesbeinen an misshandelt, missverstanden, missbraucht oder missachtet worden. Das rächt sich, die Täter rächen sich; ob bewusst oder unbewusst, bleibt dabei unerheblich. Natürlich fällt es schwer, dies zu akzeptieren. Die unbeschreibliche und unverdauliche Grausamkeit und Erbarmungslosigkeit der Täter droht die tiefer liegenden Ursachen zu verdrängen. Der gesellschaftliche Fokus wird zielgenau justiert, der Alleinschuldige ist schnell gefunden: der Täter. Wer sonst! Aber kaum jemand spricht über gewalttätige Väter, verständnislose Mütter, selbstvergessene Geschwister, falsche Freunde, untaugliche Pädagogen, gehässige Schulkameraden oder andere, die ebenfalls versagt haben, die sich zweifellos mitschuldig gemacht haben.

Es genügt nicht, die Täter moralisch und juristisch zu verurteilen. Besser ist es, solchen Verbrechen vorzubeugen, als sie zu bestrafen. Dafür müssen wir uns aber der zwischenmenschlichen Verantwortung bewusst(er) werden, die wir gerne propagieren oder einfordern, die aber allzu oft in Vergessenheit gerät. Es ist die Keimzelle unserer Gesellschaft, die krankt, die krank macht – die Familie. Es sind die psychischen und sozialen Krüppel, vor denen wir uns fürchten und schützen müssen, denen vor allem aber *rechtzeitig* geholfen werden muss. Alle präventiv ausgerichteten Konzepte und Methoden werden hier anzusetzen haben. Es ist höchste Zeit.

Abrahamson, D.: *Confessions of Son of Sam*. New York 1985.

Ainsworth, P.: *Offender profiling and crime analysis*. Cullompton 2001.

Alff, W. (Hrsg.): *Beccaria über Verbrechen und Strafen*. Frankfurt am Main und Leipzig 1998.

Allen, H.: *Serial killer captured*. The Trooper 1990, 2–6.

Anonymus: *Classifying sexual homicide crime scenes*. FBI Law Enforcement Bulletin 1985 (Heft 8), 12–17.

Anonymus: *Crime scene and profile characteristics of organized and disorganized murderers*. FBI Law Enforcement Bulletin 1985 (Heft 8), 18–25.

Anonymus: Der »*Verhaltensfingerabdruck*«. Bayerns Polizei 1997 (Heft 3), 6–7.

Anonymus: *Unterwegers Erbe. ViCLAS – eine neue EDV-Technologie für den Kampf gegen Serien-Verbrechertum*. Illustrierte Rundschau der österreichischen Bundesgendarmerie 1999 (Heft 1/2), 23–25.

Anonymus: *Startschuss: Operative Fallanalyse*. Die Streife 1999 (Heft 12), 12–13.

Apsche, J.: *Probing the mind of a serial killer*. Morrisville 1993.

Athens, L.: *The creation of dangerous violent criminals*. Champaign 1992.

Ault, R./Resse. J.: *A psychological assessment of crime profiling*. FBI Law Enforcement Bulletin 1980 (Heft 3), 22–25.

Baurmann, M.: *ViCLAS – Ein neues kriminalpolizeiliches Recherchewerkzeug*. Kriminalistik 1999, 824–826.

Beattie, J.: *The Yorkshire Ripper*. London 1981.
Beckert, R.: *Die erste und letzte Instanz*. Goldbach 1995.
Beine, K.: *Krankentötungen in Kliniken und Heimen*. Fortschritte der Neurologie und Psychiatrie 1999, 493–501.
Berg, K.: *The sadist*. London 1932.
Blau, T.: *Psychological profiling*, in: Blau, T. (Hrsg.): *Psychological services for law enforcement*. New York 1994, 261–274.
Boon J./Davies, G.: *Criminal profiling*. Policing 1993, 218–227.
Bradway, W.: *Crime scene behavioral analysis*. Law and Order 1990, 137–138.
Briken, P./Nika, E./Berner, W.: *Sexualdelikte mit Todesfolge – Eine Erhebung aus Gutachten*. Fortschritte der Neurologie und Psychiatrie 1999, 189–199.
Brinkmann, B.; *Fehlleistungen bei der Leichenschau in der Bundesrepublik Deutschland*. Archiv für Kriminologie 1999, 1–12, 65–74.
Britton, P: *The jigsaw man*. London 1997.
Britton, P: *Picking up the pieces*. London 2000.
Brussel, J.: *Casebook of a crime psychiatrist*. New York 1968.
Bundeskriminalamt (Hrsg.): *Methoden der Fallanalyse – Ein internationales Symposium*. Wiesbaden 1998.
Burns, T.: *Serial killer*. Investigative 2002 (Heft 1), 68–73.
Busch, T./Scholz, B.: *Die Generierung empirischer Täterprofile*. Kriminalistik 2001, 549–556.
Cahill, T.: *Buried dreams: Inside the mind of a serial killer*. New York 1985.
Campbell, C.: *Portrait of a mass killer.* Psychology Today 1976, 110–119.
Canter, D.: *Offender profiles*. The Psychologist 1989, 12–16.

Canter, D.: *Criminal shadows: Inside the mind of the serial killer*. London 1994.
Canter, D.: *Psychology of offender profiling*, in: Bull, R./Carson, D. (Hrsg.): *Handbook of psychology in legal contexts*. London 1995, 343–355.
Canter, D.: *Offender profiling and criminal differentiation*. Legal and Criminological Psychology 2000, 23–46.
Canter, D. (Hrsg.): *Profiling property crimes*. Ashgate 2000.
Canter, D./Alison, L. (Hrsg.): *Profiling in policy and practice*. Ashgate 1999.
Canter, D./Coffey, T./Huntley, M./Missen, C.: *Predicting serial killers' home base using a decision support system*. Journal of Quantitative Criminology 2000, 457–478.
Carlisle, A.: *The divided self: Toward an understanding of the dark side of the serial killer*. American Journal of Criminal Justice 1993 (Heft 2), 23–36.
Cartel, M.: *Disguise of sanity: Serial mass murder*. Toluca Lake 1985.
Cater, J.: *The social construction of the serial killer*. RCMP Gazette 1997 (Heft 2), 2–21.
Cluff, J./Hunter, A./Hinch, R.: *Feminist perspectives on serial murder*. Homicide Studies 1997, 291–308.
Cormier, B./Angliker, C./Boyer, C./Mersereau, G.: *The psychodynamics of homicide committed in a semi-specific relationship*. Canadian Journal of Criminology and Corrections 1972, 335–344.
Coston, J.: *To kill and kill again*. New York 1992.
Dahmer, L.: *A father's story*. New York 1994.
Danner, K.: *OFA – Die neue Wunderwaffe?* Die Kriminalpolizei 2000, 126–130.
Davis, J.: *A psychological profile and autopsy of a serial kil-*

ler: Jeffrey Dahmer. Canadian Journal of Clinical Medicine 1998, 188–199.

Dennis, G.: *»The night stalker«: Richard Ramirez.* Police 1993 (Heft 3), 51–54, 86–88.

Dern, H.: *Operative Fallanalyse bei schwerwiegenden sexuellen Gewalttaten,* in: Polizeiführungsakademie (Hrsg.): Schlußbericht *»Sexualisierte Gewalt«*, Münster 1998, 71–96.

Dern, H.: *Erfahrungen mit der objektiven Hermeneutik innerhalb der Anwendung qualifizierter kriminalistischer Auswertungsverfahren,* in: Reichertz, Jo (Hrsg.): *Qualitäten polizeilichen Handelns. Studien zu einer verstehenden Polizeiforschung.* Opladen 1996, 263–295.

Dern, H.: *Operative Fallanalyse bei Tötungsdelikten.* Kriminalistik 2000, 533–540.

Dewald, M./Klinger, T.: *Das ViCLAS-Datenbanksystem,* in: Bundeskriminalamt (Hrsg.): *Forum KI 1. Informationsaustausch der Gruppe Kriminalstrategie des Bundeskriminalamtes mit den Bundesländern.* Wiesbaden 1999, 127–148.

Dickel, L.-P: *Lebenslang für Serienmörder Frank Gust.* Die Streife 2001 (Heft 4), 18–21.

Dietz, M.: *Killing sequentially: Expanding the parameters of the conceptualization of serial and mass killers,* in: O'Reilly-Fleming (Hrsg.): *Serial and mass murder: Theory, research and policy.* Toronto 1996, 109–122.

Dilling, H./Mombour, W./Schmidt, H. (Hrsg.): *Internationale Klassifikation psychischer Störungen. ICD-10 Kapitel V (F). Klinisch-diagnostische Leitlinien.* Bern, Göttingen, Toronto, Seattle 1993.

Douglas, J./Burgess, A./Burgess, G./Ressler, R.: *Crime classification manual: A standard system for investigating and classifying violent crimes.* San Francisco 1992.

Douglas, J./Munn. C.: *Violent crime scene analysis: Modus operandi, signature and staging.* FBI Law Enforcement Bulletin 1992 (Heft 2), 1–10.

Douglas, J./Burgess, A.: *Criminal profiling: A viable investigative tool against violent crime.* FBI Law Enforcement Bulletin 1986 (Heft 12), 9–13.

Douglas, J./Ressler, R./Burgess, A./Hartman, C.: *Criminal profiling from crime scene analysis.* Behavioral Sciences and the Law 1986, 401–421.

Edelbacher, M.: *Das Erstellen von Täterprofilen.* Kriminalistik 1993, 295–296.

Engler, K./Ensink, H.: *Der »Rhein-Ruhr-Ripper«.* Der Kriminalist 2000, 491–498, 2001, 17–22, 67–71.

Erpenbach, H.: *ViCLAS.* Der Kriminalist 2000, 499–501.

Farin, M./Schmid, H.: *Ed Gein. A quiet man.* München 1996.

Fisher, J.: *Killer among us. Public reactions to serial murder.* Westport 1997.

Föhl, M.: *Täterprofilerstellung. Ein methodenkritischer Vergleich aus rechtspsychologischer Perspektive.* Frankfurt am Main 2001.

Foucault, M.: *Überwachen und Strafen. Die Geburt des Gefängnisses.* Frankfurt am Main 1976.

Fowler, K.: *The serial killer.* RCMP Gazette 1990 (Heft 3), 1–11.

Fromm, E.: *Anatomie der menschlichen Destruktivität.* Reinbek 1977.

Füllgrabe, U.: *Psychologische Täterprofile.* Kriminalistik 1993, 297–305, 373–376.

Füllgrabe, U.: *Therapie – Eine falsche Zauberformel?* Kriminalistik 1997, 319–324.

Gaupp, R.: *Zur Psychologie des Massenmörders Hauptlehrer Wagner von Degerloch.* Berlin 1914.

Geberth, V.: *Psychological profiling.* Law and Order 1981, 46-52

Geberth, V.: *The signature aspect in criminal investigation.* Law and Order 1995, 45–49.

Geberth, V.: *The staged crime scene.* Law and Order 1996, 89–93.

Gerst, H.-J.: *Zur Erstellung von Täter-Profilen.* Kriminalistik 2000, 315–320.

Gerst, H.-J.: *Profiler – Vom Täterprofilersteller in den USA und der Implementierbarkeit einzelner Aspekte seiner Tätigkeit in das deutsche Rechtssystem.* München 2002.

Geserick, G./Vendura, K./Wirth, I.: *Zeitzeuge Tod. Spektakuläre Fälle der Berliner Gerichtsmedizin.* Leipzig 2001.

Ghysbrecht, P.: *Psychologische Dynamik des Mordes. Analyse einer existentiellen Grenzsituation.* Frankfurt am Main 1967.

Gierowski, J./Heitzmann, J./Szymusik, A./Zyss, T.: *Die Sexualmörder – Psychopathologie, Persönlichkeit und Motivation.* Forensische Psychiatrie und Psychotherapie 1994, 105–118.

Giese, H. (Hrsg.): *Psychopathologie der Sexualdelikte.* Stuttgart 1962.

Giese, H. (Hrsg.): *Die sexuelle Perversion.* Frankfurt am Main 1967.

Glatzel, J.: *Mord und Totschlag: Tötungshandlungen als Beziehungsdelikte. Eine Auswertung psychiatrischer Gutachten.* Heidelberg 1987.

Glover, J./Witham, D.: *The Atlanta serial murders.* Policing 1989, 2–16.

Gold, L.: *Psychological profile of the firesetter.* Journal of Forensic Sciences 1962, 406–407.

Godwin, M.: *Hunting serial predators: A multivariate classification approach to profiling violent behavior.* Boca Raton 2000.

Godwin, M. (Hrsg.): *Criminal psychology and forensic technology: A collaborative approach to effective profiling.* Boca Raton 2001.

Godwin, M./Canter, D.: *Encounter and death: The spatial behavior of U.S. serial killers.* Policing 1997, 24–38.

Graysmith, R.: *Zodiac.* New York 1976.

Green, T./Whitmore, J.: *VICAP's role in multiagency serial murder investigations.* The Police Chief 1993, 38–45.

Greiner, A.: *Wegschließen, und zwar für immer.* Kriminalistik 2001, 650–651.

Grieschat, H.: *Die Leitung der kriminalistischen Untersuchung zur Aufklärung komplizierter Tötungsverbrechen.* Forum der Kriminalistik 1973, 84–87.

Grubin, D.: *Sexual murder.* British Journal of Psychiatry 1994, 624–629.

Grubin, D.: *Offender profiling.* Journal of Forensic Psychiatry 1995, 259–263.

Gudjonsson, G./Copson, G.: *The role of the expert in criminal investigation,* in: Jackson, J./Bekerian, D. (Hrsg.): Offender profiling: Theory, research and practice. Sussex 1997, 61–76.

Haines, M.: *Multiple murderers.* Toronto 1994.

Hale, R.: *The role of humiliation and embarrassment in serial murder.* Psychology 1994,17–23.

Harbort, S.: *Empirische Täterprofile.* Kriminalistik 1997, 569–572.

Harbort, S.: *Ein Täterprofil für multiple Raubmörder.* Kriminalistik 1998, 481–485.

Harbort, S.: *Kriminologie des Serienmörders.* Kriminalistik 1999, 642–650, 713–721.

Harbort, S.: *Das Hannibal-Syndrom: Phänomen Serienmord.* Leipzig 2001.

Harbort, S.: *Das Hannibal-Syndrom.* CD Sicherheits-Management 2001 (Heft 2), 20–37, (Heft 3), 137–146.

Harbort, S.: *Die Vorstellungs- und Erlebniswelt sadistischer Serienmörder,* in: Robertz, F./Thomas, A. (Hrsg.): *Serienmord. Kriminologische und kulturwissenschaftliche Skizzierungen eines ungeheuerlichen Phänomens.* München 2002, 67–83.

Harbort, S./Mokros, A.: *Serial murderers in Germany from 1945 to 1995.* Homicide Studies 2001, 311–334.

Hazelwood, R./Ressler, R./Depue, R./Douglas, J.: *Criminal personality profiling: An overview,* in: Hazelwood, R./Burgess, A. (Hrsg.): *Practical aspects of rape investigation: A multidisciplinary approach.* New York 1987, 137–149.

Heindl, R.: *Polizei und Verbrechen. Die Polizei in Einzeldarstellungen.* Berlin 1926.

Heindl, R.: *Der Berufsverbrecher – ein Beitrag zur Strafrechtsreform.* Berlin 1927.

Heinz. G.: *Fehlerquellen forensisch-psychiatrischer Gutachten.* Heidelberg 1982.

Hewitt, J.: *The victim-offender relationship in convicted homicide cases:* 1960-1984. Journal of Criminal Justice 1988, 25–33.

Hickey, E.: *The etiology of victimization in serial murder,* in: Egger, S. (Hrsg.): Serial murder: An elusive phenomenon. Westport 1990, 53–72.

Hochgartz, P.: *Zur Perseveranz bei Sexualmorden.* Kriminalistik 2000, 322–327.

Hodge, S./Canter, D.: *Victims and perpetrators of male sexual assault.* Journal of Interpersonal Violence 1998, 222–239.

Hoffmann, J.: *Profiling: Die Psycho-Fahndung nach Serienkillern.* Psychologie Heute 1994 (Heft 12), 70–75.

Hoffmann, J.: *Profiling: Psychogramm des Täters.* Psychologie Heute 1999 (Heft 1), 66–70.

Hoffmann, J.: *Begegnungen der unheimlichen Art.* Psychologie Heute 2000 (Heft 8), 30–34.

Hoffmann, J./Musolff, C.: *Fallanalyse und Täterprofil. Geschichte, Methoden und Erkenntnisse einer jungen Disziplin.* Wiesbaden 2000.

Holmes, S./Hickey, E./Holmes, R.: *Female serial murderesses: Constructing different typologies.* Journal of Contemporary Criminal Justice 1991,245–256.

Holmes, R./Holmes, S.: *Profiling violent crimes: An investigative tool.* Thousand Oaks 1996.

Homant, R./Kennedy, D.: *Psychological aspects of crime scene profiling: Validity research.* Criminal Justice and Behavior 1988, 319–343.

Howlett, J./Hanfland, K./Ressler, R.: *The Violent Criminal Apprehension Program – VICAP: A progress report.* FBI Law Enforcement Bulletin 1986 (Heft 12), 14–22.

Hyan, H.: *Massenmörder Haarmann. Eine kriminalistische Studie.* Berlin 1924.

Icove, D.: *Automated crime profiling.* FBI Law Enforcement Bulletin 1986 (Heft 12), 27–30.

Jackson, J./Bekerian, D. (Hrsg.): *Offender profiling: Theory, research and practice.* Sussex 1997.

Jäkel, H.: *Täterprofiling bei vorsätzlichen Brandstiftungen.* Die Kriminalpolizei 1999, 173–179.

Jenkins, P.: *African-Americans and serial homicide.* American Journal of Criminal Justice 1993, 47–60.
Jones, V./Collier, P.: *Serial killers and mass murderers.* Forestville 1993.
Juhnke, K.: *Das Erzählmotiv des Serienmörders im Spielfilm – Eine filmwissenschaftliche Untersuchung.* Wiesbaden 2001.
Käferstein, H./Madea, B./Sticht, G.: *Todesfälle während ambulanter Altenpflege,* in: Oehmichen, M. (Hrsg.): *Lebensverkürzung, Tötung und Serientötung – eine interdisziplinäre Analyse der »Euthanasie«.* Lübeck 1996, 205–216.
Keetman, M.: *Zur Aufklärung von Tötungsverbrechen multipler Täter – eine retrospektive Fallanalyse.* Berlin 1993.
Kennedy, D.: *William Heirens: His day in court.* Chicago 1991.
Keppel, R.: *Signature murders: A report of several related cases.* Journal of Forensic Sciences 1995, 670–674.
Keppel, R./Birnes, W.: *The riverman: Ted Bundy and I hunt for the Green River Killer.* New York 1995.
Keppel, R./Birnes, W.: *Signature Killers. Interpreting the calling card of the serial murderer.* New York 1997.
Keppel, R./Walter, R.: *Profiling killers: A revised classification model for understanding sexual murder.* International Journal of Offender Therapy and Comparative Criminology 1999, 417–437.
Kind, S.: *Navigational ideas about the Yorkshire Ripper investigation.* Journal of Navigation 1987, 385–393.
Kinnell, H.: *Serial homicide by doctors: Shipman in perspective.* British Medical Journal 2000, 1594–1597.
Kinzig, J.: *Die Praxis der Sicherungsverwahrung.* Zeitschrift für die gesamte Strafrechtswissenschaft 1997, 109–161.
Köhler, D.: *Die Persönlichkeit von Serienmördern.* Kriminalistik 2002, 92–95.

Kraus, R.: *An enigmatic personality: Case report of a serial killer.* Journal of Orthomolecular Medicine 1995, 24–32.

Kretschmer, E.: *Körperbau und Charakter: Untersuchungen zum Konstitutionsproblem und zur Lehre von den Temperamenten.* Berlin und Heidelberg 1977.

Kröber, H.-L.: *Geständnis und Auseinandersetzung mit der Tat als Gesichtspunkte der Individualprognose nach Tötungsdelikten,* in: Dölling, D. (Hrsg.): *Die Täter-Individualprognose: Beiträge zu Stand, Problemen und Perspektiven der kriminologischen Prognoseforschung.* Heidelberg 1995, 63–81.

Kronfeld, A.: *Bemerkungen zum Prozeß gegen Karl Großmann.* Zeitschrift für Sexualwissenschaft 1922, 137–149.

Lack, S./Brandt, U.: *Interpretationen eines Mordes.* Der Kriminalist 1998, 110–114.

Lang, U.: *Psychologische Täterprofile.* Kriminalistik 1997, 724–726.

Langer, W.: *The mind of Adolf Hitler.* New York 1972.

Lindner, M.: *Der Mythos »Lustmord«. Serienmörder in der deutschen Literatur, dem Film und der bildenden Kunst zwischen 1892 und 1932,* in: Linder, J. (Hrsg.): *Verbrechen – Justiz – Medien. Konstellation in Deutschland von 1900 bis zur Gegenwart.* Tübingen 1999, 273–305.

Lindecker, C./Burt, W.: *Nurses who kill.* New York 1990.

Lombroso, C.: *L'uomo delinquente.* Mailand 1876.

Lowenstein, L.: *The psychology of the obsessed compulsive killer.* The Criminologist 1992, 26–38.

Luckenbill, D.: *Criminal homicide as a situated transaction.* Social Problems 1977, 176–187.

Lüdtke, W./Heuser, G.: *Die Berliner S-Bahn-Morde.* Kriminalistik 1942, 49–52, 66–70.

Lüpke, A. von: *Täterprofile.* Kriminalistik 1999, 814–820.

MacKay, R.: *Violent crime analysis.* RCMP Gazette 1994 (Heft 5), 11–14.

Mätzler, A.: *Das Risiko der Verbrechenstherapie.* Criminal Digest 1987 (Heft 3), 8–13.

Marneros, A./Ullrich, S./Rössner, D.: *Was unterscheidet psychiatrisch begutachtete von psychiatrisch nicht begutachteten Angeklagten?* Recht und Psychiatrie 1999,117–119.

Martingale, M.: *Cannibal killers. The history of impossible murderers.* New York 1994.

Masters, B.: *Killing for company: The case of Dennis Nilsen.* London 1985.

Masters, B.: *The shrine of Jeffrey Dahmer.* London 1993.

McCann, J.: *Criminal personality profiling in the investigation of violent crime: Recent advances and future directions.* Behavioral Sciences and the Law 1992, 475–481.

McGrath, M.: *Criminal profiling: Is there a role for the forensic psychiatrist?* Journal of the American Academy of Psychiatry and the Law 2000, 315–324.

Meisinger, W.: *Kriminalpolizeilicher Meldedienst. Ergebnisse einer Untersuchung.* Die Neue Polizei 1983, 195–197.

Mesrine, J.: *Der Todestrieb. Lebensbeichte eines Staatsfeindes.* Reinbek 1994.

Meyer, C.: *An introduction to offender profiling.* The Basel University Law Review 2000 (Heft 1), 15–20.

Michaud, S./Aynesworth, H.: *Ted Bundy: Conservations with a killer.* New York 1989.

Mittmann, W.: *Tatzeit. Große Fälle der Deutschen Volkspolizei.* Berlin 2000.

Money, J.: *Forensic sexology: Paraphilic serial rape (biastophilia) and lust murder (erotophonophilia).* Acta Sexologia 1995, 47–62.

Morohn, R.: *John Wesley Hardin, adolescent killer: The emergence of a narcissistic behavior disorder*. American Psychiatry 1987, 271–296.
Morrison, H. (Hrsg.): *Serial killers and murderers.* Lincolnwood 1991.
Musolff, C./Hoffmann, J.: *Täterprofile bei Gewaltverbrechen: Mythos, Theorie und Praxis des Profilings.* Berlin, Heidelberg, New York, Barcelona, Hongkong, London, Mailand, Paris, Singapur, Tokio 2001.
Nagel, U./Horn, A.: *ViCLAS – Ein Expertensystem als Ermittlungshilfe.* Kriminalistik 1998, 54–58.
Naumann, D.: *Operative Fallanalyse.* Die Kriminalpolizei 2000, 131–133.
Nedopil, N.: *Forensische Psychiatrie. Klinik, Begutachtung und Behandlung zwischen Psychiatrie und Recht.* Stuttgart und New York 1996.
Nettler, G.: *Killing one another*. Cincinnati 1982.
Newton, M.: *Hunting humans. An encyclopedia of modern serial killers.* Port Townsend 1990.
Newton, M.: *Serial slaughter: What's behind America's murder epidemic?* Port Townsend 1992.
Nicholson, M.: *The Yorkshire Ripper.* London 1979.
Oberlies, D.: *Tötungsdelikte zwischen Männern und Frauen – Eine Untersuchung geschlechtsspezifischer Unterschiede anhand von 174 Gerichtsurteilen.* Monatsschrift für Kriminologie und Strafrechtsreform 1997, 133–147.
Oevermann, U./Simm, A.: *Zum Problem der Perseveranz in Delikttyp und Modus operandi,* in: Oevermann, U./ Schuster, L./Simm, A. (Hrsg.): *Zum Problem der Perseveranz in Delikttyp und Modus operandi.* Wiesbaden 1985, 129–437.

Oleson, J.: *Psychological profiling: Does it actually work?* Forensic Update 1996, 11–14.

Olsen. J.: *The misbegotten son: A serial killer and his victims.* New York 1993.

O'Reilly-Fleming, T.: *Serial murder investigation: Prospects for police networking.* Journal of Contemporary Criminal Justice 1992, 227–234.

Pallone, N./Hennessy, J.: *Criminal behavior: A process psychological analysis.* New Brunswick 1992.

Paulus, C.: *Gewaltfantasien und verdrängte Gefühle: Wie erklärt sich das Denken von Serienmördern?* Polizei und Wissenschaft 2001 (Heft 3), 60–66.

Paulus, J.: *Gewissenlos.* Bild der Wissenschaft 2001 (Heft 8), 32–37.

Pead, D.: *Psychologische Täterprofile.* Kriminalistik 1994, 335–336.

Pfäfflin, F.: *Vorurteilsstruktur und Ideologie psychiatrischer Gutachten über Sexualstraftäter.* Stuttgart 1978.

Pfäfflin, F.: *Angst und Lust. Zur Diskussion über gefährliche Sexualtäter.* Recht und Psychiatrie 1997, 59–67.

Pinizotto, A.: *Forensic psychology: Criminal personality profiling.* Journal of Police Science and Administration 1984 (Heft 12), 32–40.

Pinizotto, A./Finkel, N.: *Criminal personality profiling: An outcome and process study.* Law and Human Behavior 1990, 215–234.

Pollock, P.: *A case of spree serial murder with suggested diagnostic opinions.* International Journal of Offender Therapy and Comparative Criminology 1995, 258–268.

Porter, B.: *Mind hunters.* Psychology Today 1983 (Heft 4), 1–8.

Rasch, W.: *Forensische Psychiatrie.* Stuttgart, Berlin, Köln 1999.
Regener, S.: *»Eine Bestie in Menschengestalt«. Serienmörder zwischen Wissenschaft und populären Medien: Der Fall Bruno Lüdke.* Kriminologisches Journal 2001, 7–27.
Reichertz, J.: *Kriminalistische Expertensysteme oder Experten für kriminalistisches Denken,* in: Bundeskriminalamt (Hrsg.): *Neue Freiheiten, neue Risiken, neue Chancen. Aktuelle Kriminalitätsformen und Bekämpfungsansätze.* Wiesbaden 1998, 165–196.
Reichertz, J.: *Expertensysteme in der Kriminalistik.* Kriminalistik 1998, 47–53.
Reik, T.: *Der unbekannte Mörder – Psychoanalytische Studie.* Frankfurt am Main 1983.
Reinwarth, J.: *Psychological Profiling.* Kriminalistik 1986, 173–174.
Ressler, R./Burgess, A.: *Classifying sexual homicide crime scenes: Interrater reliability.* FBI Law Enforcement Bulletin 1985 (Heft 8), 12–17.
Ressler, R./Burgess, A./Douglas, J.: *Sexual homicide: Patterns and motives.* Lexington 1988.
Ressler, R./Burgess, A./Douglas, J./Hartman, C./D'Agostino, R.: *Sexual killers and their victims.* Journal of Interpersonal Violence 1986, 288–308.
Ressler, R./Douglas, J./Groth, A./Burgess, A.: *Offender profiles: A multidisciplinary approach.* FBI Law Enforcement Bulletin 1980 (Heft 9), 16–20.
Ressler, R./Shachtman, T.: *I have lived in the monster.* New York 1997.
Revitsch, E./Schlesinger, L.: *Murder, evaluation, classification and prediction,* in: Kutash, S./Schlesinger, L. (Hrsg.):

Violent perspectives on murder and aggression. San Francisco 1978, 138–164.

Richter, D.: *Murder in jest: Serial killing in the post-modern detective story.* Journal of Narrative Technique 1989, 106–117.

Rode, I./Scheld, S.: *Sozialprognose bei Tötungsdelikten – Eine empirische Studie.* Berlin, Heidelberg, New York, London, Paris, Tokio 1986.

Rose, L.: *Massacre of the innocents: Infanticide in Great Britain 1800–1939.* London 1986.

Rossmo, K.: *Geographic profiling: Locating serial killers,* in: Zahm, D./Cromwell, P. (Hrsg.): *Proceedings of the international seminar on environmental criminology and crime analysis.* Coral Gables 1993, 14–29.

Rossmo, K.: *Target patterns of serial murderers: A methodological model.* American Journal of Criminal Justice 1993 (Heft 2), 1–21.

Rossmo, K.: *Geographic profiling.* Boca Raton 2000.

Rule, A.: *Lust killer.* New York 1988.

Salfati, G.: *The nature of expressivness and instrumentality in homicide.* Homicide Studies 2000, 265–293.

Salfati, G./Canter, D.: *Differentiating stranger murders: Profiling offender characteristics from behavioral styles.* Behavioral Sciences and the Law 1999, 391–406.

Saß, H./Wittchen, H./Zaudig, M. (Hrsg.): *Diagnostisches und statistisches Manual psychischer Störungen. DSM-IV.* Göttingen 1996.

Schall, H./Schreibauer, M.: *Prognose und Rückfall bei Sexualstraftätern.* Neue Juristische Wochenschrift 1997, 2412–2420.

Schmidt, J.: *Der Mordfall »Torso«.* Kriminalistik 2001, 721–731.

Schmitt, G.: *Sexualstraftäter in Vollzug und Bewährungshilfe.* Bewährungshilfe 1997, 148–163.
Schott, T.: *Subkultur im Mauerschatten.* Kriminalistik 2001, 629–637.
Schurman-Kauflin, D.: *The new predator: Women who kill. Profiles of female serial killers.* New York 2000.
Schuster, L.: *Perseveranz – kriminalistische Methoden im Umbruch?* Kriminalistik 1983, 484–486.
Sears, D.: *To kill again: The motivation and development of serial murder.* Wilmington 1991.
Segrave, K.: *Women serial and mass murderers: A worldwide reference, 1580 through 1990.* Jefferson 1992.
Staff, M.: *Serial murder in America.* Forensic Science International 1985, 130–137.
Stratton, J.: *Serial killing and the transformation of the social.* Theory, Culture and Society 1996, 77–98.
Stüllenberg, H.: *Muß »Lebenslänglich« in der Tat ein Leben lang dauern?* Kriminalistik 1978, 26–29.
Stürickow, R.: *Der Kommissar vom Alexanderplatz.* Berlin 1998.
Thomas, N.: *Die komplexe Analyse des Tatgeschehens (»Psychological Profiling«).* Deutsches Polizeiblatt 1989 (Heft 2), 10–13.
Turvey, B.: *Criminal profiling: An introduction to behavioral evidence analysis.* San Diego 1999.
Vick, J.: *Kriminalistisch-kriminologische Fallanalyse,* in: Reichertz, J./Schröer, N. (Hrsg.): *Qualitäten polizeilichen Handelns.* Opladen 1996, 325–338.
Vogt, M./Kandler, D.: *»Freigänger« als Vergewaltiger und Mörder.* Kriminalistik 2001, 39–45.
Volbert, R.: *Tötungsdelikte im Rahmen von Bereicherungsta-*

ten: Lebensgeschichte und situative Entstehungsbedingungen. München 1992.
Vorpagel, R./Harrington, J.: *Profiles in murder: An FBI legend dissects killers and their crimes.* Reading 1998.
Wagner, A.: *Jack Unterweger. Ein Mörder für alle Fälle.* Leipzig 2001.
Walker, R.: *Killer instinct.* New York 1992.
Walkowitz, J.: *Jack the ripper and the myth of male violence.* Feminist Studies 1982, 543–574.
Wehner, B.: *Die Geschichte der deutschen Kriminalpolizei.* Bergisch Gladbach 1983.
Weschke, E.: *Modus operandi und Perseveranz.* Kriminalistik 1984, 264–269.
Wilson, W./Hilton, T.: *Modus operandi of female serial killers.* Psychological Reports 1998, 495–498.
Willke, T.: *Profiler – Die Psychofahnder der Kripo.* Bild der Wissenschaft 2000 (Heft 5), 36–40.
Wilson, C./Seaman, D.: *The serial killers: A study in the psychology of violence.* London 1996.
Wirth, I./Strauch, H.-J.: *Mord an der Ehefrau nach zwei Probetötungen.* Archiv für Kriminologie Bd. 200, 143–153.
Winzenried, U.: *Criminal Profiling.* Kriminalistik 1989, 434–437.
Wuss, P.: *Faszination Serienkiller.* Medien praktisch 2000 (Heft 2), 18-23.